双百优秀裁判文书的
形与神
—— 裁判思路与说理技巧 ——
（第二辑）

商事、知识产权卷

邓修明　主编
最高人民法院审判管理办公室　编

人民法院出版社

图书在版编目（CIP）数据

双百优秀裁判文书的形与神 ：裁判思路与说理技巧. 第二辑. 商事、知识产权卷 / 邓修明主编 ；最高人民法院审判管理办公室编. -- 北京 ：人民法院出版社, 2024.4
ISBN 978-7-5109-4132-0

Ⅰ. ①双… Ⅱ. ①邓… ②最… Ⅲ. ①商法－审判－法律文书－研究－中国②知识产权法－审判－法律文书－研究－中国 Ⅳ. ①D926.134

中国国家版本馆CIP数据核字(2024)第076578号

双百优秀裁判文书的形与神
——裁判思路与说理技巧（第二辑）（商事、知识产权卷）
邓修明　主编
最高人民法院审判管理办公室　编

策划编辑　李安尼
责任编辑　张　怡　赵芳慧
封面设计　鲁　娟
出版发行　人民法院出版社
地　　址　北京市东城区东交民巷 27 号（100745）
电　　话　（010）67550691（责任编辑）　67550558（发行部查询）
　　　　　　65223677（读者服务部）
客 服 QQ　2092078039
网　　址　http://www.courtbook.com.cn
E - mail　courtpress@sohu.com
印　　刷　保定市中画美凯印刷有限公司
经　　销　新华书店

开　　本　787 毫米×1092 毫米　1/16
字　　数　498 千字
印　　张　27.75
版　　次　2024 年 4 月第 1 版　2024 年 10月第 2 次印刷
书　　号　ISBN 978 - 7 - 5109 - 4132 - 0
定　　价　98.00 元

#《双百优秀裁判文书的形与神——裁判思路与说理技巧》编辑委员会

前　言

裁判文书是人民法院代表国家依法行使审判权、适用法律解决纠纷的载体，是明确当事人法律权利义务的重要形式，直接体现国家强制力，具有高度的严肃性和权威性，其质量集中反映了人民法院的司法能力和司法水平。法官制作裁判文书必须严格依据事实和法律，时刻保持高度的责任心，严谨规范、精益求精。优秀裁判文书能以案释法，既体现法律尺度，又展现司法温度；既反映法官的法律专业功底，又展示法官论证说理的能力以及语言组织能力，在解决争议、化解矛盾纠纷的同时，明确法律规则和价值导向，增强社会对司法裁判的认同感和对公平正义的获得感，形成与社会道德建设、社会主义核心价值观的有效共振。

最高人民法院始终高度重视裁判文书质量，自 2018 年以来持续开展全国法院"百篇优秀裁判文书"评选活动，通过层层选拔，甄选出了一批政治效果、法律效果和社会效果相统一的优秀裁判文书。获奖裁判文书来自全国各级法院，覆盖刑事、民事、行政、赔偿、执行等各种类型。为充分展现人民法院裁判文书制作水平，全方位发挥精品文书的引领示范作用，最高人民法院于 2022 年出版了《双百优秀裁判文书的形与神——裁判思路与说理技巧丛书》，收录了第一届、第二届、第三届获奖的裁判文书，社会反响良好。在此基础上，本书选取了第四届、第五届获奖的裁判文书，作为《双百优秀裁判文书的形与神——裁判思路与说理技巧丛书（第二辑）》，更为集中展示优秀获奖文书的裁判要旨、撰写心得、专家评析等重要而有价值的内容，展现人民法官的裁判思路，分析说理技巧，帮助读者剖析优秀裁判文书的“形”与“神”，以供全国法律从业者学习参鉴。

编者

2024 年 4 月

目　　录

第一编　商事类

第一章　担保

第二章 商事合同

第三章　金融借款

第四章　出资

第五章　股权

第七章　损害公司利益

第八章 合伙

第九章 破产

第十章 证券

第十一章　保险

第十二章　票据

第十三章　执行异议之诉

第二章　商标权权属、侵权

第三章 专利权权属、侵权

第四章　植物新品种权

第五章　不正当竞争和垄断

第一编 商事类

第一章 担保

1. 恒生银行有限公司与上海天盛仓储有限公司、林某某保证合同纠纷案*

【关键词】

非对称管辖协议 跨境担保 准据法 强制性规定

【裁判要旨】

在跨境担保合同纠纷案件中，出借人与担保人签订的非对称管辖协议，不存在违背意思表示自由、显失公平的情形，应认定有效。

内地公司法定代表人签订的跨境担保合同，应适用公司登记地法即内地法审查代表权限。在内地已取消跨境担保登记生效要件的背景下，应适用当事人约定的域外法审查担保合同争议，但对于已进入破产程序的内地公司，债权人可主张的破产债权范围应依据《企业破产法》予以确定。

一、简要案情

2015年6月22日，恒生银行有限公司（我国香港特别行政区公司，以下简称恒生银行）与南浦（香港）投资有限公司（我国香港特别行政区公司，以下简称南浦公司）签订《授信函》，约定恒生银行向南浦公司提供循环贷款

* （2019）沪74民初127号。

额度6000万港元的授信，利率为香港/伦敦银行同业拆借利率或银行的资金成本加年利率2.25%（以较高者为准）。同年6月26日，恒生银行向南浦公司转账6000万港元。

2016年12月7日，恒生银行又与南浦公司签订《贷款协议》，约定恒生银行为南浦公司提供1.75亿港元的定期贷款授信，利率为利差（年利率3.5%）加香港特别行政区银行同业拆借利率，若债务人未能在到期日支付其在融资文件项下所应付的任何款项，则未付款项从到期日起至实际支付日的利息的利率按照应付年利率上浮3.5%。同年12月9日，恒生银行向南浦公司转账1.75亿港元。

上海天盛仓储有限公司（以下简称天盛仓储公司）系注册于内地的公司，为南浦公司的全资子公司。天盛仓储公司向恒生银行出具担保函，为南浦公司的前述债务提供担保。担保函约定：担保人无条件且不可撤销地承诺，将就满足恒生银行所提出的支付担保款项的要求承担共同及个别责任；担保人应作为主要债务人，与主债务人就支付担保承担共同责任。担保函由张某某作为法定代表人签名并加盖天盛仓储公司公章。南浦公司出具书面决议，同意天盛仓储公司签署该担保函。《天盛仓储公司担保函》约定适用我国香港特别行政区法律并接受香港特别行政区法院非排他性的管辖权。

林某某系我国香港特别行政区居民，为南浦公司董事之一。林某某先后向恒生银行出具两份担保函，为南浦公司的前述债务提供担保。其中2015年出具的担保函约定适用我国香港特别行政区法并接受我国香港特别行政区法院非排他性的管辖权。2016年出具的担保函约定适用我国香港特别行政区法并约定我国香港特别行政区法院的管辖权，具体内容为：（1）受下述（3）段落的规定限制，香港特别行政区法院对解决因本协议而产生的任何争议具有专属管辖权。（2）双方约定以香港特别行政区法院作为解决双方争议的最合适和最便利的法院，就此各方毫无异议。（3）本第19.1条款的目的仅为保护贷款人的利益。因此，不得阻止贷款人向其他有管辖权的法院同时提起与争议相关的诉讼。

因借款人及担保人未履行合同义务，恒生银行以南浦公司及林某某为被告向我国香港特别行政区法院提起诉讼，香港特别行政区高等法院分别于2019年8月8日、10月15日作出判决，部分支持了恒生银行的诉请。因南浦公司及林某某仍未履行合同义务，故恒生银行向上海金融法院提起诉讼，请求判令天盛仓储公司、林某某就南浦公司欠付的定期贷款本金5 328 000港元、利息 69 945. 72 港元及逾期利息，以及循环贷款本金 17 613 000 港元、利息 217 381. 03 港元及逾期利息承担连带还款责任，同时承担恒生银行为实现债权而支出的其他费用。案件审理过程中，天盛仓储公司于 2020 年 2 月 13 日被裁定破产清算。

二、撰写心得

（一）充分说理论证是优秀裁判文书的必备要素

与一般案件相比，涉外、涉我国港澳台地区案件裁判文书的撰写需特别重视准据法的认定以及域外法的查明及适用。精准确定准据法是准确适用法律进行实体审理的前提。本案为跨境担保合同纠纷，内地公司的法定代表人向我国香港特别行政区公司出具担保函，为我国香港特别行政区债务人提供担保，担保函中约定适用我国香港特别行政区法律，案件审理过程中担保人进入破产程序。内地公司是否承担担保责任以及责任范围的认定，涉及以下准据法的认定争议：一是公司代表人是否有权代表公司对外签订合同的准据法认定。对此，司法实务中大致包括三种观点：（1）法人属人法，认为该事项属于公司的行为能力问题，应适用《涉外民事关系法律适用法》第 14 条第 1 款“法人及其分支机构的民事权利能力、民事行为能力、组织机构、股东权利义务等事项，适用登记法法律”的规定；（2）代理行为地法，认为该事项属于代理问题，应适用《涉外民事关系法律适用法》第 16 条第 1 款“代理适用代理行为地法律”的规定；（3）合同准据法，认为不应将公司代表人代表权限问题与合同效力问题予以分割并适用不同的准据法予以认定，而应一体适用合同准据法。二是案涉跨境担保合同本身的争议，包括合同的订立、效力、违约责任等的准据法。本案担保属于未按规定办理登记手续的“内保外贷”，其是否属于《涉外民事关系法律适用法》第 4 条所规定的有强制性规定的情形，可否以当事人约定的我国香港特别行政区法律为准据法，司法实践中仍存有争议。三是担保人在案件受理后进入破产清算程序，因此本案还涉及确定破产债权范围的准据法认定。面对前述争议，本案在裁判文书中详细阐述了准据法的认定过程及考量因素，在此基础上依据准据法对实体问题作出判断。

对于适用域外法的案件，需准确查明以及适用域外法。本案最终适用我国香港特别行政区法律认定担保人的担保责任。我国香港特别行政区法律下涉及担保的相关制度安排不同于内地法律，特别是有关担保责任的承担形式，包括共同的、个别的、共同及个别的责任，责任形式的认定涉及原告是否可以直接向担保人主张权利等判断。本案还需审查银行与当事人约定的利息及违约利息是否违反我国香港特别行政区法律下的相关规定。为此，合议庭结合当事人提交的法律意见书，在查明本案相关的香港特别行政区成文法律及判例法的基础上，对本案作出了裁判。在撰写裁判文书时，在事实查明部分公开了当事人提交的有关域外法查明的法律意见书，在裁判理由部分详细论述了对于当事人提交意见的采纳情况，法院自主查明域外法的内容以及适用法律作出判断的过程，通过裁判文书的透彻说理增强判决的可接受度。

（二）树立规则是优秀裁判文书的价值追求

一篇优秀的裁判文书，不仅需要解决个案纠纷，更需明确裁判规则。本案中，原告恒生银行与被告担保人之间签订有非对称管辖条款，原告已在我国香港特别行政区法院起诉担保人并获部分胜诉判决，在此情况下，原告又在内地法院提起本案诉讼，内地法院是否具有管辖权，涉及非对称管辖协议的效力、非对称管辖协议是否具有排他性等管辖争议。本案判决时，我国并无专门针对非对称管辖协议的相关规定。关于该类型管辖协议的效力，即使符合《民事诉讼法》《最高人民法院关于适用〈中华人民共和国民事诉讼法〉的解释》规定的诉讼行为效力要件，以及《民法典》规定的合同行为效力要件，但因非对称管辖协议往往约定“弱方”只能在“强方”选择的法院起诉，而“强方”可向其他各法院起诉，故易被认为“不公平”，违背弱者保护原则，故对该条款的效力认定存在争议。比较法上也有国家否认非对称管辖协议的效力。此外，关于非对称管辖协议对于享有选择权的主体而言是否具有排他性，亦存在争议。有观点认为，非对称管辖协议属于特殊的排他性管辖条款，在债权人选择起诉法院后，被选择法院享有排他性管辖权。

基于法律适用规则的缺失以及实践中存在重大争议，本案对于该问题的处理意见具有探索性和规则树立意义。因此，虽然本案被告均未提出管辖权异议，但本案在裁判文书中就本案的管辖权问题进行了专门论述。本案审理法院认为，在跨境担保合同项下，非对称管辖协议对于融资各方当事人都有实益，不存在违背意思表示自由、显失公平的情形，并无倾斜保护一方当事人的必要，应尊重当事人的意思自治，认可非对称管辖协议的效力。此外，从案涉非对称管辖协议的文义表述，以及最大限度地降低债务执行风险的订约目的角度出发，法院认为，非对称管辖协议对于享有选择权的主体提起的诉讼不具有排他性，原告已在我国香港特别行政区法院提起诉讼不影响内地法院行使管辖权。

裁判文书的受众包括案件当事人、法律职业人以及社会公众。在案件涉及疑难复杂尚未达成共识的法律适用问题时，通过裁判文书亮明司法观点并公开论证过程，不仅有助于增强当事人对于判决的认可度，增强裁判文书的公信力，还有助于引起法律职业人对争议问题的关注、研讨，促进裁判规则的统一。

（周欣，上海金融法院法官）

三、专家评析

在当事人约定一方当事人可以从一个以上国家或地区的法院中选择某国或某地区法院提起诉讼，而另一方当事人仅能向一个特定国家或地区的法院提起诉讼，这种协议被称为非对称管辖权协议，不同国家和地区对其法律效力之认定有分歧。实践中，一方当事人常以显失公平为由主张该管辖协议无效。对此应当根据个案之情形予以判断。本案为涉我国香港特别行政区案件，在本案中，当事人在订立担保合同过程中并无欺诈、胁迫等行为，也不存在陷入危困状态、缺乏判断能力等显失公平之情形。担保方也不属于消费者或劳动者等需要特别保护的对象。因此，人民法院应当认定本案中的管辖协议有效。本案判决时，我国尚未有专门针对非对称管辖权协议效力认定的规定，上海金融法院在本案中的实践具有典型意义。2021 年 12 月，最高人民法院发布《全国法院涉外商事海事审判工作座谈会会议纪要》，其中规定：涉外合同或者其他财产权益纠纷的当事人签订的管辖协议明确约定一方当事人可以从一个以上国家的法院中选择某国法院提起诉讼，而另一方当事人仅能向一个特定国家的法院提起诉讼，当事人以显失公平为由主张该管辖协议无效的，人民法院不予支持；但管辖协议涉及消费者、劳动者权益或者违反民事诉讼法专属管辖规定的除外。上海金融法院在该案中对非对称管辖权协议效力认定的裁判规则得到了最高人民法院司法文件的支持。

本案除了涉及非对称管辖权协议的效力认定之外，还涉及跨境担保领域诸多司法难点问题，包括未经批准、登记的内保外贷是否违反强制性规定；涉及公司担保能力争议可否适用当事人约定的准确法；担保人破产情形下准据法的认定及适用等。该案审理中着重分析法律关系性质，根据不同法律关系所指向的冲突规范适用不同法律作为准据法。具体而言，对于内地公司法定代表人签订的跨境担保合同，适用公司登记地法即内地法审查代表权限，并进而认定担保是否对公司发生效力；对于担保合同争议，本案在论证内地已取消跨境担保的登记生效要件，适用当事人约定的我国香港特别行政区法律并不损害内地社会公共利益的基础上，适用香港特别行政区法律审查担保合同的成立、效力、履行以及违约责任等争议；对于已进入破产程序的内地公司，适用《企业破产法》认定境外债权人可主张的破产债权范围以及破产财产的分配顺序等事项，体现了审理的专业化。对于案件中需适用我国香港特别行政区法律的部分，合议庭通过多种途径检索、查明香港特别行政区法律的相关法条与判例，在此基础上对于香港特别行政区法律下金融借款利率保护限制、担保函性质、担保责任承担方式及范围等问题作出认定，依法保护了恒生银行的合法权益。该案的审理有助于打造国际化金融商事争议解决机制，营造法治化营商环境。

（点评人：杜涛，华东政法大学教授）

（2019）沪 74 民初 127 号裁判文书原文

2. 赵某某与本溪实华新世界物业管理有限公司抵押权纠纷案*

【关键词】

抵押权行使期间　主债权诉讼时效

【裁判要旨】

抵押权是担保物权，不适用诉讼时效制度，只存在行使期间问题。依据《民法典》第 419 条的规定，该行使期间与主债权诉讼时效期间相同，随着主债权诉讼时效中断、中止而变化。

在担保物权人初始提起申请实现担保物权特别程序而被人民法院裁定驳回的情况下，只要担保物权人后续并未明显不合理地迟延向人民法院提起诉讼，则其初始提起申请实现担保物权特别程序的时间，应当认定为行使担保物权的时间，而不能简单以提起担保物权诉讼的时间作为担保物权人行使担保物权的时间。

一、简要案情

2014 年 9 月 12 日，赵某某与实华房地产公司签订《抵押借款合同》，约定实华房地产公司向赵某某借款 5000 万元，借款期限 12 个月，即自 2014 年 9 月 12 日至 2015 年 9 月 11 日。同日，实华物业公司（抵押人）与赵某某（抵押权人）签订《本溪市房地产抵押合同》，由实华物业公司以案涉房产提供抵押担保，约定抵押担保范围包括《抵押借款合同》项下的全部贷款本金、利息以及实现抵押权的全部费用，约定抵押担保期限为 2014 年 9 月 12 日至 2015 年 9 月 12 日。双方于 2014 年 9 月 12 日办理了抵押权登记。案涉房产截至目前共设立了 9 位抵押权人，其中赵某某是第三顺位抵押权人，抵押担保金额 5000 万元。

借款到期后，赵某某于 2016 年 10 月 18 日以实华房地产公司为被告提起

---

* （2020）最高法民再 110 号。

诉讼，要求实华房地产公司偿还借款5000万元及利息并承担律师费，但未在该案中主张对案涉房产行使抵押权。2017年1月17日，一审法院作出（2016）辽05民初30号民事判决，支持赵某某诉请。2017年2月，赵某某依据一审法院前述生效民事判决，向该院申请执行。2017年6月6日，赵某某向辽宁省本溪市平山区人民法院提出申请，申请对案涉房产进行拍卖，以实现其担保物权，该院于2017年11月6日立案，并于2018年7月9日作出（2017）辽0502民特55号民事裁定，驳回赵某某的申请。赵某某继而于2018年7月24日向一审法院提起本案诉讼，请求：（1）确认赵某某对实华物业公司所有的案涉房产享有抵押权。（2）赵某某对实华物业公司为实华房地产公司设定抵押的案涉房产享有优先受偿权。

一审法院认为，案涉抵押权已设立，实华房地产公司不履行到期债务，赵某某有权就案涉房产优先受偿。案涉房产折价或拍卖、变卖所得的价款应优先偿付第一和第二顺位抵押担保范围的债务后，再由赵某某在（2016）辽05民初30号民事判决所确认的债务范围内行使优先受偿权。关于实华物业公司主张赵某某未在主债权诉讼时效期间行使抵押权故其权利应不予保护的问题，因一审法院在2017年1月17日以（2016）辽05民初30号民事判决对实华房地产公司所应给付的款项进行最终确认，赵某某在此后的2年内行使担保物权，符合《最高人民法院关于适用〈中华人民共和国担保法〉若干问题的解释》（已废止，以下简称《担保法解释》）第12条的规定，应当予以支持。赵某某于2018年7月24日向人民法院提起实现担保物权的诉讼，并未超过行使担保物权的期限，故对实华物业公司的该项主张不予支持。一审法院判决：赵某某对实华物业公司的案涉房产享有抵押权；赵某某有权就案涉房产折价或者以拍卖、变卖所得的价款优先受偿。

实华物业公司不服一审判决，上诉请求：（1）撤销一审判决；（2）驳回赵某某的诉讼请求。

二审法院认为，本案二审主要争议焦点为赵某某提起的抵押权诉讼是否已经超过法律规定的诉讼时效。案涉借款合同与抵押合同互为主从合同，根据《民法通则》（已废止，下同）第135条[①]的规定，作为主合同的借款合同诉讼时效期限为自2015年9月12日起的2年期限，作为从合同的抵押合同申请司法保护的诉讼时效期限依法亦应为自2015年9月13日起的2年期限。赵

① 现为《民法典》第135条。

某某对借款合同主债权行使了诉权，主合同借款合同的诉讼时效因一审法院2017年1月17日作出民事判决并生效而终结。对于作为从合同的抵押合同的诉讼时效，《物权法》（已废止，下同）第202条[①]与《担保法解释》第12条的规定不一致，根据《物权法》第178条的规定，本案应当适用《物权法》第202条。赵某某于2018年7月24日在一审法院提起行使抵押权诉讼，已超过法定2年诉讼时效。赵某某提起的借款偿还诉讼，已由一审法院实体审理并作出生效判决，其主债权实体权益已经得到一审法院司法保护，在对借款偿还诉权的行使上，主债权的诉讼时效因实体判决的作出及生效已经终结，不存在因提起该次诉讼引起诉讼时效中断而重新起算的情形。在诉讼时效问题的认定上，一审法院实际适用了《担保法解释》第12条，应依法予以纠正。二审法院判决：撤销一审判决；驳回赵某某的诉讼请求。

赵某某申请再审，请求撤销二审判决，确认其对案涉房产享有抵押权及优先受偿权。最高人民法院裁定再审本案并予以提审。

再审法院认为，抵押权是一种担保物权，担保物权人行使担保物权的方式和途径有多种。在担保物权人初始提起申请实现担保物权特别程序而被人民法院裁定驳回的情况下，只要担保物权人后续未明显不合理地迟延向人民法院提起诉讼，则其初始提起申请实现担保物权特别程序的时间，就应当认定为行使担保物权的时间。本案中，无论是以主债权诉讼时效期间的初始起算时点为准计算，还是以主债权诉讼时效中断后诉讼时效期间重新起算时点为准计算，赵某某行使抵押权的时间均未超过《物权法》第202条规定的期间。抵押权是担保物权，并不适用诉讼时效制度，只是依据《物权法》第202条的规定，抵押权行使期间以主债权诉讼时效期间为参照来计算，与主债权诉讼时效期间相同，随着主债权诉讼时效中断、中止而变化。二审判决立足于诉讼时效制度裁判本案，明显违背了抵押权不适用诉讼时效的传统民法理论。综上，再审法院判决：撤销二审判决；维持一审判决。

二、撰写心得

裁判文书是司法审判活动的最终载体，也是体现法官办案质量和司法能力的“名片”。裁判文书的质量，基本上取决于法官在承办案件过程中，事实查明是否清晰、争点问题归纳是否准确、裁判说理是否透彻。本案虽历经一

---

① 现为《民法典》第419条。

审、二审和再审，但实际上双方对于案件基本事实并无太大分歧，争议主要集中在法律适用方面，故本案裁判文书的重点在于辨法析理上。在本案文书的写作过程中，有如下三点体会。

（一）准确聚焦法律问题

作为最高审判机关，最高人民法院肩负着监督指导全国法院审判工作、确保法律正确统一适用的重要职能。作为最高人民法院的裁判文书，也应具有明确裁判规则、统一法律适用的价值。本案的核心争议实际只有一个，即抵押权人赵某某行使抵押权是否超过法定期间，而这又主要涉及对《物权法》第202条[①]的理解问题。《物权法》第202条将抵押权的司法保护期间与主债权诉讼时效挂钩。从字面上来看，《物权法》关于抵押权司法保护期间的规定不可谓不明确，但如果对该条作机械的理解，竟有可能得出“抵押权人在主债权经判决确定后再主张行使抵押权，人民法院不予支持”的结论，这显然并非立法本意。作为案件承办人，意识到本案核心争议所涉法律问题具有一定的规则意义后，要在案件的审理过程中始终注意聚焦该法律问题，结合法律规定进行充分论证，在此基础上提出既符合法律精神又切实可行的解决方案。因此，就像论文选题一样，能够善于发现并聚焦案涉典型法律问题，是制作一份优秀裁判文书的问题前提和论证基础。

（二）细致查明关键事实

司法裁判的过程，就是将逻辑三段论的演绎推理方式运用于司法审判的过程，即通过法律解释或法律补充确定大前提（法律规范），通过举证、质证和认证进而确定小前提（案件事实），将大前提预先设定的法律效果适用于该案件事实（结论）。在民事审判中，一个案子就是一个需要解决的问题或争议，要找出问题的答案，第一步就是确定小前提，即认定事实。一切裁判工作都建立在对事实认定的基础上，没有正确的事实认定，就不可能有正确公正的裁判，更枉论优秀裁判文书。要制作一份优秀裁判文书，法官首先必须仔细研究卷宗，反复推敲证据材料，根据证据材料尽可能真实地还原案件客观事实。同时，小前提的确定又不仅是一个寻求客观真实的过程，还是与大前提相对应的过程，具有法律规范评价性特点。从纯粹的客观事实到经审理查明的案件事实，必须以法律规范中的构成要件事实为指导。

本案中，对案件处理结果具有重大影响的关键事实是抵押权人赵某某行

---

① 现为《民法典》第419条所沿用，无修改。

使抵押权的时间，而这一时间点的确定又涉及对抵押权行使方式的认定。二审法院认为该时间为2018年7月24日，即赵某某向一审法院提起本案诉讼的时间，进而认定其行使抵押权已经超过法定期限。该案原审法院查明，在案涉主债权经生效判决确定后，赵某某曾向相关法院申请实现担保物权，法院于2017年11月6日立案，后裁定驳回赵某某申请，赵某某遂提起本案诉讼。承办人在广泛查阅法律规定、理论文章和既有裁判后确信，抵押权人行使抵押权的方式并不限于提起普通民事诉讼，通过特别程序申请实现担保物权亦属行使抵押权的一种方式。因此，赵某某向相关法院申请实现担保物权的时间点是本案的关键事实。实践中当事人向法院提出申请与法院立案受理往往存在一定的时间差，如果赵某某向法院申请实现担保物权的时间在2017年9月13日之前，即使按照二审法院的裁判思路，亦不应认定其行使抵押权已经超过法定期限。然而，一审、二审法院均未查明该时间。再审中，法庭依据经双方当事人质证的相关法院《接收诉讼材料收据》，查明了赵某某于2017年6月已向法院提出实现抵押权申请这一重要案件事实，为该案纠纷的实质性化解和裁判说理的适度把握奠定了基本事实基础。

（三）认真对待文书说理

裁判文书是法院与公众之间最直接的桥梁，说理则是裁判文书的灵魂和精髓。要撰写一篇好的裁判文书，必须认真对待文书说理。

1. 文书说理要针对争议。裁判文书说理首先是要说给当事人及其代理人，是为获得当事人及其代理人认同而进行的论述，所以应当围绕当事人之间的争议展开，对当事人及其代理人的意见逐项予以回应。在动笔撰写裁判文书之前，要认真细致地梳理当事人及其代理人的意见，并进行适当归纳总结，既要避免遗漏当事人及其代理人的意见，又要避免过于琐碎繁复。本案中，再审申请人赵某某列了三项申请再审的事实和理由，被申请人答辩理由也有三项，但实际上双方的意见都只围绕着一个核心争议焦点，即赵某某行使抵押权是否超过法定期间，本案文书说理也以此为中心展开。

2. 文书说理要逻辑周延。裁判文书既要告知裁判结果，也要论证并公示裁判过程，才能铸造司法公信。裁判文书写作的过程是法官证成个案判决的过程，好的裁判文书说理必须合乎逻辑，能够周密论证其缘何作出相应的事实认定、适用特定法律规则、作出判决主文。具体个案中，法官通常会根据查明的事实形成初步判断，再结合法律规范来校验初步判断是否符合相关法律构成要件，目光“在事实与规范之间往返流转”，最后形成自己的核心观点。在动笔撰写裁判文书之前，不仅要明确最终的裁判结果，还需要对核心裁判观点的理由做到心中有数，才能确保文书中当事人的诉辩意见、查明的事实、论证说理、裁判主文在逻辑上具有内在的一致性。

3. 文书说理要充分透彻。对法律的分析论证是文书说理的重要内容，争议焦点为法律问题时更是如此。法律条文的内容表述具有抽象性和概括性，故文书说理需要对相关法律条款进行解释，以明确法律规范的具体含义、立法精神、法理基础、构成要件，将法理分析寓于文书说理之中，充分、全面阐述形成相应裁判结果的法律理由，必要时还可以援引法理及通行学术观点。在所涉问题具有普遍法律适用指导意义的案件中，还应当注意在文书说理中对该问题作充分论述，进而提出解决方案，为今后类似案件提供规则指引。本案中抵押权人行使抵押权的方式较为特殊：首先，在主债权诉讼时效届满前，仅对债务人提起诉讼并获得支持，在该诉讼中并未主张行使抵押权；其次，通过申请实现担保物权特别程序主张行使抵押权，被裁定驳回申请；最后，以抵押人为被告提起普通民事诉讼程序，主张行使抵押权。此种情形下，抵押权人行使抵押权是否超过法定期间，涉及抵押权行使的方式、抵押权是否适用诉讼时效、主债权经判决确定后再主张行使抵押权是否受司法保护等一系列问题，实践中存在不同观点，本案文书对上述问题均予以正面回应，试图借此确立裁判规则，切实发挥最高人民法院统一法律适用的职能。

4. 文书说理要留有余地。司法具有能动性，但又不是万能的，不能指望通过一个个案、一篇裁判文书解决与争议焦点相关的所有法律适用争议问题。文书说理要适可而止、留有余地，要重点针对能够拿得准、有助于达成基本共识的问题作出表态，对于暂时不宜作出结论性意见的问题，要为后续进一步探讨留有空间；对于实践中有争议但与本案处理结果无关或者关联不大的问题，裁判文书一般不宜轻易表态。当然，“留有余地”并不是说对裁判观点的分析论证可以含糊其词，与“文书说理要充分透彻”并不矛盾。根据《宪法》《人民法院组织法》，作为国家审判机关行使审判权的唯一主体是人民法院，而非承办法官个人或者合议庭；裁判文书对外代表的是人民法院的司法观点，而非承办法官的个人观点。裁判文书的公文属性决定了无论是语言表达、规范格式还是裁判观点，裁判文书都不能过于“任性”。一方面，裁判文书说理必须在法律和文书样式所限定的框架之内进行，不能把裁判文书写成阐释个人见解的学术论文，更不能追求“个人特色”甚至“标新立异”。另一方面，对于一些存在争议、尚未能达成共识的法律问题，裁判文书、特别是最高人民法院的裁判文书要慎重表态，说理应保留开放性，必要时也可刻意“留白”处理。本案中，无论从哪个时间点开始计算，抵押权人行使抵押权均未超过法定期间，一个更值得探讨的问题是：如果抵押权人在主债权经裁判后很长时间仍未行使抵押权，人民法院是否仍应予以保护，理论和实务界对此存在不同观点。一种观点认为，主债权在经法院裁判后应不再计算诉讼时效，抵押权的司法保护期间也不再继续计算，抵押权将一直受法律保护；[1] 另一种观点则认为，经裁判确定的主债权也应在申请执行时效期间内对债务人申请强制执行，否则将失去国家强制力的保护，基于抵押权的从属性，抵押权人仍应在主债权申请执行时效期间内行使抵押权。本案合议庭和专业法官会议在这个问题上进行了深入探讨后，倾向于第二种观点。但由于该问题与本案处理结果无关，裁判文书在说理中保持了克制，并未就此表明意见，而是将该问题留待当时正在拟议起草的有关司法解释来解决。

（邵中林，最高人民法院法官）

三、专家评析

本案是一个颇具研究价值的案例，案件争议涉及抵押权的司法保护期间（或称抵押权行使期间）的问题。

抵押权为典型的担保物权，《担保法》（已废止）对于担保物权的行使期间并无限制。鉴于担保物权的长期存续不利于发挥担保物的经济效用，《担保法解释》从实践需要出发，借鉴日本和我国台湾地区的相关规定，在第 12 条第 2 款对担保物权的存续期间作出了规定，即“担保物权所担保的债权的诉讼时效结束后，担保权人在诉讼时效结束后的二年内行使担保物权的，人民法院应当予以支持”。物权法起草过程中，各界基本一致认为抵押权不能永续存在，但对于如何设定抵押权的存续期间，存在多种不同方案，最终《物权法》第 202 条规定：“抵押权人应当在主债权诉讼时效期间行使抵押权；未行使的，人民法院不予保护。”

然而，时间的经过对于抵押权效力究竟有何种影响，仍然是个值得讨论的问题。抵押权为物权，本身并不适用诉讼时效期间或者除斥期间。但抵押权又为担保主债权实现而存在，从属于主债权，时间的经过对于主债权的影响必然及于抵押权。主债权因罹于时效而效力减损之时，抵押权自然也不能

---

① 参见曹士兵：《中国担保制度与担保方法》，中国法制出版社 2017 年版，第 303 页。

再维持其本来的效力状态。就此而言，《物权法》第 202 条将抵押权司法保护期间与主债权诉讼时效期间挂钩确有合理性。诉讼时效制度存在的意义，在于督促权利人依法及时行使权利。当债权人就主债务人取得胜诉裁判之后，主债权诉讼时效的使命已经完成，此时再行使抵押权是否属于"在主债权诉讼时效期间"行使，不无疑问。本案再审判决对该问题作出了明确回应：在担保物权人初始提起申请实现担保物权特别程序而被人民法院裁定驳回的情况下，只要担保物权人后续未明显不合理地迟延向人民法院提起诉讼，则其初始提起申请实现担保物权特别程序的时间，就应当认定为行使担保物权的时间。本案再审判决所确立的规则，对于类似案件的处理具有较强的指导作用。也许是受本案再审判决启发，此后出台的《最高人民法院关于适用〈中华人民共和国民法典〉有关担保制度的解释》第 44 条从司法解释层面就此作出规定，明确债权人就主债务人的胜诉裁判中的权利实现受到执行时效的约束。

总体而言，本案再审判决格式规范、语言流畅精练，认定事实清楚、适用法律正确，论证逻辑严密、说理透彻充分，是一篇非常优秀的裁判文书。

（点评人：孙宪忠，中国社会科学院学部委员，中国社会科学院法学研究所一级研究员，中国社会科学院大学特聘教授）

（2020）最高法民再 110 号裁判文书原文

第二章　商事合同

3. 河南某粮库与洛阳某科技有限公司等合同纠纷案*

【关键词】

民事　虚假贸易企业融资　以合法形式掩盖非法目的　过错责任

【裁判要旨】

在大宗商品贸易过程中，有多个市场主体参与，相互之间签订多份没有真实货物交易的买卖合同，外观上是以闭环式的循环贸易方式进行交易，实质上是企业间融资关系。根据原《合同法》第 52 条第 3 项规定，应认定为以合法形式掩盖非法目的，合同无效。

一、简要案情

2013 年 4 月 24 日，洛阳某科技公司（买方）与河南某粮油公司（卖方）签订《粮食采购合同》，购买玉米 13 000 吨，单价为 2300 元/吨，合同总价款为人民币 2990 万元。同日，洛阳某科技公司（卖方）与河南某粮库（买方）签订《销售合同》，将玉米销售给河南某粮库，单价为每吨不低于 2392 元，合同总价款为人民币 3109. 6 万元。同日，河南某粮库（卖方）又与河南某农业公司（买方）签订《销售合同》，销售单价为每吨不低于 2412 元，合同总价款人民币 3135. 6 万元，将上述合同约定的同一批玉米最终转卖给河南某农业公司。赵某是玉米最初出卖人河南某粮油公司的实际控制人，也是玉米最终买受人河南某农业公司的法定代表人。

2013 年 7 月 16 日，河南某粮库向洛阳某科技公司出具《粮食入库凭证》一份，载明收到洛阳某科技公司玉米 13 000 吨，单价 2392 元/吨，合计价值

---

* （2019）豫民再 800 号。

3109.6万元。同年11月25日，洛阳某科技公司向河南某粮库开具相应发票。2014年1月17日，河南某农业公司、赵某分别出具连带责任担保书，自愿为河南某粮库（债务人）提供连带责任保证，以担保债务人履行主合同约定的义务，并确认债务人应于2014年1月10日向甲方支付货款共计3109.6万元，如债务人未按合同约定履行付款义务，担保人对债务人的全部债务（包括但不限于借款本金、利息、违约金、诉讼费和律师代理费等）承担连带保证责任。之后，河南某粮库、河南某农业公司、赵某均未向洛阳某科技公司支付相应货款或者承担保证责任。另外，2013年10月9日、2014年2月17日，洛阳某科技公司两次向河南某粮库发出《企业询证函》，载明售出商品为13 000吨玉米，销售金额为3109.6万元，应收账款3109.6万元，并且河南某粮库在该两份《企业询证函》上均盖章确认数据无误。

资金流转情况：2013年7月11日，洛阳某科技公司向河南某粮油公司银行转账2990万元，同日，河南某粮油公司向河南某农业公司银行转账2990万元，同日，河南某农业公司转回洛阳某科技公司银行转账3042万元，用于偿还之前欠款。

2016年12月27日，洛阳某科技公司向法院起诉请求：（1）河南某粮库向该科技公司支付货款3109.6万元，从合同约定的付款日期至实际付款之日止按逾期付款金额及时间每日按0.05%支付违约金，暂计算至2015年1月9日违约金为5 675 020元；（2）河南某农业公司、赵某对上述款项承担连带清偿责任。

本案的焦点为：（1）案涉交易的性质及合同效力问题；（2）河南某粮库、河南某农业公司、赵某的责任问题。

二、撰写心得

笔者认为，裁判文书是司法裁判的重要载体，也是整个司法程序和审判成果的结晶。法官难当，原因主要在于裁判文书不好写，写出好的裁判文书就更是难上加难了。现将笔者撰写（2019）豫民再800号民事判决书的一些心得作一梳理和归纳，具体介绍如下。

（一）做好撰写裁判文书之前的准备工作

在撰写裁判文书之前，首先要认真思考，厘清头绪，打算在判决中说些什么，以及采用什么方式去表述。详细梳理诉讼材料，明确诉讼争议焦点，确定裁判文书的裁判范围，是法官在撰写裁判文书之前需考虑的重要内容，做到心中有数。从写作习惯的角度来说，草拟提纲有利于厘清思路。提纲形式大概可以写明：(1) 撰写裁判文书的要点清单；(2) 检索同类型案例并归纳相关裁判观点；(3) 列出重要的案件事实、争议焦点。

(二) 撰写裁判文书要准确归纳争议焦点、论证有力，且实际解决争议

法官在撰写裁判文书时，根据需要应随时审阅卷宗材料，特别是某项关键性证据更应该严格审核判断，这样有助于法官重温庭审中的重要争点和论据，以保证裁判观点的正确性。案件争议焦点的准确归纳是写好裁判文书的基础。如何归纳争议焦点决定着下一步如何组织材料以及适用什么法律。案件争议焦点的归纳要尽可能简明扼要，且避免与当事人之间的立场之争混在一起。在这个问题上，法官撰写裁判文书时避免受制于当事人或其委托诉讼代理人的分析意见。除非该分析意见对裁判结果至关重要，否则他们提出的分析与争点未必都要体现在裁判文书之中。严格按照最高人民法院发布的《民事诉讼文书样式》撰写裁判文书。只有按照文书样式撰写才能体现出裁判文书的规范性和严肃性，同时也可以增加当事人和公众对裁判的信服力。有人说："裁判文书的样式就像法官的制服，严肃、统一的制服能够淡化个人色彩、彰显公权力。"

(三) 好的裁判文书强调说理性

作为一名法官，其主要职责就是对诉讼当事人之间的争议作出公正的裁判。裁判文书承载着司法的公平与正义。俗话说，有理走遍天下，无理寸步难行。撰写裁判文书最核心的内在要求就是要说理。裁判文书说理越透彻、论证越严谨，就越能展现法官清晰的法律逻辑，就越能减少因裁判文书内容混乱引起的当事人不满，造成上访、闹访事件。证据是诉讼的关键所在，也是法院认定法律事实的前提，它直接关系着当事人案件的胜败与否，直接决定着法官如何判案，因此法官需要认真分析和审查当事人提供证据的合法性、客观性、关联性和证明力等，并在裁判文书中予以充分表述。

(四) 撰写裁判文书要层次清晰、行文流畅，避免错别字、病句等低级错误

无错别字、语句通顺是裁判文书的基本要求。裁判文书出现低级错误是"致命的"，它会降低司法的公信力，会使当事人对法官的工作能力产生怀疑。一份出现低级错误的裁判文书是无法赢得当事人和公众对司法判决的信任的。尽管审判任务日益加重，案多人少的矛盾凸显，但仍然要把责任心放在第一位，法官必须认真对待自己所承办的每一件案件，认真撰写每一份裁判文书，一份裁判文书只有做到“简、切、明、尽、正”，才能起到息事宁人、化解矛盾的作用。

（五）法官需要不断学习新法律、新知识，才能在裁判文书中正确引用法律条文

只有正确引用法律条文才能积极引导当事人正确地了解法律、提升公民的法律信仰。当事人之间因产生纠纷并诉至法院，其行使的是法律赋予的权利，寻求的是法律保护的合法权益。当事人为寻求自己的利益，必定各自讲述对自己有利的诉讼理由与主张，这也是他们寻求司法解决纠纷的主要原因，法官审理案件的依据却不是当事人各自讲述的理由，而是法律及法律背后的价值。随着我国法治建设的不断推进，一些不符合现代司法理念的规定渐渐被删去或替换，一些解决新型纠纷、新型案件的法律相继出台，法律规定越来越完善，因此法官需要不断学习新颁布的法律、法规及司法解释，了解法律的最新规定，正确引用法律条文，确保裁判文书的质量。

另外，《司法反思录》一书中对如何写出好的裁判文书给出的11条建议：（1）别滥用术语，多用浅显平实的语言表达；（2）把理性的外行人作为预设读者，少用大段的引文、冗长的脚注、重复的论证和浮夸的文字；（3）把判决依据说清楚；（4）在裁判文书末尾再宣布决定（维持原判、撤销判决或发回重审等）；（5）如果合议庭意见不一致，不要在多数方意见书中提及异议意见；（6）除了人尽皆知的术语外，尽量避免使用缩写；（7）不用脚注，尤其是与反对方“争论”的脚注，如果脚注内容确实重要，就写入正文；（8）在将裁判文书初稿提交同事传阅之前，应当确保每个语句字词、每个标点符号都必不可少，坚决删除那些可有可无的内容；（9）确定自己阅读过裁判文书援引的每个法条等；（10）避免在裁判文书中炫耀学识，但要写入影响自己判断的关键因素；（11）文风应当务实而坦诚，不要“端”着，更不要“装”①。笔者认为，上述建议同样值得我们借鉴。

（卞亚峰，河南省高级人民法院法官）

---

① 参见［美］理查德·波斯纳：《波斯纳法官司法反思录》，苏力译，北京大学出版社2014年版。

三、专家评析

（2019）豫民再800号民事判决书，结构完整、叙事清晰、说理性强、详略得当，能够围绕再审程序中当事人争议的焦点问题从事实层面和法律层面展开论述，详细阐述了裁判理由，能够让读者一目了然。

（一）从判决书的整体上看

1. 本案纠纷涉及买卖合同关系与融资合同关系的交叉认定等复杂问题。（2019）豫民再800号民事判决书以案件当事人争议的基础法律关系为主线，合理安排布局，使人读后既能清楚地了解诉讼的发生与发展过程，又能了解当事人在各诉讼阶段所提出的具体主张，以及法院认定的基础事实。在论述判决理由部分，该判决书抓住“厘清无真实货物交付与无真实货物交易”这一核心问题，在大宗商品贸易过程中，有多个市场主体参与，相互之间签订多份没有真实货物交易的买卖合同，外观上是以闭环式的循环贸易方式进行交易，实质上却是以这种形式掩盖企业间的真实融资。最终认定本案既不属于典型的买卖合同法律关系，也不属于典型的借款合同法律关系，定性为循环贸易式融资法律关系，符合法律关系本质。对循环贸易中融资行为的法律关系进行准确定性，对各方的责任进行准确分析确定。文书贯彻穿透式审判思维，证据推理逻辑严密，是一篇很好的裁判文书。

2. 该判决书格式规范，符合最高人民法院发布的《人民法院民事裁判文书制作规范》的要求，对双方主张意见归纳概括较为明确具体。因此，该判决书不仅书写要素全面、逻辑清晰，而且该判决书的撰写及裁判说理层次清晰、论述严谨、行文详略安排得当。

（二）从审判实践经验看

如何在各方均不如实陈述案件事实的情况下发现案件事实真相需要法官的专业知识和审判经验，这也是本案处理的难点所在。洛阳某科技公司、河南某粮库、河南某农业公司、河南某粮油公司四方以签订买卖合同的形式掩盖企业间的融资交易，根据上述各方签订的合同和资金流水看，每一个交易环节好像都是真实的，但将这些环节联系起来就容易发现事实真相。作为民事审判领域的法官，除了需要具备准确认定事实和适用法律的能力之外，还需要加强审判经验的总结，以期在纷繁复杂的证据、当事人陈述等情况发现案件事实真相，还原事实真相，该判决书就是在这种情况下，尤其是四方当事人隐瞒其真实意思的情况下作出的，难能可贵。总之，本判决书是一篇不错的再审裁判文书，如果在行文中能进一步推敲，让文字更加简洁一些，就更好了。

（点评人：刘冠华，河南省高级人民法院副院长）

（2019）豫民再800号裁判文书原文

4. 程某与交通银行股份有限公司吉林荣邦支行、姜某、孙某储蓄存款合同纠纷案*

【关键词】

储蓄存款合同认购理财产品　到期回赎

【裁判要旨】

当事人对己方主张的事实成立负有举证证明责任，对当事人主张的储蓄金额，应对账户存取款交易明细进行核实，对银行账户交易流水单所记载的内容作出正确理解。当事人否认其账户的销户手续为其本人办理，主张销户凭单上的签名不真实，但不配合司法鉴定、拒绝提交检材，致使案涉争议事实无法通过司法鉴定予以认定，由此产生的不利后果应自行承担。

一、简要案情

程某在交通银行开立有尾号 4103 的账户（以下简称 4103 账户）。2015 年 6 月至 11 月，程某多次使用该账户认购交通银行的理财产品。2017 年，程某以存入交通银行的多笔钱款丢失为由提起诉讼，请求判令：（1）交通银行偿付程某存款本金 19 万元及利息；（2）交通银行支付程某全部诉讼费、交通费、文印费、误工费及律师代理费共计 214 798.71 元；（3）判令孙某、姜某承担连带责任。

诉讼中，程某主张曾于 2015 年 6 月存入 4103 账户两笔现金 9 万元，其中 6 月 14 日存入的 9 万元不知去向；另于 2015 年 8 月 16 日向该账户存入现金 5 万元，但没有交易记录，不知去向；4103 账户于 2016 年 2 月被违法销户，账户内的余额不知去向。

一审法院经审理，以程某主张的事实缺乏证据证明为由，判决驳回了其诉讼请求。程某不服，提出上诉。二审法院判决：驳回上诉，维持原判。程

* （2020）吉 02 民终 205 号。

某仍不服，申请再审，并不断上访。吉林省高级人民法院以原审认定事实不清，程序违法为由，指令再审。

再审查明事实如下：

2015年6月11日，程某向4103账户存入现金9万元，此款随后通过网银被划入交通银行“暂收款项—理财认/申购款待上划户”，并于2015年6月14日从交通银行“暂收款项—理财产品到期或赎回”账户退回到程某的4103账户，其间产生收益17.38元。程某于2015年6月17日用该笔9万元回款再次认购理财产品。2015年9月17日，理财产品到期，本金9万元及收益1088.88元退回至4103账户。当日，该账户新发生两笔存现业务（4900元和100元），合计5000元。此时4103账户余额为96 088.89元，程某办理一笔9.6万元的理财认购业务后，取现88元，账户余额为0.89元。该笔9.6万元理财产品于2015年9月20日到期退回至4103账户，于2015年9月23日被再次用于认购理财产品，最终于2015年12月24日到期退回4103账户，其中本金9.6万元，收益1064.68元。

程某于2015年8月11日存入4103账户一笔5万元现金，随后该款通过网银被划入交通银行“暂收款项—理财认/申购款待上划户”，并于2015年8月17日退回至4103账户，产生收益19.32元。2015年8月19日，该笔5万元回款被再次用于认购理财产品，并于2015年11月19日到期回赎，产生收益579.73元。

2016年1月12日，程某取现147 699.60元（包含上述两笔本金及收益）。

程某于2015年11月2日还存入4103账户一笔5万元现金，用于申购理财业务。该笔5万元于2015年11月7日自动退回4103账户，产生收益16.1元。2015年11月11日，该笔5万元回款被再次用于认购理财产品，并于2016年2月16日到期回赎至4103账户，产生收益571.37元。当日，程某办理了该账户的销户取款业务。业务凭单上“客户签名”处有程某的签字确认。

本案的主要争议焦点：（1）程某是否分别于2015年6月11日和14日向4103账户存入两笔现金9万元；（2）程某是否于2015年8月16日向4103账户存入现金5万元；（3）程某是否办理了4103账户的销户取款业务。

通过仔细核对程某多个账户存取款交易明细，以及4103账户的理财认购及回赎资金往来明细发现，程某因频繁使用多个账户办理理财业务，对存取款行为产生了记忆混淆，对银行账户交易流水单所记载的内容理解亦存在误区。首先，程某提供的 2015 年 6 月 11 日的多笔存取款记录，不足以证明当时具有交付两笔 9 万元资金的充足来源。其次，根据 4103 账户交易明细显示，程某于 2015 年 6 月 11 日存现 9 万元后，随即使用该款申购理财产品，故该笔 9 万元当日被划入交通银行“暂收款项—理财认/申购款待上划户”，后于 2015 年 6 月 14 日从交通银行“暂收款项—理财产品到期或赎回”账户退回到 4103 账户。由此可见，2015 年 6 月 14 日的 9 万元交易记录并非因新发生一笔现金存款业务产生，而是对应 2015 年 6 月 11 日申购理财产品的到期赎回业务所产生，与 2015 年 6 月 11 日的 9 万元实质是同一笔钱。再次，结合 4103 账户交易记录及银行监控录像来看，现有证据不能证明 2015 年 8 月 16 日程某曾去交通银行办理过 5 万元现金存款业务。最后，关于 4103 账户的销户取款问题。程某自述 2016 年 2 月 16 日去交通银行仅办理了 4103 账户的关闭业务，未办理销户业务。然而根据证据显示，4103 账户在 2016 年 2 月 16 日实际发生两笔业务，即品牌客户关闭和销户，两笔业务凭单上均有程某签名确认，字迹无明显差异，且两笔业务的办理时间间隔不足 15 分钟。程某未能提供充分证据证明 4103 账户的销户手续并非其本人办理。程某主张销户凭单上的签名不真实，但一审法院依其申请曾先后两次委托鉴定机构进行笔迹鉴定，均因程某不配合、拒绝提交检材而终止鉴定程序，致使案涉争议事实无法通过司法鉴定予以认定，由此产生的不利后果应由程某承担。综上，程某的诉讼主张终因证据不足，无法得到支持。

二、撰写心得

裁判文书是向公众展示人民法院司法公信的窗口，也是体现法官办案质量和司法能力的名片。一篇优秀的裁判文书，应当能够清楚展现案件的诉讼经过、准确归纳争议焦点、清晰认定案件事实、充分释法析理，让当事人能看懂、能理解，从而起到息诉服判、定分止争的作用。

（一）聚焦争点，精细核查证据

厘清案件主线脉络，精准归纳争议焦点是明确审判方向、提高庭审质效、查清事实、准确裁判的前提条件。围绕争议焦点，精细核查当事人有争议的证据并作出客观分析认定，则决定着裁判结果的走向。本案是一名普通储户通过银行账户频繁认购理财产品，在交易过程中对部分资金流向产生困惑、争议而引发的纠纷，双方当事人的争议焦点在于案件事实本身，而非法律适用。因此，精细核查交易明细，看懂、认清交易流水单记载内容，是最大限度还原客观事实的关键。本案中，程某为证明其在 2015 年 6 月时具有向 4103 账户存入两笔现金 9 万元的资金来源，提供了 2015 年 6 月 11 日当天的多笔存取款记录，但是仔细核查各笔存取款业务办理的时间、地点并结合其中一笔 87 799 元系当日先存后取的情况即可发现，上述存取款证据并不足以证明待证事实成立。而原审法院正是因为忽略了各笔存取款记录的时间先后性以及资金的关联性细节，径行将各笔取款金额简单叠加后认定程某当日取款合计 162 716. 87 元，与客观事实不符。另外，根据 4103 账户的交易明细显示，2015 年 6 月 14 日通过网银操作进入该账户的“9 万元”并非由新发生一笔现金存款业务产生，而是 2015 年 6 月 11 日申购理财产品的到期赎回款，即与 2015 年 6 月 11 日的 9 万元实质是同一笔钱。程某因频繁操作认购理财业务，又未看懂交易明细记载内容，银行亦未能对其作出透彻解释，导致程某对账户内的资金来源和去向产生混淆和误解，进而引发纠纷。

（二）拨开迷雾，清晰认定事实

事实认定是裁判的基础，应力求脉络清晰，层次分明。有些当事人为了向法官全面展现纠纷产生的来龙去脉，会提交大量与案件貌似存在关联实则无用的证据，发表意见时也会长篇大论，提及许多案件背后的琐碎事实，甚至在细枝末节的问题上大费周章。此时，法官应保持思路清晰，结合证据分析，通过去伪存真、去粗取精，按照一定的逻辑顺序来清晰认定案件事实，不求事无巨细，但求有的放矢、重点突出。本案再审查明的事实与原审认定的事实无异，但由于原审在事实认定方面缺乏逻辑性和连贯性，容易让人看得一头雾水，分辨不清真相。所以，笔者在撰写再审事实时，主要围绕争议焦点，按照时间顺序，以资金流向为脉络，客观完整描述了每笔理财资金从进账到出账的各个操作环节，形成闭环，不留缺口。

（三）表达准确，论理分析透彻

裁判文书具有严肃性，在语言文字的运用上，应力求用词准确、精练、无歧义，说理透彻，通俗易懂。如若语言表达模棱两可、似是而非或易产生歧义，则不仅无助于定分止争，反而会引起当事人不当联想，诱发更深层的矛盾，甚至将矛头转向法院。本案中，程某执意坚称曾存入 4103 账户两笔 9 万元现金，除了其自身未看懂银行交易流水记载内容产生误解外，原二审在描述案涉款项进账时的用词不当，亦是让程某诟病的重要因素。2015 年 6 月

14 日，通过网银操作进入程某 4103 账户一笔 9 万元，交易流水单载明该款系从交通银行“暂收款项—理财产品到期或赎回”账户退回的资金，但因原二审承办法官在描述款项进账时使用的是“存入”一词，导致程某更加执念于当日确有一笔 9 万元现金存款进账。所以，笔者认为，写好一篇裁判文书不易，不仅需要精心构思，而且需要反复不断打磨、斟字酌句地去雕琢、完善。

（四）挖掘问题，传递法治理念

裁判文书作为司法终端产品，亦有优劣之分。好的裁判文书，不仅能够在个案上实现定分止争，而且能够让更多的案外人看后从中受益，获知相关法律规定、了解法律思维，让司法裁判发挥更广泛的指引作用。笔者认为，写好一篇裁判文书，不能仅就案论案，还应深挖问题根源，提出司法建议，传递法治理念，让司法裁判更具温度、更具力度。综观本案，在信息化、电子化日益普及的时代背景下，银行借力科技，不断创新业务模式、优化业务流程，电子化程度越高，业务办理越便捷，本无可厚非，但由于银行向储户提供的业务流水查询单所记载的信息量有限，且不完整，加之业务单据中包含大量专业术语，增加了普通储户对相关业务流程和资金流转的认知难度。本案纠纷的产生正是源于程某对银行理财申购、回赎业务流程不了解以及对交易流水记载信息存在认知误区所致。为此，在裁判文书的最后，笔者指出了交通银行在业务流程设计上的不完善以及交易记录半透明导致信息不对称的弊端，并借此提出相关司法建议，督促银行引起重视，积极扩大业务宣传，加大公示公开力度，以期类似矛盾纠纷不再发生。

（吕建萍，吉林省吉林市中级人民法院法官）

三、专家评析

本案因当事人情绪激烈，历经一审、二审、再审等多个审判程序，案件审理难度较大。承办法官和合议庭准确把握本案审理范围，认真查明当事人进行账户资金流转及销户取款等事实，正确适用法律，并注意到在信息化的时代背景下，银行业务办理电子化程度越来越高，银行向储户提供业务流水查询单记载信息有限、业务单据包含大量专业术语等因素，增加了普通储户对相关业务流程的认知难度，提出针对性司法建议，以期避免类似诉讼产生。本案判决格式规范，语言通顺流畅，辨法析理透彻。在对争议事实的审查认定部分语言简洁准确，证据归纳层次清晰。判决理由针对性强，说理充分，取得了良好的法律效果和社会效果。

（点评人：姜富权，全国审判业务专家，原吉林市中级人民法院院长、吉林省高级人民法院审判委员会专职委员，一级高级法官）

（2020）吉 02 民终 205 号裁判文书原文

5. 新余开元财务顾问有限公司与上海利鲸资产管理有限公司、西陇科学股份有限公司其他合同纠纷案*

【关键词】

"背靠背"条款　恶意串通　阻却条件成就　侵害债权

【裁判要旨】

在约定"背靠背"付款条件的交易安排中，诸合同呈现互为前后、接续钩连的形态，后合同当事人权益的实现依赖于前合同的现实全面履行。据此，各方当事人均应秉持守信践诺精神，基于约定完整履行合同义务，积极促成付款条件成就。后合同当事人已实际履行合同，前合同当事人在明知拒绝履行付款义务会导致后合同当事人权利受损的情况下，仍以协议放弃债权等形式否认付款条件成就的，视为付款条件已成就，构成共同故意侵害后合同当事人债权的，前合同当事人应当承担连带赔偿责任。

一、简要案情

2017 年 8 月 14 日，西陇科学股份有限公司（以下简称西陇公司）与上海利鲸资产管理有限公司（以下简称利鲸公司）签订《财务顾问协议》，约定由利鲸公司为西陇公司在市场上寻找合适的并购标的，并负责独家提供有关财务顾问服务。2017 年 9 月 10 日，利鲸公司与新余开元财务顾问有限公司（以下简称开元公司）、陈某等三方签订《补充协议》，约定开元公司、陈某一同推荐合适的并购标的给利鲸公司，利鲸公司在与西陇公司达成标的公司并购交易，且西陇公司向其支付财务顾问服务费后，将所得财务顾问费用扣除税费后按 50%的比例支付给开元公司。2017 年 10 月 17 日，在开元公司法定代表人贺某某的联络安排下，西陇公司高管张某某赴潜在的收购标的公司山东济南艾克韦公司进行现场考察，与艾克韦公司法定代表人等初步讨论了并购价格和公司估值等事宜。2017 年 10 月 22 日，西陇公司召开拟收购艾克

* （2021）沪民再 2 号。

韦公司的会议，决定由西陇公司另外一名高管刘某某负责跟进并购事宜。之后，刘某某代表西陇公司与艾克韦公司就并购事宜进行磋商，于 2017 年 12 月前后达成一致，于 2018 年 2 月 4 日正式签署并购协议。开元公司遂向西陇公司和利鲸公司主张支付财务顾问服务费，但两公司认为刘某某团队早先已从贺某某个人处获得了艾克韦公司的信息，并自行与艾克韦公司达成了并购交易，故该并购标的并非由开元公司和利鲸公司推荐，西陇公司无须支付相应费用。2018 年 4 月，西陇公司还与利鲸公司签订《协议书》一份，确认艾克韦公司并购项目并非由利鲸公司推荐介绍达成，并协议解除了双方签订的《财务顾问协议》。

开元公司因催讨财务顾问费未果，遂向法院提起诉讼，要求利鲸公司、西陇公司共同支付拖欠的财务顾问服务费及其利息损失。利鲸公司和西陇公司分别进行了答辩，主要内容是：（1）早在 2017 年 8 月 4 日，贺某某就以个人名义将艾克韦公司推荐给了西陇公司的刘某某。之后刘某某团队系自行推进和完成了对艾克韦公司的并购事宜。开元公司和利鲸公司在此后又将相同的并购标的推荐给西陇公司，违反了行业中的“第一优先原则”，不能认定两公司进行了有效的推荐。据此，两公司均无权向西陇公司主张财务顾问服务费。（2）西陇公司与开元公司之间没有合同关系，开元公司无权向西陇公司主张支付费用。（3）根据《补充协议》约定，开元公司要求利鲸公司付款应以西陇公司已付财务顾问费为条件。现西陇公司并未向利鲸公司支付财务顾问费，故开元公司请求利鲸公司支付费用的条件并未成就。

根据各方当事人的诉辩意见，本案存在多个争议焦点：一是三方当事人之间的法律关系应当如何认定。主要是开元公司与西陇公司之间有无事实上或者法律上的合同关系，开元公司要求西陇公司承担连带付款责任有无相应的请求权基础。二是开元公司是否履行了《财务顾问协议》和《补充协议》项下的义务。包括开元公司在案涉合同项下的主要义务是什么，如何证明其已经履行了相应义务；在缺乏直接书面证据的情况下，如何认定相应的事实。三是开元公司要求利鲸公司和西陇公司承担付款责任有无相应的合同或者法律依据。

二、撰写心得

本案是一起由两份财务顾问协议串联起来的其他合同纠纷。案涉的主要事实是，西陇公司委托利鲸公司就并购有关标的公司提供财务顾问服务，利鲸公司又与开元公司签订协议，约定两公司共同向西陇公司提供财务顾问服务。在西陇公司完成相关并购交易后，开元公司即向西陇公司和利鲸公司索要合同约定的财务顾问费用，但两公司均称相应的服务并非开元公司提供，遂致讼。一审、二审法院经审理，均以开元公司主张权利的证据不足、利鲸公司付款的条件并未成就等理由判决驳回了其诉讼请求。开元公司仍不服，提起再审申请，认为明明是自己提供的服务促成了案涉并购交易，两公司却予以否认，两公司明显系恶意串通、共同侵害其合法权益。再审合议庭经审理，认定开元公司的权利主张具有相应的事实和法律依据，遂对该案作了再审改判。本案的诉讼标的额并不大，但涉及的法律关系和事实认定都相对较为复杂，特别是在涉及裁判结果的关键环节（开元公司是否提供了财务顾问服务、案涉并购交易是否开元公司提供的服务促成）上缺乏直接可用的书面证据，在一审、二审法院也均认定开元公司主张权利证据不足的情况下，如何有效查明及认定案涉事实，清晰讲明再审改判的道理，对合议庭及承办法官都提出了较大挑战。通过较为深入细致的审理工作，本案最终取得较好的法律效果和社会效果，本案裁判文书也先后被评为2022年上海法院“一百篇优秀裁判文书”和第五届全国法院“百篇优秀裁判文书”。总结起来，本案在相对复杂案件的审理和裁判文书撰写方面有两条经验可供参考。

（一）准确认定各方当事人之间的法律关系

按照传统的民事诉讼法理论，当事人争议的法律关系即为诉讼标的。这是民事诉讼中需要法院审理和判断的对象，也是原告方诉讼请求的基础。因此，在诉讼主体相对较多，法律关系较为复杂的案件中，准确认定各方当事人之间的法律关系就显得尤为重要。

1. 充分保障当事人的程序权利。按照处分原则，法律关系的性质应当由当事人根据自身意志提出主张。为充分保护各方当事人的诉辩权利，当各方当事人对案涉法律关系的性质和构成（包括主体、客体、具体内容等）存在较大争议，而法律关系的性质和构成也将对裁判理由或者结果产生影响时，应当将案涉法律关系的性质和构成作为焦点问题进行审理。所谓将法律关系的性质和构成作为焦点问题进行审理，不仅包括组织各方当事人针对案涉法律关系的性质和构成进行充分的辩论，也包括引导和协助各方当事人围绕争议的法律关系进一步举证、质证，从而对案涉法律关系的认定提出充分的论证意见和依据。本案中，开元公司向利鲸公司主张财务顾问费用，具有直接的合同依据，对此各方均无异议。但对于开元公司要求西陇公司承担连带责任的请求权基础和法律依据，各方之间一直存在较大争议。考虑到上述情况，合议庭明确告知将案涉法律关系的性质及其构成作为本案的审理焦点，组织各方当事人充分发表了各自意见，同时引导各方当事人针对与该项争议焦点相关的合同实际履行情况、两公司之间是否存在恶意串通等问题进一步举证、质证。在此基础上，综合考量全案事实，对三方当事人之间的法律关系作出了准确的认定。由此可见，在相对疑难复杂的案件中将案涉法律关系的性质及其构成作为焦点问题进行审理，既是充分保障当事人诉讼权利的现实需要，也有利于人民法院在充分查明事实的基础上准确认定案涉法律关系，确保对案件作出正确的处理。与此相应的，在撰写裁判文书时也有必要首先清晰地讲明各方当事人之间的法律关系，以便为后续分析论证各方的权利义务责任打好基础、做好铺垫，确保整篇裁判文书的分析论证脉络清晰、层层深入、繁而不乱。

2. 强化法官释明和诉讼引导。在法律适用相对复杂的案件中，法官有必要加强对相关问题的释明和必要的诉讼引导。本案一审、二审过程中，开元公司将其举证论证的重点放在“西陇公司与开元公司存在直接合同关系”“《补充协议》具备适用委托人介入权的条件”这两个问题上。结合在案证据和事实，特别是西陇公司在订约和履行过程中多次明确其只与利鲸公司发生关系、不与开元公司直接结算等事实，开元公司上述两项诉讼主张显然不能得到支持。但根据开元公司提供的初步证据，尚不能完全排除开元公司主张的其已完成案涉合同义务，而西陇公司和利鲸公司存在恶意串通逃避债务的可能性。这才是再审申请人需要进一步举证、论证的重点，也是双方之间真正的争议焦点。为此，在再审过程中，合议庭根据审理查明事实的实际情况，适度公开法官内心确信的过程，引导再审申请人根据相关实际情况合理地主张案涉法律关系的性质，并围绕双方实质争点更加有效地提供证据、强化论证。考虑到本案法律关系相对复杂，而再审申请人原先指派的职工代理人由于缺乏相关法律知识，明显不能做好与其诉讼主张相适应的举证、论证等工作，也不利于双方当事人在相对平等的层次上展开有效的诉辩对抗，承办法官还委婉地建议再审申请人考虑适当增强诉讼代理人的力量，以便更加有效地依法维护其合法权益。再审申请人对此予以认可，指派了专业律师进行代理。这样，在法官的释明和引导下，再审过程中双方当事人形成了真正有效的诉辩对抗，围绕双方之间真正需要澄清的争议焦点进一步进行举证、质证和辩论，促使法院更好地查明涉案事实，对案件作出正确处理，明显提高了本案诉讼的效率和质量，避免了诉讼程序的空转。

（二）用心用情查明案件争议事实

多年的审判实践告诉我们，裁判结果出现差错的案件，绝大多数的问题是在事实认定方面存在差错或者瑕疵；而裁判结果正确、“三个效果”良好的案件，则必定建立在准确查明案涉事实特别是体现该案特殊性的“个性化事实”的基础上。而能否准确查明案涉事实，起决定作用的因素主要是法官的工作态度，即法官能否耐心细致地查明与案件相关的事实。当然，这也会在一定程度上涉及认定事实的方法问题。

1. 围绕争议焦点耐心探究案涉事实。要查明案涉事实，首先是承办法官要有尽可能查明事实的意愿和决心。就此而言，仍有必要强调，我们必须准确理解，并且严格依法适用《民事诉讼法》及相关司法解释规定的举证责任规则。在当事人主义的诉讼架构下，举证义务原则上由当事人承担；在争议事实最终陷入真伪不明时，由依法承担举证责任的一方当事人承担不利后果。这是举证责任规则的基本含义。但需要务必引起注意的是，适用结果意义上的举证责任必须以案涉事实最终陷入真伪不明的状态为前提。而在认定案涉事实已经确定陷入真伪不明状态之前，法官承担着组织引导举证、质证活动，必要时依法调查取证，以及综合全案证据和事实对案涉事实进行分析认定等义务。换言之，“案涉事实真伪不明”应当是全部诉讼活动依法有效运行+审判组织依法审查判断的结果，而且应当是一种无奈的、不得不如此的结果。为了作出依法公正的裁判，法官必须善尽上述义务。也就是说，必须认真负责地组织引导各方当事人进行有效的举证质证，在此基础上根据证据规则对案涉证据和事实进行耐心细致的审查认定，以尽可能查明案件事实。为了履行好上述义务，法官也必须为案件投入适当的时间和精力，耐心倾听、审慎判断。从这个意义上说，本案一审、二审在事实认定方面是略显消极的——在西陇公司和利鲸公司在履约过程中主动放弃要求开元公司继续提供相关财务顾问服务的情况下，一审、二审法院直接以开元公司不能提供证据证明案涉并购交易系由其促成为由判决驳回开元公司全部诉请，而未对开元公司是否实际提供了相关服务、相关服务是否促成了案涉并购交易进行深入调查，其裁判理由难以令人信服。为了查明相关事实，在申请再审审查和再审阶段，上海市高级人民法院先后组织了 4 次听证和 1 次开庭，并准许开元公司和西陇公司分别提出的证人出庭作证申请，又对一审、二审期间双方当事人提供的微信聊天记录等证据逐一进行了核对确认。通过深入细致的事实查明工作，最终再审判决以客观的证据和事实，对开元公司履行合同项下义务的具体内容及过程、相关服务对于促成案涉交易的作用、所占比例等一一作出了合理的说明，为提高裁判文书的说服力奠定了坚实的事实基础。

2. 用足用好可能有用的证据。法院审理案件时不可能让当事人将已经发生的事实重新经历一次，或者将已经过去的事实照原样从头到尾再表演一番，从而直接获得案涉事实真实完整的样貌。在查明案涉事实方面，我们只能像严谨的历史学家书写历史那样，充分运用过去事件留下的一个个证据片段（很多时候都是残片，甚至是碎片），合理地推断、重构和展现那些曾经发生的事实。因为并非任何事件都会留下证据，那些留下来的证据也大多并不完整，因此，对于重构和发现案涉事实而言，每一份证据都异常珍贵。为了准确查明案涉事实，法官必须最为充分有效地收集和运用好每一份可能有用的证据。本案中，再审法院之所以对案涉事实作出了与一审、二审完全不同的认定，主要做了两方面的工作：一是准许开元公司和西陇公司分别申请的证人出庭作证，较好地反映了开元公司为西陇公司提供财务顾问的整个过程，以及相关服务对于促成案涉并购交易的作用。二是完整、全面地重新审视了相关微信聊天记录，据此认定案涉的主要事实。近年来，微信聊天成为一般大众常用的沟通方式，也成为商人们沟通业务的常用方式。以本案为例，一审、二审过程中双方提供的与案件审理有关的微信聊天记录就多达上百页，包括3个微信群、6个两人间的聊天记录，时间跨度完整覆盖案涉交易。通过细致地梳理，再审判决书根据这些聊天记录，较为完整地“重现”了西陇公司内部刘某某团队、张某某团队分别与艾克韦公司进行接触，案涉并购交易推进和完成的过程，以及并购成功后开元公司向西陇公司等主张财务顾问费等事实，为本案正确裁判提供了充分的事实根据。由此可见，为了确保依法公正裁判，法官不能轻易放过或者忽略任何一项证据，而是要尽可能用足用好可能有用的所有证据。

3. 精心做好关于证据的分析论证。除了两份证人证言，本案再审据以认定事实的证据与一审、二审完全相同，但最终就案件裁判结果得出了完全相反的结论。这充分说明了运用正确的方法来认真分析证据、认定事实的重要性。从裁判文书撰写的角度，这就要求我们在科学合理地组织全案证据的基础上，强化对相关证据的全面深入的分析论证，通过层层解剖证据、逐项呈现案件相关事实，尽可能“让证据开口说话”。比如，针对“开元公司是否履行了合同项下的义务”这个双方争议最大的主要事实，再审判决书先是根据两份合同归纳明确了“开元公司应当承担怎样的合同义务”，然后根据前述分析，运用相关证据逐项论证开元公司“提供了与并购决策相关的实质性信息”“报告了有效的缔约机会”“履行了居中协调，促成交易成功的义务”。这样，通过一项一项地“分析一组证据—论证一项争议事实”，裁判文书就在提供充分证据和事实的基础上，条分缕析地讲清楚了开元公司在履约过程中到底做了哪些工作，这些工作对于促成案涉交易能够发挥何种作用，在案涉合同义务的整个体系中居于何种地位、占多大比重等基础性问题。这就较好地回答了开元公司主张权利有无事实基础，能够在多大比例范围内予以支持的问题，为最终裁判厘清了事实争议。

总而言之，要写出一篇优秀的裁判文书，全面准确查明案件事实、依法妥当适用法律是基础，也是关键。在打好这个基础的情况下，根据向当事人和社会公众充分释明法理、提高裁判可接受度的需要，合理地谋篇布局、详略得当地组织和运用案涉证据，将法院认定事实、作出裁判的过程、依据及其理由条分缕析地讲清楚，并结合大众的阅读习惯适当增强文书的可读性，就可以有效提高“司法产品”的品质，甚至写出精彩的裁判文书。

（彭浩，上海市高级人民法院法官）

三、专家评析

本篇裁判文书涉及的案件事实认定和法律适用都相对复杂，且存在一定争议。一审、二审判决作出后，原告一方当事人持续不服，先后提起上诉和申请再审。通过持续争讼，案件事实在再审程序中获得查明，法律适用在再审程序中归于准确。这既生动体现了我国再审程序在维护当事人合法权益方面发挥的重要作用，也离不开再审法官们的智慧和辛劳。通读整篇裁判文书，使人深切感受到这样一个复杂的案件在再审阶段得到依法妥当的处理，主要得力于再审案件的承办法官和合议庭高度认真负责的工作态度和再审审理工作。正是他们对案件事实不厌其烦地反复调查核实，对案涉法律争议条分缕析地加以深入研究论证，才为大家贡献了一篇优质的裁判文书。这就向我们揭示了一条有关撰写裁判文书的“秘籍”：写好裁判文书，功夫在“书”外。

除上述“基础性”工作做得十分扎实的优点外，本篇裁判文书在文书撰写方面也有值得称道之处。

（一）全面回应当事人之间的主要争议

裁判文书除了宣示裁判结果，其主要功能就在于向当事人和公众阐明法院作出裁判的事实和理由。因此，能否全面回应当事人之间的主要争议，进行有针对性的裁判说理，就应当成为评价裁判文书质量的重要标准。本案再审判决全面归纳了三方当事人之间的争议焦点，包括三方当事人之间的法律关系应当如何认定、开元公司是否履行了合同项下的义务、开元公司要求两被告公司承担付款责任有无相应依据、付款金额应当如何确定等，并逐项进行了清晰回应。由于相关论述均建立在全面翔实的事实认定的基础上，本篇裁判文书虽然篇幅较长，但读下来并不会产生冗长拖沓之感，反而让读者能够跟着文书论述逐项了解法院作出相应裁判的事实和法律依据，有利于增强受众对裁判结果的理解和认同度。

（二）精心安排裁判文书的谋篇布局

本篇裁判文书全文近两万字，仅再审阶段审查证据、认定事实、适用法律的部分就有一万三千余字，涉及的事实认定和法律适用都相对复杂。在此情况下，如何合理安排各个部分的组成结构及其论述详略，在说清楚裁判理由的同时方便受众阅读理解，也考验着承办法官和合议庭的智慧。现在呈现出来的再审判决书在坚持裁判文书制作规范和按照“事件发展的自然顺序”撰写的基础上，对各部分的详略程度以及各部分之间的前后呼应、相互融合关系作了合理安排，增强了裁判文书的可读性。比如，针对四个争议焦点，再审判决书重点就开元公司是否履行了合同项下的义务、其要求两被告公司承担付款责任有无依据这两个涉及事实认定的争点进行了详细论述；对其余争点的论述则相对直接和简略，且在阐明第一个争点时顺便写明了全案的裁判结论，使“本院认为”部分的论述实际上形成了“总—分”结构，便于读者一上来就直接了解整篇文书的结论，并跟着本部分设定的逻辑顺序继续展开阅读。又如，再审判决书对再审阶段认定事实的记述与“本院认为”部分的相关判断呈现了前后呼应、紧密配合关系，在详略处理上做到了“能略则略，当详则详”，使整篇文书在结构上非常紧凑，读下来极少冗余之语。

（三）充分彰显法律的规范引领价值

本案在法律适用上存在按照合同之债审理和按照侵权之债审理的两种可能。一审、二审判决严格按照合同法律关系来认定和处理三方之间的权利义务及责任，但遗漏了对利鲸公司与西陇公司相互串通，故意阻却开元公司债权实现这一节事实的认定及相应法律责任的审查处理。再审判决基于对相关事实的审查认定，根据民法上的诚信原则，认定在约定“背靠背”付款条件的交易安排中，如果前序合同当事人明知后序合同当事人已实际履行合同义务，且其拒绝履行付款义务将导致后序合同当事人权利受损，但仍以协议放弃债权等形式否认付款条件成就的，视为付款条件已成就；前序合同当事人构成共同故意侵害后序合同当事人的债权，应当承担连带赔偿责任。上述处理符合相关法律规定及民法的基本原则，依法保护了利益受损一方的当事人合法权益，彰显了法律的规范引领价值。

（点评人：班天可，复旦大学法学院副教授）

（2021）沪民再 2 号裁判文书原文

6. 招商银行北京玉泉路支行与肖某合同纠纷案*

【关键词】

适当性义务　缔约过失　审查标准

【裁判要旨】

金融机构向消费者销售金融产品或提供服务时应履行适当性义务。审查是否履行适当性义务应采取形式与实质相结合的审查标准。形式上审查金融机构是否履行金融产品属性评估、消费者风险承受能力评估、风险匹配、风险揭示告知等程序性义务；并从投资目的是否契合、风险匹配是否客观以及合理考量投资者个人因素等方面进行实质判断。金融机构违反适当性义务所承担的责任是缔约过失责任。

判断金融产品是否为高风险应从该产品本身的风险类型中衡量，不受金融机构基于自身考量对其产品所作的分类界定的影响。对于普通金融消费者，一般应将除存款之外的具有本金损失可能性的金融产品和服务界定为高风险产品。

一、简要案情

2019 年，肖某起诉至法院称，其在招商银行两次购买基金，银行大厅内没有任何对该基金的介绍以及操作流程和风险提示的张贴、宣传，在工作人员打印材料中也没有任何提及该产品的风险，至其要求赎回时，才知道未达到招商银行承诺的收益率，故以合同纠纷诉至法院，要求招商银行偿还其收益款 33 万余元及相应利息。招商银行不认可肖某的诉讼请求，认为肖某通过自助渠道购买基金，购买的产品符合其风险偏好和风险承受能力。招商银行作为销售机构履行了适当性义务，肖某所购基金也实现了保本和盈利。请求法院驳回原告的诉讼请求。

法院查明如下事实：2015 年 7 月 9 日，肖某前往招商银行购买理财产品。

* （2020）京 01 民终 8093 号。

当日，肖某购买了一支名为“招商安益保本”的基金，基金代码为001531，交易金额20万元。2015年7月17日，肖某第二次到招行银行购买理财产品。证据显示，肖某名下账户发生三笔交易，交易金额依次为90万元、5万元、4万元，交易类型均为活期转理财。上述三笔资金合计99万元均购买了名称为“长城久惠保本”的基金，基金代码为001363。根据证据显示，2015年10月23日，肖某名下账户发生一笔交易，交易金额为29 429.86元，交易类型为理财转活期。肖某自述系其因自身原因从“长城久惠保本”基金中赎回3万元。2018年7月19日，肖某名下账户发生一笔交易，交易金额为222 146.37元，交易类型为基金赎回，摘要注明“001531”，浮动盈亏为22 146.37元，收益率为11.07%（三年）。2018年8月1日，肖某名下账户发生一笔交易，交易金额为984 464.09元，交易类型为基金赎回，摘要注明“001363”，浮动盈亏为24 393.57元，收益率为2.54%（三年）。

庭审中，肖某陈述了其两次购买基金的经过，经归纳为2015年7月9日，肖某前往招商银行准备购买理财产品，进店后，一银行职员接待后表示有一支基金可以达到10%/年的收益，肖某经确认后同意购买，银行职员带肖某到理财室后在电脑上进行操作，过程中未出示或要求肖某签署任何材料，亦未告知所购基金名称、风险等级、收益描述等，肖某亦未看到电脑屏幕上的内容。2015年7月17日第二次购买过程类似。招商银行对于肖某的陈述，除肖某两次到该行营业场所内购买基金的事实外，其他均不予认可，并表示肖某是在银行内自助机上自行操作完成了购买过程。肖某表示出于对招商银行的信任，未要求银行职员对于其承诺的10%/年收益进行盖章或签字确认。招商银行表示根据肖某自行在电脑上填写的《个人投资风险承受力评估表》对肖某评级为A3级，肖某所购买的“招商安益保本”“长城久惠保本”基金的评级为R4级。

诉讼中，肖某向法院提交了相应的购买基金材料证明其主张。招商银行向法院提交了个人投资风险承受力评估表（柜台评估模板）、个人投资风险承受力评估表得分规则、肖某在招商银行处的个人投资风险承受力的评估结果、网银日志、证券投资基金合同、账户历史交易明细表等证据，证明两只涉案基金均为公开募集的保本基金产品，监管机构并不禁止销售机构进行超风险销售，且招商银行在销售环节已要求肖某进行超风险购买确认，招商银行的销售行为合法合规，不存在过错。涉案基金均不是“高风险等级”金融产品，招商银行已对肖某的风险承受能力进行了充分了解，履行了适当性义务。

本案争议的实质是金融机构在销售金融产品时，是否尽到了适当性义务，对金融消费者的预期利益损失是否应该承担赔偿责任。一审法院认定，招商银行存在未“了解客户”、未“了解产品”、未“将适当的产品（或者服务）销售（或者提供）给适合的金融消费者”的过错，应该承担相应的赔偿责任。二审法院认定，涉案产品不属于高风险金融产品，且招商银行已履行相应的适当性义务，不应该承担缔约过失责任，改判驳回肖某的全部诉讼请求。

二、撰写心得

优秀裁判文书是人民法院贯彻落实习近平法治思想的重要展现，是司法国家治理功能的具化手段。基于职业精神的传承与互促，它一方面彰显着法官集体的智慧，另一方面也迸发着法官个体的思想火花。那何为优秀裁判文书？在笔者看来，一份优秀判决于宏观方面，是将党的意志之力、国家法治之魂、社会治理之机起笔于精微构思之时；于微观方面，是将规则体系之美、权利实践之善、法律论证之术落笔于笔墨方寸之间。它圆融展现着时代的呼声、人民的期盼。对法官而言，务必体察入微，洞见底蕴。

本案是《全国法院民商事审判工作会议纪要》下发后笔者审理的涉及适当性义务的一则典型案例。对多数民商事法官而言，适当性义务既熟悉又陌生。熟悉的是其在司法实践中讨论已久，陌生的是新规承载着中央系列精神的扎实落地。如何准确把握适当性义务的规范内涵，达到司法社会治理功效；如何进行合理严密的论证来增强判决的严谨性和说服力，让普通的金融消费者胜败皆明；如何通过裁判明晰权责边界，从而树立正确金融消费行为导向，是笔者在文书写作过程中反复斟酌思量的几个重要问题。

（一）规范目的是司法裁判的航标

每一条法律规范的背后，都隐含着立法者意欲实现的治理目的，表达着不同利益的价值权衡。司法裁判工作，首在通过规范适用，裁处不同利益纷争。然更重要者，是通过规范的准确理解适用，实现国家通过法律的现代化治理。适当性义务是舶来品。从表面上看，其冲击着合同自由、风险自负的现代法律精神，但追问其背后的理念支撑，看到的却是刺破近代法律形式平等而对实质正义追求的价值转向。规范的制定背景和导向，需要我们裁判者在适法过程中深刻理解领会。作为初次审理适当性义务的法官，笔者阅读了大量的学术文献和规范释义文件，在研读中思考，在思考中提升，准确理解"卖者尽责""买者自负"的规范要义，确保准确实现适当性义务的制度规范目的。

（二）法律论证是裁判文书的灵魂

司法判决是一种特殊的符号，符号需要解释者解释才能获知真意。不同的符号表达或者对符合的不同解释，会产生不同的解释结果。裁判文书虽然意在解决具体纷争，但也承载着司法公信和社会价值导向的宏大使命。为此，文书需要特殊的呈现方式以强化其功能作用，法律论证便是其不二法门。如何在裁判文书中做好论证工作，准确完整表达规范意义，让当事人通过论证说理息诉服判，需要我们在三段论基本框架内具体分析，明确个案侧重点，切不可千篇一律，轻重不分。就本案而言，争议的问题涉及适当性义务，对于普通金融消费者而言，如果其不能完全理解适当性义务的规范内涵以及制度设计初衷，必然导致其对裁判大前提产生强烈的质疑。为此，笔者根据当事人在庭审中对适当性义务的理解情况，设置专门部分讨论适当性义务内涵，将规范的目的讲明、讲透，从而达到较好的法律适用和释法说理效果。

（三）规则效果是裁判结果的脊梁

司法裁判在社会治理中发挥着规范、评价、教育、引领的功能，我们在文书写作中要强化规则引导意识，以裁判方式解决纠纷、明晰责任、确立规则、传递价值，弘扬广大社会公众都能认识、认可、认同的公平正义。如何达到好的规则效果，需要从三个方面努力：一是要办好案。案件办得好，规则确定的基础才能打好。二是要找准法。要全面掌握规范的内涵和制度背景材料，确保规范的适用和规则的确立符合基本法律精神。三是敢担当。要在穷尽对普通金融消费者保护的可能性后果断处理，切不可有"和稀泥"的思想。本案审理中，面对当事人提交的大量证据材料，笔者通过分类列举阐明的方式，力求分析精准透彻，全面把握案件核心事实和关联事实。同时，通过类案检索和研究学界理论观点，对相关法律问题有了深层认识和整体把握。在每一个办案环节都多想一步、想全一点，确保裁判规则公正妥当，能够起到有效的行为指引效果。

（四）社会治理是司法工作的归宿

新时代中，人民群众有着更加多元的期待和需求，法院则要承载着更多的职责和使命。工作的根本在于转换审判理念，不断提升法院的社会治理效能。司法必须主动融入国家治理、社会治理，坚持办理一案，治理一片。如何做到这一点，关键在于把握能动履职的核心要义。对于审判工作而言，重点在于“不放过任何一个治理型案件”。所谓治理型案件，就是那些涉及新规适用、权利义务边界模糊的案件，其效果必然趋向于规则向度。通过规则树立，起到社会治理和类案统一的裁判效果。对于此类案件，法官必须要有高度的敏感性，本案即是如此。收到案件后，通过类案检索，笔者发现了之前的裁判观点分歧，意识到全面落实《全国法院民商事审判工作会议纪要》，树立金融消费行为导向的紧迫性。为此，笔者将大量的工作放在规范的研读和政策精神的把握上。鲜明的目的导向，给笔者裁判工作注入了更多的能动价值，让笔者不断跳出案件思考裁判的方向，最终取得了良好的政治效果、法律效果和社会效果。

（王国庆，北京市第一中级人民法院法官）

三、专家评析

近年来，因金融机构向消费者销售金融产品或提供服务而引发的纠纷逐渐增多，而“适当性义务”的审查是此类纠纷裁判之关键所在。本案判决就金融机构“适当性义务”的规范意旨、责任性质和履行认定等问题抽丝剥茧、层层推进地予以论述，体现了裁判者对“卖者尽责、买者自负”原则的深刻理解，对于类似案件的审理具有较强的参考和借鉴意义。

1. 该裁判文书从制度目的的角度对“适当性义务”进行规范分析，清晰论证了金融机构履行适当性义务与金融消费者风险自担之间的关系，确定“卖方尽责、买方自负”是适当性义务承担的最终目的。同时，通过制度目的阐释，让当事人清晰地理解规范的意旨和裁判的思路，无论从适法的角度还是从释法角度，都起到了很好的效果。

2. 本案明确卖方机构违反适当性义务所应承担的责任类型系缔约过失责任，从而厘清适当性义务司法适用的规范基础。进而，本案结合涉案金融产品的特性与消费者的个人属性对金融机构适当性义务的履行进行了实质审查，准确、清晰、全面地呈现了案件事实，细致回应各方的主张与抗辩，释法说理逻辑严谨，论证有力。

3. 本案裁判规则有助于引导交易主体在收益与风险并存的关系下理性交易，既避免金融机构的销售行为失范，亦避免金融消费者利用弱势地位规避正常的投资风险，贯彻了意思自治、权利自使、义务自尽、风险自担、责任自负的原则，彰显了法官的专业素养和裁判智慧。

（点评人：王成，北京大学法学院教授）

（2020）京 01 民终 8093 号裁判文书原文

7. 锐捷网络股份有限公司与福州乐捷电子科技有限公司合同纠纷案*

【关键词】

廉洁协议　廉洁义务　违约金　社会主义核心价值观　诚信

【裁判要旨】

廉洁协议系当事人对于享有廉洁利益和承担廉洁义务的书面合意，在无法律明确规定的无效情形时应属合法有效。当廉洁义务被违反时，违约方应向守约方承担违约责任，廉洁利益具有特殊性和独立性，廉洁协议所关联的买卖合同等合同的无瑕疵履行或无货物损失并非廉洁责任的免责事由。当约定违约金过高时，法院可依当事人申请调整，参考约定情况、过错程度和违约不当获益等多重因素予以确定。

一、简要案情

廉洁协议类纠纷系新类型案件，本案系供应商因违反廉洁协议所约定的廉洁义务被判承担百万元以上违约金的案件，裁判时经类案检索，在北京法院属首例，所判决违约金数额在全国为数不多案件中亦为最高额，系体现诚信等社会主义核心价值观的典型案例。

2012 年锐捷网络股份有限公司（以下简称锐捷公司，甲方）和福州乐捷电子科技有限公司（以下简称乐捷公司，乙方）签订《采购协议》，乐捷公司成为锐捷公司供应商，锐捷公司后续向乐捷公司以分批订单方式，采购 3G 模块、SFP 屏蔽罩等商品。2014 年双方签订《供应商廉洁协议》，约定“乙方承诺，至本协议生效日为止，乙方与甲方人员之间不存在利害关系，在合作期间，乙方也会避免产生这种利害关系”“这些利害关系包括但不限于：甲方人员的配偶、父母、子女及其他近亲属对乙方参股、出资、在乙方任职、为乙方提供有偿技术咨询、有偿商务咨询、有偿推荐等事实”。该协议还约定

* （2020）京 0108 民初 4460 号。

违约方承担采购总额30%的违约金。锐捷公司和乐捷公司的交易期间自2011年11月起至2019年1月止，实际总交易额为27 867 716.58元。乐捷公司持股比例为95%的股东、法定代表人和执行董事兼总经理系林某1，林某1为苏某某的配偶林某2之兄。苏某某系锐捷公司策略采购工程师，负责引入供应商工作，其于2014年3月从锐捷公司离职。锐捷公司和乐捷公司合作期间，苏某某将其上级即锐捷公司供应链管理部策略采购二组经理李某，介绍至乐捷公司担任隐名股东，不当获益135.8万元。此外，另案刑事判决书（已生效）判定苏某某犯对非国家工作人员行贿罪，因其2007年隐名入股案外泉州牧邦科技有限公司（锐捷公司供应商之一），并于2012年至2014年通过自行获取，以及离职后向锐捷公司员工的行贿方式获取锐捷公司的报价建议，取得竞价优势，获得大量光模块业务订单。

锐捷公司认为乐捷公司上述行为违反《供应商廉洁协议》约定的廉洁义务，未向锐捷公司申报告知相关利害关系情况，损害锐捷公司廉洁文化和企业形象等，构成违约，起诉要求乐捷公司支付违约金836万元。乐捷公司辩称《供应商廉洁协议》系格式合同应属无效，其全面履行《采购协议》未对锐捷公司造成实际损失，亦无违约行为不应支付违约金。

法院审理后认为《供应商廉洁协议》合法有效，廉洁利益具有法益应予保护。法院认定乐捷公司具有违约行为应承担违约责任，且廉洁协议具有特殊性和相对独立性，采购协议正常履行以及无货物质量问题等金钱损失，并非廉洁义务违约责任的免责事由。在违约金约定过高时，法院综合考虑约定标准、过错程度和不当获益等情况，最终酌定乐捷公司向锐捷公司支付违约金140万元。

二、撰写心得

本案系因违反供应商廉洁协议所约定的廉洁义务被判承担百万元以上违约金案件，经类案检索，在北京法院属首例，本案所判决违反廉洁义务违约金数额在全国范围内亦为最高额。正因为是新类型疑难复杂案件，所以裁判时尤为谨慎。这个案子中涉及的廉洁协议、廉洁义务、廉洁利益都是商事合同中有新颖性的东西，其中廉洁协议的效力认定、关联合同正常履行是否对于廉洁义务被违反的违约金产生影响，以及在违约金过高时，廉洁利益被损害对应的无形损失如何合理考虑违约金酌减，都是案件审理中的难点。在合议庭形成合议意见后，也根据《最高人民法院关于完善人民法院专业法官会议工作机制的指导意见》相关规定，经由商事专业法官会议研讨，从中获得了有力的审判咨询辅助。最终在裁判文书的撰写过程中，充分考虑政治效果、法律效果和社会效果的统一，并将社会主义核心价值观融入裁判文书说理，强调廉洁利益在商事交易中的重要性，明确商事主体在商事交易中应遵循诚信价值观，形成一篇具有典型性的裁判文书。

通常而言，商事案件不如民事案件有趣和抓眼球，不如知识产权案件新颖，不如刑事案件影响重大，所以商事案件其实不那么容易出彩。但是如果从建设营商环境角度来看，商事案件的妥善处理又恰恰具有重要意义，而商事案件的精品文书撰写，能够有效发挥司法对于营商环境建设和商事交易秩序的保驾护航作用。

（一）优秀裁判文书的标准

笔者所理解的优秀的裁判文书应该具备以下几点，并发挥以下作用：首先是政治效果、法律效果和社会效果的统一，这是一篇好文书的立场问题，也是审判工作所应有的大局观，要在裁判文书中体现正确的三观，传递符合社会主义核心价值观的价值导向，充分发挥司法裁判的指引作用。其次是裁判文书所体现的案件审理过程中的裁判思路或者定案结论具有典型意义，尤其对类案具有示范意义和指导意义，兼顾裁判的稳定性和创新性价值。裁判文书尤其是新类型案件裁判要旨的典型性，实际上既要展现法官对于既有裁判经验的全面梳理总结，又要在现有争议的基础上能动履职，对未来趋势进行正确预判。同时，也助力于我国统一法律适用机制的建立和深入推进，在类案同判、类案检索方面作出来自裁判文书和典型案例的贡献。最后是文书的结构合理、写作规范、说理充分和行文流畅，这是一篇优秀裁判文书的基本要求，也体现出对于诉讼案件和当事人的尊重和负责任的态度。无论是“三个效果”的统一，传递正确的价值观，还是发挥典型案件的示范意义，均需要通过从字到行，从行到文的具体撰写得以体现。所以撰写优秀的裁判文书，需要磨炼娴熟的技巧，通过日复一日年复一年的文书撰写工作，积累成熟的文书撰写经验。

（二）如何写好优秀裁判文书

笔者认为，要写出一篇优秀的裁判文书，首先，是注重扎实的审判功底的培养，写判决的前提是先得把庭开清楚，建立良好的庭审驾驭能力，充分听取诉辩意见，规范举证质证，正确归纳争议焦点，进行有效的庭审，落笔之前案子怎么判得心中有数，这是判决写好的前提条件。其次，写判决的时候要注重整体考虑，结构安排合理，详略得当，行为流畅，语言风格兼顾学术性和通俗性，既要有理论深度也要考虑普法以及司法指引效果。最后，重视说理，深刻论理，文书说理论理是事实认定和法律适用的桥梁，尤其对于当事人的争议焦点不能一笔带过，定分止争的前提是首先得说服自己的内心，才能获得当事人的信服。所以说理的时候应该充分和深刻，全面但不啰嗦，一针见血又详略得当，以此提升裁判文书的层次。

（三）法官应重视精品案件的办理和裁判文书的撰写

裁判文书是法官的名片，应始终在审判工作中重视精品案件的办理和裁判文书的撰写。首先，不忘初心。基层法院虽然案件量较大，基层法官的审判工作也相较烦琐，但是能够在最前沿接触最新最广泛的一审案件，时刻感知社会发展以及时代脉搏，了解群众最关注的法律问题和矛盾纠纷。作为最“敏感”的法律人，不要轻易被任何困难磨平了棱角和心性，永远保持对法律的热爱，带着新鲜感审理案件，用匠心精神撰写裁判文书。其次，坚持学习。崇尚法律的权威，在法律面前永远保持谦虚和谨慎，像海绵吸水，时刻注重法律知识的更新和拓展，严守法律人的专业操守。做一个爱学习的人，无论是第一天当法官还是第十年当法官，保持并不断激发学习兴趣，向最新的法律书籍学习法律知识，向经验丰富的老法官学习审判经验，向身边的同事学习好的工作方法，向岁月学习工作和生活的阅历，“胸有成竹”审理每一个案件，撰写每一篇裁判文书。最后，做一个会思考的人，永远保持理性和独立思考，不人云亦云，亦不随波逐流，融会贯通案件中的法律问题和背后的理论渊源，恰当将价值衡量引入三段论推理，达到“三个效果”的统一，并流畅落笔于规范的裁判文书之上，传递正能量。

（曾竞，北京市海淀区人民法院法官）

三、专家评析

该案系涉及廉洁协议的新类型商事合同案件，具有典型意义和示范效应，其中所涉及的廉洁利益的保护有效发挥司法的正向指引作用。营商环境建设下，加强商事主体在商事交易活动中的诚信规范具有重要意义，廉洁协议通过书面形式对于廉洁义务进行安排，保护廉洁交易、诚信经营，法院对于该类纠纷的妥善处理，不仅优化营商环境，还对完善我国的诚信建设体系具有重要意义。具体而言，该裁判文书具有以下三个优点。

（一）政治站位方面，该案实现了政治效果、法律效果和社会效果的统一

通过判令违反廉洁义务方承担违约金，有效保护廉洁利益，并将社会主义核心价值观引入文书说理，将诚信价值观和诚信适用原则进行贯通，实现“三个效果”的统一，起到良好的典型案件示范和司法宣传作用，并展现法院对于不符合社会主义核心价值观的行为零容忍态度和依法规范的决心和信心。

（二）裁判标准方面，具有创新意义

在传统认知中，廉洁利益被破坏的损失为无形损失，而无形损失的认定和保护在司法实践中具有争议和难度。该案中打破对无形利益和无形损失疏于保护的思维习惯，通过区分廉洁协议和买卖（采购）合同的性质，依法认定廉洁协议的合法有效，并正确认定买卖（采购）合同正常履行不影响廉洁义务被违反的违约责任的承担，从而以判令违约方对守约方受损的廉洁利益以违约金方式进行保护。违约金数额的合理确定也是该类涉及无形损失案件的一大难点。该案属于违约金约定明显过高情形，在违约方提出申请调整违约金的请求后，法官全面细致地考察约定标准、过错情况以及获益情况影响因素，并酌定合理金额，契合我国违约金补偿为主惩罚为辅的基本理念。

（三）裁判文书写作方面，体现较好的文书撰写功底

该裁判文书行文结构安排非常合理，语言优美规范，全文逻辑严密，尤其是文书说理部分，在正确认定事实和适用法律基础上，对于社会主义核心价值观进行深度阐释，加之与法律推理紧密结合，说理全面且论理充分，兼顾理论意义和现实意义，是一篇优秀的裁判文书。

（点评人：李盛荣，北京市海淀区人民法院审判委员会专职委员）

（2020）京 0108 民初 4460 号裁判文书原文

8. 江苏秀强玻璃工艺股份有限公司与青岛万嘉集运物流有限公司连云港分公司多式联运合同纠纷案*

【关键词】

多式联运

【裁判要旨】

多式联运经营人负责履行或者组织履行多式联运合同，对全程运输承担承运人义务，应对运输过程中货物灭失、损坏向托运人承担赔偿责任。货损事实发生在境外运输区段，双方当事人约定适用中国法律作为准据法，依据《海商法》第105条规定，应适用调整该区段运输方式的有关法律规定，即货损发生地所在国的法律确定多式联运经营人的赔偿责任和责任限额。

国际贸易术语表明的是合同双方在交易中的责任、费用以及风险划分，与运输合同项下托运人、收货人对承运人的索赔权并无直接关联，亦不涉及货物所有权归属问题。多式联运合同的托运人，在货物未能交付收货人且收货人出具声明函表明其未取得货物所有权及索赔权的情况下，理应享有索赔权。

一、简要案情

原告江苏秀强玻璃工艺股份有限公司（以下简称秀强公司）诉称：原、被告双方订立《国际货物运输代理协议》一份。按照协议约定，在被告签发提单等运输单证的情况下，被告承担承运人的责任和法律地位。协议签订后，原告通过代理公司连云港博赛贸易有限公司（以下简称博赛公司）向墨西哥SOLIGLASS SA DE CV公司（以下简称SOLIGLASS公司）出口冰箱用钢化玻璃和塑料饰条，约定总价140 545. 88美元（约合人民币997 257元）。被告承运前述货物后，向中远海运集装箱运输有限公司（以下简称中远公司）订舱托运，并委托报关公司办理了前述货物的出口通关手续，被告据此向原告收

* （2020）苏72民初1061号。

取了海运费。2020年5月，被告在墨西哥的代理人通知原告：货物在墨西哥火车运输过程中，于2020年5月20日由于火车脱轨导致5个集装箱的货物全部损坏。被告作为多式联运承运人，依照法律规定和合同约定，应当向原告承担货损赔偿责任。故请求法院判令：（1）被告向原告赔偿货损价值997 257元人民币；（2）被告向原告赔偿多式联运费112 420元人民币；（3）被告向原告赔偿前述款项的利息损失；（4）被告承担本案全部诉讼费用。

被告青岛万嘉集运物流有限公司连云港分公司（以下简称万嘉公司连云港分公司）辩称：（1）根据报关单、通关单所记载的C&F/CFR贸易条件，自货物于起运港装上船舶为止，原告不再享有货物所有权、亦不承担货物毁损风险，在收货人已自行提出索赔的情况下，原告对于涉案货损事宜不再享有索赔权。（2）即便原告有索赔权，其所申报的997 257元人民币本身就是包含货物本身价值加运费的C&F价，无权在此之外另行索赔运费112 420元人民币。（3）原告应就货损情况及货物重置成本或价值充分举证，否则应当承担举证不能的法律后果。（4）中国政法大学外国法查明研究中心就墨西哥法下铁路运输区段承运人的责任限额问题予以充分查明并出具了查明函，查明的结果应当作为认定被告责任限额的法律依据。

经审理查明：原告秀强公司因出口产品至墨西哥，自2017年9月起持续委托被告万嘉公司连云港分公司提供国际货物运输服务。2020年，秀强公司与万嘉公司连云港分公司签订《国际货物运输代理协议》一份。该协议约定，万嘉公司连云港分公司作为秀强公司的国际货物运输业务的代理人，为其提供订舱、报关、报检、报验以及代办保险等服务，并对于因其过错造成货物灭失、损坏或迟延的损失负赔偿责任。双方约定本协议适用中华人民共和国法律和中华人民共和国参加的国际公约、条约、惯例等。

2020年1月12日，博赛公司与秀强公司签订《代理出口合同》，约定博赛公司作为受托人，接受秀强公司委托出口货物，负责将货物交给秀强公司指定的货代或承运人运输，取得运输单据后代理秀强公司履行出口合同项下的交货义务。同年4月9日，万嘉公司连云港分公司向中远公司订舱，由中远公司为秀强公司实际承运冰箱玻璃架、塑料饰件。同年4月16日，万嘉公司连云港分公司签发了多式联运提单。秀强公司据此向万嘉公司连云港分公司支付了海运费15 400美元。

涉案货物到达墨西哥后进行陆路和铁路运输，万嘉公司连云港分公司通过中远公司委托墨西哥承运人FERROMEX公司负责铁路区段运输。2020年5

月 20 日，涉案货物在运往目的地阿波达卡的过程中，发生火车脱轨事故，造成货物受损。事故发生后，因涉案货物受损严重，SOLIGLASS 公司拒绝接收全部货物，FERROMEX 公司按照货物全损标准于 2021 年 7 月 16 日向 SOLIGLASS 公司支付了 149 432.73 墨西哥比索的赔偿金。

秀强公司自与万嘉公司连云港分公司签订《国际货物运输代理协议》起至案涉货物发生铁路货损事故时止，未委托万嘉公司连云港分公司为该批案涉货物办理保险事宜，也未支付过任何保险费用。

本案诉讼过程中，法院经被告万嘉公司连云港分公司申请委托中国政法大学外国法查明研究中心查明墨西哥合众国关于承运人赔偿责任限制及限制金额的法律。该中心向法院及双方当事人出具了查明函，主要内容：(1) 应当适用的法律：《墨西哥关于铁路服务的实施法》(以下简称《墨西哥铁路服务法》)。(2) 铁路运输承运人的责任：①"铁路运输公共服务的承运人，自其接收到货物至将其交付收货人止，对其运输货物发生的灭失或损毁承担责任。"②"使用服务的客户就其货物价值进行了声明，并且支付了一笔与承运人商定的额外费用作为保险金的，在其货物灭失或损坏时，方能就货物灭失或损坏的全部价值向承运人主张赔偿责任。如果客户没有申报货物价值，责任仅限于每公吨货物对应联邦首都区现行一般最低工资 15 日的金额，不足一吨的按重量比例计算金额。"(3) 关于起算时间：应当履行义务的一方，没有履行义务或者没有按照合同约定的方式履行义务的，应当按照下列要求赔偿由此带来的损失："……如果没有为给付金钱或履行某项义务的行为确定履行期限，债权人只能在 30 天后通过诉讼或者非诉讼方式要求履行相应义务。"因此，没有约定履行期限的，应以原告提出赔偿主张日的联邦首都区现行一般最低工资作为计算基数。

争议焦点：(1) 原告秀强公司是否享有涉案货物的货损索赔权；(2) 涉案货物是否构成全损及被告万嘉公司连云港分公司是否应当承担赔偿责任；(3) 被告万嘉公司连云港分公司能否援用墨西哥法律中的赔偿责任限制条款及具体赔偿金额。

二、撰写心得

裁判文书，是司法裁判的"最终产品"，是展示人民法院司法公正的"窗口"，也是体现法官办案质量和司法能力的"名片"。2020 年年末，南京海事法院受理了秀强公司诉万嘉公司连云港分公司多式联运合同纠纷案，是南京海事法院受理的首例涉"一带一路"沿线国家的多式联运合同纠纷案。当时恰逢南京海事法院“扬帆起航”一周年之际，对新成立的南京海事法院而言，如何妥善审理“一带一路”交汇点下国际多式联运案件，探索制定国际多式联运案件审理规则，合理平衡船货各方利益，在案件办理中践行“后发先至”目标，是成立之初便确定的重要工作任务。首例似“首航”，挑战即机遇。自拿到案件材料伊始，承办法官便敏锐意识到本案具备打造优秀文书、典型案例的先天条件。

（一）抽丝剥茧梳理案件事实

本案案情较为清晰：2020年1月3日，秀强公司与万嘉公司连云港分公司订立《国际货物运输代理协议》。协议签订后，秀强公司代理人向万嘉公司连云港分公司发出《委托书》，委托万嘉公司连云港分公司运输总价140 545.88美元的钢化玻璃和塑料饰条至墨西哥，万嘉公司连云港分公司向中远公司订舱出运该批货物。2020年4月16日，万嘉公司连云港分公司向秀强公司代理人签发多式联运提单并收取海运费。2020年5月20日，涉案货物经过海运到达墨西哥，在后续铁路运输过程中由于火车脱轨导致5个集装箱内的货物全损。事故发生后，墨西哥收货人拒绝接收全部货物，秀强公司遂要求万嘉公司连云港分公司全额承担货损赔偿责任并赔偿海运费。

合议庭简要分析认为，本案系具有涉外因素的陆海联运货损纠纷，需要对适用何种准据法作出判断，而且还涉及如何开展外国法查明。实际上，这类案件虽然在全国海事法院案件中颇为常见，但是，如果以惯性思维去审视，极有可能导致一篇优秀文书或案例“从指间划过”。此时，建院之初确立的海事审判精品战略得以有效发挥作用。经过前期讨论研判及类案检索，合议庭挖掘出以下值得探讨的问题：一是司法实践中对于原告诉请所依据的请求权基础——《海商法》第105条的理解存在诸多争议，认识并不统一，本案如何适用？二是立法及司法解释等尽管对外国法查明主体和查明责任作出了明确规定，但是在司法实践中可操作性不强，本案如有需要，应当以何种方式开展外国法查明？三是我国《海商法》下多式联运经营人的赔偿责任和责任限额采用“经修正的网状责任制”，本案被告的赔偿责任是否也应当适用责任限制条款？

（二）追本溯源探寻立法本意

首先要面对的是一个极易被忽略的法条理解问题。当货损发生于境外区段，依照最密切联系原则或者当事人约定应当适用中国法作为准据法时，我国《海商法》第105条规定的“适用调整该区段运输方式的有关法律规定”

是指我国（准据法所属国）法律体系内关于特定运输方式的法律，还是指损失发生地（非准据法所属国）的法律，司法实践中仍有较大分歧。对此，合议庭亦存在不同意见。一种观点认为，我国《海商法》第105条所谓“调整该区段运输方式的有关法律规定”应当指中国法律体系内调整公路运输的法律——《合同法》，故应当适用《合同法》来确定赔偿责任和责任限额。另一种观点认为，由于货损发生在墨西哥境内，根据我国《海商法》第105条，应适用墨西哥调整公路运输的法律确定赔偿责任限额。为统一裁判意见，合议庭成员认真检索其他海事法院相关案例，翻阅国际私法理论书籍及文章，并从解释论角度思考《海商法》第105条的立法价值取向，试图探寻契合本案具体情形的最佳适法路径。功夫不负有心人，合议庭最终形成一致意见：根据我国《海商法》立法前后的资料，第105条的立法本意是清楚的，即应当适用外国法律而不是中国法律确定赔偿责任限额。这样既符合合同正义性要求，能够公平公正地解决合同纠纷，又便于多式联运经营人在承担赔偿责任后依据国际公约或货损发生地所在国的法律向区段承运人追偿；同时，从法律的社会价值出发，将其解释为外国法律，有利于我国司法机关更好地知悉运用国际公约及“一带一路”沿线国家国内法律解决涉外争端，提升我国司法的国际影响力和公信力。

本案中，主张适用域外法的多式联运经营人万嘉公司连云港分公司有效举证了货物灭失、损坏发生于墨西哥铁路运输区段。虽然双方合同约定整体适用中国法律，但是应当援引《海商法》第105条规定，适用墨西哥法作为裁判依据。在本案裁判作出后，最高人民法院召开“全国法院涉外商事海事审判工作座谈会”并发布《全国法院涉外商事海事审判工作座谈会会议纪要》，该纪要明确了包含海运区段的涉外多式联运如发生域外货损，且准据法为中国法时，《海商法》第105条“调整该区段运输方式的法律”系指域外法而非我国法律，与本案裁判观点一致。

（三）高效便捷查明外国法律

长久以来，外国法查明一直是困扰我国涉外民商事审判，尤其是海事审判的一个难题，查明外国法律往往比审理案件实体问题更耗费时间和成本。因此，如何高效查明墨西哥有关铁路运输的法律，成为亟须破解的难题。《涉外民事关系法律适用法》第10条明确了涉外民事关系所适用外国法律的查明主体为人民法院、仲裁机构或行政机关，除非当事人自行选择适用外国法律。据此，我们依当事人申请委托中国政法大学外国法查明研究中心予以查明。

为保证查明过程的公正性，我们首先向原、被告双方征求、汇总了所需查明的外国法问题，其中包括墨西哥法下应当适用什么法律，法律适用的路径与逻辑，承运人赔偿责任及限额的具体规定以及是否存在责任限制的适用前提和除外情形等，并立即向外国法查明研究中心发送委托函，该中心两周后便给予了答复。庭审过程中，法庭组织双方对查明结果发表质证意见，双方对查明结果均表示认可。可以说，整个外国法查明过程既满足了案件对外国法查明、适用的需要，又避免了其他查明途径可能面临的反馈周期长、查明效果不理想、缺少公证认证等问题。

合议庭认为，本案查明方式对于今后法院查明外国法带来如下启示：（1）当事人约定适用外国法的，在法院指定的合理期间内无正当理由未提供该外国法的，适用中国法；（2）承办案件法院了解查明途径的，可以告诉当事人，从而有利于当事人高效提供相关法律；（3）根据冲突规范应当适用外国法的，法院应该依职权主动查明外国法，可通过积极与我国境内的外国法查明机构开展常态化合作，努力提高查明效率。

（四）精心谋划撰写裁判文书

1. 关于文书撰写的谋篇布局。一篇好的判决书除了说理透彻、用语规范之外，谋篇布局非常重要。布局得当，不仅有利于案件承办人抓住案件争点进行论述，也能使文书阅读人迅速了解案件事实、理解裁判思路。本案是一起涉及货运代理、出口报关及货物毁损灭失的典型多式联运赔偿责任纠纷，涉及出口货物于墨西哥铁路运输区段因脱轨导致货物全损的情况，这一事实也是产生赔付请求的直接原因，且该事实发生于境外，如何做好事实部分谋篇布局，并对本案外国法查明过程作出相应表述，做到详略得当，使文书读者清楚了解案情，显得尤其重要。为此，合议庭以双方当事人之间订立多式联运合同的事实进行主要叙述，对于运输过程中的委托代理关系、货损细节等相关事实点到即止，未花费太多篇幅。

2. 关于争议焦点的归纳。良好的焦点归纳能够让说理事半功倍。对于复杂案件，争议焦点往往是多个，此时焦点归纳应该有层次，构成对争议的逐步分解，再进行抽丝剥茧的分析，使说理像庖丁解牛般游刃有余。经审理，合议庭分析得出，双方首先对原告是否具有索赔权产生争议，之后才对货物是否构成全损、被告是否应当承担赔偿责任以及赔偿数额存在争议。为此，合议庭将本案争议焦点归纳为：（1）原告秀强公司是否享有涉案货物的货损索赔权；（2）涉案货物是否构成全损及被告万嘉公司连云港分公司是否应当承担赔偿责任；（3）被告万嘉公司连云港分公司能否援用墨西哥法律中的赔偿责任限制条款及具体赔偿金额。三个争议焦点形成递进关系，使说理层层相扣，最终分析得出结论，让读者顺畅理解裁判思路。

3. 本裁判文书论证过程。关于争议焦点一，无论是基于运输合同约定还是原告作为所有权人的法律地位，原告秀强公司作为涉案多式联运合同的托运人，在货物未能交付收货人且收货人已出具《声明函》表明若无秀强公司授权其无权要求赔偿损失的情形下，理应享有索赔权。

关于争议焦点二，首先，根据在案证据，法院认定涉案货物已构成全损；其次，虽然万嘉公司连云港分公司并非涉案货物内陆段实际运输承运人，但并不影响其依据与原告之间的国际货物多式联运合同所应当承担的多式联运经营人的交货义务以及对全程运输区段内发生灭失所致的违约责任，因此，根据我国《海商法》相关规定，万嘉公司连云港分公司应当向托运人承担货损赔偿责任。

关于争议焦点三，首先，根据我国《海商法》第105条规定，涉案货物于铁路运输中遭受毁损，多式联运经营人万嘉公司连云港分公司的赔偿责任和责任限额应适用墨西哥调整当地铁路运输的民商事法律。根据中国政法大学外国法查明研究中心的查明结果，该法律为《墨西哥铁路服务法》。其次，万嘉公司连云港分公司对涉案货物无投保义务，且秀强公司并未委托万嘉公司连云港分公司为涉案货物办理保险，也未支付过任何保险费用，因此，万嘉公司连云港分公司有权援引《墨西哥铁路服务法》的责任限制条款。最后，关于万嘉公司连云港分公司应当承担的具体赔偿金额，法院根据墨西哥法下的计算标准，计算得出被告万嘉公司连云港分公司应当向原告秀强公司赔偿人民币19 662.93元及利息。此外，根据我国《海商法》第55条规定，秀强公司诉请的运费损失应包含在货物赔偿责任限额内。

（五）结语

德国诗人荷尔德林曾言："不在显赫处强求，而于隐微处锲而不舍，这就是神圣。"作为一线法官，我们曾在认识上一直有个误区，认为典型案件、优秀文书必然来源于新颖、奇怪、特别的案件，而我们每天办理的"普通"案件都是传统类型案件，都有完善的法律规定，缺乏亮点，不具有挖掘出精品案件的条件。事实上，只要我们用发现的、探究的眼光去审视我们办理的每一个所谓普通案件，始终牢固树立精品意识，从审判的功能作用出发，从社会生活细节中去审视，就能挖掘提炼出普通案件不"普通"的一面。

本案裁判文书能够获得全国法院百篇优秀裁判文书殊荣，看似意料之外，但亦属情理之中。合议庭以精益求精的工匠精神去发掘案件中的每一个细节、每一处疑问，于细微处锲而不舍地推敲、斟酌和钻研，最终将一起“普通”国际多式联运合同案件培育成一颗闪耀着集体智慧的璀璨明珠。

（俞旭明，南京海事法院法官）

三、专家评析

“一带一路”倡议提出后，我国跨境多式联运业务蓬勃发展，极大促进了沿线各国经济互联互通，同时也不可避免产生众多货损、迟延交付等法律纠纷。本案是典型的多式联运合同纠纷，系南京海事法院首例委托专业查明机构进行外国法查明并据此进行裁判的案件，具有三方面的典型意义：一是准确理解适用我国《海商法》第 105 条。对于如何确定运输区段准据法，实践中认识并不统一。本案明确货物全损发生在国外铁路运输区段时，应当援引该国调整铁路运输区段的法律作为准据法确定多式联运经营人的赔偿责任和责任限额，而非根据我国有关调整该区段运输方式的法律予以确定，与《全国法院涉外商事海事审判工作座谈会会议纪要》观点相一致。二是依申请委托中国政法大学外国法查明研究中心高效查明外国法，避免由当事人提供外国法所产生的反馈周期长、查明效果不理想、缺少公证认证等问题，为司法实践中外国法查明的路径选择作出了良好示范。三是充分挖掘已查明外国法的参考价值。墨西哥法下，承运人较低的责任限制并非绝对适用，提前购买保险、办理保价运输是托运人向承运人主张货损全额赔偿的必要条件，这对我国修改完善《海商法》，提高进出口企业保险意识、法律风险防范意识无疑具有良好指引作用。

（点评人：王蕴，南京海事法院执行局局长，全国审判业务专家）

（2020）苏 72 民初 1061 号裁判文书原文

9. 招商银行股份有限公司与光大资本投资有限公司其他合同纠纷案*

【关键词】

私募基金　差额补足

【裁判要旨】

差额补足协议的性质应根据协议主体、权利义务约定等进行综合认定。投资人之间自愿利用结构化安排以及差额补足的方式就投资风险及投资收益进行分配的，该行为合法有效。差额补足义务与被补足的债务本身不具有同一性、从属性等保证责任构成要件的，可认定构成独立合同关系，差额补足的条件及范围依据合同约定确定。

一、简要案情

2016年2月，招商财富资产管理有限公司（以下简称招商财富公司）与光大资本投资有限公司（以下简称光大资本公司）等共同发起设立上海浸鑫基金，其中，招商财富公司认缴优先级有限合伙份额28亿元，光大资本公司认缴劣后级有限合伙份额6000万元。2016年4月，光大资本公司向招商银行股份有限公司（以下简称招商银行）出具《差额补足函》，载有“招商银行通过招商财富公司设立的专项资产管理计划，认购基金的优先级有限合伙份额28亿元……我司同意在基金成立36个月之内，由暴风科技或我司指定的其他第三方以不少于［28亿元×（1+8.2%×资管计划存续天数÷365）］的目标价格，受让基金持有的JINXIN HK LIMITED［浸辉（香港）投资管理有限公司］100%股权。若最终该等股权转让价格少于目标价格，我司将对目标价格与股权实际转让价格之间的差额无条件承担全额补足义务。届时，资管计划终止日，如果MP&SILVA HOLDING S. A（以下简称MPS公司）股权没有完全处置，我司同意承担全额差额补足义务”。光大证券股份有限公司（以下简称光

* （2019）沪74民初601号。

大证券公司）系光大资本公司唯一股东，其向光大资本公司出具《关于光大跨境并购基金的回复》，载明“我司已知悉并认可光大资本公司对招商银行的补足安排”。后因收购的MPS公司濒临破产，上海浸鑫基金无法顺利退出，招商银行遂诉请光大资本公司履行差额补足义务。

二、撰写心得

该案系一起因跨境并购投资失败导致巨额亏损所引发的合同纠纷，涉及两家上市金融机构，诉讼金额达34亿余元，引发社会高度关注。案情本身较为复杂，原、被告双方从实体到程序全面展开攻防、针锋相对，提交了以千页计的大量证据。案件涉及的法律问题也较为新颖，包括资管纠纷中争议较大的刚性兑付的识别、差额补足的效力及法律性质认定等问题，对判决书撰写的争点归纳、事实认定和说理论证都提出了较高的要求，对此笔者有以下几点心得。

（一）诉辩称归纳简练、形成对抗

当事人诉辩称是判决书认定事实和裁判理由分析的基础，该部分的撰写需对当事人在庭审中所表达的全部诉求、主张及其理由进行提炼和抽象，做到客观完整、重点突出、层次清晰，为之后的裁判说理打好基础。

1. 诉辩称应对双方当事人的主张进行归纳、概括，不宜直接照抄当事人诉讼材料。特别是在当事人主张存在内容凌乱、重复、层次不清等问题时，可以在不违反当事人原意的前提下，对语言和表述顺序进行调整。如本案中，对原告诉称的事实和理由部分的表述，结合其主张的具体事实及对应的诉讼请求所依据的请求权构成要件分层次进行表述，即分述原告为合伙份额实际权利人、被告向其出具了《差额补足函》、差额补足的履约条件已成就，从而清晰准确地归纳出原告方的主要诉求及其理由。被告的辩称意见则在梳理出其抗辩逻辑的前提下，按照类似“备位主张”的次第顺序进行归纳，即被告依次抗辩《差额补足函》不具有真实性、不具有合法性、权利主体非原告、履约条件未成就、履约范围应扣除预分配收益等，其后一主张均是在前一主张不成立的前提下，退而求其次的抗辩意见，内在有其先后逻辑顺序。

2. 因判决书中仅有诉辩称部分可以集中展示当事人的权利主张和观点，故在范围上不仅要归纳起诉状、答辩状的内容，还要综合当事人及其诉讼代理人在庭审陈述、质证意见以及书面代理词中提出的主张，以便全面反映当事人的诉讼观点。特别是在案情复杂，又有多轮庭审的情况下，要注重固定好最终的诉辩意见，避免遗漏争议焦点。在具体行文上，可每段以首句进行概括，之后再分述理由，如按照"《差额补足函》有效，理由如下……"的形式，使各方观点的展现一目了然、重点突出。

3. 诉辩称之间要注意形成对抗性，为之后争议焦点的归纳作好铺垫。如本案中，原告对被告的抗辩意见逐项作出了针对性的回应，因该回应属于"反驳之反驳"，系以被告抗辩为基础，不宜直接放在诉请的"事实和理由"部分，因此判决书在被告辩称之后特别增加了原告的逐项反驳意见，形成"原告诉称—被告辩称—原告反驳"的结构，既全面反映当事人观点，也使双方争议更加对焦。

（二）事实查明准确、详略得当

证据分析及事实查明既是判决书的骨架，也是裁判文书承前启后的重要部分，该部分撰写应做到条理清晰、完整准确、详略得当。

1. 文书对举质证情况的撰写要注意避免机械罗列、流于形式的问题。尤其是在案件证据较多时，举证部分可以在列明证据名称之外，根据其证明目的对证据进行分组，并写明各组证据的证明目的，以便将证据与案情紧密关联起来，增强逻辑性。质证部分则应表述简练、避免冗长，如果当事人对证明目的提出异议，内容上与诉辩称主张存在重合的，无须重复撰写，载明该部分意见与辩称意见一致即可。

2. 对于事实查明部分的撰写，应注意以下三点：第一，事实的查明需建立在证据的分析认定基础之上，注意前后呼应，撰写时可与证据的采信情况进行逐项核对，防止遗漏。同时，事实查明还应当与"本院认为"部分阐述的事实保持一致，避免后文引用未查证的事实或互相矛盾的事实。第二，事实查明部分所载明的事实应详略得当，要兼顾事实的完整性，但并非面面俱到。围绕主要争议事实，提炼出符合小前提论证的法律事实，明显与争议无关的事实不必陈述，无争议的事实可简写，有争议的事实需详写。第三，经查明事实的罗列顺序应清晰、直观。实践中，该部分通常是按照时间线排列，以便展示争议事件的发展脉络。但本案中涉及事实的层次较多、主体不同，时间线亦存在交织，因此先按照事实的相关度进行归类，并具体归纳为五个部分，每个部分均设置相应的小标题，如"关于上海浸鑫基金成立、收益分配的有关事实""关于《差额补足函》的相关事实""关于招财 5 号资管计划的相关事实"等，每部分事实再按照时间顺序进行罗列，兼顾体系性和时间线。此外，行文上还需注意文书中事实认定与法律认定的区别，对事实的描述应客观、中立，如原告与被告之间签订了某合同，避免直接表述为两者之间签订了何种法律关系的合同。

（三）合理划分争点、充分说理

“本院认为”部分是法官审理思路的完整展现，也是判决书最重要的灵魂，该部分撰写应做到适法准确、逻辑严密、说理透彻。

1. 高效的说理建立在争议焦点的准确归纳之上，该部分尤其体现法官对案情的整体把握能力。本案从实体到程序共划分了六个争议焦点，即《差额补足函》是否真实并合法有效；如果《差额补足函》是真实、合法且有效的，原告是否系《差额补足函》的权利主体；《差额补足函》的法律性质如何界定；差额补足义务的支付条件是否成就；差额补足的义务范围如何确定；本案是否应中止审理、是否应追加招商财富公司为第三人。该争议焦点的归纳既与诉辩称意见相呼应，全面涵盖双方争议，也清晰地展示了案件的审理思路及判决结果的逐步推导过程。

2. 对当事人提出的主张应正面作出回应，亮明观点，切中要害。如本案中，被告主张《差额补足函》法律性质为保证合同的主要理由是其具备增信功能。对此，判决书先肯定了被告出具《差额补足函》的目的确系为原告投资资金的退出提供增信，之后即明确指出法院观点认为，并非增信性质的文件均属于保证，增信文件是否构成保证仍需根据保证法律关系的构成要件进行具体判断，以此回应被告观点的漏洞。接下来再围绕保证的构成要件，逐一比照案件事实，通过论证差额补足义务与被补足的债务本身不具有同一性、从属性，循序渐进、水到渠成地得出本案《差额补足函》不是保证合同的结论，清晰展现了裁判的论证逻辑。尤其需注意的是，即使当事人主张明显不成立的，在说理上也要明确指出法律依据和相应不支持的具体理由，完整展示法官内心确信的过程，避免简单以“于法无据、不予支持”进行回应。

3. 说理的展开可以是各种法律解释方法的综合运用，体现法律思维应用的过程。例如，本案在论证原告系《差额补足函》的权利主体时，依次从文义解释角度论证了《差额补足函》的抬头“致：招商银行”已足以明确权利主体，从体系解释角度论证了其他合同中所载明的“被告已出具资管计划委托人（即原告）要求的差额补足承诺函”相关内容应与此处权利主体的解释保持一致，以及从目的解释角度论证了被告直接向原告出具《差额补足函》的原因是原告系实际出资人等，穷尽各个角度均得出一致结论，从而增强说服力。

4. 说理过程除解释法律外，还需融入核心的事实细节作支撑，即所谓“目光往返于事实与法律之间”，不断地重复才能得出结论。例如，在分析

《差额补足函》的效力时，判决书引用了被告系并购基金联合发起人、劣后级合伙人等细节，从商业背景的角度论证被告系基于自身利益需求而出具《差额补足函》，从而还原当事人的真意，增加说理的可信度。

最后，每一份判决书背后都体现了法官的价值观和价值判断。优秀的裁判文书除解决具体纠纷外，还应在厘清法律关系、树立裁判规则上下工夫。对于金融案件而言，裁判规则必须既符合法律的逻辑，也符合市场的逻辑，为金融交易确定指引，形成预期，规范并且引导市场健康稳健地发展。

（单素华，上海金融法院法官）

三、专家评析

本案裁判遵循了《全国法院民商事审判工作会议纪要》《最高人民法院关于适用〈中华人民共和国民法典〉有关担保制度的解释》的精神，对私募基金业务中争议较大的差额补足协议从法律性质和法律效力方面进行了逻辑清晰的逐层剖析。

（一）争点把握准确

本案双方当事人主要围绕《差额补足函》展开争辩。实践中，私募基金业务中差额补足承诺的形式可以是基础合同的组成部分，也可以是独立合同或差额补足义务人单方面出具的承诺函；差额补足的义务主体可以是基础合同以外的第三人，也可以是基础合同的相关主体，但权利人通常为基础合同的投资主体；差额补足的性质根据不同情况可能被定性为保证、债务加入或者独立债务，若定性为保证或债的加入则需依据《公司法》及相关司法解释或公司章程规定履行内部决议程序。本案的特殊性在于差额补足的权利主体并非基础合同的当事人，案件具有一定的新颖性。裁判文书结合案件具体事实，对差额补足函的性质从多个维度进行了全面的分析阐述，认定案涉《差额补足函》中并无明确的连带责任保证担保的意思表示，也没有担保对象，故《差额补足函》并非担保，而是招商银行和光大资本公司之间独立的合同关系。本案裁决对争议焦点切中肯綮的把握，体现出法官较为深厚的法律功底和过硬的审判能力。

（二）审理思路清晰

判决书完整体现了诉讼过程，全面阐述了案件事实，精准归纳了当事人的诉辩争点，并围绕实体方面五个争议焦点，即《差额补足函》是否真实并合法有效、招商银行是否系《差额补足函》的权利主体、《差额补足函》的法律性质如何界定、差额补足义务的支付条件是否成就、差额补足义务范围如何确定，在裁判理由部分依据请求权和抗辩权的基础规范构成要件，分别进行了全面严谨的分析论证，逻辑层次分明，说理充分透彻，法律适用准确，清晰展示了法官的逻辑推演脉络。比如，运用文义和目的解释等多种合同解释方法，认定光大资本公司出具《差额补足函》的目的确系为招商银行投资资金的退出提供增信服务，但增信文件是否构成保证，还需根据保证法律关系的构成要件进行具体判断，同时结合光大资本公司出具《差额补足函》亦系出于自身利益需求的客观事实，合理界定了《差额补足函》的性质、效力、权利主体和履行条件，具有很强的说服力。该判决文书的行文方式及条分缕析的说理方式，也具有一定的借鉴意义。

（三）具有规则探索价值

目前，资管业务领域存在大量的增信措施，差额补足协议是其中应用较为频繁、也较为典型的增信方式之一。差额补足是否构成刚性兑付？刚兑条款的识别原则如何界定？这是金融交易主体非常关注的问题，也是本案双方当事人的争点之一，理论和实务界对此的争议亦较大。差额补足一般是指差额补足权利人在未按约达到投资目标或未实现债权时，针对约定目标与实际获得投资回报之间的差额部分或应享有的债权与实际实现债权的差额部分，可要求差额补足义务人按照约定补足差额的交易安排，常用在信托、资产管理和股权投资对赌协议中。在不违反法律法规的强制性规定或不因违反监管规范而违背公序良俗的情况下，一般应尊重当事人的意思自治，这也为司法解释所认可。对于差额补足约定在何种情况下会构成刚性兑付？本案判决对此予以积极回应，并在说理部分结合禁止刚性兑付的立法和监管目的，清晰阐述了刚性兑付的构成要件，明确了裁判规则，对同类案件的处理有很强的参考价值。随着金融交易结构设计的精细化，差额补足协议也展现出更加复杂多变的面貌，在变迁之中尝试追寻事物的极简内核，也是法律的应有之义。

（点评人：吴弘，华东政法大学教授、博士生导师）

（2019）沪74民初601号裁判文书原文

第三章 金融借款

10. 兴业银行与岳典公司等金融借款合同纠纷案*

【关键词】

上诉利益 清偿 扣划 抵销

【裁判要旨】

原告在一审程序中请求变更诉讼请求标的额，实质是要求法院认定其向被告转账清偿另案生效判决确定的给付义务后扣划被告账户存款的行为系行使抵销权，一审法院未准许其变更诉讼请求，并在判决中认为其行使抵销权的条件不成就。在此情况下，一审法院虽支持了原告的全部诉讼请求，原告仍具有上诉利益。

被告对其名下银行账户上的资金享有占有、使用、收益、处分的权利，原告将款项转入被告公司账户即可发生清偿相关生效判决的后果，其扣划被告公司银行账户存款系依约扣收被告公司欠款的行为，产生消灭其等额债权，减少诉争相应欠款本息的法律后果。

一、简要案情

2017 年，岳典公司分两次向兴业银行贷款 3600 万元。该贷款到期后，兴业银行因岳典公司未如约履行还本付息义务，担保人未履行担保责任，向湖北省十堰市中级人民法院提起诉讼，请求：判令岳典公司立即偿还借款本金 3600 万元及利息、罚复息，各担保人承担连带清偿责任，并确认对抵押物优先受偿权。

一审诉讼期间，兴业银行因岳典公司起诉其的债权转让合同纠纷一案，被人民法院判令：兴业银行返还岳典公司债权转让款 11 584 545. 17 元及资金占用利息。该判决已发生法律效力。兴业银行在该判决生效几日后，于 2018

* （2020）鄂民终 147 号。

年10月8日21时向岳典公司在该行开立账户转入11 584 545.17元及利息1 688 077.4元，并备注用于履行生效判决。几分钟后，兴业银行将上述两笔资金全部从上述账户扣收，并备注用于抵偿本案借款本金。兴业银行据此向一审法院提交变更诉讼请求申请，请求将本案的诉讼请求变更为“岳典公司立即偿还所欠本金22 727 377.43元（36 000 000元-11 584 545.17元-1 688 077.4元）及利息”。岳典公司提出异议称，其已将生效判决确定的对兴业银行的债权全部转让给泽熙公司，并于2018年10月11日通知兴业银行。

湖北省十堰市中级人民法院对兴业银行变更诉请不予准许，并于2019年10月14日作出（2018）鄂03民初40号民事判决：岳典公司于本判决生效之日起十五日内偿还兴业银行借款本金3600万元及相应利息，各担保人对岳典公司的上述给付义务承担连带清偿责任，并确认兴业银行对抵押物优先受偿权。宣判后，兴业银行提出上诉，请求：撤销一审判决第一项、第二项，改判岳典公司于本判决生效之日起十五日内偿还兴业银行借款本金22 727 377.43元及利息（利息、罚息按借款合同约定计算）。

湖北省高级人民法院在庭审中归纳本案争议焦点为：（1）兴业银行在本案中是否具有上诉利益；（2）如何认定兴业银行于2018年10月8日向岳典公司在该行的银行账户转账并扣款行为的性质及法律后果。并根据二审庭审查明的事实于2020年8月4日作出（2020）鄂民终147号民事判决：撤销一审判决，岳典公司于本判决生效之日起十五日内偿还兴业银行借款本金22 727 377.43元及利息，各担保人对岳典公司的上述给付义务承担连带清偿责任，并确认兴业银行对抵押物优先受偿权。

二、撰写心得

（一）要充分认识精心制作裁判文书的重要意义

裁判文书是诉讼活动的总结性成果，是展示人民法院司法公正的载体，也是体现法官办案质量和司法能力的名片。优秀的裁判文书不仅能客观准确地反映案件审理过程和裁判思路，起到案结事了、定分止争的作用，更重要的是对社会公众起到价值引领作用，有利于营造良好的法治氛围。法官要充分认识裁判文书的重要价值与功能，树立高度的责任感，从有利于定分止争、案结事了和社会和谐的高度出发，依法推进案件审理，精心撰写裁判文书，努力实现法律效果和社会效果的有机统一。

（二）要做好开庭审理工作

裁判文书是庭审活动的最终载体，是对独任法官和合议庭审理案件整个诉讼过程全面、客观的交代。庭审质量的高低对裁判文书的质量起着至关重要的作用，一份优秀的裁判文书必定是对案件审理程序的合法性、完整性，事实调查的全面性、准确性，裁判理由和结果的合法性、合理性的充分展示。为此，首先是必须仔细阅卷，厘清庭审思路。全面掌握案情，吃透案件逻辑关系是掌控庭审的基础。本案一审法院支持了兴业银行的全部诉讼请求，带着一审中胜诉的当事人是否可以提起上诉的疑惑，承办法官仔细查阅了该案的全部卷宗材料。通过对证据的审查确定一审判决认定事实的完整性，通过查阅一审庭审笔录了解诉辩情况及兴业银行变更诉讼请求的过程和理由，再仔细分析兴业银行的上诉请求和上诉理由，认定本案上诉人上诉实质是兴业银行在一审中主张债务抵销未获支持且两次变更诉讼请求未被准许。据此，承办法官归纳出本案二审争议焦点并起草庭审提纲。其次要充分保障当事人的诉讼权利。开庭审理时要注意言语规范，尊重并保障当事人及代理人的诉讼权利，确保其能有效地行使辩论权利。本案开庭正值新冠肺炎疫情期间，为方便外地当事人和代理人参与诉讼，在征得各方当事人同意后，二审决定采取互联网方式开庭审理。庭前，承办法官多次联系当事人进行网络联调，确保各方的开庭设备顺畅；庭中，耐心地听取当事人的陈述和代理人的辩论意见，赢得双方当事人的信任。最后要准确归纳争议焦点，聚焦案件核心。开庭审理要引导当事人围绕争议焦点开展诉讼活动。结合岳典公司的当庭答辩意见，承办法官归纳案件的争议焦点为：（1）兴业银行在本案中是否具有上诉利益。（2）如何认定兴业银行于 2018 年 10 月 8 日向岳典公司在该行的银行账户转账并扣款行为的性质及法律后果。二审庭审在承办法官的主持下围绕焦点问题有序地进行举证、质证、调查和辩论，过程严谨流畅，充分保障了当事人的陈述、辩论权利，既赢得双方当事人的好评，也为裁判文书的撰写打下良好基础。

（三）裁判文书撰写要格式规范、说理透彻

撰写裁判文书的过程是法官将整个审判活动向当事人展现的过程，裁判文书是整个审判过程的精华之所在。格式规范、结构合理是高质量裁判文书的基本要求。裁判文书在形式、格式上应当符合相关规定，书写逻辑要清晰，繁简要得当，脉络要清晰，层次要分明。本案的裁判文书严格按照最高人民法院二审文书格式规范书写，在简要归纳一审认定事实和判决结果后，对二审审判过程予以充分展现。文书客观全面地归纳了当事人的上诉理由和答辩意见，并重点就二审争议焦点问题结合法律条文展开充分论述，最终对争议事实作出准确的法律评价，充分体现了严谨的法律逻辑。说理透彻、情理法相融是高质量裁判文书的价值追求。裁判理由是文书的灵魂。一份裁判文书不对裁判理由进行充分的阐释，即使裁判结果是公正的，也不是好的裁判文书，得不到社会公众的认同。裁判文书的说理要有针对性，要紧紧围绕案件争议焦点，同时要透彻、精准，既要对适用法律规范的依据进行充分阐释，同时还要注重法治理念和社会价值的评析。本案二审裁判文书围绕二审的争议焦点问题，透过现象看到本质，准确认定兴业银行的实质诉求，即要求法院对其行使抵销权和扣划的事实进行审查并确认该行为的效力，丰富了“上诉利益”的内涵。同时，对兴业银行向岳典公司在该行的银行账户转账并扣款行为的性质和法律后果进行充分论证分析，认定兴业银行将款项转入岳典公司的账户即可发生清偿相关生效判决确定给付义务的后果，其扣划岳典公司银行账户存款的行为，系依约扣收岳典公司欠款的行为，产生消灭其等额债权，减少本案诉争相应欠款本息的法律后果。同时还进行社会价值评析，即将兴业银行的转款和扣划行为认定为行使抵销权并予以确认，未加重岳典公司的债务负担，不损害第三人利益，又有利于相关另案生效判决的执行，简化了债的清偿，有利于解决“执行难”问题，体现了法律效果和社会效果的统一。弘扬法治理念、体现责任担当是高质量裁判文书的努力方向。裁判文书也承担着弘扬法治理念、体现法院责任担当的重要使命。该案裁判文书既引导当事人履行法定义务，助推诚信社会建设；也认定兴业银行同意免除岳典公司部分利息的承诺系对自身权利的处分，并予以准许，不仅符合民事诉讼的处分原则，也有效降低诉讼活动对企业生产经营的负面影响，有利于新冠肺炎疫情后企业的复工复产，以司法之力助力营商环境建设，体现了法院的角色意识和政治担当。

（李群星，湖北省高级人民法院法官）

三、专家评析

本案入选 2020 年全国法院商事审判十大典型案例。湖北省高级人民法院在审理该案时，围绕一审中完全胜诉的当事人提起上诉是否缺乏上诉利益这一看似“定论”的问题，根据兴业银行在一审中主张抵销未获支持的情况，在查明抵销成立的基础上依法支持兴业银行的上诉，不仅减少了当事人的诉累，而且丰富了“上诉利益”的内涵。

1. 二审法院厘清了上诉利益这一法律问题，即在原告请求减少诉讼请求标的额未获准许的情况下，一审法院虽然支持了原告最初的全部诉讼请求，原告仍具有上诉利益。兴业银行在起诉后，基于履行另案生效判决确定的给付义务，请求变更、调减本案诉讼请求标的额，未被一审法院准许。在此情况下，虽然一审法院支持了兴业银行请求变更诉讼请求前的全部诉请，但从兴业银行主张变更诉讼请求的理由看，其并非简单减少诉讼请求标的额，实质是要求法院对其行使抵销权和扣划的事实进行审查并确认该行为的效力，以期减少争议标的额。一审法院对兴业银行两次变更诉讼请求的主张不予准许，并在判决中认定其转账、扣款行为系行使抵销权，认为其行使抵销权的条件不成就，实际上是驳回了兴业银行提出的对其行使抵销权或扣划的事实进行审查并予以确认的请求。在该情形下，兴业银行提起上诉，请求二审法院对相关事实进行审查和确认，享有上诉利益。二审法院透过现象看到本质，对兴业银行主张的行使抵销权的事实进行审查，认定兴业银行将款项转入岳典公司的账户即可发生清偿相关生效判决的后果，其扣划岳典公司银行账户存款的行为，系依约扣收岳典公司欠款的行为，产生消灭其等额债权，减少本案诉争相应欠款本息的法律后果。上述认定具有事实和法律依据，体现了良好的法律效果。

2. 二审法院将兴业银行的转款和扣划行为认定为行使抵销权并予以确认，未加重岳典公司的债务负担，不损害第三人利益，且有利于解决兴业银行与岳典公司有关的另案生效判决的执行，既可简化债的清偿，从整体上减少当事人诉累，又有利于解决“执行难”问题，体现了很好的社会效果。

3. 二审法院在本案审理过程，组织兴业银行和岳典公司进行多轮调解，虽未达成调解协议，但兴业银行向法院出具书面承诺，以最大限度支持企业发展为由，同意免除岳典公司部分利息。二审法院基于兴业银行出具的书面承诺，认定该承诺系对自身权利的处分，予以准许，不仅符合民事诉讼的处分原则，也有效降低诉讼活动对企业生产经营的负面影响，有利于企业的复工复产。

综观该裁判文书全文，结构合理，要素齐全，不仅说理透彻，融情理法于一体，而且勇于担当，丰富了“上诉利益”的内涵，是一篇难得的优秀文书。

（点评人：肖建国，中国人民大学法学院教授、博士生导师）

（2020）鄂民终 147 号裁判文书原文

11. 牡丹江天福利亨房地产开发有限公司与宁安市农村信用合作联社借款合同纠纷案*

【关键词】

抵押权　行使期间　怠于行使　减损规则

【裁判要旨】

在借款合同纠纷案件中，债务人未按约定履行还款义务，债务人不能强求债权人必须通过抵押物抵顶债权的方式清算债权。抵押权属于担保物权，其价值在于保障抵押权人的债权优先于普通债权获得清偿，并未排除债权人选择以金钱等其他方式获得债权清偿的权利，且债权人并未怠于行使抵押权，债务人应对逾期利息承担偿还责任。

一、简要案情

原告（被上诉人）宁安市农村信用合作联社（以下简称宁安农信社）诉称：2008 年 5 月至 2009 年 12 月，其与牡丹江天福利亨房地产开发有限公司（以下简称天福利亨公司）先后签订六份《借款合同》及《抵押担保合同》，天福利亨公司提供其所有的在建工程作为抵押并办理了抵押登记手续。合同签订后，宁安农信社按约定将借款支付给天福利亨公司。上述借款于 2012 年 12 月全部到期，天福利亨公司尚欠借款本金及相应利息。天福利亨公司于 2017 年 8 月 24 日向宁安市人民法院（以下简称宁安法院）就案涉借款本息申请实现担保物权，因宁安农信社对延迟履行的利息计算时间和方式有异议，故针对双方无争议的本金及期内利息部分，宁安法院裁定准许拍卖、变卖案涉抵押物，并告知宁安农信社对有争议部分可另行主张权利。宁安农信社不服该裁定，分别起诉、上诉至黑龙江省高级人民法院（以下简称省高院）、最高人民法院，省高院及最高人民法院均驳回了宁安农信社的起诉、上诉，告知宁安农信社在申请实现担保物权一案执行终结后，可就其未实现的债权另行

* （2020）黑民终 147 号。

提起诉讼。在申请实现担保物权一案中，宁安法院裁定将案涉抵押物及其附属设施（包括土地使用权），抵偿宁安农信社本金及期内利息，占以上资产及相应的土地使用权的 56.9%。综上，请求原审法院判令：(1) 天福利亨公司立即偿还借款利息 75 555 912.70 元（从合同到期日开始截至 2018 年 12 月 31 日）；2019 年 1 月 1 日后的利息以 9729 万元本金为基数（以合同约定的利率为依据，计算至天福利亨公司实际清偿全部本息之日止）。(2) 请求判决宁安农信社有权对天福利亨公司提供的抵押物拍卖或变卖后所得款项具有优先受偿权。(3) 天福利亨公司承担诉讼费和其他费用。

被告（上诉人）天福利亨公司辩称：(1) 借款到期后天福利亨公司无能力以金钱给付方式偿还借款本息，多次向宁安农信社提出拍卖抵押担保物，用所得价款清偿借款本息，但宁安农信社怠于行使抵押权，故天福利亨公司为及时止损已通过特别程序提起实现担保物权申请。申请强制执行期间，宁安农信社提出执行异议、复议均被驳回，宁安农信社又以下属分支机构宁安市农村信用合作联社东京城信用社（以下简称东京城信用社）名义，向省高院提起诉讼、向最高人民法院提起上诉，要求天福利亨公司偿还借款本金、利息、复利，均被驳回。宁安农信社又于 2019 年 1 月 24 日提起诉讼，主张本案所涉抵押担保物拍卖优先受偿，被牡丹江市中级人民法院（以下简称牡丹江中院）裁定驳回起诉。现申请实现担保物权案件执行完毕。(2) 天福利亨公司在宁安农信社怠于行使抵押权情况下，主动申请实现担保物权，拍卖抵押物，清偿借款本金及借款期内利息。

法院经审理查明：宁安农信社系独立法人，东京城信用社为其分支机构，无公章。2008 年 5 月 23 日至 2010 年 1 月 28 日，东京城信用社与天福利亨公司签订六份《借款合同》及《抵押担保合同》，借款总额 9962 万元，案涉借款最后到期日为 2012 年 12 月 21 日，尚欠借款本金 9729 万元。抵押的在建工程均办理了抵押登记，评估总价值 202 849 101.69 元。《借款合同》到期后，天福利亨公司于 2015 年 10 月 29 日以无力偿还借款为由，向宁安农信社申请抵顶清算，宁安农信社于同年 12 月 30 日回函拒绝。2016 年 6 月 12 日，天福利亨公司再次向宁安农信社提出贷款抵顶化解申请，双方未达成一致意见。

2016 年 9 月 20 日，宁安农信社向宁安法院申请支付令，要求天福利亨公司偿还借款本金 9729 万元及利息。同日，宁安法院作出支付令。2017 年 8 月 14 日，宁安法院驳回宁安农信社的支付令申请。2017 年 8 月 24 日，天福利亨公司向宁安法院申请实现担保物权，要求裁定拍卖抵押物偿还案涉债务。

2017年9月20日，宁安法院裁定准许拍卖、变卖案涉抵押物，偿还宁安农信社借款本金9729万元及合同中借款期限内约定利息。天福利亨公司于2017年11月13日申请执行。2017年11月15日，东京城信用社向省高院提起诉讼，要求天福利亨公司偿还借款本金9729万元及利息。省高院裁定驳回，东京城信用社不服提起上诉，最高人民法院裁定驳回上诉，维持原裁定。2019年1月24日，宁安农信社向牡丹江中院提起诉讼，要求天福利亨公司立即偿还借款利息75 555 912.70元，并判决宁安农信社对天福利亨公司抵押物具有优先受偿权，被牡丹江中院裁定驳回。

宁安法院在申请宁安农信社实现担保物权案中，对案涉借款的抵押房产进行拍卖，经过两次拍卖均流拍。宁安法院于2019年4月28日裁定解除对案涉抵押物及其附属设施（包括土地使用权）的查封，上述财产由宁安农信社和天福利亨公司按份共有，其中宁安农信社占56.9%，天福利亨公司占43.1%，抵偿宁安农信社的资产及相应的土地使用权自裁定送达时起转移，宁安农信社可持裁定到登记机构办理相关产权过户登记手续。2019年5月20日，宁安法院作出结案通知。

本案的争议焦点为：一是天福利亨公司是否应当偿还案涉借款的逾期利息，如果应当偿还，逾期利息的截止日应计算到何时。二是宁安农信社对逾期利息是否就天福利亨公司享有的案涉抵押物及其附属设施（包括相应土地使用权）43.1%的份额具有优先受偿权。三是双方当事人争议的案涉逾期利息是否超过诉讼时效。

二、撰写心得

本案双方当事人诉争主要焦点在于债权人是否怠于行使抵押权，进而涉及债务人是否应当支付逾期利息问题，由此引发抵押权的价值、如何认定债权人怠于行使抵押权及如何适用减损规则等问题。承办人主要围绕上述焦点问题撰写裁判文书，并在裁判文书撰写过程中着重从以下三方面进行了深入思考，最终起草完成本案二审民事判决书。

（一）抵押权实现问题

1. 抵押权实现的内涵。《民法典》第394条规定了抵押权的定义，即抵押权指“为担保债务的履行，债务人或者第三人不转移财产的占有，将该财产抵押给债权人的，债务人不履行到期债务或者发生当事人约定的实现抵押权的情形，债权人有权就该财产优先受偿”。如果债务人有多个债权人，则享有抵押权的债权人在受偿顺序中处于优先地位，可以折价的方式就该抵押物的价款优先受偿。据此，抵押权实现要先实现抵押物的交换价值并转化为价款，进而债权人才能就该价款优先受偿。就本案而言，即在债务人天福利亨公司未按约定偿还借款后，抵押权人宁安农信社有权要求对案涉抵押物拍卖、变卖的价款优先受偿。

2. 抵押权的价值。抵押权是以担保特定债权清偿为目的的保全性抵押权，其价值功能主要在于，抵押权人与普通债权人相比，有权就抵押物拍卖或者变卖所得价款优先受偿，并且在债务人破产时，抵押权人享有别除权，仍可就抵押物拍卖或者变卖所得价款优先受偿，如此就保障了抵押权人的债权利益。就本案而言，天福利亨公司可能存在其他债权人，但是案涉抵押物的抵押权人仅为宁安农信社，且其依法办理了抵押登记，故宁安农信社就案涉抵押物享有绝对的优先受偿权。

3. 抵押权实现的条件。《民法典》第 410 条规定了抵押权的实现条件，即“债务人不履行到期债务或者发生当事人约定的实现抵押权的情形，抵押权人可以与抵押人协议以抵押财产折价或者以拍卖、变卖该抵押财产所得的价款优先受偿”。据此，抵押权的实现条件可以分为法定实现条件与约定实现条件。

（1）法定实现条件——债务人不履行到期债务。首先，抵押权应有效设立，就不动产而言，应依法办理抵押登记。其次，约定了债务的履行期限，然而到期时，债务人未完全履行债务或者仅部分履行债务。就本案而言，抵押合同成立并生效，抵押权亦设立，且债务人天福利亨公司在债务履行期限届满后，未完全履行债务，即符合抵押权实现的法定条件。

（2）约定实现条件——发生当事人约定的实现抵押权的情形。债权人和抵押人可以事先在合同中约定实现抵押权的条件，例如，债权人和抵押人签订的是动产浮动抵押合同，抵押物是大米，只要大米的数量在双方约定的数量最低限值之上，抵押人就可以自由处分大米。但是，一旦发生大米的数量低于最低限值时，债权人就可以抵押物价值贬损为由，按合同的约定提前实现抵押权，以保障自身的债权得到清偿。

（二）债权人如何行使抵押权

因本案争议焦点在于如何认定债权人怠于行使抵押权问题，且双方当事人争议主要集中在抵押权行使期间问题，故撰写裁判文书时主要考虑了上述问题。

1. 抵押权行使期间的性质。《民法典》第 419 条规定了抵押权的行使期间和主债权诉讼时效期间重合的情形，而对于抵押权行使期间的性质，之前理论界存在争议。

第一种观点认为，主债权的诉讼时效期间届满后，抵押权还有两年的存续期间。但是，在抵押人为第三人时，如抵押人在这两年期间承担了抵押责任，则其有权向债务人追偿，但债务人此时可以主债权超过诉讼时效作为抵押人不能向其追偿的抗辩。

第二种观点认为，抵押权行使期间是固定期间。但是，主债权的诉讼时效期间可能因债权人的主张或者债务人的履行等其他原因发生中止或者中断，这可能导致主债权的诉讼时效期间尚未届满，抵押权却已经消灭。

第三种观点认为，抵押权的行使期间是抵押权具有从属性的具体表现，抵押权的行使期间应与主债权的诉讼时效一致，此观点与《民法典》规定一致。因为如果允许抵押权一直存续，可能会使抵押权人怠于行使抵押权，而抵押权是主债权的从权利，所以抵押权的存续期间应与主债权的诉讼时效相一致。

2. 本案债权人不属于怠于行使抵押权的认定。就本案而言，在债务到期后，债权人宁安农信社没有立即行使抵押权。但是，虽然债务人天福利亨公司也曾发函要求债权人行使抵押权，但债权人与债务人一直就如何还款进行协商，且债权人有权选择实现债权的方式，抵押权属于担保物权，其价值在于保障抵押权人的债权优先于普通债权获得清偿，亦未排除债权人选择以金钱等其他方式获得债权清偿的权利。债权人还曾提起支付令，虽然支付令被驳回，但综合上述案件事实，不足以认定债权人怠于行使抵押权。虽然本案本金及期内利息的清偿是通过债务人申请实现担保物权一案实现，但逾期利息是借款人未按合同约定的期限返还借款而应支付的超期利息，属于惩罚性质的利息，且案涉《借款合同》均约定计收罚息直至本息清偿为止，而案涉借款本金及期内利息是通过强制执行程序清结，故债务人仍应当支付逾期利息。就另一角度而言，如果从减损规则的角度论述，因本案案涉抵押物未再次进行评估，且亦无证据证明案涉抵押物价值减损，作为抵押物的不动产，有升值的可能性，故如选择适用减损规则，债务人亦应对逾期利息承担相应的给付责任。

（三）减损规则的适用

结合前一部分的论述，本案债务人天福利亨公司主张因债权人宁安农信社怠于行使抵押权，故其不应对扩大的逾期利息承担偿还责任。我国《民法典》第 591 条对减损规则进行了原则性的规定，即“当事人一方违约后，对方应当采取适当措施防止损失的扩大；没有采取适当措施致使损失扩大的，不得就扩大的损失请求赔偿。当事人因防止损失扩大而支出的合理费用，由违约方负担”。减损规则的适用是在一方违约后，非违约方应当采取合理措施防止损失扩大，但却未采取合理措施，故非违约方不能就因此扩大的损失向违约方主张赔偿。

1. 减损规则的性质。(1) 义务说。该说认为，非违约方采取合理措施防止损失扩大是其应尽的义务，否则违约方不但可以要求其采取相应措施，甚至可以要求其赔偿扩大部分的损失。(2) 不真正义务说。该说认为，非违约方采取合理措施防止损失扩大不是其义务，即便其未采取合理措施，违约方也不能强行要求其采取措施，更不能要求其赔偿扩大的损失，而是只能从损害赔偿数额中扣除本可避免的损失。承办人同意此种观点，减损规则应仅仅是对损害赔偿数额的限制。

2. 减损规则中的适当措施。当非违约方起诉违约方要求其承担责任时，违约方往往将减损规则作为减轻或者限制其责任的抗辩。然而在司法实践中，当事人双方在是否具备条件采取适当措施防止损害扩大，当事人采取的措施是否具有合理性，“适当”的标准如何把握等问题上时常产生争议。通常情况下，非违约方应当在出现要履行减损义务的客观情况时，履行作为一个正常人都会采取的措施，此种措施的采取，才会有可能被认定为适当措施，当然具体到个案中，还应结合具体案情加以衡量。

3. 本案如何适用减损规则。就本案而言，债务人天福利亨公司未按借款合同约定的期限偿还借款，应承担给付逾期利息的责任。虽然其提供了不动产抵押担保，但综合本案相关事实，无证据证明债权人宁安农信社怠于行使抵押权。况且，现有案件事实不足以让债权人宁安农信社采取其他措施防止逾期利息损失的扩大，实际上，债权人宁安农信社已经通过支付令的形式积极主张了债权，即其主观上非恶意。在此情形下，不能强求债权人接受以物抵债清偿债权，债权人可以尝试选择金钱等其他方式实现债权。同时，进一步从减损规则的角度看，承办人内心确信案涉抵押物在借款到期后至本案诉讼期间，应当处于升值状态，且案涉抵押物为百货大楼，在借款本金及期内利息以抵押物部分份额抵偿后，仍由债务人继续对外出租，此部分亦应属于债务人的获益，无论抵押物升值及获益多少，在实质上都改变不了未造成债务人损失的后果，且又无证据证明因债权人未行使抵押权造成抵押物贬值。

（周纹婷，黑龙江省高级人民法院法官）

三、专家评析

抵押权是以担保特定债权清偿为目的的保全性抵押权，其价值功能主要在于，抵押权人与普通债权人相比，有权就抵押物拍卖或者变卖所得价款优先受偿，并且在债务人破产时，抵押权人享有别除权，仍可就抵押物拍卖或者变卖所得价款优先受偿，如此就保障了抵押权人的债权利益。在债务人未按约定履行义务时，如债权人享有抵押权，债权人往往主张行使抵押权，而此时有的债务人提出债权人怠于行使抵押权的抗辩，意在减轻其相应的给付责任。但在司法实践中，如何认定债权人怠于行使抵押权尚未有统一标准，故统一该类型案件的裁判思路亟须且必要。本案中，案涉抵押物的抵押权人仅为宁安农信社，且其依法办理了抵押登记，故宁安农信社就案涉抵押物享有绝对的优先受偿权。本案争议焦点在于如何认定债权人怠于行使抵押权问题，且双方当事人争议主要集中在抵押权行使期间问题。

本案中，在债务到期后，债权人宁安农信社没有立即行使抵押权。虽然债务人天福利亨公司也曾发函要求债权人行使抵押权，但债权人与债务人一直就如何还款进行协商，且债权人有权选择实现债权的方式，抵押权属于担保物权，其价值在于保障抵押权人的债权优先于普通债权获得清偿，亦未排除债权人选择以金钱等其他方式获得债权清偿的权利。债权人还曾提起支付令，虽然支付令被驳回，但综合上述案件事实，不足以认定债权人怠于行使抵押权。虽然本案本金及期内利息的清偿是通过债务人申请实现担保物权一案实现，但逾期利息是借款人未按合同约定的期限返还借款而应支付的超期利息，属于惩罚性质的利息，且案涉《借款合同》均约定计收罚息直至本息清偿为止，而案涉借款本金及期内利息是通过强制执行程序清结，故债务人仍应当支付逾期利息。

抵押权作为一种担保物权，担保效力最为可靠，而且能够充分发挥担保财产的作用，是实践中最理想、被广泛使用的担保形式，对市场经济良性运转起着促进和保护作用。该案围绕担保物权行使焦点问题，综合案件相关事实，进行了详细的释法说理，通过该案的裁判可以为今后该类型案件的审理提供有效、有价值的参考。本案裁判文书语言文字精练流畅，用词准确，叙述事实清楚，条理清晰，说理论证缜密，逻辑严谨，层次清晰，具有很强的指导意义。

（点评人：哈书菊，黑龙江大学法学院院长、教授、博士生导师）

（2020）黑民终 147 号裁判文书原文

第四章 出资

12. 刘某、魏某、金某与哈密春天房地产开发有限公司、高某、朱某、王某追收抽逃出资纠纷案*

【关键词】

公司章程 股权转让 股权赠与 抽逃出资 破产清算 损害公司财产独立性 连带清偿责任

【裁判要旨】

公司股东兼法定代表人未经法定程序，将公司股东足额缴纳的注册资本从公司账户全部转入个人账户，该行为构成抽逃公司出资，导致公司资本不充分，对公司财产的完整性造成严重损害，严重损害了公司、其他股东及其债权人合法权益。擅自将注册资本转出的股东应承担返还出资本息的法律责任，其他知悉的股东承担连带清偿责任，对于已实际缴纳出资的股东予以免除法律责任。

一、简要案情

2012年6月4日，刘某、高某、魏某在王某的安排下，分别认缴出资35 000 000元、10 000 000元、5 000 000元，共同组建哈密春天房地产开发有限公司（以下简称春天公司），刘某任春天公司执行董事兼法定代表人、魏某为总经理、高某为监事，实际控制人为王某，由刘某代持王某的股份，办理由名义股东的刘某、高某、魏某认缴出资额的验资证明。乌鲁木齐海天会计师事务依据2012年6月14日刘某为付款人，春天公司为收款人的中国工商银行的六笔收款凭证，出具的海天会验字［2012］6-193号《验资报告》，载明2012年6月14日春天公司（筹）已收到全体股东缴纳的注册资本（实

* （2021）兵民终24号。

收资本）合计人民币伍仟万元整，同日哈密市工商行政管理局登记设立春天公司。2012 年 6 月 14 日，春天公司验资账号显示刘某将六笔出资款转出的用途为个人债权，实际春天公司注册资金为 0 元。2013 年 6 月 24 日，刘某将其持有公司 50%股权 25 000 000 元转让给金某，实际未交付转让款，由金某名义代持王某股权；刘某将其持有 20%股权 10 000 000 元转让给朱某。6 月 24 日，春天公司章程载明变更金某为法定代表人，出资 25 000 000 元，出资比例 50%；朱某出资额 10 000 000 元，出资比例 20%；高某出资额 10 000 000 元，出资比例 20%；魏某出资额 5 000 000 元，出资比例 10%。2018 年 8 月 17 日，三门峡力达农业科技有限公司以春天公司不能清偿到期债务，且明显缺乏清偿能力为由，向一审法院申请对春天公司进行破产清算。一审法院于同年 9 月 10 日裁定受理该公司对春天公司破产清算的申请，指定公司的管理人。据此，春天公司起诉请求：刘某、高某、魏某分别向春天公司补缴出资 35 000 000 元、10 000 000 元、5 000 000 元及支付相应的利息；股东金某、朱某对上述债务承担连带责任。

本案争议焦点为：（1）关于刘某是否应承担出资利息损失的连带清偿给付责任的问题。（2）关于魏某是否应承担返还春天公司出资责任的问题。

第一，关于刘某是否应承担出资利息损失的连带清偿给付责任的问题。通过查实春天公司成立之时，乌鲁木齐海天会计师事务所出具的海天会验字［2012］6-193 号《验资报告》，显示截至 2012 年 6 月 14 日春天公司（筹）已收到全体股东缴纳的注册资本（实收资本）合计人民币伍仟万元整，股东以货币出资合计 50 000 000 元。所附“注册资本实收情况明细表”中，载明刘某、高某、魏某均是按照各自应认缴的股份出资，通过中国工商银行分六次进入春天公司账户，实际缴纳了注册资本所载明应缴纳的出资，并经哈密地区工商行政管理局审验，注册登记成立了春天公司。春天公司账户显示当日刘某将注册资本 50 000 000 元转出至刘某及杨某滔个人账户，但不能否认刘某、高某、魏某已实际足额缴纳了春天公司注册资本的事实。公司法人系独立民事主体，股东不得抽逃已缴纳的出资。春天公司时任股东在春天公司成立之时全额出资，经工商行政管理部门验资审批注册后，刘某作为春天公司股东、法定代表人，非经法定程序，将春天公司股东足额缴纳的注册资本分六次从公司账上全部转入个人账户，致使春天公司在注册当日账户全部注册资金被转走，实施了从春天公司抽回股东已缴纳出资财产的行为，导致公司资本的不充分，对春天公司的财产完整性造成严重损害，对春天公司抵御风险的能力也造成巨大损害，严重损害春天公司、其他股东及债权人合法权益，应认定刘某实施了抽逃春天公司出资的行为，春天公司诉讼主张刘某全面履行出资义务的请求应予以支持，行为人刘某应承担由此产生返还出资的法律责任。本案为管理人向债务人春天公司股东追收抽逃出资引发的纠纷，具有抽逃出资行为的股东的法律责任是向公司返还出资本息。刘某作为法定代表人将春天公司的注册资本全部转至个人账户，是实施抽逃出资的行为人，应承担返还出资及利息的主体责任。作为春天公司实际控制人的王某以及知悉刘某抽逃出资并受让股权的金某应当承担连带清偿责任。

第二，关于魏某是否应承担返还春天公司出资责任的问题。根据《验资报告》载明内容，以及所附“注册资本实收情况明细表”“验资事项说明”中显示的魏某认缴注册资本5 000 000元，实收资本5 000 000元，占注册资本总额比例10%的内容，表明在春天公司成立时，作为股东之一的魏某是依据春天公司章程载明的认缴出资额，已足额缴纳了自己应当缴纳的5 000 000元的注册资本。从资金来源上看该款是刘某作为付款人通过尾号为2××1的账号实际缴纳，但不足以推翻《验资报告》所附“验资事项说明”中“魏某实际缴纳出资额人民币5 000 000元”的审验结果、公司章程第八条载明魏某实缴出资5 000 000元以及在中国工商银行凭证摘要中载明的“魏某投资款”等证据的效力。因而能够确认魏某已实际缴纳了注册资本的事实，而该事实亦被具有法定公示公信效力的哈密地区工商行政管理局核发的营业执照予以印证，与资金的来源及缴纳资金的行为人不具有关联性，故理应认定魏某作为股东履行了实际缴纳5 000 000元注册资本的事实。魏某作为股东将实缴出资汇入春天公司账户后，该款与股东资产是分离的，由春天公司实际支配使用，刘某作为法定代表人实施转款行为，不能否认股东实际缴纳出资的事实。对于魏某主张王某承诺赠与其股权并为其代缴5 000 000元注册资本的事实，与本案股东是否足额缴纳出资系不同法律关系，王某可与魏某另行予以确定。本案案由确定为追收抽逃出资纠纷。

二、撰写心得

裁判文书的书写是建立在对案件事实、证据效力、法律关系、争议焦点作出准确判断的基础上，对事实的查明应当清楚，法律的适用应当符合立法本意，撰写的法律文书应具有叙事清楚、说理透彻、论证严密、结果正确的特征，彰显社会主义核心价值观，对于社会高质量的经济发展起到指导、示范、引领作用。法律文书的释法说理是法官基本能力的体现，也是其应当具备的基本功。通过多年撰写裁判文书，笔者有如下五点体悟。

（一）认定案件的法律事实必须清楚、准确

笔者通过开庭审理，梳理双方当事人诉辩主张的焦点问题并对焦点进行了准确的归纳，对从法律规定角度确定应当重点围绕的争议问题逐一进行调查。对于各方当事人所提交的证据，采用对证据分析与事实认定相结合的方式，具体包括当事人争议的事实在庭审中提供了什么证据、证明何种事实和主张、对方作出抗辩的理由，依据《民事诉讼法》及其相关的司法解释，对证据采集和采信所确定的证据效力进行充分分析和论证，对于证人所作出的证言归纳要准确、内容完整，最大限度地避免法官以主观分析判断和叙述案情事实的现象出现，用定案根据直接叙明案件事实，对证据作出分析，所认定法律事实具有客观性、全面性、准确性，应为撰写裁判文书的基础性工作。本篇裁判文书中根据当事人提供的书证、证人证言效力的分析认定，结合查明公司章程、验资报告载明内容、股东出资转账凭证以及工商登记有效证据，再在有效证据证明的法律事实基础上判断股东应当承担的责任，这是本篇裁判文书认定股东承担抽逃出资本息的法律责任的事实前提和基础。

（二）裁判文书的说理必须充分，适用法律正确

说理是裁判文书的精髓和核心，充分展示法官的办案思路，而对于适用法律的说理是裁判文书核心中的核心。一份让当事人服判的法律文书就是要在查明案件法律事实的基础上找出具体适用的法律或法理，将抽象的法律规定运用于具体的案件事实，将案件事实和判决结果有机地联系起来，准确认定事实的法律性质和当事人的责任分担，将所适用的法律条文解释与案件的具体事实结合起来。法律适用是否正确，取决于能否对案件事实准确认定和对法律精神准确理解。本案是基于在公司破产清算程序中管理人针对股东在公司成立之初抽逃出资提出诉讼，在上述查明的事实中确认其股东有抽逃出资行为时，依法准确适用《公司法》《企业破产法》及其相关的司法解释的规定，确定抽逃出资的股东应当承担的相应法律责任。在这里对于责任承担的说理是建立在确认的法律事实的基础上，结合法律、司法解释的规定确定主体承担法律责任，并对股东之间的股权的赠与以及代缴出资的行为所产生的后果应另行解决予以释明，同时对于案由也进行了相应的变更，使法律适用更符合案件事实本身。这是该裁判文书的精髓所在。

（三）牢固树立社会主义核心价值观作为裁判理念，始终坚持将社会主义核心价值观贯穿于裁判文书中

习近平总书记在第十八届中共中央政治局第十三次集体学习时强调，“把培育和弘扬社会主义核心价值观作为凝魂聚气、强本固基的基础工程”“要用法律来推动核心价值观建设”。[①] 社会主义核心价值观是社会主义核心价值体系的内容，体现社会主义核心价值体系的根本性质和基本特征，反映社会主义核心价值体系的丰富内涵和实践要求，是社会主义核心价值体系的高度凝练和集中表达，也是全体人民在价值观念上的“最大公约数”。中共中央先后印发《关于培育和践行社会主义核心价值观的意见》《关于进一步把社会主义核心价值观融入法治建设的指导意见》，把社会主义核心价值观贯彻到依法治国、依法执政、依法行政实践中，落实到立法、执法、司法、普法和依法治理各个方面，要求人民法院“用司法公正引领社会公正”。2021 年最高人民法院也制定了《关于深入推进社会主义核心价值观融入裁判文书释法说理的指导意见》，用以体现上述立法精神。本案中在适用法律时，对于股东在未经法定程序的情况下，抽逃公司出资，给公司、其他股东以及债权人的合法权益造成损害，承担法律责任进行了详细论述，体现了公司在法治化社会经营中，未遵循法律规定应当承担的不利的法律后果，在优化治理法治化营商环境时期起到警示作用。

（四）运用法治思维，充分体现司法的权威，保护合法的市场经营主体

在法治化国家体系中制作的裁判文书，应当充分体现法院裁判文书的权威性，在正确解释法律、充分宣示正义、合理判定冲突等方面，更应详细论证判决的根据和理由，体现司法的权威，法律的强制力。本案涉及对公司行为的规制，应当深刻认识到社会主义市场经济本质上是法治经济，高质量发展必须依靠法治提供牢固的基础、持久的动力、公平公正的环境。这篇裁判文书充分体现了依法维护社会主义市场经济秩序，依法平等保护各类市场主体产权和合法权益，充分发挥了法治建设对构建高水平社会主义经济体制的保障作用，为努力营造法治化营商环境起到示范引领作用。

（五）体现法官较高的业务能力素质

合格的法官在裁判文书中无论在认定事实方面，还是适用法律方面，均

① 《习近平：把培育和弘扬社会主义核心价值观作为凝魂聚气强基固本的基础工程》，载人民网 2014 年 4 月 25 日，http：//jhsjk. people. cn/article/24463023。

应体现出裁判者的内心确信过程，厘清下判的法理，将法官较高业务能力和较强职业素质通过所制作的裁判文书予以充分体现，法官应当将法律、法规和相关的法学理论知识，通过清晰的审判思路、严密的逻辑结构、严谨的论证叙述、准确的释法说理全面展现，体现出法官较高的综合素质。

（徐鸿莉，新疆维吾尔自治区高级人民法院生产建设兵团分院法官）

三、专家评析

本案是一起由破产管理人提起的，春天公司股东兼法定代表人利用自己的职权，抽逃公司出资继而引发的纠纷，公司在破产清算时向抽逃出资的股东追收出资本息的诉讼。本案具有如下五个特点：

1. 在二审的审理期间，针对一审查明的事实及当事人上诉的理由，庭审归纳案件争议的焦点准确。

2. 二审所查明的事实清楚，尤其是在股东抽逃出资的事实认定上，通过对证人证言、其他股东的证言、公司的验资报告、公司章程以及已生效的裁判文书效力的客观性、合法性、关联性进行的综合分析认证，对于涉案关键证据的证明力的综合归纳分析评判，做到精准适用证据规则，运用法律思维和严谨的逻辑分析，客观依法采信证据，在对一审所认定事实核实的情况下，就一审未认定的实际出资的股东的相关事实进行了改判，对改判理由作出了充分的阐明。

3. 在法律适用方面，针对破产管理人提出的诉讼，所适用的《公司法》《企业破产法》《最高人民法院关于适用〈中华人民共和国公司法〉若干问题的规定（三）》《最高人民法院关于适用〈中华人民共和国企业破产法〉若干问题的规定（二）》的有关规定，依据明确具体，确实充分，针对性强。该判决书在制作体例方面，做到逻辑严密，格式统一，要素齐全，结构完整，繁简得当；语言文字表达严谨周密、凝练简洁，语义明确，对于股东实施了抽逃出资行为的认定准确，同时结合法律规定对抽逃出资作出法律后果分析与论证，理由阐述充分。该裁判文书在书写方面规范、精练，使用了易于理解的分段模式，使文书的逻辑结构清晰，事实、证据、理由和处理结果之间，具有内在的逻辑关系，成文质量高，兼具严谨性、准确性、规范性、权威性，同时通过对事实的分析和归纳，揭示了焦点问题的本质。裁判合理合法，紧扣案件实际，内容表述完整，体现出审判人员的公正裁判理念，扎实的写作功底。

4. 本案当事人人数众多，合议庭采取“互联网+现场公开开庭”的方式开庭，证人也是通过互联网出庭作证，方便当事人参加诉讼，确保当事人诉权最大化的实现。

5. 二审中对于当事人所举的两组证据所作的概述精练，言简意赅地概括了两组证据所证明的问题，并对两组证据的证明效力进行了详细的分析，作出确认其中一名股东已实际缴纳出资的改判，免除其返还公司出资本息的法律责任，与此同时将一审确定的追收未缴出资的案由改为追收抽逃出资，完整准确呈现本案的基础法律关系和客观法律事实。

（点评人：张凡，新疆维吾尔自治区高级人民法院生产建设兵团分院副院长、二级高级法官）

（2021）兵民终24号裁判文书原文

第五章　股权

13. 内蒙古盛旺矿业有限公司与辽宁宝兴科技有限公司等股权转让合同纠纷案*

【关键词】

股权转让　探矿权转让　合同性质　效力

【裁判要旨】

正确认定合同性质和效力是处理合同纠纷的关键。合同性质应当根据合同主体在合同中约定主要事项的性质进行判断。股权转让与探矿权转让是转让不同的民事权利，其性质、内容及适用法律有所区别。《投资份额转让合同》的转让人是股东，不是探矿权人，向受让人转让的是因合作勘查开发而享有的投资权利份额，即转让标的物是目标公司的股权，其性质是股权转让纠纷。矿山企业的股权转让导致股东变化，并不导致矿业权主体的变更，不宜认定为变相的矿业权转让。

一、简要案情

中兴公司是案涉金属矿的探矿权人。2009 年 6 月，中兴公司与辽宁宝兴科技有限公司（以下简称宝兴公司）、金朋公司、东升公司三家公司签订《合作勘查与开发协议》，约定各公司持有该金属矿探矿权益比例，并按出资比例共同出资注册成立合资公司布拉格公司。2009 年 7 月，布拉格公司注册成立，其原始股东为中兴公司和宝兴公司、金朋公司、东升公司四家公司。2014 年 1 月，宝兴公司、金朋公司、东升公司三家公司与内蒙古盛旺矿业有限公司（以下简称盛旺公司）签订《投资份额转让合同》，约定三家公司分别将其在《合作勘查与开发协议》中持有的权利义务份额，以 1 亿元全部转让给盛旺公司。目前布

* （2019）内民终 582 号。

拉格公司股东变更登记为中兴公司和盛旺公司。2016年3月，宝兴公司提起诉讼，要求盛旺公司给付拖欠的股份转让款1225.8万元及违约金等，在该案审理中，盛旺公司向三家公司发出《解除合同通知书》。盛旺公司提起本案诉讼，请求判令：解除《投资份额转让合同》；宝兴公司返还盛旺公司已支付的款项及利息共计34 052 337.9元；宝兴公司、金朋公司、东升公司三家公司、中兴公司等赔偿盛旺公司损失8 441 118.5元。一审判决：一、解除《投资份额转让合同》；二、宝兴公司返还盛旺公司转让款28 083 100元；三、驳回盛旺公司的其他诉讼请求。

二审围绕争议焦点作出分析认定：（1）关于《投资份额转让合同》的性质和效力问题。合同性质应当根据合同内容即合同主体在合同中约定主要事项的性质进行判断。《投资份额转让合同》第1条、第2条内容证明转让方宝兴公司、金朋公司、东升公司是布拉格公司的股东，合同约定的标的物是布拉格公司的股权，向受让人盛旺公司转让的是三家公司与探矿权人中兴公司合作勘查开发而享有的投资权利份额，即三家公司持有项目公司布拉格公司的股权。探矿权人中兴公司不是该合同的转让方，约定的转让标的也不是探矿权，合同中并没有涉及探矿权人中兴公司将探矿权转让给盛旺公司的约定。因此，《投资份额转让合同》的性质应认定为股权转让合同，不是探矿权转让合同。关于合同效力，股权转让合同不属于法律、行政法规规定须办理批准、登记等手续才生效的合同，股权转让导致股东变化，不导致矿业权主体变更。《投资份额转让合同》的生效条件应为双方平等自愿，依法达成协议即可，无须政府主管部门审批，该转让合同是双方当事人的真实意思表示，合同内容不违反法律、行政法规的强制性规定，应为有效合同。综上，一审判决对《投资份额转让合同》的性质认定错误，导致其适用《探矿权采矿权转让管理办法》第3条第1项、第10条第3款以及《最高人民法院关于审理矿业权纠纷案件适用法律若干问题的解释》第6条第1款有关矿业权转让需国土资源主管部门批准的法律规定错误，依法予以纠正。（2）关于《投资份额转让合同》应否予以解除的问题。各方签订《投资份额转让合同》的目的是宝兴公司、金朋公司、东升公司取得转让价款，盛旺公司受让三家公司在《合作勘查与开发协议》中享有的46.5%权利义务份额，成为持有布拉格公司46.5%股权的股东。2014年1月22日，探矿权人中兴公司与盛旺公司签订了转让合同，在合同中明确盛旺公司受让了宝兴公司、金朋公司、东升公司在《合作勘查与开发协议》中持有的46.5%权利义务份额，中兴公司在此基础上将其持有的《合作勘查与开发协议》53.5%权利义务份额中的13.5%转让给盛旺公司。2014 年 5 月 28 日，布拉格公司进行了股东的变更登记，盛旺公司成为布拉格公司持股 46.5%的股东，布拉格公司现在的股东是盛旺公司和中兴公司。至此，宝兴公司、金朋公司、东升公司履行了股权转让的合同义务，盛旺公司实现了股权转让的合同目的。盛旺公司主张《投资份额转让合同》转让的是探矿权份额，认为必须将探矿权转让到项目机构布拉格公司才能实现合同目的，但该内容在转让合同中并没有明确约定。案涉合同涉及矿业权转让内容的约定，只是在《合作勘查与开发协议》中约定在办理采矿证时，中兴公司有责任和义务将采矿权变更至新公司名下，使该合资公司完整地拥有采矿权。该内容是对下一步实现矿业权变更的意向性表示，并不影响原股东宝兴公司、金朋公司、东升公司将合作勘探中的权利义务份额，即其在布拉格公司的股权依法转让给盛旺公司的合同目的。因此，本案并不存在合同目的不能实现的法定或约定解除合同情形。一审法院认定“涉案探矿权在客观上并不能够以协议方式转让给盛旺公司，双方之间的合同目的已经不能实现”与合同约定的内容不符，一审法院判决解除《投资份额转让合同》是在错误认定合同性质的基础上，错误适用法律得出的结论，依法予以纠正。(3) 关于宝兴公司应否返还盛旺公司已付转让款并承担相应利息责任的问题。《投资份额转让合同》合法有效，各方当事人均应按照合同约定履行义务，在不具备约定或者法定解除的条件下，盛旺公司要求解除该转让合同并返还已付转让款、承担相应利息责任没有事实和法律依据，依法应予驳回。二审判决：一、撤销一审判决；二、驳回盛旺公司的诉讼请求。

二、撰写心得

本案系矿山企业的股权转让纠纷，矿山企业股权转让合同的性质认定和效力判断一直是矿业权纠纷案件审判实践中的难点问题。多年的矿业权纠纷案件审判实践和裁判文书的撰写，让承办法官有以下心得体会。

(一) 正确认定合同性质和效力是处理合同纠纷的关键

本案难点在于对转让合同性质的认定，涉及实践中各方当事人的惯常主张，合同双方是转让探矿权还是转让股权，或者是债权债务的概括转移，对合同性质的认定直接影响合同效力和法律适用。一审判决认定《投资份额转让合同》已经依法成立，该探矿权转让合同截至一审庭审辩论终结前，当事人并未提供证据证明其已经向有关国土资源主管部门履行报批义务，且中兴公司称因政策原因现已无法转让涉案探矿权，因此涉案探矿权在客观上并不能够以协议方式转让给盛旺公司，双方合同目的已经不能实现，故支持盛旺公司要求解除《投资份额转让合同》及返还其已支付转让款的请求。二审法院围绕合同性质应当根据合同主体在合同中约定主要事项的性质进行判断的原则，从《投资份额转让合同》约定的内容进行分析，明确指出合同约定的标的物是布拉格公司的股权，向受让人盛旺公司转让的是三家公司与探矿权人中兴公司合作勘查开发而享有的投资权利份额。探矿权人中兴公司不是该合同的转让方，合同约定的转让标的也不是探矿权，合同中并没有涉及探矿权人中兴公司将探矿权转让给盛旺公司的约定。因此，准确认定《投资份额转让合同》的性质应为股权转让合同，不是一审认定的探矿权转让合同，继而直接指出一审判决因对合同性质认定错误而导致适用法律错误。

（二）具有较好的说理性和较强的逻辑性

本案的典型性在于充分地反映了探矿权转让合同和股权转让合同之间的特殊关联。首先，通过当事人的上诉请求、事实和理由以及辩称、述称内容，表现了各方当事人在此类纠纷中最惯常的诉讼立场和主张，以及一审、二审法院在审理此类案件中面对的法律与法理适用的理解冲突。二审判决在对合同的股权转让性质进行准确界定后，对合同效力进行准确分析认定，继而针对当事人主张的合同应否解除、已付转让款应否返还作出判决。上述问题有序衔接、层层推进、适用法律准确、辨法析理透彻。通过充分说理，有利于定分止争，让各方当事人明白股权转让与探矿权转让是转让不同的民事权利，其性质、内容及适用法律有所区别。《投资份额转让合同》的转让人是股东，不是探矿权人，向受让人转让的是因合作勘查开发而享有的投资权利份额，即转让标的物是目标公司的股权，其性质是股权转让纠纷。矿山企业的股权转让导致股东变化，并不导致矿业权主体的变更，不宜将股权转让认定为变相的矿业权转让。股权转让协议的生效条件应为双方平等自愿，依法达成协议即可，无须政府主管部门审批，即依法成立并生效。

（三）格式规范，结构完整

严格按照现行民事判决书制作的统一要求制作裁判文书，清晰表达了三上诉人不同的上诉请求、事实和理由，以及相对方的辩称、述称内容，厘清各方当事人的诉讼立场和主张，切实体会出当事人的想法，对当事人表示出尊重。尤其在法院二审期间突出对当事人新提交证据的举证、质证意见，在法院认证中指出，各方当事人对中兴公司提交四组新证据的真实性、合法性认可，但对与本案争议焦点的关联性有争议。上述证据均证明相关政策或文件所涉及的矿业权转让中对转让程序的规范性问题，但能否影响本案合同目的的实现与本案性质的确定有直接关系，鉴于法院将在“本院认为”中分析认定《投资份额转让合同》的性质为股权转让合同，故中兴公司提交四组新证据证明转让探矿权存在的程序问题与本案不具有关联性，不予采信。上述内容繁简得当，用语准确严谨，平和理性。综观整篇文书，分析证据客观全面，争议焦点归纳精准，论理透彻，逻辑严谨，层次清晰，对当事人争议的问题进行了一一回应，行文流畅，用语规范，表述准确，是一篇质量较高的裁判文书。

（四）兼顾政治效果、法律效果和社会效果的统一

本案的亮点在于从合同约定的内容分析，明确指出合作勘查与开发过程中约定矿业权变更至目标公司名下，是对下一步实现矿业权变更的意向性表示，并不影响原股东将合作勘探中的权利义务份额，即其在目标公司的股权依法转让的合同目的，不能以此认定存在合同目的不能实现的法定或约定解除合同情形。因此，本案并不存在合同目的不能实现的法定或约定解除合同情形。最后，在判决书中明确指出一审法院认定“涉案探矿权在客观上并不能够以协议方式转让给盛旺公司，双方之间的合同目的已经不能实现”与合同约定的内容不符，一审法院对案件性质认定为探矿权转让错误直接导致适用法律错误，并错误地解除合同。二审判决结果兼顾了法律效果、政治效果和社会效果的统一，如果轻易判决解除合同，将给几家已经履行合同义务且合同目的已经实现的股权转让企业造成生存困惑。二审判决既符合诚信原则，也有利于依法保护当事人的合法利益，为司法实务中如何认定股权转让合同的性质问题，起到良好的示范作用。本案最后虽然判决驳回盛旺公司的诉讼请求，但当事人在收到判决书后围绕股权转让合同内容进行了协商和解，服判息诉。

（孙晓磊，内蒙古自治区高级人民法院法官）

三、专家评析

（一）本案系矿山企业的股权转让纠纷，正确认定合同性质和效力是处理合同纠纷的关键

本案难点在于对转让合同性质的认定，涉及实践中各方当事人的惯常主张，合同双方是转让探矿权还是转让股权，抑或债权债务的概括转移，对合同性质的认定直接影响合同效力和法律适用。二审法院围绕合同性质应当根据合同主体在合同中约定主要事项的性质进行判断的原则，准确认定转让合同的性质为股权转让合同，不是一审认定的探矿权转让合同，明确指出一审判决因对合同性质认定错误而导致适用法律错误。

（二）本案的典型性在于充分地反映了探矿权转让合同和股权转让合同之间的特殊关联

本案表现了当事人在此类纠纷中最惯常的诉讼立场和主张，以及一审、二审法院在审理此类案件中面对的法律与法理适用的理解冲突。明确指出股权转让与探矿权转让是转让不同的民事权利，其性质、内容及适用法律有所区别。《投资份额转让合同》的转让人是股东，不是探矿权人，向受让人转让的是因合作勘查开发而享有的投资权利份额，即转让标的物是目标公司的股权，其性质是股权转让纠纷。矿山企业的股权转让导致股东变化，并不导致矿业权主体的变更，不宜认定为变相的矿业权转让。上述问题有序衔接、层层推进、适用法律准确、辨法析理透彻。本判决书严格按照现行民事判决书制作的统一要求，格式规范，结构完整。尤其在法院二审期间对中兴公司提交四组新证据不予采信，内容繁简得当，用语准确严谨，平和理性。整篇文书分析证据客观全面，争议焦点归纳精准，论理透彻，逻辑严谨，层次清晰，对当事人争议的问题进行了一一回应，行文流畅，用语规范，表述准确，是一篇质量较高的裁判文书。

（三）本案的亮点在于从合同约定的内容分析

本案明确指出合同双方对下一步实现矿业权变更的意向性表示，并不影响原股东将合作勘探中的权利义务份额，即其在目标公司的股权依法转让的合同目的。因此，本案并不存在合同目的不能实现的法定或约定解除合同情形，一审法院对案件性质认定错误直接导致适用法律错误，并错误地解除合同。二审判决结果兼顾了政治效果、法律效果和社会效果的统一，既符合诚信原则，也有利于依法保护当事人的合法利益，促使当事人在收到判决书后围绕股权转让内容进行协商和解，服判息诉，为司法实务中如何认定股权转让合同的性质问题，起到良好的示范作用。

（点评人：郝力，内蒙古自治区高级人民法院审判委员会专职委员、二级高级法官）

（2019）内民终582号裁判文书原文

14. 胡某、宋某与隽盛公司、中宝公司等公司增资纠纷案*

【关键词】

对赌协议　股权回购　股权回购请求权　行权期限

【裁判要旨】

公司在新三板挂牌过程中未披露股权回购条款，违反信息披露义务，并不影响股权回购条款本身的效力。在当事人之间的“对赌协议”对股权回购请求权行权期限未予明确的情况下，股权回购请求权的行使是否应受合理行权期限限制需结合合同目的、回购条款的内容与性质、合同履行情况、市场变化与股价波动情况等因素进行综合判断与确定。目标公司虽然延期一个多月挂牌，但目标公司股价在挂牌后较长时间内曾高于投资人投资时的股价，延期挂牌未给投资人造成实际损失，在此情况下要求股权回购义务人承担与目标公司未挂牌情况下相同的责任，不符合公平原则。投资人在目标公司挂牌后超过一年半时间、股价下跌的情况下提起诉讼行使股权回购请求权，明显属于让合同相对方承担全部投资风险，亦不符合公平与诚信原则，应认定其行使股权回购请求权已超过合理行权期限。

一、简要案情

胡某、宋某系夫妻关系，为中宝公司控股股东。

胡某、宋某、隽盛公司与中宝公司共同签订《投资协议》，该协议约定：隽盛公司将以现金增资的方式向中宝公司进行投资，实际出资额为 2100 万元（每股 3 元，共计 700 万股）。退出方式为中宝公司在全国中小企业股份转让系统（以下简称股转系统）挂牌上市后，隽盛公司可以选择通过资本市场的股权交易退出或者继续持有中宝公司股权获得分红或者其他方式退出。

胡某、宋某与隽盛公司又签订《补充协议》，约定：2016 年 6 月 30 日前中宝公司成功登录股转系统后，隽盛公司可以选择在股转系统中退出或继续

---

* （2020）沪民再 29 号。

持有；如若中宝公司不能在此时间前于股转系统挂牌，隽盛公司可要求胡某、宋某按照隽盛公司投资额的同等数额价款并加10%年回报率向隽盛公司购回隽盛公司所持有全部股权，保证隽盛公司顺利退出不受损失……

2016年8月9日，中宝公司在股转系统挂牌。

2016年12月中旬，隽盛公司通过案外人陈某与胡某就其中300万股回购事宜进行微信沟通，“胡总，现在闹得最凶的大概300万股，你这里尽量先兑现……只要合同一签一公告，估计许多人都会改成延期，包括前面退款的人可能也会退回资金选择延期。现在毕竟中宝去年从说100万元盈利变成亏得900万元，大家担心企业破产。如果大股东有信心，加上定增完成，形势马上好转……”再审阶段，隽盛公司确认微信内容中“300万股”是指其私募基金投资人，“延期”指私募基金投资期限延期。该300万股最终由陈某出面受让。

挂牌后，中宝公司股价曾上升至18元每股，后回落至1.05元每股。

隽盛公司于2018年2月提起诉讼，以中宝公司晚于2016年6月30日挂牌为由，要求胡某、宋某按照《补充协议》股权回购条款约定回购其持有的剩余400万股中宝公司股份。胡某、宋某则抗辩称，案涉股权回购条款在挂牌后因违反证券市场信息披露规定而无效；隽盛公司提起本案诉讼要求胡某、宋某回购股权已超过合理行权期限。

本案一审、二审法院经审理认为，回购条款的披露与否与其本身的效力并无关联。《补充协议》明确了中宝公司不能在规定时间上市，隽盛公司即享有要求回购的权利；在协议对行权期限未作明确限定的情况下，该项权利因中宝公司挂牌而丧失，判决支持隽盛公司的诉讼请求。胡某、宋某不服一审、二审判决，向上海市高级人民法院申请再审，上海市高级人民法院于2021年2月24日再审判决驳回隽盛公司全部诉讼请求。

二、撰写心得

本案系投资人依据股权回购条款要求公司股东回购其股权引发的纠纷。各方当事人约定了目标公司未在约定时间内挂牌，则投资人有权要求控股股东回购其股权，此条款为对赌协议（又称估值调整协议）的一种形式。目标公司存在延期挂牌之事实，且挂牌时未对股权回购条款进行信息披露，股权回购条款的效力如何认定以及在无约定的情况下投资人请求回购义务方回购股权的权利是否应受合理行权期限限制，便成了本案的争议焦点。本案再审法律文书的撰写遵循了以下思路。

（一）股权回购条款的效力认定

《全国法院民商事审判工作会议纪要》第5条明确了对赌协议在不存在法定无效事由的情况下应认定为有效，但是法定无效事由的具体情形认定在实践应用中具有复杂性。股权回购条款在目标公司挂牌或者上市后是否因未进行信息披露而无效，可从两方面进行分析：一是从监管层面对对赌协议的规范看，上市审核或者挂牌审核并未禁止对赌协议的存在，监管部门系通过制定一系列业务规则对对赌协议进行规范并要求公司进行信息披露，如证监会发行监管部发布的《首发业务若干问题解答》①、全国中小企业股份转让系统有限责任公司发布的《挂牌公司股票发行常见问题解答》② 等，对不符合监管规定的对赌协议内容，在申报上市或者挂牌前可能需要企业自行清理，否则可能导致审核不通过，由此可能引发效力争议，对赌协议内容本身是考察其效力问题的重心。二是从信息披露制度本身看，信息披露制度旨在提升投资者的信息获取能力，规范企业的运营，提升股权市场的透明度与公平性。《证券法》第78条规定了信息披露义务，从内容上看系对信息披露义务人提出的监管要求，该条款应属管理性强制性规定，而非效力性强制性规定。违反信息披露义务是否违反公序良俗关键是看被隐瞒或者虚构的信息是否达到

---

① 《首发业务若干问题解答》（2020年6月修订）（现已失效）规定："问题5. 部分投资机构在投资发行人时约定对赌协议等类似安排的，发行人及中介机构应当如何把握？答：投资机构在投资发行人时约定对赌协议等类似安排的，原则上要求发行人在申报前清理，但同时满足以下要求的可以不清理：一是发行人不作为对赌协议当事人；二是对赌协议不存在可能导致公司控制权变化的约定；三是对赌协议不与市值挂钩；四是对赌协议不存在严重影响发行人持续经营能力或者其他严重影响投资者权益的情形。保荐机构及发行人律师应当就对赌协议是否符合上述要求发表明确核查意见。发行人应当在招股说明书中披露对赌协议的具体内容、对发行人可能存在的影响等，并进行风险提示。"

② 《挂牌公司股票发行常见问题解答（三）——募集资金管理、认购协议中特殊条款、特殊类型挂牌公司融资》规定："二、挂牌公司股票发行认购协议中签订的业绩承诺及补偿、股份回购、反稀释等特殊条款（以下简称"特殊条款"）应当符合哪些监管要求？答：挂牌公司股票发行认购协议中存在特殊条款的，应当满足以下监管要求：（一）认购协议应当经过挂牌公司董事会与股东大会审议通过。（二）认购协议不存在以下情形：1. 挂牌公司作为特殊条款的义务承担主体。2. 限制挂牌公司未来股票发行融资的价格。3. 强制要求挂牌公司进行权益分派，或不能进行权益分派。4. 挂牌公司未来再融资时，如果新投资方与挂牌公司约定了优于本次发行的条款，则相关条款自动适用于本次发行认购方。5. 发行认购方有权不经挂牌公司内部决策程序直接向挂牌公司派驻董事或者派驻的董事对挂牌公司经营决策享有一票否决权。6. 不符合相关法律法规规定的优先清算权条款。7. 其他损害挂牌公司或者挂牌公司股东合法权益的特殊条款。（三）挂牌公司应当在股票发行情况报告书中完整披露认购协议中的特殊条款；挂牌公司的主办券商和律师应当分别在'主办券商关于股票发行合法合规性意见''股票发行法律意见书'中就特殊条款的合法合规性发表明确意见。"

影响证券市场秩序和金融安全、损害社会公共利益的程度。《证券法》及《上市公司证券发行注册管理办法》《全国中小企业股份转让系统有限责任公司管理暂行办法》《全国中小企业股份转让系统业务规则》等相关部门规章、业务规则对公众公司违反信息披露义务所应承担的责任进行了规定，由此可能产生自律监管、纪律处分、行政处罚等责任，违反信息披露义务本身不并不影响股权回购条款的效力认定。本案中的股权回购条款系在未按约定挂牌情况下由控股股东对投资人所作的固定收益保底安排，该种安排对公司股权稳定与金融交易安全影响较小，不因违反信息披露义务而无效。

（二）股权回购条款项下权利性质的确定

权利的行使期限与其法律性质具有直接关联。一般而言，“对赌协议”中的股权回购条款内容通常是在约定条件触发时，投资人有权要求回购义务人以一定的价格购买其所持有的股权，在此类条款中，股权回购是义务而非权利，从权利行使方式看，投资人的该项权利是股权回购请求权，即投资人要求回购义务人回购股权并支付股权回购价款，由此产生合同之债，符合“要求他人作为或不作为”之请求权特征。通常而言，请求权的行使要受诉讼时效限制，然从股权回购请求权的启动条件看，第一，该权利是附条件请求权，投资人的行权前提是约定的股权回购条件成就；第二，股权回购条件成就并不当然产生投资人与回购义务人之间的股权转让关系，该法律关系的产生有赖于投资人的选择行为，即投资人的单方选择行使股权回购请求权的意思表示可产生股权转让关系，该行权选择权即符合“依照权利人单方意思表示即可使法律关系产生、变更、消灭”之形成权特征，须受除斥期间约束。换言之，股权回购条件成就，投资人选择股权回购才产生股权回购请求权，实践中，投资人通常以回购通知或者诉讼的方式同时作出行权选择与股权回购请求，两种权利形式难以从表面直接作区分。故股权回购请求权的行权期限不能简单地仅依据诉讼时效认定，还须考量股权回购条件触发情况以及投资人行权选择期间因素。股权回购条件一旦触发，当事人间的法律关系即处于待定状态，投资人如对行权长期不决，不利于交易关系的稳定，亦容易产生风险转嫁风险，有必要对行权期间进行限制。在合同对行权期限未予明确的情况下，应结合合同内容与目的、履行情况、目标公司的经营情况、股权回购条件的触发与持续情况等因素对股权回购请求权的合理行权期间进行综合判断。

（三）合理行权期间认定因素的分析

1. 结合合同目的、体系安排及条款文义分析股权回购条款的内容。股权回购条款作为估值调整协议的一种，是股权性融资交易的一项特殊合同安排。投资人在股权融资性交易中的投资性质为股权投资，从合同的体系安排上看，一方面，投资人的投资目的系取得股权收益，投资人通常是以远高于注册资本的对价获得股权，其所预获取的收益应是达到约定条件后未来公司的股权价值；另一方面，为解决投资人对目标公司未来发展的不确定性、信息不对称、代理成本等问题，故设置股权回购、业绩补偿等条款，当目标公司未达到约定条件时，须对未来目标公司的估值进行调整。故股权回购条款系在股权投资目的下基于公司能否达到预设目标的不确定性而设置的投资人退出机制安排。就本案而言，《投资协议》显示的隽盛公司投资中宝公司的主合同目的为取得中宝公司挂牌后的股权交易或者分红收益，而案涉股权回购条款系各方基于中宝公司未来挂牌与否具有不确定性而对隽盛公司退出途径所作的协议安排。从案涉股权回购条款内容看，投资人的行权条件为中宝公司不能在2016年6月30日前于全国中小企业股份转让系统挂牌，即其行权条件包括了“2016年6月30日”与“不能挂牌”两个要素，再审法院通过对隽盛公司权利主张过程的细致查明，发现隽盛公司对于中宝公司未如期挂牌并不敏感，其关注的重点仍在于能否挂牌。结合前述合同目的、股权回购条款在合同体系安排中的作用等分析，案涉回购条款在本质上应属挂牌对赌，即“不能挂牌”构成了条款的核心要素，而该条款约定的具体挂牌时间赋予了股权回购请求权的行权时间起算效力。

2. 结合合同履行情况分析股权回购条件触发情况与法律后果。股权回购条件通常于公司未达到约定目标时触发，此时股权回购义务人的回购义务实质系股权性融资交易合同履行不符合约定时相关责任人对投资人的损失予以弥补的一种安排，在一定意义上，股权回购义务人的该项责任承担亦应符合错责相当及损失填补原则。故合同的履行状况如目标公司的经营情况、约定目标的完成情况、未按约完成合同约定目标对相关权利义务人的影响等，均是衡量股权回购请求权行权期限合理性的重要考量因素。本案中，中宝公司存在延期一个多月挂牌的履行瑕疵，隽盛公司在中宝公司挂牌后是否仍有权行使股权回购请求权，关键在于中宝公司延期挂牌一个多月时间的履行瑕疵所导致的隽盛公司损失是否与中宝公司未挂牌所导致的隽盛公司损失相当，或者是否导致隽盛公司投资中宝公司的合同目的不能实现。在未有证据显示中宝公司延期挂牌给隽盛公司造成实际损失且中宝公司的股价在挂牌后较长时间内曾高于隽盛公司投资时的股价的情况下，再审判决认定中宝公司延期挂牌的事实并不影响隽盛公司股权投资合同目的的实现。

3. 依据诚信原则与公平原则对行权时间点的合理性进行判断。回购请求权合理行权期限的认定涉及投资方、目标公司、回购义务人之间的利益平衡。股权回购条款等估值调整协议虽系为保护投资安全所作的制度设计，但股权投资人需在股权投资法律关系项框架下行使权利，股权投资的特点在于投资人的收益与亏损和公司的经营情况密切，由此与债权投资中投资人要求定期还本付息的特征具有明显差异。本案是一起投资拟挂牌新三板企业的股权投资纠纷，新三板市场包容性强、挂牌准入门槛相对较低、股票价格变化大，相应的投资风险也较大，股权投资人更应及时行权。就本案而言，一方面，中宝公司延期一个多月挂牌并未给隽盛公司造成实际损失，在此情况下要求股权回购义务人承担与中宝公司未挂牌情况下相同的责任，不符合公平原则。另一方面，隽盛公司未在中宝公司挂牌初期股价较高时通过市场交易出售股票，而在中宝公司挂牌后超过一年半时间，股价下跌的情况下提起本案诉讼行使股权回购请求权，明显属于让合同相对方承担全部投资风险，亦不符合公平与诚信原则。

综上，再审判决认定股权回购请求权的行权期限应受其行权条件持续时间的限制，中宝公司挂牌时，“不能挂牌”这一核心行权条件已消失，隽盛公司未因延期挂牌遭受损失，其于中宝公司挂牌一年半后要求行使股权回购请求权已超过合理行权期间。

（贺幸，上海市高级人民法院法官）

三、专家评析

对赌协议（估值调整协议）系基于投资方与融资方在信息不对称的情况下为解决融资方的资金需求和维护投资方的资金安全而产生的风险规避、利益激励和责任约束机制安排，被广泛地运用于股权投资领域。最高人民法院 2019 年 11 月 14 日公布的《全国法院民商事审判工作会议纪要》虽对对赌协议的效力问题确立了相对统一的裁判标准，但对于对赌协议效力认定以及协议履行中的一些具体问题，实践中仍存在争议，如本案涉及的对赌协议是否因违反信息披露义务而无效、在无约定情况下对赌协议项下权利是否应受合理行权期间限制的问题。

（一）违反信息披露义务不影响对赌协议本身的效力认定

对赌协议作为拟上市或者拟挂牌公司融通资金的常见安排，本身并不为上市或者挂牌审核所禁止，监管部门系通过制定一系列业务规则对对赌协议进行规范并要求公司进行信息披露。从信息披露义务本身看，其目的在于提升市场的透明度和公正性，为投资者决策提供帮助，但信息披露是一种监管手段和监管要求，《证券法》第 78 条关于信息披露的规定应属管理性强制规定。从披露对象与未披露结果看，并非所有信息影响到证券市场交易秩序和金融安全，关键还是在于“信息”本身是否违反法律、法规强制性规定或者对证券市场交易秩序、金融安全等公序良俗有重大影响。从我国《证券法》和相关行政监管规定、业务规则看，信息披露问题应属自律监管和行政监管范畴，除非对赌协议内容本身违反法律、行政法规强制性规定或者监管禁止性规定，仅违反信息披露义务并不影响对赌协议本身的效力认定。本案再审判决书结合法律与行政监管规定对违反信息披露义务情况下对赌协议的效力问题进行了准确认定。

（二）应结合合同目的、合同履行情况等判断对赌协议项下权利的合理行权期限

行权期限对于权利行使具有重大影响，一旦超过最晚行权期限即可能导致投资人面临失权风险。实践中争议比较大的是在合同没有约定的情况下，投资人是否可以在条件成就后的任意时间内行权而不受合理行权期限限制，对此各地裁判观点有异。法院在对投资人权利行权期限问题进行认定时，既要尊重契约自由，又要维护契约正义。从交易关系的稳定及投、融资双方利益的平衡角度考虑，有必要对投资人课以合理行权期限限制。对赌协议项下投资人的权利源于合同约定，对投资人的行权时点是否在合理期限内可结合合同目的实现程度、合同履行情况等作个案判断。对赌条件的触发实际是融资方履约未达到合同约定目标，如经营业绩、挂牌上市等，由此产生业绩补偿、股权回购等对赌义务。就本案而言，一方面，目标公司存在延期一个多月挂牌的事实，未给投资人造成利益上的影响，自挂牌时投资人的股权投资主合同目的已实现，目标公司延期挂牌应属履行瑕疵，在此情形下要求融资方承担与未实现挂牌相同的法律责任，不尽合理。另一方面，投资人在对赌条件触发时即应及时行权，其经过长期观望，于公司挂牌后一年多甚至更长时间，股价出现较大变化时，将股价下跌风险转移给相对方，不符合公平原则与诚信原则。本案再审判决认定隽盛公司于中宝公司挂牌一年半后行使股权回购请求权已超过合理行权期间，较好地平衡了投资人与融资方的利益，可为审判实践中此类争议问题的处理提供借鉴和参考。

（点评人：潘云波，上海市高级人民法院商事审判庭庭长、二级高级法官）

（2020）沪民再29号裁判文书原文

15. 罗某某与胡某某及第三人曾某某等企业出资人权益确认纠纷案*

【关键词】

股权代持　实际出资人　名义出资人

【裁判要旨】

股权代持合同表现形式不仅包括书面形式、口头形式，也包括事实合意形式，即双方之间虽然没有书面或口头约定，但是如果以其行为表明了此种合意，仍应认定股权代持关系的存在。法院在审查过程中应当考量实质正义，根据民事证据优势证据原则综合当事人之间的真实意思表示、出资情况及实际履行情况等因素予以判断。

在“连锁性”代持的情况下（甲在A公司股权由乙代持，乙在A公司的另一部分股权又由丙代持），经三方当事人达成合意，约定具有复合性身份的出资人（同时具有显名和隐名身份的“乙”）将股权在仅具有单一身份的出资人（甲、丙）之间进行置换，由名义股东继续代持，该种代持股置换的方式可以认定为隐名股东已实际履行了出资义务，双方形成了新的股权代持关系。

一、简要案情

2009年11月，曾某某向罗某某及张某某等人筹集资金向浏阳农村商业银行（以下简称浏阳农商行）认购股份。2009年11月26日，曾某某在浏阳农商行募股的抽签程序中中签700万股。次日，曾某某向罗某某出具收条一份，内容载明收到罗某某222.3万元用于购买浏阳农商行130万股的股份寄于曾某某浏阳农商行的股份名下，股份所有权益归罗某某所有。2015年7月14日，曾某某因处理债务危机，遂将其在浏阳农商行持有的股权全部转让。2015年8月10日，胡某某将持有在浏阳农商行的部分股权进行转让，转让

* （2020）湘0181民初5927号。

后，胡某某在浏阳农商行持有的股权为 512 万股。2018 年 5 月 9 日，罗某某与胡某某、曾某某、徐某甲签订《股份代持协议》，约定罗某某于 2009 年 11 月委托曾某某所购买的浏阳农商行原始股 130 万股，其中 100 万股转由胡某某代持。该协议还对投资收益及支付方式等进行了约定。此后，罗某某某认为胡某某未向其支付 2019 年度的分红款，遂诉至法院。诉讼中，罗某某为证明胡某某认购浏阳农商行 800 万股所需资金 1368 万元的资金来源及其中签 300 万股的资金组成的事实，向法院提交了胡某某的银行流水、存取款凭证等证据，该证据显示胡某某筹集资金为 182 万元，曾某某筹集募股资金为 1186 万元（原筹集 1231 万元，后退回 45 万元）、筹集利息等其他费用 21 万元，共计 1389 万元。2009 年 11 月 28 日，胡某某中签 300 万股，应支付股金仅为 513 万元，浏阳农商行遂将多余款项退还，胡某某在收到退回资金后，立即将 876 万元（1389 万元~513 万元）逐笔退还给曾某某的资金提供方。罗某某为证明其收取曾某某支付股份分红的情况，向法院提交了银行流水、存取款凭证，该证据显示 2011 年至 2014 年的分红由曾某某支付，2015 年至 2019 年的分红由胡某某支付。罗某某认为，在 2015 年以前，其在浏阳农商行的 130 万股原始股由曾某某代持；此后，其与曾某某、胡某某达成协议，将曾某某寄于胡某某名下的 200 万股原始股置换给罗某某、张某某各 100 万股（说明：张某某诉胡某某同一类型的案件另行起诉），故胡某某应支付相应的投资收益。胡某某一是认为案涉股权代持协议仅具有代持的意思表示，罗某某没有将代持的股权标的转给胡某某实际占有，故股权代持法律关系不成立。二是主张其与曾某某之间不存在 200 万股原始股的代持关系，且在签订《股份代持协议》之前曾某某即已将其名下所有股权转让，代持所对应的股权已不存在。结合当事人诉辩意见，本案争议焦点为：罗某某是否系胡某某在浏阳农商行持有的 358.4 万股（此系经三次分别按 1.6、1.6、1.4 的比例增股后的数额，对应的原始股为 100 万股，即 100 万股×1.6×1.6×1.4）的实际出资人，其能否享有相应的投资权益。

二、撰写心得

裁判文书是裁判的载体，是整个司法过程的总结，是所有审判成果的结晶，更是展现人民法院司法公正的窗口。法官将认定的事实、适用的法律、判决的结果等信息通过裁判文书传递给当事人。一份文字精练、说理清晰、逻辑严密的裁判文书，赢得的是当事人的信服，树立的是司法的权威。下面将分享一些笔者个人在撰写裁判文书方面的心得，希望对同仁们的工作有所帮助。

（一）撰写裁判文书最重要的是要有清晰的思路和明确的观点

"法律是沉默的法官，法官是说话的法律。"公平正义的实现常常以看得见的裁判文书予以展示，所以在撰写裁判文书之前，我们需要以工匠精神对案件进行深入的分析和研究，仔细阅读、反复推敲当事人提交的起诉状、答辩状、证据等卷宗材料，并从中提取出案件的关键事实，搭建文书框架，找到每个焦点问题的论证途径，确保事实认定以及以此为基础的裁判文书结论的公正性和准确性。

（二）撰写裁判文书需要具有逻辑性和条理性

"法律的生命不在于逻辑而在于经验"，这句名言虽然在强调经验的重要性，其实也从一个侧面反映出逻辑的重要性。如果说裁判思路是文书的灵魂，那么逻辑性则是文书的关键。在撰写裁判文书时，我们需要注重文书的结构和语言，确保文书结构清晰、语言简练、逻辑严密。在归纳诉讼争点时，可分为一项或多项，但应当与当事人的诉讼主张相一致，即局限于诉讼主张的范围内。在裁判说理时，要秉持客观公正的立场，合理利用争点的指引，让证据说话，尽可能地用证据的"内容"及证据之间的逻辑关系来逐一论证、辨法析理，将模糊的事实清晰化，使整个法律思维中演绎推理的过程予以体现，而不是简单地在文书中对证据进行机械地罗列，最后生硬地加上一句"足以认定"。这样的裁判说理，才能让质疑者从文书中找到解开疑惑的答案，从而最大限度地消弭争议，增加文书的认同感。

（三）撰写裁判文书需要注重文书的风格和体例

裁判文书既有严格的规定性，又有一定的创造性，不同的案件可采用不同的文书风格和体例，以适应不同的情况和需求。对于一些较为简单的案件，可以采用言简意赅的文书风格，而对于一些较为复杂的案件，我们需要采用更为详尽和全面的文书风格；对于与争议焦点关系密切的事实，要详细叙述；对于时间先后特征明显的案件，要按时间先后叙述；对于涉及需要记录数据、处理数据、汇总数据等事实，可以突破传统的文字叙写方式，而采取表格化、清单化的可视化交流模式。比如，本案当事人资金往来频繁，笔者运用表格形式将当事人的实际出资、资金流向及现金红利分配等情况予以了直观、清晰、简洁的表达，也彰显了文书的个性化色彩。

（四）撰写裁判文书需要不断学习与反思

习近平总书记指出："中国共产党人依靠学习走到今天，也必然要依靠学习走向未来。"① 条理清楚、层次分明、繁简得当、逻辑严密的裁判文书绝不是简单的文字堆砌，而是要有足够的知识储备。在民商事案件的处理中，我们要更多地掌握沟通交流技巧，并通过研读相关领域的新型案例和法学文献，与同行进行交流与讨论，参加专业培训和学术研讨会，不断提高自身的庭审驾驭能力、强化自身的专业知识纵深。撰写完毕后，还要进行自我审阅，不断打磨文书细节，确保文书的语言、表述方式、引用法规的规范性、准确性、严谨性，从而增加裁判文书的说服力和权威性。

最后，笔者认为除了以上几点，一篇好的裁判文书更重要的还在于它是一篇干净且纯粹的文书，即裁判文书是法官在牢牢把握公平正义的原则，坚守廉洁自律底线的前提下公开公正完成的，即便有着不足之处，仍可说是一篇好的裁判文书。反之，哪怕文书的结构再完整，格式再规范，说理再透彻，只要其突破了廉洁的底线，都不能算是一篇好的裁判文书。

法槌虽小，却重千金；文书虽简，却能载法。裁判文书是法官的内心和司法能力的外在表现，作为新时代的法院人，我们要勤学善思、明辨笃行，不断完善文书写作，切实提高裁判文书撰写质量，为司法公正与法治建设作出更大的贡献。

（罗尹曈，湖南省浏阳市人民法院法官）

三、专家评析

尽管《公司法》没有对实际出资人和名义出资人之间的关系问题作出明确规定，但实际出资人和名义出资人之间的法律关系问题一直是股东资格确认中的热点和难点问题。实践中，往往是由实际出资人和名义出资人通过合同约定由实际出资人出资，名义出资人出面行使股权，但由实际出资人享受股权收益。该种合同称为隐名投资合同，也被称为代持股合同，其共同实质都包含有名义出资人与实际出资人之间的隐名持股合意。当名义出资人与实际出资人之间因投资权益发生纠纷时，属于公司内部纠纷，应依契约自由、意思自治原则来解决。只要实际出资人与名义出资人所达成的合同建立在双

① 习近平：《在"不忘初心、牢记使命"主题教育总结大会上的讲话》，载《求是》2020 年第 13 期。

方合意和合法的基础上，其权利义务的分配不涉及第三人利益，则完全可以以一般契约原则加以调整，应当依据当事人双方的真实意思表示认定二者之间的法律关系。但需要注意的是，此种隐名投资合同表现形式多样，不仅仅包含书面合意形式或者口头合意形式，也包括事实合意形式。双方间虽然没有书面或者口头约定，但是如果以其行为表明了此种合意，则仍应将其认定为隐名投资行为。因此，在处理公司内部资格确认时，实质要件是重要的判断标准，而这里的实质要件主要是指隐名出资协议以及实际出资人出资的事实。

本案即涉及对股权代持法律关系的认定问题。原告罗某某与被告胡某某之间虽有《股份代持协议》，但由于案涉100万股系通过置换取得，故本案的关键是审查置换之前胡某某与第三人曾某某之间是否存在股权代持关系。法院在本案中并未拘泥于股权代持协议的形式要件，而是采用穿透性思维，重点审查双方之间是否存在有代持合议以及是否存在有实际出资，从资金来源、人物关系、履行情况三方面条分缕析，根据民事诉讼优势证据原则，认定第三人曾某某与被告胡某某之间存在股权代持的事实合意，且第三人曾某某已实际履行了出资义务，双方之间存在股权代持关系。

（点评人：王莉，湖南省高级人民法院民二庭副庭长）

（2020）湘0181民初5927号裁判文书原文

16. 王某某与江苏新洲际国际贸易有限公司、中钢钢铁有限公司股权代持纠纷案*

【关键词】

国内外法律的多重适用　外国法的查明　判决的域外执行

【裁判要旨】

在涉外商事案件中，经过识别确定案件争议涉及两个以上法律关系的，应分别确定准据法。如果冲突规范分别指向了国内和国外两个准据法，则同时适用两国实体法进行审理。对于适用外国法的部分，不仅仅是简单地查询相关法条，还应按照一定的方法对外国法进行必要的审查：一是确定当前施行的法律及相关条款，厘清新旧法律规定对案涉争议的时间效力；二是正确解释待用条款与其他相关法律规定之间的内在逻辑，避免因外国法引用得不完整和不全面，导致适用中出现错误或漏洞；三是应充分阐释相关法律条款适用于涉案纠纷的原因、条件及理由，结合案件查明的事实和证据作出正确的结论。

一、简要案情

2016年3月，为便利海外钢材贸易，案外人蒋某等九方投资人在中国境内设立江苏新洲际国际贸易有限公司（以下简称新洲际公司），并以新洲际公司名义在非洲埃塞俄比亚投资设立中钢钢铁有限公司（已取得境外投资审批，以下简称中钢公司）。鉴于埃塞俄比亚给予在该国公司持股的外国自然人免于办理签证的便利，故各投资人与负责经营管理的派遣人员王某某在《投资合作协议》中约定，中钢公司名义上由王某某与新洲际公司共同作为登记注册的股东，但实际上全部股权均属于新洲际公司；王某某同意为新洲际公司代持中钢公司的股份，如新洲际公司决定更换代持人，其将无条件配合办理变更登记手续；各方就协议项下的权利义务关系适用中华人民共和国法律。

* （2021）苏05民终2105号。

2019 年 2 月，新洲际公司董事会决定将名义股东王某某的代持股权全部变更至新洲际公司名下，但王某某收到通知后未配合办理股东变更授权公证手续。故新洲际公司向江苏省张家港市人民法院提起诉讼，要求王某某将其持有的中钢公司股份无偿转让给新洲际公司并办理相应的股权变更手续。

张家港市人民法院一审认为，当前没有任何证据推翻《投资合作协议》的内容，股权代持更具有合理性，且出资款均为新洲际公司支付，王某某没有证据证明新洲际公司有将股份赠与其的意思表示。因此，王某某所持有的中钢公司股份系为新洲际公司代持，新洲际公司有权要求无偿返还。另外，《埃塞俄比亚 1960 年商法典》第七典第二章第 523 条第 1 款规定：除非公司章程另有规定，对股东之间的股权转让没有任何限制。一审法院遂判决支持新洲际公司的诉讼请求。

王某某不服一审判决提出上诉。

本案二审中，苏州市中级人民法院委托苏州国际商事法庭专家委员会专家对本案所涉及的埃塞俄比亚有关法律规定进行查询并出具咨询意见，解决了新旧法律的时间效力以及书面股权转让约定的问题。二审法院据此认为：一方面，王某某与新洲际公司之间的股权代持合意是通过《投资合作协议》达成的，协议本身约定发生争议适用中华人民共和国法律，符合《涉外民事关系法律适用法》第 41 条的规定；另一方面，该法第 14 条规定，“法人及其分支机构的……股东权利义务等事项，适用登记地法律”。新洲际公司请求实现股权变更登记的事项涉及中钢公司股东的加入、退出及股东权利义务变动，系法人属人法适用的范围，应当适用中钢公司所在国埃塞俄比亚的相关法律规定进行审查。关于案件的实体处理，王某某与新洲际公司之间对中钢公司的股权存在代持合意，其应当按照《投资合作协议》的约定返还股权。而根据所查明的外国法，判令王某某限期作出股份变更登记手续的行为，不会违反埃塞俄比亚当地的法律规定。故判决：驳回上诉，维持原判。

二、撰写心得

随着中国参与全球化进程的不断深入，企业走出国门进行海外投资，参与国际市场的竞争，已经从“要闻”逐渐成为“日常”。然而，在为“走出去”企业配备大量优惠政策的同时，如何提供“完善的涉外司法服务”值得关注和研究。可以说，如何在一个个涉外案件中精准地适用国内外法律，以小我之贡献，铸成涉外法治之大格局，是我国所面临的国际形势抛给每一名涉外法官的时代课题。在办理本案的过程中笔者深刻意识到，要完成这一课题，可靠的机制、过硬的司法技能和严谨求真的态度，缺一不可。

（一）适用哪国法律，并非一概而论

《最高人民法院关于适用〈中华人民共和国涉外民事关系法律适用法〉若干问题的解释（一）》第11条规定，案件涉及两个或者两个以上的涉外民事关系时，人民法院应当分别确定应当适用的法律。该条款理解起来并不困难，但遇到实际问题时容易出现界定不清、忽视多重法律适用或过度分解法律适用等问题。

本案中，王某某与新洲际公司是否存在股权代持合意的问题，系双方履行投资协议中产生的争议。该协议中明确约定适用中华人民共和国法律，故关于股权实际归属、股权代持等权利义务关系的争议，应当适用中华人民共和国法律进行审理和认定。另外，新洲际公司要求王某某无偿转让并办理变更登记的诉讼请求是否能够实现，涉及公司股权能否转让、能否办理变更登记等事项，系法人属人法适用的范围，应适用公司登记地法律进行审理。

如果仅依据中钢公司系埃塞俄比亚企业，就根据《涉外民事关系法律适用法》第14条认定全案适用登记地法律，既是法律适用得不准确，也违背了当事人的意愿。实际上，在跨国股权争议案件中，当事人之间关于公司治理和股权架构的约定问题，与目标公司股权登记和实际归属问题并存的纠纷越来越多，多重法律适用或将成为常态。

（二）查明外国法，法官不能单枪匹马

通常我们所指的查明外国法，只是狭义概念，即单纯地找到需要适用的法条。但根据《最高人民法院关于适用〈中华人民共和国涉外民事关系法律适用法〉若干问题的解释（一）》第16条的规定，人民法院应当听取各方当事人对应当适用的外国法律的内容及其理解与适用的意见，当事人对理解和适用有异议的，人民法院要进行审查。因此，司法层面对外国法的“查明”实际上包含“查找”与“辨析”两个部分。要保证准确适用外国法，可能需要经过“查找—辨析—再查找—再辨析—最终明确适用”的一系列过程。而查找和辨析时，都要求法官不仅掌握法条查询的渠道，还要求其对相关法域的法律体系有基本的认识，以防止遗漏与案件争议有关的法律规定，或者适用时偏离相关法律规定的原意。

本案在查明外国法的过程中就充分利用苏州国际商事法庭专家委员会这一资源优势。除裁判文书论述的部分，专家意见中还指出两个值得注意的情况：其一，埃塞俄比亚于 2021 年 3 月 25 日通过了《埃塞俄比亚商法典》的修正案，但是根据埃塞俄比亚“关于建立联邦政府公报的公告”，所有法律都应当在联邦政府公报上公布。因此，《埃塞俄比亚商法典》修正案因尚未公布于公告上，故并未生效和实施，1960 年《埃塞俄比亚商法典》仍为现行法律。据此，明确了在法律更迭过程中的时间效力问题。其二，1960 年《埃塞俄比亚商法典》第 522 条明确规定，股份转让应当以书面的形式进行，这也是在一审中没有注意到的问题。故二审在说理中着重分析了《投资合作协议》中已包含股份转让合同要素的问题，并认为能够认定双方之间对符合条件下的股权转让存在书面的约定。如此弥补了说理上的漏洞，使判决结果更加符合域外法律背后所隐含的法律逻辑。实践证明，查明外国法本身只是做到了适用的第一步，更为重要的是理解与适用。事实证明，除了法官自身需不断提高对外国法的阐释分析能力以外，借助涉外法律专家提供咨询意见等较为直接和可靠的外国法查明方式，是十分必要和有效的。

（三）判决被外国行政部门接受，意料之外也是情理之中

一般来说，一国法院的裁决要在他国得到承认与执行，除了通过外交途径以外，主要依据双边司法协助条约。我国与埃塞俄比亚于 2014 年签订了《中华人民共和国与埃塞俄比亚联邦民主共和国关于民事和商事司法协助的条约》，该条约已于 2017 年生效。但条约所规定的提交程序十分烦琐冗长，且仍需经过被请求方法院的审查。

本案二审于 2021 年 6 月 11 日作出生效判决后，新洲际公司将判决文书进行公证和认证，并与股东会决议等申请文件一并直接提交给埃塞俄比亚投资局。2021 年 8 月 25 日，埃塞俄比亚投资局接受新洲际公司的申请，将王某某在中钢公司的股份变更登记至新洲际公司名下。根据可查询的资料显示，这一情况在整个国际私法领域都极为罕见，而在我国与埃塞俄比亚的司法协助中更是首次出现。虽然难得，但也是情理之中，毕竟本案对于外国法的解释和适用，态度严谨，务求精准。本案因此先后获得最高人民法院与中央广播电视总台共同举办的“2021 年度新时代推动法治进程”十大提名案件、江苏省高级人民法院 2021 年度十大典型案例等奖项，取得了良好的社会反响。

相信每一个承办法官对个案孜孜不倦地追求，必然汇聚成整体司法水平的不断提升，由此，国际社会对于中国司法的信心也将日益增强。未来，除了鼓励更多的投资者走向世界，我们也要为世界贡献更多的中国司法智慧。

（李诚，江苏省苏州市中级人民法院法官）

三、专家评析

近年来，随着我国投资环境不断开放，境外投资者股权转让、股东资格确认、股东出资等与企业经营权、管理权相关的纠纷增长明显。跨境投资领域纠纷涉及不同国家、不同法律、不同语言，域外法查明难、适用难的问题是长期困扰司法审判工作的痛点和难点。本案审理的焦点主要体现在两个方面。第一，关于王某某与新洲际公司代持中钢公司股份的合同关系是否有效的问题。因双方在《投资合作协议》中明确约定适用中华人民共和国法律，根据我国《涉外民事关系法律适用法》第41条之规定，对于双方之间就协议履行中产生的关于股权代持等权利义务关系的争议，应适用中华人民共和国法律进行审理和认定。第二，关于新洲际公司要求王某某将持有股份无偿转让并办理相应股权变更登记手续的诉讼请求是否能够实现的问题。根据我国《涉外民事关系法律适用法》第14条第1款规定："法人及其分支机构的民事权利能力、民事行为能力、组织机构、股东权利义务等事项，适用登记地法律。"由于股权变更登记涉及法人组织机构及股东权利义务变动的事项，故应适用法人登记地法律进行审查。

在涉外民商事案件中，根据当事人的约定或法律规定适用域外法的情况很多，但同时适用两国实体法的情形并不多见。本案中，审理法院就股权代持合意是否存在和股权变更登记能否实现的问题分别适用了我国《公司法》和1960年《埃塞俄比亚商法典》作为准据法，并在此基础之上充分发挥了专家委员会的智力支持作用，正确阐释了域外法适用于本案的原因。可见，审理法院在法律查明和适用上严谨准确，妥善、合理地化解了纠纷，为解决同类型跨境投融资领域纠纷的法律查明和适用实践提供了有益参考。

从判决的承认与执行角度而言，一国法院的裁决要在他国得到承认和执行一般需在相关国家之间存有司法协助协议或互惠关系，抑或通过外交途径解决乃至另行提起平行诉讼。我国与埃塞俄比亚之间虽有民商事司法协助条约，但相关审查程序较为烦琐冗长，且经审查程序过后当事人仍可能会面临裁决被拒绝执行而不得不重新起诉的风险。但本案的判决一经当事人向埃塞俄比亚行政部门提交申请即得到了直接的认可和执行，这得益于审理法院精准的裁判，也体现了国际社会对于我国司法认可度和信任度的增强。

最后，埃塞俄比亚是"一带一路"沿线的重要国家，本案对于推动两国之间的司法互信具有重要意义，体现了我国法院为"一带一路"沿线国家经济社会发展提供司法服务和保障能力的提升，对于推进涉外法治建设进程大有裨益。

（点评人：王超，浙江大学国际战略与法律研究院副院长，教授、博士生导师）

（2021）苏 05 民终 2105 号裁判文书原文

17. 吴某某、施某某与唐某某合同纠纷案*

【关键词】

股权转让合同　保障债权目的　股权让与担保

【裁判要旨】

股权让与担保是通过合同联立而形成的担保方式。股权转让合同与借款合同之间存在逻辑上的关联，是利用转让股权的手段达到为借款合同担保的目的，不能与借款合同割裂而被孤立对待。即使担保债权的股权受让人介入公司实际经营管理，但双方为借款法律关系提供担保的真实目的并没有改变，不能当然认定产生了实质性股权转让的法律效果。

一、简要案情

原告唐某某诉称，其将持有的安徽振阳置业有限公司（以下简称振阳公司）的100%股权转让给吴某某，转让价格1亿元，已办理了股权变更登记手续。扣除其对振阳公司及吴某某、施某某的欠款，吴某某、施某某尚欠其股权转让款81 400 914元，故向法院起诉要求吴某某、施某某支付该股权转让款及资金占用费。

被告施某某、吴某某辩称，唐某某与吴某某之间的股权转让并非实质性股权转让，而是为振阳公司债务提供担保。唐某某经与施某某协商，将其股权过户给吴某某，作为施某某、吴某某为克服振阳公司困境投入资金并继续投入资金的担保。现债务没有清偿，唐某某无权收回股权，更无权要求其支付股权转让款。

法院经审理查明：2013年1月9日，唐某某等八人投资设立了振阳公司，主要投资建设“滨江现代城”项目。2014年3月12日，振阳公司股东会议决定注册资本增加至1亿元。2014年6月17日，振阳公司股东变更为唐某某等六人。

---

* （2021）皖民终457号。

2014 年 11 月 10 日，为合作开发尚未竣工的“滨江项目城”商业项目，施某某作为甲方，枞阳县浮山风景区房地产开发有限公司（法定代表人吴某某，由施某某与吴某某依法设立，以下简称浮山公司）作为乙方，振阳公司作为丙方，唐某某等六股东作为丁方，枞阳县振阳公学作为戊方（负责人唐某某）签订《合作协议》。其中第 3.1 条约定：“施某某向振阳公司提供合作资金 8000 万元。”第 3.2 条约定：“振阳公司承诺无条件给予施某某 5000 万元的保底性投资收益，即无论自身是否盈利及盈利额是否超过应给予施某某的投资收益额。振阳公司及其股东同意以振阳公司的全部股权质押用于为施某某的合作资金本金、投资收益和利息提供担保，同时，振阳公司股东及枞阳县振阳公学对合作资金本金、投资收益和利息全额承担不可撤销的无限连带保证责任。”第 3.3.2 条约定：“自本合同签字生效之日起，振阳公司的营业执照、税务登记证、公章、合同章、财务章等一切经营所需的资料以及振阳公司的销售部门等均由施某某或施某某委派的财务负责人保管或托管，振阳公司或其股东或振阳公司的工作人员使用上述资料需要施某某或其委派的财务负责人同意，直至振阳公司支付完施某某的合作资金本金、投资收益和利息为止。”第 3.3.3 条约定：“如振阳公司在 2016 年 8 月 7 日之前仍不能按照本协议第 3.3.1 条和第 3.3.2 条的约定，向施某某支付合作资金本金、收益和利息，则视为振阳公司完全违约，则振阳公司所有质押的股权及全部资产变更至施某某名下，直至振阳公司的整个合作项目归施某某所有。”第 4.1 条约定：“振阳公司原有治理结构不变，设一名执行董事，由唐某某担任执行董事兼任法定代表人。由施某某委派一名副总经理负责监督合作项目的建设和销售，1 名财务负责人负责监督合作项目的收益和支出，上述人员对相关事项有否决权，该否决权需按照施某某的指示行使。”

上述《合作协议》签订前后，施某某和吴某某共向振阳公司汇款 8000 万元。

2015 年 6 月 15 日，经股东会决议，唐某某受让其他股东股份从而取得振阳公司 100%股权。施某某与吴某某系夫妻关系，唐某某与施某某、吴某某系朋友关系。2016 年 2 月 5 日，唐某某作为转让人与吴某某作为受让人签订了支付对价为 1 亿元的《股权转让协议》，同日办理了变更登记，吴某某取得振阳公司 100%股权，并担任法定代表人。但双方对振阳公司的资产未进行清算，吴某某也未实际支付股权转让价款。

原振阳公司股东张某某向唐某某提起诉讼，先后形成四个诉讼案件，吴某某为案件第三人。概括唐某某及其委托诉讼代理人在该四案当中的庭审陈述主要内容为："唐某某由于振阳公司开发滨江现代城项目资金链断裂，唐某某向吴某某借款8000万元，2016年春节前还需支付工人工资2000万元，时欠吴某某1亿元，为了不让滨江现代城成为烂尾楼，继续需要吴某某投入资金开发。为保障吴某某利益，经时任县长协调，唐某某与吴某某达成口头协议，即由吴某某接管振阳公司，名义上签订《股权转让协议》，唐某某将其振阳公司100%股权按注册资本1亿元全部转让给吴某某并过户；项目虽然转给吴某某，只是管理需要，不是实质意义股权转让，振阳公司实际还是由唐某某持有，唐某某依然还是振阳公司董事长，施某某之兄为总经理，负责财务；待滨江现代城项目结束后，吴某某拿回其投入的资金和协议约定的利润回报，吴某某将股权转让给唐某某，唐某某依然拥有股权分配权、对公司控制权和处置权。"

在本案中，唐某某认可2016年年初因解决农民工工资问题，其与施某某、吴某某经县长调解达成口头协议的事实，但认为已经被涉案《股权转让协议》改变。

涉案《股权转让协议》签订后，吴某某又转入振阳公司2000万元，用于给付农民工工资，吴某某接手振阳公司经营管理，任法定代表人，由施某某委派其兄负责公司财务，唐某某担任公司监事。唐某某仍以股东身份参与公司重要事项处理。此后，吴某某、施某某按口头约定陆续投入巨额资金用于"滨江现代城"商业项目的建设。至诉讼时，"滨江现代城"商业项目尚有部分房产未销售完毕。

本案主要争议焦点为对涉案《股权转让协议》性质及法律效果的不同认识。

二、撰写心得

公平正义是司法的灵魂和生命，有时候，它决定生命是否延续。所以，"让人民群众在每一个司法案件中感受到公平正义"不仅是宣传标语，更应体现于实实在在的行动上、严谨扎实的审判工作中。

本案的办案心路历程给予笔者深刻思考，至今记忆犹新。笔者在办理二审案件阅卷时有一个习惯，就是首先通过一审判决书大致了解当事人的诉辩主张、基本事实、争议焦点和法院的观点。通过本案一审判决了解到，本案原、被告双方当事人就案件基本事实作出截然不同的陈述，进而对涉案《股权转让协议》的性质、法律适用以及最终判决结果都有着天壤之别的认识。俗话说，世界上没有无缘无故的爱，也没有无缘无故的恨。股权转让人以1亿元金额作为对价转让目标公司100%的股权，等于公司的全部资产，在资产没有经过评估，且在没有支付毫厘股权转让款的情况下，双方即于协议签订当日办理了股权和法定代表人的工商变更登记，非常不符合日常行为准则，让人对其真实性产生合理怀疑。为此，笔者进一步通过查阅卷宗，查看更为翔实的起诉状、答辩状、当事人的举证材料、庭审笔录、代理词，观看另案庭审视频资料，笔者的脑海中清晰地出现了“振阳公司开发滨江现代城项目—振阳公司的股权结构演变—振阳公司项目资金短缺—双方签订《合作协议》由施某某和吴某某投入资金—唐某某与吴某某达成口头协议，名义上签订《股权转让协议》—变更工商登记—唐某某实际还参与管理振阳公司—待滨江现代城项目结束后，施某某方拿回其投入的资金和协议约定的利润回报—吴某某将股权转回给唐某某—《股权转让协议》实质为保障施某某方债权实现的股权让与担保的形式”如电影回放般的一幕幕场景，形象深刻动人，仿佛身临其境。所以，笔者基于该事实的认定，对照股权让与担保的法律适用，认为本案股权让与担保并非仅通过签订一份合同来体现当事人的意思表示，从法律逻辑上分析，它是通过合同联立而形成的担保方式，由借款关系、股权转让关系等组合而成。股权转让合同与借款合同之间存在逻辑上的关联，当事人双方是利用转移唐某某股权所有权的手段达到为振阳公司借款提供担保的目的，所以股权转让合同不能与借款合同割裂而被孤立对待，否则会出现管中窥豹的局限性。同时特别需要注意的是，即使担保债权的股权受让人成为公司名义股东和法定代表人后，介入公司实际经营管理，但只要股权转让双方行为均符合约定的法人治理的内容，属于当事人合同约定的意思自治范畴，其目的都是更好地保障债权的实现，为借款法律关系提供担保的真实目的并没有改变，故不能以施某某、吴某某实际管理着公司就当然认定产生了实质性股权转让的法律效果。基于以上思考，二审补充认定了大量事实，因就法律性质与原告方唐某某的主张有不同的认识，在充分向原告唐某某行使释明权未果后，围绕涉案《股权转让协议》的性质问题和涉案《股权转让协议》的效力问题两大方面五个小点进行了充分说理，摆事实讲道理，最终改判结果让双方当事人胜败皆服，双方当事人均未申请再审。作为案件的承办人也很有成就感。

本案的审理给笔者的启迪是，无论办案经验有多么丰富，应牢记：在认定商事案件的事实时，一定不能仅凭一个行为、一个片段去代替对案件整个事实来龙去脉的探究，一定要深挖它的背景和前因后果；在明确案件法律责任时，一定不能就案办案和“一刀切”机械式地适用法律，一定要展望考量一下判决后事态的发展，力求判案法律效果和社会效果的有效统一。综观一审判决，原告提供了《股权转让协议》支持其起诉主张，然被告亦提供了大量证据来支持其抗辩主张，一审法院仅凭《股权转让协议》认定股权转让法律关系的基本事实，对当事人而言难免失去程序的公正，判决的结果也实难令当事人信服。

本案经过专家评审、省院报送，最高人民法院初评、复评、总评等各阶段严格评选，最终脱颖而出，入选全国法院“百篇优秀裁判文书”。本案跟笔者审理的另一起植物新品种侵权案件一样，结果作出后，双方当事人均未采取进一步的诉讼程序，表示认同，作为承办人也甚是欣慰。由此想到，如果我们在处理每一起案件中，都能秉持公平正义的理念，细致入微地审核每一份证据，设身处地体察每一位当事人的诉求，全方位多视角地审视案件，就会让更多案件的当事人胜败皆服。

（郑霞，安徽省高级人民法院法官）

三、专家评析

民事合同是当事人设立、变更、消灭民事法律关系的协议。不同性质的合同，当事人的权利义务都大不相同，因此对于合同性质的认定对当事人的权利义务影响甚巨。正如本案，如果认定《股权转让协议》是普通的股权转让合同，则施某某、吴某某需要向唐某某支付股权转让对价；如果案涉《股权转让协议》是让与担保合同，则施某某、吴某某就不需要向唐某某支付股权转让对价。本案二审裁定在正确认定事实的基础上，对案涉《股权转让协议》是否为让与担保合同进行了深入细致的分析，整篇文书层次分明、格式规范、逻辑严密、论证透彻，值得学习借鉴。

让与担保，是指名为买卖实为债务人或者第三人为担保债的履行，将标的物转移给债权人，在债务到期得到清偿时债权人将标的物返还给担保人，在债务到期无法清偿时债权人可就标的物的拍卖或者变卖价款优先受偿。让与担保属于非典型担保，无论是原《担保法》还是现行的《民法典》，都未明确规定让与担保制度。但由于此种担保方式较为便利、成本较低，实践中也广泛应用。又由于让与担保在外观上与买卖存在较为明显的相同之处，比如当事人之间签订有买卖合同或转让合同，动产进行了交付、不动产进行了登记，因此当事人容易对法律关系性质产生争议，此时必须从主客观方面进行审查判断。买卖合同或者转让合同是以转让标的物所有权为目的的合同；而让与担保的当事人在订立买卖合同或者转让合同时并无转移标的物所有权的意思表示，而是为债的履行提供担保。本案中，唐某某与施某某、吴某某签订了《股权转让合同》，具有股权转让的外观。对于施某某、吴某某提出的抗辩，本案二审裁定从民事法律行为的构成要件入手，根据在案证据，探究当事人签订《股权转让协议》时的真实意思表示。民事法律行为必须是当事人意思表示一致且内容不违反法律、行政法规强制性规定的行为。通过对各方当事人提交的证据的细致分析，尤其是通过与本案事实高度关联的四个诉讼案件中唐某某及其委托诉讼代理人的陈述、《合作协议》的相关约定，二审法院查明唐某某由于振阳公司开发滨江现代城项目向施某某、吴某某借款以及为保障出借人债权利益双方签订名义上的《股权转让协议》的事实，从而认定当事人之间签订《股权转让协议》时不具有转让股权的真实意思表示，而是为了保障出借人施某某、吴某某将来能够实现其债权，具有担保的真实意思表示，从而认定案涉《股权转让协议》名为股权转让实为让与担保，撤销一审判决，驳回唐某某起诉，还原了事实真相，体现了公平正义。

（点评人：樊坤，安徽省高级人民法院民三庭副庭长）

（2021）皖民终 457 号裁判文书原文

第六章　盈余分配

18. 武汉大西洋连铸设备工程有限责任公司与宋某某公司盈余分配纠纷案*

【关键词】

民刑交叉　事实认定　预决效力　竞业禁止　商业秘密

【裁判要旨】

民刑交叉案件中，刑事诉讼认定的事实一般对于后行的民事诉讼具有预决效力。有罪的事实认定当然地具有预决效力；但是，无罪的事实认定则需要区分具体情况，如果由于证据不足、事实不清等认定无罪，则因为刑事和民事的证明标准不同，相应地，裁判结果可能会有不同的认定。刑事案件认定无罪，并不必然导致民事案件亦要认定侵权行为或违约行为不存在。相关行为是否存在还需结合其他证据综合判断。

一、简要案情

在再审申请人武汉大西洋连铸设备工程有限责任公司（以下简称大西洋公司）与被申请人宋某某公司盈余分配纠纷案中，宋某某与大西洋公司签订了《离职后义务协议》，就其离职后的竞业限制及保密义务进行了约定。其后，大西洋公司认为宋某某为武汉恒瑞谷冶金科技有限公司（以下简称恒瑞谷公司）提供注册资金及技术支持，并披露大西洋公司的商业秘密，上述行为违反双方约定，故诉至法院，要求宋某某承担相应的法律责任。另外，武汉市江岸区人民法院根据检察院的公诉，判定恒瑞谷公司及其法定代表人杨某某构成侵犯商业秘密罪。

* （2019）最高法民再135号。

一审武汉市中级人民法院认为，武汉市江岸区人民检察院指控恒瑞谷公司以及杨某某涉嫌侵犯商业秘密罪刑事案件经公安机关侦查终结，侦查结果并未涉及宋某某，亦无宋某某侵犯大西洋公司商业秘密的事实认定。根据该刑事案件的侦查结果，恒瑞谷公司以及杨某某涉嫌侵犯商业秘密的行为与宋某某无涉，故驳回了大西洋公司的诉讼请求。大西洋公司不服，提起上诉。

二审湖北省高级人民法院认为，大西洋公司列举的大量证明宋某某违约行为的证据源于刑事侦查阶段卷宗及单方鉴定意见，而刑事起诉书并不涉及对宋某某的指控，亦无宋某某侵犯大西洋公司商业秘密的事实认定。二审中，大西洋公司不能举出充分证据证明宋某某存在违反竞业限制义务或侵犯商业秘密的行为存在，仅凭刑事侦查阶段的笔录、证言、非要式邮件文稿或资金流向等并不能证明宋某某出资设立恒瑞谷公司并系该公司实际控制人，违反约定另行组建与大西洋公司具有同业经营性的其他公司，或在类似公司中担任职务及提供技术性服务。故在大西洋公司举证证据均系间接证据且不能形成排他性证据链条的情形下，对其该项上诉理由不予支持，据此判决驳回上诉、维持原判。大西洋公司不服，向最高人民法院申请再审。

本案争议焦点为：（1）民刑交叉案件中，刑事诉讼认定的事实对于后行民事诉讼的事实认定有何影响；（2）如认定宋某某违反《离职后义务协议》，其应承担何种赔偿责任。

最高人民法院于 2018 年 12 月 21 日提审本案，并于 2020 年 9 月 24 日判决撤销一审、二审判决，支持了大西洋公司的诉讼请求。

再审审理认为：原则上，刑事诉讼中预决的事实对于后行的民事诉讼具有预决效力。一则符合裁判统一性的要求，在民事判决与刑事判决中，对于同一事实作出一致的认定；二则因为刑事诉讼的证明标准比民事诉讼的证明标准要高，举重以明轻，所以先行刑事判决认定的基本事实对于后行民事诉讼具有预决力。

但是，先行刑事案件预决事实的预决力并不是没有条件的。除了先行判决已经生效，先行案件裁判所确定的事实与后行案件事实存在相关性外，预决事实的证明必须遵循法定程序。就先行刑事案件对后行民事案件而言，有罪的事实认定当然地构成预决力；而无罪的事实认定则需要区分是因为被告人确实未参与、未实施犯罪行为，还是因为证据不足、事实不清，以及是否有相反证据。如果是前者则有预决力；如果是后者，则因为民事诉讼和刑事诉讼的证明标准不同可能有不同的认定。本案中，宋某某是否违反竞业限制约定、保密约定，需判断宋某某与恒瑞谷公司是否有关、关系如何。然而，与本案相关刑事案件的特殊之处在于，刑事起诉并未指控宋某某，刑事判决自然不可能涉及宋某某是否参与实施犯罪行为，是否构成侵犯商业秘密罪，亦不会就宋某某的行为是否违反《离职后义务协议》作出明确认定。因此，宋某某与恒瑞谷公司关联性这部分事实在先行刑事诉讼中未涉及，更谈不上经过正当程序查证并认定，因而不构成先行刑事诉讼预决事实，更不能据此直接在后行民事诉讼中认定宋某某与恒瑞谷公司无关。

宋某某与恒瑞谷公司关系如何，需要结合证据进行判断和认定。值得注意的是，关联刑事案件侦查卷宗中公安机关在侦查阶段绘制的资金流向图，虽然不是刑事关联案件定案的证据，但鉴于其为客观证据，系对恒瑞谷公司注册资金流转情况的客观描述，且与宋某某之妻李某某相关账户的资金流水记录以及庭审过程中当事人双方关于恒瑞谷公司注册资金来源的陈述意见能相互印证，可以认定恒瑞谷公司的1000万元注册资金全部来源于与宋某某或其配偶李某某密切相关的公司。此外，根据公安机关对杨某某使用的邮箱的远程勘验记录，结合再审阶段查明的事实，可以认定宋某某是恒瑞谷公司的实际出资人，其在离职后两年内以隐蔽手段隐名组建了与大西洋公司具有同行业竞争关系的恒瑞谷公司，违反了相关约定。

因此，一审、二审法院对相关事实认定有误，再审予以纠正。宋某某应当根据《离职后义务协议》违约责任部分的约定，承担相应的违约责任。

二、撰写心得

本案是最高人民法院提审改判的案件，入选2020年中国法院知识产权司法保护十大案件，其法律适用的典型意义主要体现在民刑交叉案件的裁判规则上。具体而言，本案涉及以下三个问题。

（一）合理界定刑民交叉案件中先行刑事诉讼对后行民事诉讼的影响

刑事诉讼中已经认定存在的事实，通常对于后行的民事诉讼具有预决效力，但是对于刑事诉讼中未予认定的事实，是否在民事诉讼中也当然的不予认定经常产生争议。争议源于刑事诉讼和民事诉讼遵循了不同的证明标准：刑事诉讼认定事实应当达到综合全案证据，已排查合理怀疑的证明标准；而民事诉讼的事实认定标准则是高度可能性。上述不同的认定标准，导致刑事和民事的裁判认定可能不同。然而，在司法实践中，出于维护裁判一致性的考虑，有些判决在民事诉讼中直接以刑事诉讼中未予认定作为裁判依据，不再对证据进行审查认定。该种做法实质上背离了民事诉讼的证明标准，错误地理解了刑民交叉案件中在先刑事诉讼对在后民事诉讼的影响。对此，最高人民法院予以纠正。

在与本案相关的在先刑事案件中，检察机关基于证据不足等因素未指控宋某某构成侵犯商业秘密犯罪，在随后处理的大西洋公司诉宋某某的民事案件中，一审、二审法院以刑事处理结果为主要依据驳回了大西洋公司对宋某某的民事起诉。最高人民法院再审认为，原则上，刑事诉讼中认定的事实对于后行的民事诉讼具有预决效力，但证据不足、事实不清而作出无罪认定的事实则需要区分民事诉讼和刑事诉讼的证明标准。本案刑事案件未起诉宋某某，自然不可能涉及宋某某是否参与实施犯罪行为，是否构成侵犯商业秘密罪，亦不会就宋某某的行为是否违反《离职后义务协议》作出明确认定。因此，宋某某与恒瑞谷公司是否有关、关系如何这部分事实在先行刑事诉讼中未涉及，更谈不上经过正当程序查证并认定，因而不构成先行刑事诉讼预决事实，更不能据此直接在后行民事诉讼中认定宋某某与恒瑞谷公司无关。原审法院在这部分事实的判断上援引刑事裁判，直接认定宋某某不存在被诉侵权行为，存有不当，应予纠正。宋某某与恒瑞谷公司之间的关系如何还需要在本案中结合证据进行判断和认定。

本案再审认为，刑事侦查阶段公安机关绘制的资金流量图，说明的是注册资金的流转情况，在本案中属于客观证据，且双方在庭审中提供并经过质证的银行流水已经充分说明了恒瑞谷公司注册资金的来源，可以认定恒瑞谷公司的1000万元注册资金全部来源于与宋某某或其配偶李某某密切相关的公司，该注册资金由李某某的账户转至其侄女李某名下的账户，再转至杨某某名下，用于注册恒瑞谷公司。注册完成后，该笔资金又辗转返回李某某名下。宋某某在本案中辩称该注册资金为杨某某从李某某侄女李某处借得，其并不知情。再审查明，李某某侄女李某系某公司普通职员，无其他大额经济来源和投资收益，且上述注册资金流水显示，多笔注册资金仅是借用李某名下的银行账户流转汇集至杨某某名下用于公司注册，之后又重新流转回李某某账户。因此，宋某某关于李某借给杨某某1000万元注册资金的辩解于情不符，于理不合，不予采信。结合本案证据，最终认定宋某某是恒瑞谷公司的实际出资人，其在离职后两年内以隐蔽手段隐名组建了与大西洋公司具有同行业竞争关系的恒瑞谷公司，违反了竞业协议，应承担相应的法律责任。

本案再审判决对在刑事诉讼中未被追究刑事责任的人员，在民事诉讼是否承担民事责任结合证据进行了深入分析，厘清了民刑证明标准的不同，为更好地处理知识产权案件中民刑交叉中的证据判断和事实认定提供了借鉴。

（二）准确判断违反竞业限制情形，倡导诚信原则

大西洋公司与宋某某签订的《离职后义务协议》明确对竞业限制的情形进行了约定，本案结合关联刑事案件侦查卷宗中公安机关在侦查阶段绘制的资金流向图、往来邮件中的代持股协议、宋某某配偶李某某相关账户中用于公司注册的资金流水记录以及庭审过程中当事人双方关于恒瑞谷公司注册资金来源的陈述意见等证据，认定宋某某是恒瑞谷公司的实际出资人，其一方面从大西洋公司获取了巨额的竞业限制和保密约定补偿款，另一方面在离职后两年内以隐蔽手段隐名组建了与大西洋公司具有同行业竞争关系的恒瑞谷公司，违反了竞业限制的约定。这是典型的公司员工，尤其是企业高级管理人员离职跳槽引发的违法竞业限制的案件。考虑到本案中大西洋公司起诉依据的是《离职后义务协议》，主张的是宋某某承担违约责任，故合议庭最终依据《离职后义务协议》作出裁判。同时，考虑到离职人员一方面获取巨额补偿款，另一方面又以隐蔽手段违反约定，其主观恶意明显，为体现司法的价值引领，最高人民法院再审改判全额支持了大西洋公司的诉讼请求。

本案再审改判给社会公众传递了一个积极信号，即司法对诚实信用行为的鼓励，以及对不诚信行为的严惩。特别是在既要鼓励企业人员依法有序流动，又要为企业核心技术、商业秘密提供强有力司法保护的情况下，本案的处理再次明确了红线和底线，有利于确立维护良好市场竞争秩序的司法导向，有力维护受损害企业的利益，体现了司法担当。

（三）再审审查中调查取证，准确认定事实

民事诉讼遵循“谁主张，谁举证”的原则，2017 年《民事诉讼法》第 64 条规定：“当事人对自己提出的主张，有责任提供证据。当事人及其诉讼代理人因客观原因不能自行收集的证据，或者人民法院认为审理案件需要的证据，人民法院应当调查收集……”第 67 条第 1 款规定：“人民法院有权向有关单位和个人调查取证，有关单位和个人不得拒绝。”因此，人民法院对于当事人符合法律条件的调取证据的申请，应当准许。上述规定并没有区分诉讼程序，因此在再审阶段，人民法院依然可以对符合条件的证据予以调查。

本案合议庭积极运用诉讼证据制度，减轻当事人举证负担，再审审查期间，根据当事人的申请，向案外人广州网易计算机系统有限公司发出“协助调查取证通知书”，调查向杨某某邮箱发送代持股协议等材料的邮箱的注册情况，并组织双方质证。结合庭审中宋某某的陈述，认定该邮箱注册人及使用人为其配偶李某某，从而为采信相关证据奠定了重要的基础。

（毛立华，最高人民法院法官）

三、专家评析

本案作为最高人民法院再审审查的裁判文书，详细记载了当事人的诉辩意见，查明事实清楚，归纳争点准确，判决理由充分，其最大的亮点在于合理界定了刑民交叉案件中先行刑事诉讼对后行民事诉讼的影响，进而明确了民刑交叉案件的裁判规则，为同类案件的裁判提供参考，颇具典型意义。

（一）文书编排体例严谨周密

文书严格遵守裁判文书制作规范，写作格式规范、结构合理、内容完备。文书在梳理当事人信息、诉讼程序，以及申请再审的事实和理由的基础上，针对再审请求逐一作答，做到客观、全面、不遗漏，体现出审判程序的合法、公正。

（二）文书法律逻辑层次鲜明

文书涉及知识产权案件中竞业限制以及保密义务违反等事项，用简洁流畅的文字准确认定案件事实，恰当适用法律规范，思路清晰，推理严密，展现了法官良好的法律功底素养和文书撰写水平。

（三）文书说理论证理实据详

裁判文书肩负提高司法裁判可接受性，以及实现法律效果和社会效果有机统一的重要使命，其核心在于释法说理。只有充分展示说理性，才能真正赢得当事人的信任，真正确立起司法的权威与公信。文书从当事人约定的权利与义务出发，结合案件事实准确归纳争议焦点，准确认定先行刑事诉讼预决事实在后行民事诉讼中的内涵和效力，合理评估刑民交叉案件中刑事诉讼对民事诉讼的影响，形成指导性裁判规范。此外，文书基于全案证据准确判断竞业限制的违反情形，倡导诚信原则，实现弘扬社会主义核心价值观的裁判效果，体现司法服务保障经济社会发展的价值追求。

裁判文书是司法事业的直观体现与生动载体。如何增强裁判行为的公正度、透明度，以及如何提升司法审判的公信力、权威性，是每一位司法工作者需要终身思考的课题。“努力让人民群众在每一个司法案件中感受到公平正义”，切实发挥司法审判定分止争的作用，切实维护诉讼当事人的合法权益，切实实现案结、事了、人和的社会效果，是优秀裁判文书的应有之义和司法审判现代化的必有追求。文书展现了承办人深厚的理论功底与过硬的写作能力，是一篇难得的佳作。

（点评人：姚欢庆，中国人民大学法学院副教授、硕士生导师）

（2019）最高法民再135号裁判文书原文

第七章　损害公司利益

19. 四川统和集团有限公司与中铁二局集团有限公司等损害公司利益责任纠纷案*

【关键词】

损害公司利益责任　公司大小股东利益平衡　预期利益

【裁判要旨】

案外人对公司的违约行为客观存在，大股东未执行公司董事会决议确定的未实现诉讼基础代理目标不得撤回起诉的内容，撤回公司对案外人的诉讼，导致公司通过诉讼可能得到的损害赔偿金受损。大股东的行为构成侵权，侵犯了公司合法权益，间接损害小股东的利益，应对造成的损失予以赔偿，以最大限度平衡大小股东利益。

一、简要案情

2007 年，四川省成都市郫都区土地储备中心（以下简称郫都土储中心）与中铁二局集团有限公司（以下简称中铁二局）、四川统和集团有限公司（以下简称统和公司）签订合作协议，进行土地整治合作；2007 年 3 月，中铁二局、统合公司分别出资 600 万元、400 万元设立成都中铁土地整理有限公司（以下简称中铁土地整理公司），由中铁土地整理公司作为项目公司，具体实施与郫都土储中心及其项目公司成都港通投资开发有限公司（以下简称港通公司）的土地整治合作工作。中铁土地整理公司董事会由 5 名董事组成，系各股东推荐后经法定程序产生，其中中铁二局推荐了 3 名、统合公司推荐了 2 名，董事长由中铁二局推荐的董事担任。

2013 年 1 月 24 日，中铁土地整理公司与郫都土储中心、港通公司签订

* （2021）川民终 1062 号。

《补充协议》，约定合作期延长至2014年3月，到期后十日内双方组织人员完成合作项目的最终清算，清算结果经双方书面确认后，由郫都土储中心、港通公司一次性付清中铁土地整理公司投入的土地开发整理成本和投资回报。如逾期支付，按应付未付金额的日万分之三点五支付违约金及支付未付金额资金占用利息；合作期限满后，双方就清算事宜多次进行函商未果。

2017年9月5日，中铁土地整理公司召开董事会会议，同意就公司投资清算确权和收款事项对郫都土储中心和港通公司提起法律诉讼程序，确定了基础代理目标，并明确在未实现下述的基础代理目标前，未经董事会一致同意不得撤诉。基础代理目标为：《补充协议》约定合作到期前的土地开发整理成本（含资金成本）和形成的投资回报；《补充协议》约定合作到期后的资金占用利息；《补充协议》约定合作到期后的违约金总额的35%。

随后，中铁土地整理公司以郫都土储中心、港通公司为被告向四川省高级人民法院提起（2017）川民初122号案，请求：判决郫都土储中心、港通公司共同向中铁土地整理公司支付投资本金、资金成本、投资回报，以上合计234 431 748. 73元，支付逾期资金占用利息和逾期违约金；2018年12月19日，中铁土地整理公司、港通公司、郫都土储中心达成《清算协议书》，一致确认港通公司、郫都土储中心尚欠中铁土地整理公司投资本金、资金成本、投资回报等所有款项合计233 905 468. 53元。港通公司向中铁土地整理公司付清了前述款项。2018年11月22日，四川省高级人民法院裁定准予中铁土地整理公司撤回起诉。

法院同时查明：杨某系中铁土地整理公司的法定代表人兼总经理，2016年6月8日为股东中铁二局推荐的新增董事。在（2017）川民初122号案中，中铁土地整理公司提交的《撤诉申请书》《清算协议书》均加盖了中铁土地整理公司公章并经杨某批准。

统合公司作为中铁土地整理公司的股东，认为（2017）川民初122号案中，中铁土地整理公司撤诉行为经杨某批准实施，杨某系受大股东中铁二局的指使，与公司形成的董事会决议设定的诉讼基础代理目标相悖，损害了公司利益，遂提起本案诉讼，要求中铁二局赔偿中铁土地整理公司损失96 131 468元及利息。

二、撰写心得

随着社会的飞速发展，公司诉讼日益增多。其中，损害公司利益责任纠纷是特殊的侵权责任纠纷，涉及公司内部治理和公司大小股东利益平衡。因财产类型呈现多样化，权利和权益的界限越发模糊，侵害财产权益产生的损害赔偿问题亦日渐复杂。损害公司利益纠纷的审理，既要遵循侵权责任法的基本原理，也要遵循公司法的相关精神和具体规则。本案在侵权行为认定、损害后果是否必然发生和两者是否存在因果关系，以及损失金额如何认定，均存在一定疑难，重点遵循了体现公司大小股东共同意志、符合各方预期的董事会决议内容，对侵权行为、损失金额进行了认定，裁判思路为大小股东利益平衡类案提供了有益参考。

（一）属于侵权责任法保护的范围

民事权益包括民事权利和民事利益。民事权利是立法明确规定保护的，具有法定性。民事利益是未被立法规定为权利，但又受到法律保护的利益，又称为法益。[①]《侵权责任法》第 2 条规定对保护的权利范围作出列举，关于民事利益的保护，在侵权责任法起草过程中，曾有不同看法，考虑到民事权益多种多样，立法中难以穷尽，而且随着社会、经济的发展，还不断地会有新的民事权益纳入侵权责任法的保护范围，因此，侵权责任法没有将所有的民事权益都明确列明，但不代表这些民事权益不属于侵权责任法的保护范围。[②] 换言之，侵权责任法立法原则上将权利、利益均纳入保护范围，构建开放的侵权责任法律体系，最大限度保护民事主体的权益保护。《民法典》颁布后，《侵权责任法》废止，结合《民法典》第一编第五章民事权利第 126 条"民事主体享有法律规定的其他权利和利益"来看，《民法典》第 1164 条关于侵权责任保护的概括规定，与侵权责任法的立法精神一以贯之。笔者认为，判断某种民事利益是否属于侵权责任法保护的范围，可以考虑以下因素：（1）尚未被法律或民事裁决确认；（2）利益较为重大，而非轻微；（3）民事主体享有某种利益具有合理性，不违反公序良俗或者法律的禁止性规定。

（二）侵权行为与损害后果的认定

本案判定大股东中铁二局的侵权行为是否成立，需要对大股东中铁二局关于中铁土地整理公司基于理性人的商业判断而撤诉并签订《清算协议书》，及时实现收回投资本金、资金成本和投资回报的核心利益的抗辩作出识别判断，中铁二局对此抗辩并无相应证据予以证实。与此同时，统和公司认为中铁二局的撤诉动机是为避免其全资子公司被无偿收回 80 亩建设用地的违约惩

① 参见最高人民法院民法典贯彻实施工作领导小组主编：《中华人民共和国民法典侵权责任编理解与适用》，人民法院出版社 2020 年版，第 16 页。

② 参见王胜明主编：《中华人民共和国侵权责任法释义》，法律出版社 2010 年版，第 25~26 页。

罚，以放弃（2017）川民初 122 号案件中应收的违约金等为条件进行利益交换，亦无相应证据证实。笔者认为，结合案件事实，中铁土地整理公司作为项目公司成立后，根据公司章程和《公司法》规定，成立股东会和董事会，统和公司和中铁二局分别委派了人员在董事会任职，并由大股东委派的杨某担任法定代表人兼总经理，土地整理工作开展顺利，应该说中铁土地整理公司的董事会作为股东会选举出的决策机构，履行着对内掌管公司事务，对外代表公司进行经营决策和业务执行的职能。而 2017 年 9 月 5 日中铁土地整理公司董事会决议明确未实现基础代理目标之前，未经董事会一致同意不得撤诉，亦反映了两股东的共同决策意志。依常理，如董事会对此事项决议有改变，需要重新召开董事会进行决议。如果中铁土地整理公司是基于自身的商业经营判断撤回起诉，为何没有就此事项重新召开董事会？同时，在（2017）川民初 122 号案件中，中铁土地整理公司依据《补充协议》要求对方承担逾期付款违约责任具有现实基础。综合以上因素断定，杨某按大股东中铁二局的指示代表中铁土地整理公司撤诉并签订《清算协议书》放弃近 2 亿元的违约金，并非出于商业经营判断的选择，能够认定系大股东中铁二局滥用了股东权利，实施了侵权行为。本案损害后果是中铁土地管理公司放弃了向案外人继续诉讼可能获得的违约损失赔偿金，笔者认为，因损害事实发生，导致未来、确定的财产权或财产权益受到的损失，具有财产性、未来性、确定性等特点，与《合同法》第 113 条[①]规定合同履行后可以获得的利益即预期利益较为相似。因此，本案参考《合同法》第 113 条的预期利益受到损害的基本原理来认定中铁土地整理公司受到了损害，能够最大限度地平衡各方利益。

（三）损害赔偿金额的认定

对于侵权事实客观存在，预期可能获得的合法利益必然发生但金额难以确定，因侵权事实发生导致丧失，应如何确定损害赔偿金额？笔者认为，虽侵权损失认定原则上须明确可确定，但侵权损失无法确定的原因系因侵权行为所致，基于实体公平的利益考量出发，法官应当结合个案事实，遵循法官职业道德，运用逻辑推理和日常生活经验，酌情判定侵权人承担赔偿数额，以体现公平。本案中铁土地整理公司的损失系（2017）川民初 122 号案件中对方应当承担的违约责任的金额，中铁土地整理公司的主要依据是《补充协议》约定的计算基数和计算标准及起算时点。结合中铁土地整理公司 2017 年

① 现为《民法典》第 584 条。

9 月 15 日董事会决议确定的基础代理目标内容亦是在《补充协议》的基础上计算 35%的违约金。因此，以《补充协议》和中铁土地整理公司 2017 年 9 月 15 日董事会预期代理目标为基础来酌定损害赔偿金，具有合同依据，符合各方预期，能够较好地平衡各方的利益。

（刘楠，四川省高级人民法院法官）

三、专家评析

本案系损害公司利益责任纠纷，是公司诉讼中的常见类型。该类纠纷贯穿公司治理的各个方面，且与商业行为密切关联，涉及责任主体身份、损害行为、损害后果、损失范围、因果关系等各要素的全面审查认定，个案审查中缺乏统一的认定标准。本案中，需要厘清大股东滥用股东权利侵害公司利益行为的审查判断与大股东正常商业行为的甄别标准，同时交织法院公权力介入私权处分领域后的效力判定，给本案的处理增加了难度，一审、二审法官对此也作出了不同的认定。本判决在对证据进行准确分析认定、全面客观查明事实的基础上，从公司股权和治理结构、董事会决议内容等案件关键事实中探究大股东滥用股东权利侵害公司利益的构成要件，为案件正确处理寻找到突破口，并传递了法官在审理公司纠纷案件中遵循私法自治精神，充分尊重公司自治，不以司法权肆意干涉私主体自主选择的态度。

（一）本判决体现了充分尊重公司决议效力的原则

判决肯定中铁土地整理公司董事作出的关于"未实际基础代理目标且未经董事一致同意不得撤诉"的决议效力，尊重与承认公司和股东在不违反公司法强制性规范、公序良俗和公司本质前提下拟定的个性化董事决议，不轻易否定决议效力，厘清公司法强制性与任意性规范的区别，对决议效力作出精准的判断。

（二）本判决廓清了公司自治与司法介入的界限

司法适度介入公司纠纷是公司自治和股东自治机制的有益补充和保障，其价值在于确保私法自治在公司治理中真正得以实现。本判决并未因公权力介入即法院准予杨某代表大股东中铁二局撤诉，直接认定其系根据诉讼进展作出的正常商业判断，而是认定撤诉系大股东中铁二局与董事会决议相悖的单方侵害公司利益行为，体现了法官根据个案情况审慎选择介入与否、介入范围和程度，廓清公司自治与司法介入的界限。

（三）本判决体现了坚持资本多数决与向中小股东适度倾斜并重理念

本案以“基础代理目标”作为计算预期利益损失的基础，体现了法官在审理本案中娴熟地综合运用法律专业技能、经验法则及自身智慧的目光，往返于规则与事实之间，竭力寻找控制股东与中小股东权益有效保护的最佳平衡点。

此外，此裁判文书语言文字用语规范、严谨；诉辩主张概括准确，证据认定说理充分，审查查明案件事实清楚；针对各审查要素说理逻辑严密、层次清晰，充分展现了法官良好的法律素养、扎实的理论功底和较高的裁判文书制作水平。

在个别行文表达上，文书似可更为简洁干脆。

（点评人：何学敏，四川省高级人民法院民二庭庭长、二级高级法官）

（2021）川民终1062号裁判文书原文

20. 哈尔滨麻雀装饰工程设计有限公司与汪某损害公司利益责任纠纷案*

【关键词】

高级管理人员　身份认定标准

【裁判要旨】

在损害公司利益责任纠纷案件中，首先需判断被告是不是适格主体。在双方未签订书面聘用合同的情况下，应结合被告具体工作职责进行认定。如被告实际履行了高级管理人员的工作职责，即使未签订书面聘用合同，也应认定其具备高级管理人员身份。

一、简要案情

原告（上诉人）哈尔滨麻雀装饰工程设计有限公司（以下简称麻雀公司）诉称：麻雀公司成立于2002年4月，经营范围为室内外装饰设计与施工、装饰流行趋势研究。2005年8月，汪某通过应聘入职麻雀公司，负责公司日常经营。2006年，麻雀公司与汪某签订《聘用合同》，聘用汪某担任常务副总经理。2012年，麻雀公司与汪某签订《薪酬和入股方案》，汪某自此成为麻雀公司股东，并任该公司总经理，系公司高级管理人员，负责麻雀公司的全面经营管理、市场开拓、售后服务、人员管理等工作。汪某作为麻雀公司高级管理人员，在任职期间未经股东会、股东大会同意，利用职务便利为自己或者他人谋取属于公司的商业机会，自营或者为他人经营与所任职公司同类的业务，违反了公司高级管理人员竞业禁止义务。对于汪某实施的上述行为给麻雀公司造成经济损失，其应承担相应赔偿责任。综上，请求原审法院判令：（1）判令汪某共计赔偿麻雀公司84 665 354.96元，其中汪某违反竞业禁止义务所得收益3000万元归麻雀公司所有，汪某赔偿麻雀公司各项损失54 665 354.96元；（2）判令汪某承担本案包括但不限于受理费、保全费、

---

* （2021）黑民终77号。

保险公司担保费等所有与本案相关的各项诉讼费用。一审庭审中，麻雀公司增加诉讼请求，第一项请求数额变更为 89 138 485.45 元。

被告（被上诉人）汪某辩称：第一，汪某不是麻雀公司的高级管理人员。麻雀公司提交的劳动合同等载明麻雀公司与汪某的合作截至 2014 年 12 月 31 日，2015 年 1 月 1 日起双方未续签劳动合同、《聘用合同》，2015 年起由其他人员行使总经理职权，且麻雀公司与汪某自 2015 年持续诉讼，麻雀公司主张汪某持续管理该公司至 2019 年不合常理。第二，汪某不存在利用职务之便侵占麻雀公司商业机会的行为。因汪某与赵某某、冯某某在麻雀公司的管理和经营理念上产生严重分歧，故 2015 年 1 月 1 日起汪某事实上就不再履行总经理职责，汪某与麻雀公司之间仅为股东关系。2015 年 7 月之后汪某设立的其他装饰公司，因其不再担任麻雀公司高管，故不构成竞业禁止。

法院经审理查明：2006 年 1 月 1 日，麻雀公司与汪某签订《聘用合同》，约定：麻雀公司聘用汪某为常务副总经理，执行董事会经营方针，对公司的经营业绩负责；合同有效期自 2006 年 1 月 1 日至 2010 年 12 月 31 日，合同期满聘用自然终止，合同期满前一个月，经双方协商同意可以续订聘用合同；合同期满后，任何一方认为不再续订聘用合同的，应该在合同期满前一个月书面通知对方。

2012 年 7 月 18 日，麻雀公司的《公司章程》规定：“由执行董事决定聘任或者解聘经理，经理对执行董事负责，行使下列职权：（一）主持公司的生产经营管理工作，组织实施执行董事决议；（二）组织实施公司年度经营计划和投资方案；（三）拟订公司内部管理机构设置方案；（四）拟订公司的基本管理制度；（五）制定公司的具体规章；（六）提请聘任或者解聘公司副经理、财务负责人；（七）决定聘任或者解聘除应由执行董事决定聘任或者解聘以外的负责管理人员；（八）执行董事授予的其他职权。”

在聘用期限为自 2012 年 1 月 1 日起至 2014 年 12 月 31 日止的《聘用合同》中，麻雀公司聘请汪某任该公司总经理，合同约定聘用协议期满前一个月，经双方协商同意可以续签聘用合同，任何一方不再续签，应在合同期满前三个月通知对方。汪某的职权为：“受聘为公司的总经理后，对公司董事会负责，享有国家有关法律、本公司章程和本公司董事会赋予的职权和履行同等义务。1. 主持公司的生产经营管理工作，组织实施董事会的各项决议，并向董事会报告工作；2. 拟订年度发展规划，年度经营计划和投资方案，报董事会批准；3. 组织实施董事会决议、公司年度计划和投资方案；4. 遵守法律法规和财务会计制度，根据实际需要，拟订公司内部管理机构设置方案，组织编制公司的各项具体规章和基本管理制度；5. 提请董事会聘任或者解聘公司副总经理、财务负责人和其他应由总经理提名的中层以上管理人员；6. 聘任或者解聘除应由董事会聘任或者解聘以外的工作人员；7. 拟定公司职工的工资、奖惩及其他福利待遇的分配方案，经董事会审核后执行；8. 受董事长委托代表公司签署各类经济合同；9. 遵照财务制度和审批规程，根据公司批准的年度、季度、月度资金收支计划和费用支出计划，审批公司各项资金收支和费用支出；10. 主持和召集总经理办公会等工作会议；11. 公司章程或董事会授予的其他职权。”麻雀公司未设立董事会。同年，赵某某、冯某某与汪某签订《赠与合同》，约定：赵某某、冯某某作为麻雀公司股东，赵某某将其名下 10%股份、冯某某将其名下 20%股份赠与汪某。

2015 年 1 月，一秒装饰公司成立，成立时该公司住所地位于哈尔滨市道里区群力第四大道与金江路交口汇智广场商服×楼×号，该房产系赵某某与汪某共同所有。《汇智广场运营中心房租调账说明》中记载“2015 年汇智广场运营中心房租 175 万元，一秒设计 2015 年房屋租金 69 万元，合计 244 万元，其中赵总及汪总各占 50%，现申请冲抵赵总及汪总个人借款”，赵某某在落款处签字，签字日期为 2016 年 2 月 27 日。2015 年 7 月之后，汪某作为股东成立凤凰装饰公司、鸣雀公司、大树公司。2016 年 5 月起，双方开始发生多起诉讼。

本案争议焦点为：一是汪某在 2015 年至 2019 年是否系麻雀公司的总经理；二是如汪某在此期间系麻雀公司的总经理，则其是否存在违反竞业禁止义务和忠实义务的行为以及如何承担相应责任。

二、撰写心得

本案双方当事人诉争主要焦点在于汪某是否系麻雀公司的高级管理人员，如汪某系该公司高级管理人员，则在汪某担任高级管理人员期间，是否存在违反竞业禁止义务的行为，由此引发高级管理人员身份的认定以及如何认定违反竞业禁止义务等问题。承办人主要围绕上述焦点问题撰写裁判文书，并在裁判文书撰写过程中着重从以下三方面进行了深入思考，最终起草完成本案二审民事判决书。

（一）损害公司利益责任纠纷案件审查难点

在审理公司高级管理人员通过违反竞业禁止义务损害公司利益责任纠纷

案件中，由于责任主体身份认定、损害公司利益行为认定、因果关系认定和公司利益受损范围确定四个方面均存在审理难点，容易造成裁判标准不统一的情形。

就本案而言，法院在对公司高级管理人员身份进行认定时，采用了“实质审查标准”，即虽然此类主体未与公司签订正式合同，但如能根据其他证据证明其在公司日常运营管理中实际承担了公司高级管理人员的职责，则仍应认定其为适格被告。在麻雀公司与汪某未签订书面聘用合同的情况下，根据麻雀公司提供的相关证据，综合认定在 2015 年 1 月至 7 月，汪某实际行使了总经理职权，具备高级管理人员身份。而在 2015 年 8 月之后，由于麻雀公司未能举证证明汪某实际履行了高级管理人员职责，故对于麻雀公司主张在此后汪某继续担任该公司总经理的主张不予支持。在汪某具备高级管理人员身份期间，其虽设立了与任职公司经营范围相同的同类公司，但因本案存在其他特殊情况，故未认定汪某有违反竞业禁止义务的行为，也未再对该行为与麻雀公司所称的损害后果之间的因果关系进行分析，亦不存在确定麻雀公司损失范围问题。

（二）高级管理人员身份认定标准

1. 高级管理人员负有法定竞业禁止义务的主要特征。因约定竞业禁止义务在各公司的公司章程中规定不尽相同，故承办人仅对法定竞业禁止义务的特征进行了研究。

一是主体相对固定。竞业禁止义务只发生在特定民事法律关系当事人之间，即《公司法》第 216 条规定的主体。

二是承担不作为义务。无论是高级管理人员违反《公司法》规定的竞业禁止义务所产生的侵权责任，还是高级管理人员违反公司与高管之间签署的竞业禁止协议而产生的合同责任，高级管理人员竞业禁止义务的义务人依法需要承担不作为义务，即只要高级管理人员不为某种行为，就可以认定其履行了竞业禁止义务。

三是义务范围需要限制。高级管理人员法定竞业禁止义务是相对的，需要在一定时间、区域范围等方面加以限制。

2. 高级管理人员主体范围。根据《公司法》第 20 条、第 21 条、第 149 条规定，因损害公司利益而承担赔偿责任的主体包括公司股东、董事、监事和高级管理人员，以及关联交易中的实际控制人等。其中，股东、董事和监事身份的审查可以依据公司在市场监督管理局备案的信息为准，主要争议在于对高级管理人员、实际控制人的身份认定。根据《公司法》第 216 条规定，高级管理人员是指公司的经理、副经理、财务负责人，以及上市公司董事会秘书和公司章程规定的其他人员。但是，对于“公司章程规定的其他人员”，在公司章程没有明确规定的情况下，应当如何认定，在审判实践中标准不一。例如，公司总会计师、总工程师、重要部门的经理以及审计负责人等，是否也可认定为公司高级管理人员？此外，关于高级管理人员的身份认定，应以掌握公司重大信息或参与公司的日常经营管理为判断标准。

3. 本案关于高级管理人员身份的具体认定。就本案而言，系采取实质主义审查标准认定汪某是否具备麻雀公司高级管理人员身份。通过麻雀公司提交的两份《聘用合同》可以确定，在 2015 年 1 月 1 日前双方系通过签订《聘用合同》的形式确定汪某的副总经理或者总经理的高级管理人员身份，并明确约定“合同期满前一个月，经双方协商同意可以续订聘用合同”，双方均认可 2014 年 12 月 31 日后双方未再签订《聘用合同》，在此情况下则需查明汪某自 2015 年起是否实际行使了总经理职权。由此根据麻雀公司的诉讼请求，产生了两个时间段：第一个时间段是 2015 年 1 月至 7 月，麻雀公司提交了汪某在此期间签批的多份工作任务协调单、各分店总经理的薪资、员工异动审批表、员工工作交接表和《2015 年 1—6 月麻雀各总经理绩效奖励通知》等证据，以证明汪某行使了总经理职权，根据麻雀公司《公司章程》中关于经理职权的规定，上述证据可以证明汪某在 2015 年 1 月至 7 月事实上行使了总经理职权，即在此期间汪某具备麻雀公司高级管理人员的身份；第二个时间段是 2015 年 8 月之后，麻雀公司主张 2015 年 8 月以后汪某仍然担任该公司总经理，麻雀公司虽然提交了部分证据证明其主张，但在麻雀公司主张该公司一直持续经营的情况下，如汪某实际行使总经理职权还应有其他诸如履行生产经营管理等职责形成的证据，但麻雀公司提交的证据尚未形成完整证据链条，不足以证实 2015 年 8 月之后汪某仍然担任该公司总经理并行使总经理职权，且 2016 年 5 月起双方开始发生诉讼，麻雀公司主张在此之后汪某仍然担任该公司总经理亦不符合常理，即在此期间汪某不具备麻雀公司高级管理人员的身份。本案的事实认定的方法与上述梳理的第四种审判实践中认定高级管理人员身份的典型情形相似，即主要看有无充足证据证明被告为公司高级管理人员，此种方法也更符合公司经营实际情况，趋向接近实质正义的标准。

（三）违反竞业禁止义务

1. 基本问题的厘清。虽然公司高级管理人员竞业禁止诉讼案例相对其他类型案件来说并不多见，但事实上，在集团公司中，董事、经理在相互关联的多家同业公司兼职是较为普遍的现象。而诉讼较少的原因，一方面可能公司担心对后续产生经营产生不利影响，故较少选择公开诉讼手段；另一方面可能因为在公司运转平稳，股东关系较为和睦时，未因董事、经理兼职的问题而发生诉讼。然而，一旦股东之间或者股东与董事、经理之间发生矛盾，或公司经营发生重大变动时，向董事、经理提起诉讼就成为常用手段，故对此问题的分析具有较大的现实意义。

（1）竞业禁止义务的分类。竞业禁止义务作为一种法律预防和规制手段，对保障公司及公司股东的合法利益以及维护公平竞争的市场秩序具有重要意义。

一是根据义务产生的来源不同，分为法定竞业禁止义务和约定竞业禁止义务。法定竞业禁止义务是按照法律条文的规定而产生的竞业禁止义务，主要源于《公司法》第148条规定。约定竞业禁止义务是基于双方合意而产生的竞业禁止义务，且均表现为明示的合同义务。

二是根据义务产生的时期不同，分为在职竞业禁止义务和离职竞业禁止义务。在职竞业禁止义务的时间节点是在职期间，是义务人在工作期间承担的不从事与本公司有竞争关系的相关业务，或者不在存在竞争关系的公司中担任任何关键性或技术型职务的义务。离职竞业禁止义务的时间节点在于离职后的一段时间，是义务人通过协议的形式与原公司约定，其在离职后一段时间内不得在与原公司竞争行业及区域内从事相同或类似的工作。

三是根据义务客体不同，分为同业竞业禁止义务和兼业竞业禁止义务。同业竞业禁止是义务人不可为与本公司经营范围相同或相类似的竞业行为。兼业竞业禁止义务是禁止义务人兼任与本公司相关的其他用人单位的任何职务，包括无限责任股东和合伙人。①

（2）同类业务认定标准模糊。违反竞业禁止义务案件事实认定的难点之一在于同类业务认定标准模糊。法律并未对什么是同类业务作出具体解释，即使是学理解释所说的“与公司营业具有实质竞争性的业务”也依然只是概

① 参见张晓军：《论竞业禁止》，载《中国人民大学学报》1997年第1期。

括性描述，同样存在解释空间，即可能引发争议，故公司应当直接在公司章程或者竞业禁止协议中对同类业务作出解释。

2. 本案不属于违反竞业禁止义务的具体认定。本案关于汪某是否存在违反竞业禁止义务和忠实义务的行为以及如何承担相应责任问题。由于已经确定 2015 年 1 月至 7 月汪某实际履行了麻雀公司总经理的职责，系麻雀公司高级管理人员，故在此期间汪某具备违反竞业禁止义务的主体身份。麻雀公司主张，2015 年 1 月，汪某成立与麻雀公司经营同类业务的一秒装饰公司，故汪某存在违反竞业禁止义务和忠实义务的行为。但综合本案相关事实，汪某主张麻雀公司的法定代表人对成立一秒装饰公司知情并同意，并非汪某擅自成立该公司的主张更具有可信度，故汪某担任一秒装饰公司股东的行为并未违反高级管理人员的竞业禁止义务和忠实义务，麻雀公司关于汪某成立一秒装饰公司应对该公司承担责任的主张不成立。

本案属于设立新公司前向原公司各股东告知设立新公司并作出竞业禁止保证，各股东均未明确表示反对的，则不应认定违反竞业禁止义务有相似之处，即通过分析本案相关证据，确认麻雀公司的法定代表人，亦系该公司股东对于汪某成立同业公司未表示反对。审判实践中还存在与之相类似的一种情况，但在《公司法》中并无规定，即公司高级管理人员依法提请股东会批准竞业事项的情形。由于股东与董事、高级管理人员在关于竞业事项上掌握信息的不平衡性，并且股东会召开的时间往往较短，难以使公司股东对批准事项进行事先调查和详细审议，而竞业事项的批准又属于较为复杂的事项，故有必要确保股东在相关决议表决前对于待表决的竞业许可事项获取充分真实的信息，综合审查股东会决议事项的详细情况。而本案亦考虑了此种情况，麻雀公司的股东仅有三人，即麻雀公司的法定代表人及其丈夫、汪某，在麻雀公司的法定代表人知晓汪某成立同业公司的情况下，可以推定麻雀公司法定代表人的丈夫亦应知晓此事，而麻雀公司的法定代表人及其丈夫均未对此表示反对，亦可认定汪某成立同业公司未违反竞业禁止义务。

（周纹婷，黑龙江省高级人民法院法官）

三、专家评析

在损害公司利益责任纠纷案件中，往往涉及公司高级管理人员违反竞业禁止义务的情况。竞业禁止是为了防止竞业人对原从业公司的利益产生冲击，维护原公司利益的一项法律制度，散见于《公司法》《合伙企业法》《劳动法》等法律法规和相关司法解释中。根据是否在职，竞业禁止分为任职期的竞业禁止与离职的竞业禁止。任职期的竞业禁止是自营或者为他人经营与其任职公司同类的营业或从事损害原公司利益的活动，分为同业竞争之禁止与兼业禁止，其中同业竞争之禁止，即公司高级管理人员在任职期间不得为自己或他人经营本公司营业范围内的业务。

本案中，麻雀公司主张汪某在任职期间违反竞业禁止义务，成立多家同类公司，给麻雀公司造成损失。汪某作为麻雀公司原总经理，2015 年至 2019 年成立新公司时是否仍担任麻雀公司总经理职务并行使总经理职权，是认定汪某是否违反竞业禁止义务的关键。双方虽在 2012 年签订的《聘用合同》中约定，2014 年 12 月 31 日聘用期满后一个月，经双方协商同意可续签聘用合同，但麻雀公司与汪某后续并未签订书面聘用合同，此时就要审查汪某是否实际履行了总经理职责。本案认真审核了当事人提交的多份证据，仔细梳理了案件事实，依法认定在 2015 年 1 月至 7 月，汪某实际履行了总经理职责。在此前提下，本案进一步认定在上述期间，汪某是否存在违反任职期竞业禁止的行为。《公司法》第 148 条第 1 款规定了公司高级管理人员不得违反对公司忠实义务的八类竞业禁止行为，第 2 款规定了高级管理人员违反前款规定所得的收入应当归公司所有。这种因公司内部高级管理人员违反忠实义务的特定行为所获收益，公司享有收归所有的权利，被称为归入权。麻雀公司主张汪某经营新公司所得收入应当归麻雀公司所有，并要求其承担麻雀公司产生的损失。本案依据双方当事人提交的证据，针对麻雀公司是否享有归入权，麻雀公司主张的损失是否与汪某存在关联性等问题进行了分析研判，最终认定汪某不存在违反任职期竞业禁止的行为。

新时代新征程，要立足经济社会需要，以发展的眼光来办理损害公司利益责任纠纷案件。在当事人主张公司高级管理人员因存在竞业禁止行为，而损害公司利益时，要认真审核证据、梳理案件事实，综合分析判定。从立法目的角度来看，之所以禁止同业竞业，是因竞业人熟悉原公司内部情况以及商业秘密，若允许其竞业，则很可能导致原公司客户流入从事竞业活动的后一公司或竞业人利用于个人自营，从而使原公司蒙受经济损失。从维护公共利益角度来看，用人单位始终在就业中占据优势，竞业禁止协议也普遍由公司用人单位制定，劳动者难以对其中存在异议的条款进行更改，部分竞业禁止协议更是显失公平。因此，在司法实践中，要坚持以事实为依据，以法律为准绳，始终把握不同主体的利益平衡。本案裁判文书语言文字精练流畅，用词准确，叙述事实清楚，条理清晰，说理论证缜密，逻辑严谨，层次清晰，具有很强的指导意义。

（点评人：哈书菊，黑龙江大学法学院院长、教授、博士生导师）

（2021）黑民终 77 号裁判文书原文

第八章　合伙

21. 中越恒丰旅游产业发展有限公司与唐某某、周某某合伙纠纷案*

【关键词】

意思表示　交易模式　合同性质　合同效力

【裁判要旨】

商事交易中，当事人掩盖真实意图，规避监管、追求利益最大化而采取多层嵌套、虚伪意思表示签订“阴阳合同”的，人民法院应当准确揭示当事人交易模式、探究真实交易目的，根据真实权利义务关系认定合同性质与效力。当事人双方通谋实施的虚伪意思表示应当认定为无效，实际真实履行的应当根据合同签订的时间背景、协议内容、实际履行等情况综合评判。

一、简要案情

江苏海合润明置业有限公司（以下简称海合公司）于 2013 年 8 月 20 日注册成立，法定代表人为唐某某。2017 年 8 月 24 日，海合公司的股东变更为周某某和唐某某，唐某某占股 49%，周某某占股 51%。中越恒丰旅游产业发展有限公司（以下简称中越公司）于 2017 年 8 月 31 日成立，法定代表人为冯某某，股东为琴南公司和常熟市经济开发物业管理有限公司，琴南公司持股 95%。琴南公司的法定代表人为冯某某，冯某某持股 70%。

2018 年 3 月 20 日，海合公司通过股东会决议，唐某某与中越公司签订《江苏海合润明置业有限公司股权转让协议》，将持有的海合公司 490 万元股

* （2020）苏 09 民终 1204 号。

权（占注册资本49%）以490万元转让给中越公司。转股后，周某某在海合公司持股510万元，占注册资本的51%，中越公司持股490万元，占注册资本的49%；选举冯某某作为公司执行董事兼经理、法定代表人职务，唐某某为公司监事，并通过公司章程修订本。上述股权转让后，中越公司未支付股权转让款。

2018年3月20日，唐某某、周某某作为甲方在中越公司作为乙方的《江苏海合润明置业有限公司股权转让协议》中签名，中越公司于2018年3月28日才在乙方处签名盖章。协议第1条约定：甲方披露的目标公司信息。目标公司设立依法取得位于江苏滨海县城宗地编号为2013G××地块，土地用途为商住，挂牌出让总价2912万元。甲方已缴纳600万元，剩余土地款未付。甲方将持有的目标公司55%股权出让给乙方，甲方再注资1000万元。该区域内建造的配套费、建筑费与安装费，涉及区域内地上及地下等所有资金全部由乙方出资，甲方不再投入资金。股权转让后，乙方持有目标公司55%的股权，甲方持45%的股权。甲方在目标公司相应的股权权益将随股权转让一并转让，但不涉及甲方在八滩镇全部资产。项目完成后，甲、乙双方按各自所持项目公司的股份比例税后分配收益。地块土地证办理完毕，甲方无条件配合乙方及时变更乙方人员为法定代表人。项目公司在经营管理中的一切事项，由乙方全权负责，在作出决定时，应与甲方协调沟通，建筑工程一切事宜需甲、乙双方签字后共同认可，乙方必须按照国家建筑招标规定严格执行，甲方不予干涉。在办理股权工商变更登记时，各方需要按照工商登记机关要求另行签订股权转让协议，另行签订的股权转让协议与本协议不一致的，以本协议为准。本协议构成双方实质性的权利义务关系约定，提交工商管理部门的文件仅作为履行所需手续而用。2018年3月26日，海合公司向滨海县市场监督管理局申请变更登记。2018年4月11日，滨海县市场监督管理局作出《公司准予变更登记通知书》。

2018年8月9日，海合公司作为甲方、世联公司作为乙方、琴南公司作为丙方签订了《建筑工程施工框架协议》，对建筑项目名称、建筑面积、工程承包方式及价款支付、双方权利义务等作了约定。另约定世联公司支付合同保证金1000万元到甲方指定的琴南公司账户。琴南公司作为丙方自愿为甲方向乙方担保付款义务的连带偿还责任，担保期限为五年。唐某某、周某某未知晓签订上述合同，合同中仅有海合公司的印章及法定代表人冯某某的签名。2018年9月12日，唐某某向中越公司法定代表人冯某某要求查看建筑工程协议，冯某某于2018年9月15日将《框架协议（1）》发送给唐某某，但该协议中仅有海合公司和世联公司两方，无丙方琴南公司，同时合同中没有工程总价款。2019年8月12日、23日，琴南公司退还世联公司保证金200万元、800万元。

2019年4月24日，周某某与中越公司签订了《补充协议》，约定海合公司公章交由周某某保管。2019年8月19日，中越公司以周某某拒不在公司相关报批手续上盖章，导致项目推进受阻为由，向周某某及海合公司发出《通知》，解除与周某某于2019年4月24日签订的补充协议。2019年8月22日，周某某回复中越公司总经理冯某某，不同意解除《补充协议》，并提出因中越公司违约，要求归还股权并承担违约责任。

2019年7月30日，周某某、唐某某向滨海县人民法院起诉，请求判决解除唐某某与中越公司于2018年3月20日签署的两方股权转让协议；判决解除唐某某、周某某与中越公司于2018年3月20日签署的三方股权转让协议；判决中越公司返还其受让的49%股权给唐某某、周某某，并配合办理返还股权的变更登记手续；判决中越公司承担按照合同约定的股权转让价款10%的违约金计49万元；请求判决中越公司承担合同约定的律师费30万元。

经审理，归纳本案争议焦点为：

1. 周某某、唐某某与中越公司订立的《江苏海合润明置业有限公司股权转让协议》的性质是否为股权转让合同？周某某、唐某某是否有权解除该协议？

2. 唐某某与中越公司订立的《江苏海合润明置业有限公司股权转让协议》是否为当事人真实意思表示？唐某某是否有权要求中越公司返还其名下持有海合公司49%股权？

3. 周某某、唐某某要求中越公司承担违约金49万元、律师费30万元是否有事实和法律依据？

二、撰写心得

在商事案件的裁判中，要公正审理好每一个案件，笔者最深的体会感触是必须有商主体思维，以“如我在诉”境界和意识看待评价市场主体间的交易行为和模式。裁判文书是法官代表法院制作的产品，产品质量基础是裁判公正，文书制作过程是记录审理者裁判思维的真实写照。唐某某、周某某诉中越公司股权转让案之所以入选全国法院系统裁判文书百优，笔者认为在文书制作中展现了四个方面特点：一是充分展示了法官应有的穿透式审判思维揭开虚伪意思面纱；二是运用绣花功夫论证说理将模糊事实还原清晰；三是综合案情明断是非曲直破解僵局；四是指明路径定分止争实现最低案件比。

（一）穿透式审判

记得首次阅读该案一审裁判文书时，发现当事人同日签订两份内容不同的股权转让协议，顿时让笔者感到困惑，特别是两方协议与三方协议约定的股权转让份额分别是 49% 和 55%，三方协议还注明了两份协议不一致的，以后者为准。而一审法院对此并未给予格外关注，将两个协议性质和关系没有作出清晰判断。出于商事法官职业敏感和习惯，笔者有意识地将自己置身于当事人交易之中来思考，为何订立了上述不按常规套路出牌的协议？为此，笔者通过审查所谓股权转让目的、合同约定权利义务、实际履行等方面情况，经合议庭认真评议得出一个结论：唐某某、周某某夫妇实际控制的置业公司因资金困难，寻求中越公司在涉案开发地块项目上投资合作，以求实现投资利润分成。这是一起房产合作者之间为了规避监管、追求利益最大化，采取多层嵌套、虚伪意思表示等模式，因履约不当或违约而引发的商事纠纷。《民法总则》和《民法典》中均提出了当事人虚伪意思表示的概念和处理原则，实践中经常会涉及融资性贸易、商品房买卖等一些“名为××实为××”合同文本，作为法官就要用“火眼金睛”去伪存真，通过穿透式审判，准确揭示交易模式，探究当事人真实交易目的，根据真实的权利义务关系认定交易性质与效力，这也是包括笔者在内的合议庭成员对本案裁判文书构架、论理表述和价值指引所寄予的最重要也是最基本的要求。

（二）用绣花功夫

“以事实为依据，法律为准绳”，这是法官裁判恪守的信条。尤其是商事纠纷案件，更为看重当事人之间形成的合同文本和交易记录，以判断认定事实和法律关系。本案一审审理查明事实部分从形式上看确实比较齐全，有关协议、转账凭证、微信聊天记录等，特别是协议条款基本上摘录到位，但是对上述证据如何认识、如何整理、如何运用？这是一门技术活。一审在争议焦点归纳上出现问题。笔者在起草文书时，首先要将二审审理中归纳的争点进一步精准提炼出来，这是裁判文书谋篇布局的关键，可以说是“本院认为”部分的纲要。纲举目张，围绕每个争点所涉及案件事实和法律问题，笔者采用了分层分类论证法。比如，第一个争点三方订立的股权转让协议性质问题，重点从中越公司出资款支付对象是项目公司而非唐某某夫妇、项目公司资本未变即没有通过增资方式稀释原有股东股份、协议合作范围仅限于涉案宗地而包括其他部分、订立协议目的是中越公司与唐某某夫妇共同投资开发涉案宗地四方面予以层层递进、丝丝入扣地分析判断，这些均是以相关协议内容条款作为论据，虽然一审审理中未予关注，但在二审中将这些证据有效挖掘并利用起来，使案件事实渐渐，三方协议其实是“名为股权转让实为合伙”。再如，第二个争点两方协议是否为当事人真实意思表示问题，重点从唐某某对股权转让款490万元长期不主张、中越公司实际投入项目公司1544万余元而再付唐某某490万元不合常理、三方协议中明确与两方协议内容不一致时以该协议为准的约定等方面综合分析判断。同时，当事人对股权转让是否作为让与担保，在一审、二审过程均未提出该意思表示，司法不宜主动介入认定，认定该协议订立目的仅为中越公司对外公示作为项目公司股东，具有房产开发主体资质，股权转让为当事人虚假意思表示。在上述争点问题分析上，应当说确实用了绣花功夫，通过入木三分的说理论证，以期达到令人信服的效果。

（三）明断是与非

准确适用法律是每位法官必备的一项基本功，如何适用法律就是运用“大前提、小前提、结论”逻辑三段论的过程。法官制作文书应当全面准确完整地适用每一个法条，其中对实体性法条作为“大前提”进行充分合理的解释，这是笔者多年来学习最高人民法院公报案例的最深感受和收获，撰写《滨海县人民检察院诉刘某某合同诈骗案》案例刊用在该公报上，也促使笔者在日后的文书制作中形成严密的逻辑思维习惯，文头首要援引相关法律条文，论述法律精神和原理，进而根据案情对标对表来判断分析。无论在合伙协议（三方协议）是否应当解除、两方协议是否有效及法律后果、中越公司是否违约并承担责任上，参照如此思维模式和表述方法，能够达到深入浅出、一目了然的说理效果。比如，合伙协议能否解除的问题，合伙合同是具有固定期限的，即以房产开发项目完成作为合同期限，散伙应当具备法定或约定的终止要件，而不得随意解除合同。经查，中越公司违反合同义务，侵犯了周某某、唐某某的知情权，特别是将保证金汇到中越公司关联公司，属于变相抽逃合伙投资，直接损害了其他合伙人利益。鉴于合伙双方矛盾尖锐，开发宗地长期闲置，从严守社会诚信、维护交易秩序、释放资源要素等方面考量，依法认定周某某、唐某某有权解除合伙合同。充分发挥裁判的规制和指引功能，实现“明断是非定取舍，慧力不灭知虚妄”。

（四）指明了路径

习近平总书记指出：“法律不应该是冷冰冰的，司法工作也是做群众工作。一纸判决，或许能够给当事人正义，却不一定能解开当事人的‘心结’，‘心结’没有解开，案件也就没有真正了结。”① “事”“心”双解是司法工作追求的最佳效果。本案裁判中对合伙协议解除、股权返还等问题虽然判令中越公司承担相关法律责任，但是中越公司的确在投资合伙经营期间投入了巨额资金，尽管合伙僵局无法破解，其在合伙中的合法权益应当受到保护。为此，在裁判中并不是简单机械说理，而是坚持系统思维，为中越公司提出维权路径，特别指出“该合伙协议解除后，合伙当事人有权就合伙经营期间财产权益请求分割”，这句话虽然不是判决主文，但是却给了中越公司维权方向，使得判词有温度、有力量。据了解，此案二审判决后，双方并没有再起相关衍生诉讼，笔者认为应该是通过该案生效裁判的作出，让各方当事人重新回归理性，在友好协商氛围中解决散伙后的相关析产问题，真正实现胜败皆服、定分止争，最大限度地降低“案件比”。

（林毅，江苏省盐城市中级人民法院法官）

三、专家评析

裁判文书是承载审判活动、展现裁判智慧的司法产品，不仅是解决诉讼双方纷争的法定格式文书，也是沟通司法与社会、法官与公众的重要桥梁。一篇裁判文书需要做到查明事实清楚全面、适用法律准确规范、论述理由充分透彻，方可被称为优秀文书。如果还能反映出裁判者深刻的思辨观念、深厚的学术素养、深切的人文关怀，则可被称为精品文书，诉讼两造和社会公众何能不信服认同？

就本案而言，作为二审案件，面对的基本情况是当事人对一审认定事实、适用法律、裁判结果不认同，需要解决的问题不仅是认定事实争议、分清责任是非，进而实现公正裁判，还要审查和评价一审审判活动，同时接受一审

① 《〈习近平总书记系列重要讲话读本（2016 年版）〉六、全力推进法治中国建设——关于全面依法治国》，载《人民日报》2016 年 4 月 27 日，第 9 版。

胜诉者、裁判者的关注与审视，可谓要求更高、难度更大。

从最终结果看，二审裁判者通过一份优秀文书，圆满完成了任务。具体而言，二审运用“穿透式”审判思维，通过查清案件事实、准确适用法律，结合经验法则、交易习惯等因素，对双方的交易进行定性定效，进而分析认定责任。内在逻辑严密、环环相扣的论理和叙述，使裁判结果自然而然、显而易见。

需要说明的是，尽管法律规定和文书体例上对查明事实、论述理由、适用法律分列表述，但司法实践中三者往往密不可分，运用法律对事实进行定性定效也是查明事实的内在要求，特别是在案件事实复杂、性质效力分歧巨大的疑难复杂案件当中更是如此。本案中，周某某、唐某某起诉要求解除与中越公司签订的两份股权转让协议，中越公司返还股权并承担违约责任等，一审判决支持了周某某、唐某某的诉讼请求，中越公司不服提出上诉。二审经审理认为，结合案涉两份股权转让协议的内容、签订时间及协议履行情况来看，周某某、唐某某与中越公司签订的股权转让协议实质上并不符合股权转让合同性质要求，而属于合伙合同。同时，唐某某与中越公司签订的股权转让协议也不是双方当事人的真实意思表示，该案双方之间并不存在真实的股权转让关系，该股权转让协议依法应当认定无效。

如果说查明事实是裁判文书的前提、适用法律是裁判文书的基础，那么说理评判则是裁判文书的灵魂，也是连通事实与法律、连接争议与结果的纽带。本案裁判文书中，论证说理可称是最大的亮点。先就案涉两份股权转让协议的性质及效力问题进行了充分的分析评价，进而就双方的诉辩请求能否支持进行了有针对性的说理回应，整个说理部分详略得当、层次分明、依据充分，具有很强的说服力。

另外，文书在最后还特别对本案的裁判理念进行了总结和阐述，即商事交易过程中，当事人为了规避监管、追求利益最大化，往往采取多层嵌套、虚伪意思表示等模式；裁判者要运用“穿透式”审判思维，准确揭示交易模式，探究当事人真实交易目的，根据真实的权利义务关系认定交易性质与效力。文书还针对本案双方陷入僵局的实际，告知维权路径、指明维权方向。这些举动不仅是裁判者内心确信过程的主动公开，也反映出裁判者深刻的思辨观念、深厚的学术素养、深切的人文关怀。

总而言之，本案裁判文书文字简练、说理充分、观点明确，是运用“穿透式”审判思维审理商事纠纷的典型案例，对类似案件的审理具有较高的参考价值。

（点评人：李江蓉，江苏省盐城市中级人民法院党组书记、院长，江苏省审判业务专家）

（2020）苏 09 民终 1204 号裁判文书原文

第九章　破产

22. 雨润控股集团有限公司与江苏雨润肉类产业集团有限公司等破产重整纠纷案*

【关键词】

关联企业　破产重整　合并审理　适用条件

【裁判要旨】

在关联企业重整案件中，通过对关联企业的资产、负债及经营模式等进行全面调查，在确认关联企业之间法人人格高度混同，区分各关联企业财产成本过高，严重损害债权人公平清偿利益的情况下，经全面听取债权人、债务人、审计机构、管理人等各方意见后，对关联企业破产重整进行实质合并审理，公平清理债权债务，有效整合各关联企业的优质资源及经营优势，推动关联企业重整的法律效果与社会效果达到高度统一。

一、简要案情

2020年11月16日，南京市中级人民法院依法分别裁定受理雨润控股集团有限公司（以下简称雨润控股集团）、江苏雨润肉类产业集团有限公司（以下简称雨润肉类集团）、江苏雨润农产品集团有限公司、江苏地华实业集团有限公司、黄山雨润地华置业有限公司重整案，并于同日指定管理人。2021年2月22日，雨润控股集团管理人向法院提交申请，请求将雨润肉类集团等77家公司并入雨润控股集团重整案中合并重整。经查明，雨润肉类集团等77家公司与雨润控股集团在资产负债、管理架构、经营及人员管理方面均存在高度混同情形。法院认为，人民法院审理关联企业破产重整案件时，应立足于关联企业之间的具体关系模式，采取不同方式予以处理，以对关联企业成员

* （2020）苏01破37号之一。

的破产原因进行单独判断并适用单个破产程序为基本原则，但当关联企业成员之间存在法人人格高度混同、区分各关联企业成员财产的成本过高、严重损害债权人公平清偿利益时，结合增加关联企业重整挽救可能性之必要，可例外适用关联企业实质合并重整方式进行审理。就管理人申请的雨润肉类集团等 77 家公司是否应当与雨润控股集团进行实质合并重整，法院分别从雨润控股集团等 78 家公司之间是否构成法人人格高度混同、财产区分成本是否过高、实质合并重整是否损害债权人公平清偿利益、被异议公司是否存在重整原因、南京市中级人民法院对被异议公司是否有管辖权等实体和程序方面进行充分论证后认为，雨润控股集团管理人申请将雨润肉类集团等 77 家公司并入雨润控股集团重整案中合并重整有事实及法律依据。依照《企业破产法》第 1 条、第 2 条、第 71 条之规定，南京市中级人民法院于 2021 年 4 月 29 日作出（2020）苏 01 破第 37 号之一裁定书，裁定对雨润控股集团有限公司等 78 家公司进行实质合并重整。

二、撰写心得

一份优秀的文书是司法理念与规则的优良载体，其影响力往往胜过一沓文件。一份好的文书，首先要以一个好的案例为基础。法官在办理案件的过程中，应当培养敏感的案例意识。对一些新类型、有典型意义的案件，在审理过程中要有意识地对案例进行培育。作为一名从事破产审判的法官，案件中涉及的很多新问题，往往没有现成的答案，需要法官在现有法律原则的基础上创造性地解决。企业集团化运作模式在当下的市场经济发展中得到越来越多的应用，集团化方式运作在商事活动中有助于优化整合资源配置、形成合力、提高经济效率。但该经营模式下，集团关联企业之间相互依赖程度高，极易出现法人人格高度混同的现象。雨润控股集团等 78 家公司合并重整案（以下简称 37 号案件）审理过程中，根据当事人的申请，南京市中级人民法院首先裁定雨润控股集团等 5 家企业进入破产重整程序，此后管理人调查发现，雨润控股集团与其他 77 家关联企业之间存在人格高度混同的现象，申请将该 77 家企业与雨润控股集团合并重整。

我国《企业破产法》未对关联企业实质合并重整作出具体规定，目前仅 2018 年 3 月《全国法院破产审判工作会议纪要》对关联企业破产合并审理的程序与规则作了原则性的规定。在此背景下，审理好这一类案件，不仅是处理个案矛盾，解决个案问题，更可以为此类案件处理规则作出一些探索与贡献。基于此，在案件审理过程中，承办人着重对关联企业实质合并重整规则作了进一步的探索，在全面听取债权人、债务人、审计机构、管理人等各方意见后，在程序与实体上对管理人的申请进行了全面的审查，认定78家企业存在法人人格高度混同，成员企业之间财产区分成本过高，不合并重整将损害债权人公平清偿利益，并根据《企业破产法》公平清理债权债务的原则，裁定将78家公司合并重整。案件的规范审理，为文书撰写打下了良好的基础，案件审理中的裁判思路与规则在法律文书撰写中得到了体现。从文书撰写的角度，笔者的体会是从以下三个方面下工夫。

（一）逻辑清楚——文书的生命线

“案例是最生动的法治教材”，文书就是法治教材的有效载体。一份好的文书，必然是一份逻辑清楚的文书。不仅在结构与格式上要符合裁判文书的基本要求，规范合理、要素齐全，对于案件事实与适用法律的认定与论述，还需做到文字通顺、语言准确、逻辑清楚，这是文书的生命线所在。特别是在一份复杂裁判文书的撰写中，要紧紧围绕案件的焦点问题，总结提炼各方诉辩意见、所举证据及质证意见，在此基础上查明事实，针对焦点问题的法律适用作出严密的论证。案件中的争议焦点，是各方当事人的争议所在，也是案件审理的主线所在。在文书撰写过程中，论证说理需紧紧围绕争议焦点展开。“纲举而目张”，焦点归纳准确清楚，围绕焦点的事实查明、法律适用自然逻辑清楚。只有逻辑清楚，才能说理透彻，层次清楚地论述观点，从而抽丝剥茧地将案件事实与适用法律有机结合，在这一主线下撰写文书，不仅案件当事人能够看清楚，更能够让社会大众明白案件解决的纠纷是什么，为什么这样处理。该裁定书从雨润控股集团等78家公司管理架构、资产与负债、经营及人员管理等方面进行了事实查明，说理部分则紧紧围绕异议人提出的理由进行了论述，逻辑清楚，层次分明，清晰准确地阐明了法院的观点，使得文书的结论水到渠成。

（二）论证严密——文书的灵魂

严密的论证是文书的灵魂，如果没有严密的论证，法律文书不仅不能成为一份好的文书，甚至可能成为一份有漏洞的文书。37号案件所涉企业主体众多、资产负债数额巨大，要想在“本院认为”部分，说得“句句在理”“句句有依据”并不是一件容易的事。文书针对已查明的78家公司人格高度混同的事实，紧紧围绕焦点问题，从合并重整的事实依据、法律原理、当事人权益保护、管辖等方面，分层次进行裁判说理，充分回应了异议人提出的异议及理由，论证了对雨润控股集团等 78 家公司进行实质合并重整符合《企业破产法》公平清理债权债务的要求，有利于公平保护全体债权人的合法权益。

（三）真情关切——文书的感召力

破产法律文书看似围绕资产与负债一串串冷冰冰的数字而展开，但这些数字背后，蕴含千丝万缕的债权债务关系。37 号案件涉及一千余户债权人，两万余名职工。这些数字的背后，大到区域的金融风险，小到每一个家庭，都需要法官投入守护公平正义、促进社会整体利益增进的真心与诚心。法官在撰写法律文书的过程中，用心用情，才能让文书的感召力在字里行间流淌。该裁定书全面梳理案件事实，在没有具体法律规定的情况下，适用破产法律原理，用心打磨文书层次与语言，文书说理的字里行间，充分融入破产审判发挥职能作用挽救危困企业，实现债权人、职工、企业等各方合法权益最大化保护的理念。文书的写成，不仅是对具体争议的裁判，同时也体现了破产审判对困境企业挽救中社会整体利益维护、债权人等利益相关者权益公平保护的理念与关切。

（荣艳，江苏省南京市中级人民法院法官）

三、专家评析

雨润控股集团等 78 家公司合并重整案，所涉企业主体众多、资产负债数额巨大，案件事实复杂。鉴于目前尚无关于关联企业破产实质合并审理的具体法律规定，对案件审理与文书撰写提出了更高的要求。该裁定书结构规范，要素齐全，说理透彻，认定事实清楚，适用法律正确，是一篇优秀的法律文书。

在事实认定方面，该裁定查明了雨润控股等 78 家企业在资产负债、管理架构、经营及人员管理等方面存在高度混同的事实。文书中关于事实的认定部分，层次分明、叙述清楚，客观全面地认定了雨润控股集团等 78 家公司法人人格高度混同的事实，为文书的说理部分打下了扎实的基础。在文书说理方面，裁定书针对异议人提出的异议，对裁定实质合并重整的理由进行了全面的论述，脉络清晰，说理透彻，文字流畅，逻辑严谨。论证清楚有力，一气呵成。在已查明雨润控股集团等 78 家公司法人人格高度混同的事实基础上，文书从合并重整的事实依据、法律原理、债权人权益保护、管辖等方面论证分析，推导过程细致，法律关系分析透彻，论证部分与事实认定部分相呼应，严谨翔实地给出了雨润控股集团等78家公司应当进行实质合并重整的理由与依据。

总体来说，该裁定书结构合理、格式规范、要素齐全、逻辑严密、文字流畅、用语准确，让文书的阅读者对案件的审理经过与裁判过程一目了然，文书的裁判结果令人信服，充分体现了人民法院积极发挥破产审判职能作用，灵活运用市场机制和法治方法挽救危困企业，为市场经济健康发展提供有力司法保障。

（点评人：徐阳光，中国人民大学教授、博士生导师）

（2020）苏01破37号之一裁判文书原文

第十章 证券

23. 许某等与上海中毅达股份有限公司证券虚假陈述责任纠纷案*

【关键词】

交易因果关系 损失因果关系 损失核定

【裁判要旨】

证券虚假陈述责任纠纷案件中，原告投资者因证券市场风险、个股经营风险等与虚假陈述无关的其他因素造成的损失，不属于上市公司的赔偿范围。虚假陈述实施日至基准日期间，上市公司发布的信息可否作为损失计算的考量因素，可结合上市公司的举证，从信息与虚假陈述的相关性、信息的性质及对股价影响程度、信息是否具有确定性，以及对信息影响力予以精准评估的可行性等方面综合考量。对于各原因力的影响力，可委托第三方专业机构通过金融模型予以核定。

一、简要案情

上海中毅达股份有限公司（以下简称中毅达公司）系在上海证券交易所上市的公司，其公开发行的 A 股股票代码为 600610，公开发行的 B 股股票代码为 900906。2015 年 10 月 28 日，中毅达公司发布 2015 年第三季度报告，该报告中《合并利润表》显示，2015 年 7 月至 9 月，中毅达公司的营业收入为 72 991 435 元。2016 年 4 月 16 日，中毅达公司发布 2015 年年报，其中分季度主要财务数据表显示，第三季度（7 月至 9 月）营业收入为 72 991 435 元，第四季度（10 月至 12 月）营业收入为-77 466 683. 57 元，并说明如下：公司原签订一份合同总金额为 8450 万元工程施工合同，于 2015 年第三季度确认工

---

* （2018）沪 74 民初 615 号。

程量并结转收入总计 7267 万元，后经与公司年报审计会计师事务所沟通，审计人员提出此工程原已完工部分不符合收入确认原则，不能体现公司收入，公司根据谨慎制原则立即将该项目收入进行账务调整，迅速与发包方联系并签订了双方合同终止协议。本项目公司尚未支付任何款项，也未造成公司损失。

2018 年 4 月 8 日，中国证券监督管理委员会上海监管局作出沪［2018］26 号行政处罚决定书，认定中毅达公司 2015 年第三季度报告虚增营业收入 7267 万元，占当期披露营业收入的 50. 24%，虚增利润总额 1063. 89 万元，占当期披露利润总额的 81. 35%，构成《证券法》第 193 条所述的“发行人、上市公司或者其他信息披露义务人未按照规定披露信息，或者所披露的信息有虚假记载、误导性陈述或者重大遗漏”违法行为。

中毅达公司虚假陈述影响期间，中毅达公司先后发布《重大资产购买报告书（草案）》《关于重大资产重组实施进展的公告》《重大事项停牌的公告》《关于终止重大资产重组事项的公告》等公告，对公司股票价格产生影响。

原告投资者认为，中毅达公司虚假陈述行为造成其投资损失，因此提起诉讼要求中毅达公司承担赔偿责任。

二、撰写心得

（一）准确适用法律、充分说理是裁判文书的根基

虚假陈述行为与投资损失之间存在因果关系是被告上市公司承担民事赔偿责任的要件之一。虽然 2003 年《最高人民法院关于审理证券市场虚假陈述侵权民事赔偿案件的若干规定》（已废止，以下简称《虚假陈述司法解释》）并未明确区分交易因果关系和损失因果关系，但司法实践中倾向于区分两个层次的因果关系分别予以审查。其中，关于损失因果关系的认定，2003 年《虚假陈述司法解释》第 19 条第 1 款第 4 项规定，被告举证证明原告具有以下情形的，人民法院应当认定虚假陈述与损害结果之间不存在因果关系：损失或者部分损失是由证券市场系统风险等其他因素所导致。当时的司法实践中，对于该条的理解与适用存在以下争议：一是对“证券市场系统风险等其他因素”的内涵存疑，对于证券市场系统性风险之外的风险，如个股经营性风险能否作为排除损失因果关系的因素存在重大争议。二是对“证券市场系统风险等其他因素”缺乏客观统一的认定标准，对“其他因素”的影响力难

以科学评估。不仅对于哪些风险属于系统风险并未达成统一认识，对于当事人主张的“其他因素”更是倾向于以当事人未尽举证责任为由简单否定。本案判决之前，在为数不多地将非系统风险纳入损失因果关系考量的案件中，均采用酌定法确定影响比例，该种方法的裁量空间较大，缺乏裁量基准。

本案审理中亦面临前述法律适用难题。对此，合议庭经过多次研究讨论，确定了本案的审理思路，并在裁判文书中充分展示了裁判理由。

1. 从虚假陈述赔偿责任的性质归属角度，论证虚假陈述行为人承担赔偿责任的范围应限于与虚假陈述具有因果关系的投资损失，若有证据证明原告投资损失或者部分损失是由其他致损因素所导致，则该部分损失应排除于虚假陈述行为人的赔偿责任范围之外。据此，本案认定原告因证券市场风险以及被告重大资产重组事件而导致的损失，均不属于被告的赔偿范围。该思路得到了 2022 年《虚假陈述司法解释》的认可。新的司法解释明确将证券市场风险、上市公司内外部经营环境等因素导致的投资损失排除于赔偿范围之外。

2. 探索了可排除损失因果关系的“其他因素”的认定标准。司法实践中，被告经常主张，其在经营过程中发布的各种信息均应作为扣除因素进行考量。本案探索提炼出相应的认定标准，即结合信息的性质、信息是否具有确定性、信息对于股价的影响程度，以及对该信息影响力予以精确评估的可行性等因素综合认定，并阐述了具体理由。

3. 引入第三方专业金融机构核定“证券市场系统风险等其他因素”在投资者损失中的占比。因无前案借鉴，如何评估个股经营性风险导致的损失是本案审理的难点。本案开创性地通过委托中立的第三方评估机构，通过“事件分析法”测算重大资产重组事件启动至失败对于上市公司股票收益率的影响，从而合理地排除了该风险因素对投资损失的影响。本案在裁判文书中展示了“事件分析法”运用的全过程，可为同类案件的审理提供借鉴。

（二）金融裁判文书的撰写应兼顾专业性与易读性

本案中，法院委托第三方专业金融研究机构核定投资者损失。损失核定机构采用了专业的量化计算模型进行核损：根据 A 股与 B 股不同的市场环境，分别采用多因子模型法、自选投资组合法核定系统性风险的影响力，同时运用事件分析法核定上市公司个股经营性风险的影响力，最终通过“收益率曲线同步对比法”核定投资者因虚假陈述导致的损失。由于案件采纳了一种全新的损失核定模型，体现了金融专业知识的运用，如何让普通投资者更好地理解并接受该种损失核定方法，成为撰写裁判文书时需重点考虑的问题。

为此，裁判文书撰写时做了以下尝试：

1. 充分揭示并阐述损失核定模型与司法解释规定的损失计算方法之间的内在关联。根据第三方专业金融研究机构出具的《损失核定意见书》，投资者因虚假陈述导致的投资差额损失=名义买入成本×（名义损益比例-模拟损益比例），这与2003年《虚假陈述司法解释》第31条、第32条所规定的投资差额损失计算方式之间是何关系？对此，裁判文书详细论证了《损失核定意见书》的建模逻辑，并通过逐步推演的方式展开论证，提出《损失核定意见书》采纳的计算公式，可以理解为投资者因虚假陈述导致的投资差额损失=原告投资者全部投资差额损失（名义买入成本×名义损益比例，即名义买入成本-名义回收成本）-虚假陈述外其他因素导致的损失（名义买入成本×模拟损益比例）。其中，原告投资者全部投资差额损失=名义买入成本（买入均价×实施日至揭露日期间的净买入股数）-名义回收成本（揭露日后每笔卖出股数×实际卖出股票价格+基准日后仍持有股数×基准价），从而揭示新型损失计算模型与司法解释规定之间的内在联系，便于投资者阅读。

2. 充分阐述新型损失计算模型的特点以及法院采纳的原因。本案是系列证券虚假陈述责任纠纷案件的示范案件，案件审理过程中，损失核定人员到庭就《损失核定书意见书》的计算方法、原理和逻辑进行了详细说明，并接受双方当事人以及法庭的询问。虽然示范案件当事人对于损失计算模型较为了解，但示范案件判决书的辐射范围不仅包括示范案件当事人，还应包括平行案件当事人。故裁判文书中详细论证了《损失核定意见书》所采用的计算方式及核定方法是否科学合理，有助于示范案件生效后，引导平行案件当事人根据示范案件确定的标准快速化解纠纷。

3. 将《损失核定意见书》中较难理解的金融学表述，转述为较为通俗易懂的语言。证券虚假陈述责任纠纷案件的大部分原告为中小投资者，其中大部分投资者并无金融学知识储备，因此裁判文书撰写时从受众角度出发，并未照搬《损失核定意见书》，而是将其内容以更容易理解的方式予以表述，从而增强裁判文书的易读性，提升中小投资者的阅读体验。

（周欣，上海金融法院法官）

三、专家评析

本案为依据《上海金融法院关于证券纠纷示范判决机制的规定（试行）》进行审理的证券虚假陈述责任纠纷系列案件的示范案件。这意味着，本案的审理不仅需要对本次案件中原告的诉请主张进行判断和裁决，而且还要为因同一被告相同行为所引发的平行诉讼案件提供事实认定和法律判断的标准，确保人民法院在审理同一类型的群体性纠纷时，保持事实认定和法律适用方面的统一性和权威性。

本案中被告的股价并不是简单地表现为虚假陈述实施后立即上涨，在虚假陈述揭露后立即下跌，而是呈现为在虚假陈述实施之前伴随可能导致股价上涨的重大收购公告（“利好消息”），尔后在虚假陈述揭露之前又出现可能导致股价下跌的重组失败提示公告（“利空消息”）。这种真真假假的消息掺杂在一起引起了被告股价的涨跌变化，这就使本案在事实认定方面的难点和重点集中于：（1）原告是否因为信赖于被告的虚假陈述进行了投资决策，从而使原告的投资行为与被告的虚假陈述之间存在交易上的因果关系？（2）如果原告的投资与被告的虚假陈述存在交易上的因果关系，那在出现影响股价波动的多元因素背景下，原告的损失是否完全都是由被告的虚假陈述行为所造成，也即原告的投资与被告的虚假陈述之间是否存在损失结果上的因果关系？

针对这两个核心问题，本案判决书对于法院如何认定交易的因果关系和损失的因果关系都进行了充分的释理。比如，对于交易的因果关系，法院忠实地依据最高人民法院 2003 年《虚假陈述司法解释》第 18 条的“推定信赖”标准，驳回被告的抗辩，判定原告的投资行为与被告的虚假陈述之间存在交易的因果关系，这其实也是对国际成熟资本市场所普遍认可的“欺诈市场理论”进行中国本土化的理论解释和司法实践；而对于损失的因果关系的认定，判决书实事求是地认为股价的形成会受到多种因素的影响，在围绕本案的真真假假的事实中，真实存在的重大信息是有可能影响股价波动的，因此可以算是部分支持了被告有关正常的“利好消息”和“利空消息”对于原告损失影响的抗辩。同时，为了更加科学、准确地认定投资者因为虚假陈述的欺诈而受到的损失，本案引入了第三方专业机构进行损失认定，认可了第三方机构基于 A 股、B 股不同市场行情而核算出的可能损失，实际上是完成了一次被告应向原告赔偿金额的法律事实推定。

总体来看，本案承认证券市场股价存在多种影响因素，借助第三方专业机构的力量，采用相对科学、合理的金融学计量方法，拟制推导出投资者可能遭受的损失，为在证券虚假陈述赔偿案件中精细化、科学化地计算投资者损失开创出一条新的裁判思路和路径，体现了司法裁判过程中对于我国民事责任法律制度（特别是侵权责任）过责相当原则的精确把握，也是上海金融法院作为专门法院针对金融市场精准司法、能动履职的具体表现。

（点评人：郑彧，华东政法大学国际金融法律学院教授）

（2018）沪74民初615号裁判文书原文

24. 刘某某与上海飞乐音响股份有限公司等证券虚假陈述责任纠纷案*

【关键词】

普通代表人诉讼　权利人范围　实施日　权利人登记　代表人特别授权

【裁判要旨】

证券纠纷普通代表人诉讼中，人民法院在发出权利登记公告前具有对权利人范围的先行审查权，投资者在发出权利登记公告后加入代表人诉讼的，应视为对公告的权利人范围的认可。投资者对推选出的代表人不满意的，有权撤回权利登记并另行起诉；未行使退出权的，视为对代表人进行特别授权，并接受代表人在权限范围内的诉讼行为和主张所产生的结果。代表人放弃上诉的，投资者可在规定期限内自行提起上诉，但对上诉内容需具有诉的利益。

一、简要案情

2017 年 7 月 13 日，上海飞乐音响股份有限公司（以下简称飞乐音响公司）发布《2017 年半年度业绩预增公告》。载明：经公司财务部门初步测算，预计 2017 年 1 月至 6 月实现归属于上市公司股东的净利润与上年同期相比，将增加 400%左右；本期业绩预告的财务数据未经注册会计师审计；本次业绩预告为初步测算，具体准确的财务数据以公司正式披露的 2017 年半年度报告为准，敬请广大投资者注意投资风险。该预增公告发布之日起飞乐音响公司股价连续三个交易日下跌。2017 年 8 月 26 日，飞乐音响公司发布《2017 年半年度报告》。该公告发布后，飞乐音响公司股价连续三个交易日上涨。2018 年 4 月 13 日，飞乐音响公司发布《2017 年年度业绩预减及股票复牌的提示性公告》，载明：经公司自查，发现 2017 年半年报和第三季度报告存在收入确

* （2021）沪民终 384 号。

认方面的会计差错，初步预计该等差错将导致2017年1月至9月营业收入减少17.4亿元，导致2017年1月至6月营业收入减少7.5亿元。该公告发布后，飞乐音响公司股价连续3个交易日跌停。

飞乐音响公司于2019年11月2日发布收到上海证监局《行政处罚决定书》的公告。《行政处罚决定书》认定飞乐音响公司因“智慧沿河”“智慧台江”项目确认收入不符合条件，导致2017年半年度报告合并财务报表虚增营业收入18 018万元、虚增利润总额3784万元；导致2017年第三季度报告合并财务报表虚增营业收入72 072万元，虚增利润总额15 135万元；导致2017年半年度、第三季度业绩预增公告不准确。上述行为违反了2014年《证券法》第63条“发行人、上市公司依法披露的信息，必须真实、准确、完整，不得有虚假记载、误导性陈述或者重大遗漏”的规定，构成了2014年《证券法》第193条第1款“发行人、上市公司或者其他信息披露义务人未按照规定披露信息，或者所披露的信息有虚假记载、误导性陈述或者重大遗漏”所述情形，依据2014年《证券法》第193条第1款的规定，决定对飞乐音响公司责令改正，给予警告，并处以60万元罚款。

此后，魏某等34名投资者向上海金融法院（以下简称一审法院）申请提起普通代表人诉讼。一审法院依据《最高人民法院关于证券纠纷代表人诉讼若干问题的规定》（以下简称《代表人诉讼若干规定》）第5条、第12条的规定，组成合议庭适用普通代表人诉讼程序进行审理。经审查，一审法院于2020年8月27日作出（2020）沪74民初2402号民事裁定，确定本案具有相同种类诉讼请求的权利人范围。裁定书送达后，当事人均未在法定期限内申请复议。据此，一审法院发出权利登记公告，通知符合权利人范围的投资者申请登记，加入本案诉讼。截至登记期间届满，共计365名投资者参加权利登记。经审核，共有340名投资者符合权利人范围。其中，除拟任代表人外，尚有17名投资者自愿申请担任代表人。经组织代表人推选，朱某某、肖某某、陈某某、廉某某、魏某5名候选人得票数超过参与投票人数的50%，成为本案代表人。代表人推选结果公告发布后，58名投资者在法定期限内撤回权利登记。一审开庭前，另有33名投资者进行补充登记。最终，丁某等315名投资者成为本案一审原告，请求判令飞乐音响公司赔偿其投资损失、通知费、律师费等。本案代表人朱某某、肖某某、陈某某、廉某某、魏某分别与上海明伦律师事务所签订《聘请律师合同》，约定就飞乐音响股票索赔事宜委托该律师事务所代理诉讼。

一审审理中，当事人一致确认飞乐音响公司上述被处罚的信息披露行为构成证券虚假陈述，虚假陈述实施日为2017年8月26日，即飞乐音响公司发布《2017年半年度报告》之日；揭露日为2018年4月13日，即飞乐音响公司发布《2017年年度业绩预减及股票复牌的提示性公告》之日；以自揭露日起至飞乐音响股票累计成交量达到其可流通部分100%之日为基准日，即2018年7月30日；以揭露日起至基准日期间每个交易日收盘价的平均价格为基准价，经计算为4.826元/股。

当事人均申请一审法院委托专业机构对投资损失数额、证券虚假陈述以外的其他风险因素导致的损失扣除比例等进行核定，但对委托机构意见不一。投资者申请委托中证资本市场法律服务中心有限公司进行损失核定，飞乐音响公司则申请委托上海交通大学中国金融研究院进行损失核定。根据《代表人诉讼若干规定》第24条的规定，一审法院组织当事人当庭随机抽取，最终确定中证资本市场法律服务中心有限公司为损失核定机构。

一审法院于2021年5月11日作出（2020）沪74民初2402号民事判决，判决飞乐音响公司向丁某等315名投资者支付投资差额损失、佣金损失、印花税损失和利息损失等赔偿款共计1.2亿余元，并向代表人支付通知费及律师费。飞乐音响公司、投资者刘某某不服一审判决，提起上诉。二审阶段主要争议焦点是：（1）案涉虚假陈述实施日的认定程序及认定结果是否正确；（2）案涉虚假陈述与投资者的投资行为之间是否存在因果关系；（3）本案损失核定机构的选定和损失核定具体方法是否合理；（4）一审法院酌定的律师费赔偿标准是否合理；（5）代表人委托的诉讼代理人是否未尽职责而影响了刘某某行使诉讼权利，涉及刘某某的通知费和律师费应否支付。

二、撰写心得

裁判文书作为诉讼活动的总结性成果，记载了人民法院审理案件的过程和裁判结果，是司法权威和司法公信力的直接载体。一份优秀的裁判文书应该兼顾情理法，既彰显法律规则的刚性和力度，又体现司法裁判的柔性和温度，充分发挥裁判文书定分止争、规则导向和价值引领的作用。裁判文书的制作是一个动态立体的过程，撰写文书需树立精品意识和问题导向，注重行文的规范性和说理的透彻性，应着重把握好以下三个方面。

（一）注重提前谋划，将裁判文书的写作与案件审理过程动态结合

一份好的裁判文书很可能是一件典型、疑难、复杂案件的总结，这类案

件一般不能通过一次简单的庭审而解决，往往还需要结合谈话接待、证据交换、庭前会议等数次审理活动才能审结。裁判文书的制作也并非待整个案件审理活动结束后能够一蹴而就，需要提前谋篇布局，将写作贯穿于整个审理过程，实现文书制作与审理活动有机结合。个人的体会是，裁判文书写作尤其要讲究方式方法，在案件审理之初就着手裁判文书的写作，通过对每一个审理环节及时总结形成文字，可以梳理发现更多的问题，使审理思路更加清晰，从而起到裁判文书写作与审理活动相辅相成、相互促进的良好效果。

在遇到一些有价值的典型案例时，要树立培育精品文书的意识，可以尝试通过以下写作步骤提升裁判文书的质量。第一步是通过提前阅卷，确定各方当事人的诉讼地位，及时查询企业主体的存续情况，审查诉讼代理人的委托手续和资格，确保文书首部准确列明各方当事人。比如，本篇文书中就存在普通代表人诉讼中，代表人放弃上诉而被告和个别原告同时提起上诉的情形，这就需要准确界定各方诉讼地位，并且充分关注提起上诉的原告委托诉讼代理人的情况。第二步是通过庭前会议或书状先行的方式，了解各方当事人的诉辩意见，并在裁判文书中初步进行总结，为后续庭审过程中归纳争议焦点奠定基础。第三步是对证据较为复杂的案件，积极开展庭前证据交换，及时将各方当事人举证质证情况进行归纳后写入裁判文书，起到固定证据和明确审查重点的作用。第四步是在正式开庭前，根据当事人的诉辩意见和举证情况归纳争议焦点，在文书中列明争议焦点和双方观点，进一步明确庭审思路和写作思路。第五步是在庭审辩论结束后，根据庭审情况对当事人的诉讼请求、争议观点等进行修正完善，并着重撰写对证据和争议焦点的审查认定意见。

（二）注重价值传递，用裁判文书的充分释法论理展现法律的生命力

裁判文书的内容既是法官个体的智识输出，更是法律规范作用于社会生活的结果反映。一份好的裁判文书不仅仅是为一起纠纷提供解决路径，更重要的是确立一项全社会遵循的规则，明确法律对于一类行为的价值导向。法官通过裁判文书将静态的法律规范作用于动态的社会生活，能够充分展现法律规则的鲜活生命力，所以裁判文书的制作要尽力体现以下三重效果。

第一重效果是正确认定事实，即“把事情说清楚”。讲清楚事实是一篇裁判文书内容合格的基础。裁判文书查明的是法律事实，来自对证据的审查和认定，所以文书中一定要对当事人举证和质证意见准确记录，并充分说明法院对证据的采纳和认定意见及依据。另外，在认定事实部分要用语通俗简明，有重点、有逻辑，避免极繁或极简的倾向。

第二重效果是准确适用法律，即“把道理讲明白”。讲道理的过程实际就是将法律作用于社会生活的过程。裁判文书的写作应结合当事人的争议焦点，对每一项争议都要给出评判的法律依据，并对法律条文蕴含的法律原则和精神进行说明，让当事人感觉到裁判的结果既合法又合理。

第三重效果是充分释法论理，即“把观点亮鲜明”。论理部分是一篇裁判文书的精华，体现了法官对案件事实的把握和对法律理解运用的综合水平，也是人民法院对某一社会行为所持态度的表达。在裁判文书说理部分，法官应尽可能对当事人的诉辩意见进行针对性回应，通过充分的辨法析理，同时适当公开内心确信过程，鲜明地表达出司法的态度，既让当事人明白输赢之缘由，更让社会公众知晓裁判之规则。

（三）注重精雕细琢，以细节的完善体现司法裁判的公信力和权威

裁判文书的质量不仅依赖于法官的写作功底和法律素养，更取决于写作者对待文书的态度，而后者往往成为决定性的因素。“细节决定成败”，评判一篇裁判文书的优劣，首要的关注点经常在于法官对文书细节的把控。无论文书的论述说理多么精彩，如果存在用词不当、语句不通甚至错别字等细节上的瑕疵，文书的效果必将大打折扣。所以，在裁判文书的制作上，一定要秉持工匠精神，力争精益求精。在具体写作过程中，尤其要把握好以下几点。

1. 文书格式的规范性。裁判文书是格式规范性极强的公文类型，最高人民法院对各类裁判文书的样式及固定用语的表述均有明确规范。裁判文书的制作格式应限定在最高人民法院文书样式的框架内，切不可随意发挥，否则将严重破坏文书的严肃性。

2. 裁判内容的逻辑性。文书内容是法官审理和裁判案件基本思路的呈现，其说服力源自高度的逻辑自洽，因此，逻辑性可以说是裁判文书的灵魂。其一，裁判文书的总体布局和各部分内容之间要做到层次分明，符合文书的基本逻辑进路，切忌杂乱无序；其二，在证据罗列、事实查明上要做到全面翔实、重点突出，争议焦点排列上要做到层层递进、逻辑清晰；其三，文书每一部分的论述中，都要有概括总结和具体分析，清晰展现裁判理据。

3. 文字表达的准确性。裁判文书的写作不同于一般的文学创作，用语应注重规范、庄重，尤其是法言法语的使用必须精准。一篇优秀的裁判文书需要经过多次修改、反复打磨，通过遣词造句、标点符号使用等细节上的完善，体现裁判者严谨的态度，增强裁判结果的公信力和权威性。

（张明良，上海市高级人民法院法官）

三、专家评析

裁判文书是法官最好的名片，也是法治宣传的首要阵地，更是人民法院司法形象的展示窗口。一份优秀的裁判文书不仅有助于达到案结事了、定分止争的效果，更能够起到向社会公众宣扬司法规则、展现司法态度的作用，其重要性不言而喻。本篇民事判决书在内容上对新出台的司法解释相应规则予以阐释说明，法律论证上逻辑严密、说理充分，表达形式上结构清晰、详略得当、格式规范、行文流畅，值得肯定。

（一）体现了类案裁判的典型性和参考性

本案系最高人民法院《代表人诉讼若干规定》施行后，全国首例适用普通代表人诉讼程序审理的证券纠纷案件，该案的成功实践标志着证券集体诉讼制度在我国真正落地，曾入选“新时代推动法治进程2021年度十大提名案件”。《代表人诉讼若干规定》施行之初，社会公众对证券集体诉讼程序规则的了解和认识不足，准确厘清并阐明证券集体诉讼特别程序中的相应规则，对此项诉讼制度的规范和完善意义重大。本案判决文书准确适用证券纠纷代表人诉讼司法解释的规定，充分论证并明确了普通代表人诉讼中人民法院对权利人范围的先行审查、投资者加入代表人诉讼、撤回权利登记、自行提起上诉等多项特殊诉讼程序的权利行使条件和法律后果，具有重要的规则导向作用，对此类案件的审理具有积极的参考价值。

（二）体现了论证说理的全面性和充分性

本案的上诉争议充分体现了证券纠纷代表人诉讼特别程序制度的特点，具有很强的新颖性。本篇文书在“本院认为”部分紧紧围绕二审中的五个争议焦点，逐一进行分析论证，说理全面充分。既结合证券虚假陈述民事赔偿案件的特点展开理论分析，如阐明并适用因果关系上的“推定信赖”原则；又准确援引司法解释的规定，对其中的制度规则进行具体解释，如对《代表人诉讼若干规定》第6条内容作进一步阐释说明；同时对当事人的诉辩意见积极进行回应，做到有理有据。

（三）体现了文书格式的规范性和周密性

本篇判决书整体结构规范完整，段落层次分明，行文流畅。能够根据普通代表人诉讼中代表人放弃上诉而部分原告上诉的特殊情形，准确确定二审当事人的身份地位，并采用附表形式罗列当事人信息，更显简洁规范。文书能够全面反映当事人二审的各项诉辩主张，对当事人二审提交证据及质证过程完整陈述并详细分析，并据此准确归纳案件争议焦点。各项争议焦点的排列逻辑严密，分析论证条理清晰，理据充分。

（四）具有文字表达的严谨性和准确性

本文书虽篇幅较长，但总体行文专业简练、详略得当，专业术语用词严谨，意思表达精准，同时在标点符号的使用等细节处理方面亦不失规范，展现了写作者较好的文字功底。

本篇二审文书对一审事实查明和本院认为等内容作了概括归纳，一审审理过程和相关事实及法律认定方面的表述略长，但有助于展现案件全貌，增强文书的法治宣传效果。

（点评人：竺常赟，上海市崇明区人民法院党组书记、院长，上海市审判业务专家）

（2021）沪民终 384 号裁判文书原文

25. 顾某某、黄某某等投资者与康美药业股份有限公司等证券虚假陈述责任纠纷案*

【关键词】

证券　虚假陈述　特别代表人诉讼　揭露日

【裁判要旨】

虚假陈述的揭露，是指虚假陈述被市场知悉、了解，不要求达到全面、完整、准确的程度，只要交易市场对揭露文章存在明显的反应，即使揭露文章仅是首发在自媒体而非官方媒体，也可认定市场知悉虚假陈述行为。

一、简要案情

2001年3月19日，被告康美药业股份有限公司（以下简称康美药业）在上海证券交易所主板上市。康美药业先后披露了2016年、2017年年度报告及2018年半年度报告。2018年10月15日晚开始，网上陆续出现文章，质疑康美药业货币资金真实性，指出可能存在财务造假等问题。质疑文章被多家影响范围较大媒体广泛转载，引起强烈反响。次日康美药业股票盘中一度触及跌停，收盘跌幅5.97%，此后连续三日以跌停价收盘，而同期上证指数跌幅为0.69%，医药生物（申万）指数跌幅为4.01%。同时，以“康美药业”为关键词的百度搜索指数呈现爆炸性增长。

中国证监会作出行政处罚决定认定：康美药业在2016年至2018年相关年报中存在虚假记载和重大遗漏，包括虚增货币资金、虚增固定资产、在建工程、投资性房地产及未按规定披露控股股东及其关联方非经营性占用资金的关联交易情况，并对相关实际控制人、高级管理人员的违法情节作出认定。中国证监会作出行政处罚决定认定：广东正中珠江会计师事务所（特殊普通合伙）（以下简称正中珠江）出具的康美药业2016—2018年年度审计报告存

---

* （2020）粤01民初2171号。

在虚假记载，包括未获取充分适当的审计证据、审计存在缺陷等不符合相关会计准则的行为。

2020 年 12 月 31 日，原告顾某某、刘某某等 11 名投资者，向广州市中级人民法院（以下简称广州中院）提起诉讼，请求判令被告马某某、许某某赔偿其投资差额损失、佣金、印花税及利息损失合计 412 228. 20 元；并请求判令被告康美药业等对原告上述损失承担连带责任。前述 11 名投资者共同推选顾某某、刘某某为拟任代表人，同时请求诉讼请求相同并申请加入本案诉讼的其他投资者，一并提起普通代表人诉讼。2021 年 3 月 26 日，广州中院发布《普通代表人诉讼权利登记公告》，明确自 2017 年 4 月 20 日（含）至 2018 年 10 月 15 日（含）以公开竞价方式买入、并于 2018 年 10 月 15 日闭市后仍持有康美药业股票（证券代码：600518），且与本案具有相同诉讼请求的投资者，可以于 2021 年 4 月 25 日之前登记加入本案诉讼。2021 年 3 月 30 日，原告顾某某、刘某某等 11 名投资者向广州中院申请追加正中珠江等为本案被告，请求判令其与马某某、许某某等被告承担连带赔偿责任。广州中院予以准许。2021 年 4 月 8 日，中证中小投资者服务中心有限责任公司（以下简称投服中心）接受了黄某某等 56 名权利人的特别授权，向广州中院申请作为代表人参加诉讼。经最高人民法院指定管辖，广州中院适用特别代表人诉讼程序审理本案。2021 年 4 月 16 日，广州中院发布《特别代表人诉讼权利登记公告》，明确本案权利人范围。梅某某等 9 名投资者提交书面声明，表示退出本特别代表人诉讼。

广州中院委托投保基金对权利人范围内的投资者损失进行测算。经测算，共计 55 326 名投资者发生约 48. 66 亿元损失，扣除系统风险后损失金额为正数的投资者人数为 52 037 名，该 52 037 名投资者扣除系统风险后损失金额总数为 2 458 928 544 元。

广州中院认为，本案为证券虚假陈述责任纠纷。投资者保护机构投服中心在权利登记公告期间受五十名以上权利人的特别授权，作为代表人参加诉讼。根据《证券法》第 95 条第 3 款和《最高人民法院关于证券纠纷代表人诉讼若干问题的规定》第 32 条第 1 款的规定，本案为特别代表人诉讼案件。虚假陈述的揭露，是指虚假陈述被市场知悉、了解，不要求达到全面、完整、准确的程度，只要交易市场对揭露文章存在明显的反应，即使揭露文章仅是首发在自媒体而非官方媒体，也可认定市场知悉虚假陈述行为。作出虚假陈述行为的上市公司及其董事、监事、高级管理人员和有重大过错的审计机构及其合伙人，应当按照其过错类型、在虚假陈述行为中所起的作用大小，承担相应的赔偿责任。康美药业应对顾某某、黄某某等 52 037 名投资者损失共计 2 458 928 544 元承担赔偿责任；马某某等与康美药业承担连带赔偿责任；马某某等在康美药业赔偿责任 20%范围内承担连带赔偿责任；江某某等在 10%范围内承担连带赔偿责任；郭某某等在 5%范围内承担连带赔偿责任；正中珠江与康美药业承担连带赔偿责任；杨某某在正中珠江承责范围内承担连带赔偿责任；唐某等在本案中不承担民事赔偿责任。判后，所有当事人均未提出上诉，判决已发生法律效力。

二、撰写心得

正如“全国模范法官”周春梅法官所言，“对法官而言，裁判文书作为司法流水线上的终端产品，展现了法官的司法态度，确立了司法规则，传递了司法温度，它既是法官职业生涯的路标与灯塔，亦是法官公正品性、职业素养、社会良知的宣示”。[①] 裁判文书是裁判结果的载体，一个案件要想形成一篇优秀的法律文书，除了裁判者必要的写作技巧之外，更重要的是要有案件审理全过程中高质量司法活动作为保障。

康美药业集体诉讼是我国资本市场和证券司法发展史上第一单特别代表人诉讼，是对由《证券法》《最高人民法院关于在证券纠纷代表人诉讼若干问题的规定》等法律、司法解释所构建的中国特色证券代表人诉讼制度运作框架与实施功效的第一次全面检验，也是截至本案人民法院审理的原告人数最多、索赔金额最高的上市公司虚假陈述责任赔偿案件，受到证券市场参与者、学术界和新闻媒体的广泛关注。本案作为原告的投资者多达五万余人，索赔金额高达数十亿元，案件处理中稍有不慎，极易引发群体性事件；而作为主要被告的康美药业，为广东省甚至全国的大型中医药企业，其经营也涉及数万名员工的就业问题。因此，本案中法官展现的专业态度、司法确立的制度规则、案件裁判的结果都需要得到包括投资者、上市公司、会计师事务所等各类中介机构等证券市场广大参与者的普遍认可，也需要经得起历史的检验。

笔者虽然从事金融类商事案件审判工作多年，并承办过全通教育等重大证券虚假陈述责任纠纷案件，但康美药业证券虚假陈述责任纠纷案件为我国

---

① 最高人民法院审判管理办公室编：《双百优秀裁判文书的形与神——裁判思路与说理技巧（民事卷）》，人民法院出版社 2022 年版，第 221 页。

首例证券集体诉讼案件。从承办这个案件伊始，笔者就认识到从案件审理到裁判文书写作，本案要做的开拓性工作多，而可资借鉴的经验少，笔者作为承办法官，需要付出更多的努力，展现更大的勇气。在承办本案过程中特别是撰写文书过程中，笔者有以下三点体会。

（一）在审查案件事实时需要严谨认真的工作作风

审查证据和查明事实，是明确当事人之间权利义务关系和正确适用法律确定当事人责任的前提和起点。而法官对案件事实，特别是对疑难复杂案件事实的认识程度，会直接影响裁判文书的质量。为此，笔者先从梳理事实入手，对原告及特别代表人和二十多位被告提交的每一份诉讼材料以及证监会和上市公司几年间发布的相关公告、测算机构的测算意见等，均反复研读，做到对案件主要事实了如指掌，胸有成竹。对于案件事实的充分了解，不仅使笔者在后续案件审理调查事实过程中能够做到有的放矢，而且在头脑中对于判决书事实查明部分也形成了初步框架。

（二）在遇到法律适用问题时需要刻苦钻研的工作态度

在掌握案件基本事实之后，笔者反复研究新旧《证券法》及最高人民法院关于代表人诉讼和虚假陈述纠纷的司法解释，吃透立法意图，同时，收集整理了大量国内外学者著述和类似案件判决，反复学习研究。在梳理事实和精研法理的基础上，笔者结合当事人的诉辩意见，合理归纳了案件争点，供合议庭分析研究。而准确的争点归纳与提炼，不仅可以引导各方当事人庭审中充分发表意见，保证庭审高效流畅进行，而且有利于之后在制作裁判文书时直面争议焦点作出缜密透彻的回应说理，避免挂一漏万。

（三）在撰写裁判文书时需要不落窠臼和敢于探索的勇气担当

在制作本案裁判文书时，笔者考虑本案涉及事实比较庞杂，且发生时间上多有穿插，如果简单按照时间顺序从先到后的判决书事实部分的一般写法，本案事实会显得较为凌乱，于是笔者对案件事实进行分类，将事实分为案涉信息披露行为的相关事实、各被告受到行政处罚的相关事实、本案诉讼情况三大类事实分别撰写，这样形成的判决书查明事实部分就显得多而不乱。本案争议焦点庭审时已经被准确归纳为案涉虚假陈述行为的认定、原告投资损失与案涉虚假陈述行为之间有无因果关系、各被告赔偿责任的认定三个争议焦点，且各方当事人对该三个争议焦点均充分发表了意见。在围绕这三个争议焦点问题说理时，笔者侧重于揭露日的确定、损失因果关系的认定以及不同类型责任主体的责任分配这三个核心问题——同时也是证券虚假陈述责任纠纷案件中的疑难问题，按照阐明事理与释明法理并重的原则辨法析理，并依法作出了裁判，达到了既解决本案争议，也为类案提供借鉴的目的。经过多次修改后，本案最后形成的文书诉辩意见概括准确，证据认定说理充分，事实查明清晰，论理逻辑严谨，论证充分有力，法律适用准确，最终包括5万余名投资者和27名被告在内的全部当事人均服判息讼，也得到了证券市场参与者、学术界、新闻媒体的广泛好评，实现了法律效果和社会效果的有机统一。

一篇合格裁判文书的构造，须起于证据资格之取舍，承于法律事实之查明，转于法律逻辑之贯彻，合于裁判结果之公正。在此基础上若能体现归纳推理之细密，演绎论证之精微，深稽博考，阐幽发微，则堪称优秀裁判文书。此次康美药业证券虚假陈述责任纠纷特别代表人诉讼的判决书入选2022年全国法院“百篇优秀裁判文书”，既是对笔者既往工作的充分肯定，更是对笔者今后工作的鞭策激励。以上几点个人体会，还请各位读者不吝评判指正。

（王泳涌，广东省广州市中级人民法院法官）

三、专家评析

我国2019年修订的《证券法》新设专章规定了投资者保护制度，并作出了一系列的制度安排。一是充分发挥投资者保护机构的作用，允许其接受50名以上投资者的委托作为代表人参加诉讼；二是允许投资者保护机构按照证券登记结算机构确认的权利人，向人民法院登记诉讼主体；三是建立了“默示加入、明示退出”的诉讼机制，为投资者维护自身合法权益提供方便的制度安排。广州中院在该案审理中，准确适用证券法中的新规则，准许中证中小投资者服务中心有限责任公司作为投资者保护机构，受部分证券投资者的特别授权作为代表人参加诉讼；准许投资者按照“默示加入、明示退出”的原则参与此次特别代表人诉讼；在法律责任承担方面责令康美药业股份有限公司赔偿证券投资者损失24.59亿元，对其他责任人员的责任，则按照过错程度区分为全部连带责任和部分连带责任。广州中院准确适用法律规则，依法公开、公平、公正地推进审理程序，合理划分主体责任，确保中国式的证券市场集体诉讼司法实践成功落地，对促进我国资本市场深化改革和健康发展、切实维护投资者合法权益具有深远意义，是中国法治史上的里程碑，也是资本市场法治建设的新标杆。该案引发的独立董事责任承担问题的热议，必将推动我国独立董事制度的改革与完善。此外，康美药业虚假陈述责任纠纷集体诉讼程序与康美药业破产重整程序同步推进，也为今后类似案件的处理提供了范例。

（点评人：徐阳光，中国人民大学法学院教授）

（2020）粤 01 民初 2171 号裁判文书原文

26. 中车金证投资有限公司与庄某1等证券虚假陈述责任纠纷案*

【关键词】

证券虚假陈述　机构投资者　因果关系　注意义务　举证责任

【裁判要旨】

无论是机构投资者，还是普通投资者，在证券交易中的身份均是投资者。投资者是否应负有更高注意义务，应根据交易市场和交易方式来确定，而不应根据投资者的身份确定。对于“面对面”证券交易，投资者应负有较“非面对面”证券交易更高的注意义务。对于“面对面”证券交易，投资者应承担交易因果关系的举证责任。对于披露不实信息的，应由投资者举证证明其受虚假陈述影响而作出投资决定，才可认定交易因果关系成立。

一、简要案情

上市公司中达股份公司因破产重整，于2014年10月30日披露《保千里电子公司及庄某1等收购中达股份公司的收购报告书（草案）》，其中包括银信资产评估有限公司对保千里公司的估值为28.83亿元。2014年11月，中达股份公司股东大会通过重大资产重组决议。同时，庄某1、陈某某、庄某2、蒋某某等出具《承诺函》，承诺其为本次重大资产重组所提供的有关信息真实、准确和完整，不存在虚假记载。2015年4月27日，中达股份公司更名为保千里公司。

2016年1月28日，保千里公司发布《非公开发行股票预案》公告，并经中国证监会批准。2016年7月19日，中车金证投资有限公司（以下简称中车公司）与保千里公司签订《股份认购协议》，中车公司以每股14.86元的价格认购保千里公司非公开发行股份中的13 383 604股股票，锁定期12个月。

* （2019）粤民终2080号。

2016 年 12 月 29 日，保千里公司发布公告称，因为涉嫌信息披露违法违规，被证监会立案调查。2017 年 8 月 9 日，证监会认定保千里公司在中达股份公司破产重整过程中进行重组资产评估时，保千里公司向银信评估公司提供了两类 9 份虚假的意向性协议。认定庄某 1 及陈某某、庄某 2、蒋某某作为收购一致行动人，童某某等 7 名董事作为中达股份公司的高管，均违反证券法相关规定，给予相应的行政处罚。

中车公司提供的《可行性研究报告》显示，保千里公司业绩增长较快，未来成长空间很大，市场对智能驾驶概念股票也比较追捧，预计定增发价会比较接近保千里公司市价，故决定认购保千里公司的非公开发行股票。

中车公司作为原告提起本案证券虚假陈述侵权之诉的主体是否适格；如中车公司主体适格，保千里公司是否因其虚假陈述的侵权行为而应向中车公司赔偿投资损失；如保千里公司需向中车公司承担赔偿责任，陈某某和童某某等 7 名董事是否应承担连带责任。

二、撰写心得

本案系全国首例支持机构投资者在上市公司证券虚假陈述索赔的案件，获得 2020 年全国法院十大商事案件，在裁判文书的撰写过程中主要把握好以下三个原则。

（一）准确适用法律规定

证券市场交易方式非常复杂，既有一级市场，又有二级市场；既有场内交易，又有场外交易；既有“面对面”交易，也有“非面对面”交易。同时，证券市场交易主体多元，既有中小投资者，也有机构投资者。针对不同的交易方式和交易主体，如何准确适用法律规范，正确处理各类纠纷，对司法审判提出了挑战。本案对于中车公司作为机构投资者参与定向增发形成的虚假陈述纠纷是否属于适格主体，就涉及如何准确适用《证券法》《合同法》，《侵权责任法》以及《最高人民法院关于审理证券市场虚假陈述侵权民事赔偿案件的若干规定》（以下简称《证券虚假陈述若干规定》）的问题。《证券法》（2014 年修订）第 69 条规定，发行人、上市公司存在虚假陈述致使投资者在证券交易中遭受损失的，发行人、上市公司应当承担赔偿责任。依据上述规定，只要是证券市场上受虚假陈述行为侵害的投资者，无论是个人投资者，还是从事证券投资的机构都可以提起证券虚假陈述诉讼。《合同法》第 122 条规定，因当事人一方的违约行为，侵害对方人身、财产权益的，受损害方有权选择依照本法要求其承担违约责任或者依照其他法律要求其承担侵权责任。本案中，虽然中车公司与保千里公司签订《股份认购协议》，但在中车公司认为因保千里公司证券虚假陈述造成损失的情况下，其既可以依据《股份认购协议》提起违约之诉，也可以依据《证券法》的相关规定提起侵权之诉。因此，中车公司提起本案侵权之诉为适格原告。但中车公司认购的是保千里公司非公开发行股票，《证券虚假陈述若干规定》调整的是证券市场因虚假陈述引发的民事赔偿法律关系，受侵害的对象是证券市场上的不特定投资者。正是基于证券市场上不特定投资者与侵权行为人并非“面对面”的交易，使遭受损失的投资者难以证明其交易及损失与侵权行为之间的因果关系，为依法保护不特定投资者的合法权益，《证券虚假陈述若干规定》依据欺诈市场理论确立了因果关系推定原则。但对于特定投资者购买股票后因发行人虚假陈述行为受到侵害的，此种情形属于传统“面对面”的交易，与普通侵权纠纷并无本质差异，其可以单独对行为人提起违约损害赔偿诉讼或者侵权赔偿诉讼，《证券虚假陈述若干规定》亦排除了上述情形属于其适用的对象。需要特别指出，虽然案涉交易并非《证券虚假陈述若干规定》的适用范围，但《证券虚假陈述若干规定》中有关虚假陈述实施日、揭露日、基准日以及损失的计算方式均属于技术性问题，其确定标准具有客观性，与证券虚假陈述侵害对象没有关联性，在其他证券虚假陈述侵权纠纷中亦可以参照适用。本案判决对于证券市场“面对面”交易和“非面对面”交易中如何适用《证券虚假陈述若干规定》进行了准确界定，对于类案具有指导价值。

（二）积极探索规则创新

本案与常见的证券虚假陈述案件相比，属于专业的机构投资者通过参与定向增发购买股票。《证券法》与《证券虚假陈述若干规定》对于此类案件应如何处理并没有明确规定。在以往的司法实践中，通常以机构投资者负有更高的注意义务为由不予支持其索赔请求。鉴于相关规则不明确，本案针对机构投资者在此类纠纷中是否存在交易因果关系进行了积极探索。无论是机构投资者，还是普通投资者，在证券交易中的身份均是投资者。由于交易市场和交易方式的差异，投资者在因果方面所面临的举证困难存在差异，法律对此设计了不同的制度。针对公开募集股份的发行市场和通过证券交易所报价系统进行的“非面对面”证券交易，《证券虚假陈述若干规定》采用交易因果关系推定原则，以减轻不特定投资者的举证责任，实现实质公平。针对向特定投资者发行股票、协议转让等“面对面”证券交易，《证券虚假陈述若干规定》并未纳入其适用范围，上述证券交易中因证券虚假陈述所产生的侵权纠纷属于普通侵权，根据《侵权责任法》的相关规定，特定投资者作为被侵权人应举证证明其投资决定与信息披露义务人的虚假陈述行为之间存在因果关系，并根据虚假陈述行为的类型采取不同的举证责任方式。对于信息披露义务人故意隐瞒或者遗漏本应披露的信息而未披露的证券虚假陈述行为，基于投资者难以就该消极事实对交易的影响进行举证，故只要投资者证明违法行为客观存在，就可推定交易因果关系成立；对于信息披露义务人主动披露不实信息的证券虚假陈述行为，基于投资者就该积极事实对交易的影响有相应的举证能力，应由投资者举证证明其受虚假陈述影响而作出投资决定，才可认定交易因果关系成立。投资者是否应负有更高注意义务，不应因其身份有所差别，而应根据交易市场和交易方式来确定。对于公开募集股份的发行市场和通过证券交易所报价系统进行的“非面对面”证券交易，投资者均是信赖上市公司披露的信息进行交易，机构投资者和普通投资者负有的注意义务一致，并不负有更高的注意义务；对于向特定投资者发行股票、协议转让等“面对面”证券交易，投资者不仅信赖上市公司披露的信息进行交易，还会通过实地调研等方式对投资可行性进行分析，同时由于投资门槛高、期限长，投资者均为专业投资者，应负有更高的注意义务。当然，投资者的注意义务应与其专业能力相匹配，不能将其等同于证券服务机构在信息披露审核中的注意义务。在“面对面”证券交易中投资者已完成交易因果关系举证证明义务后，则发生举证责任转移，如果信息披露义务人认为专业投资者未尽到注意义务的，应由信息披露义务人承担举证证明义务，从而推翻投资者合理信赖的主张。本案对于机构投资者的注意义务以及相关举证责任的界定，属于全国首例确定相关规定，对于类案具有示范作用。

（三）体现司法政策导向

依法从严打击证券违法活动，切实加强投资者合法权益保护，对于建设规范、透明、开放、有活力、有韧性的资本市场，服务经济高质量发展具有重要意义。新《证券法》加强上市公司信息披露义务，加大对虚假陈述处罚力度，完善投资者保护方式。随着注册制的全面推行，提高信息披露质量成为资本市场稳健发展的关键一环。司法审判必须要体现《证券法》的新要求，对于证券欺诈行为，要形成零容忍高压态势，坚决维护良好的市场环境，更好发挥资本市场服务实体经济和投资者的功能。本案在法律框架内，依法支持机构投资者的索赔请求，充分发挥司法政策导向作用，有利于对上市公司违法行为形成有效威慑，切实保护金融投资者的合法权益，促进资本市场的良性发展。

（秦旺，广东省高级人民法院法官）

三、专家评析

资本市场是一个信息驱动的市场，真实、及时、有效的信息披露是资本市场健康发展的基石。近年来，随着证券监管力度的加大，部分上市公司欺诈发行、财务造假等违法行为屡屡曝光，严重损害广大投资者合法权益，危及资本市场秩序，制约资本市场功能的有效发挥。人民法院不断加强证券虚假陈述案件的审理工作，在保障投资者合法权益、惩戒威慑证券违法行为、落实资本市场违法行为零容忍要求等方面发挥了重要作用。

与常见的证券虚假陈述案件相比，本案有两个特殊之处：一是索赔主体特殊，不是“散户”而是专业的机构投资者；二是交易方式特殊，投资者不是通过公开竞价而是通过参与定向增发购买股票。在这种情形下，对机构投资者要不要赔、如何赔，《证券法》与《证券虚假陈述若干规定》并没有明确规定。在以往的司法实践中，机构投资者针对证券虚假陈述的索赔往往难以得到支持，理由通常是机构投资者负有更高的注意义务，但这种更高注意义务的法律依据是什么，如何确定其合理边界，缺乏深入的、体系化的思考。

本案在现有法律框架内，充分发挥司法智慧，对该问题进行了有益的探索。经过严谨分析后，审理法院认为，无论是机构投资者还是普通投资者，在证券交易中都是投资者。投资者是否应负有更高注意义务，不应因其身份有所差别，而应根据交易市场和交易方式来确定。对于公开募集股份的发行市场和通过证券交易所报价系统进行的“非面对面”证券交易，投资者均是信赖上市公司披露的信息进行交易，所面对的风险和可获得的收益是一致的，因此投资者的注意义务也不应有所区别。而对于向特定投资者发行股票、协议转让等“面对面”证券交易，投资门槛高、投资期限长，风险与收益显然较“非面对面”交易形式更高。因此在这类证券交易中，投资者无论是专业投资机构还是个人，都应当负有更高的注意义务。

我国证券市场投资者结构存在失衡，机构投资者所占比重偏低，不利于我国证券市场的长期稳健发展。本案所确立的裁判规则有利于保障我国证券市场各类投资主体，尤其是机构投资者的合法权益，有助于我国资本市场机构投资者的培育与健康发展，将为落实党中央关于提高直接融资比重的重大决策部署发挥积极作用。

（点评人：严加武，广东省高级人民法院民二庭庭长，广东省审判业务专家）

（2019）粤民终 2080 号裁判文书原文

27. 吴某与延安必康制药股份有限公司证券虚假陈述责任纠纷案*

【关键词】

证券虚假陈述　重大性　系统性风险

【裁判要旨】

认定证券虚假陈述行为是否具有“重大性”，应当从该行为对投资人的决策产生影响或对证券市场的价格影响两个方面出发，凡足以影响投资者的投资决策和市场交易价格，即可确认虚假陈述行为具有“重大性”。

证券市场系统风险是否存在，可以通过证券市场大盘指数和行业板块指数的波动情况作出判断。

证券虚假陈述损失的计算涉多个学科和领域，可委托专业机构进行精确化核算。

一、简要案情

2020年10月16日，延安必康制药股份有限公司（以下简称延安必康）发布公告称收到了中国证券监督管理委员会陕西监管局《行政处罚决定书》，根据该决定书，延安必康存在严重的证券虚假陈述行为，具体包括：（1）相关年度报告存在重大遗漏，未披露控股股东及其关联方非经营性占用资金情况；（2）相关年度报告存在虚假记载，虚增货币资金；（3）相关临时报告信息披露内容不准确、不完整，存在误导性陈述。该决定书责令延安必康改正，给予警告和罚款，同时对延安必康的实际控制人，公司董事、监事、高级管理人员等予以罚款的行政处罚。吴某依据相关法律规定起诉称，基于对延安必康虚假陈述行为的信任投资其股票，其间遭受的损失依法应由延安必康赔偿。故诉请：（1）延安必康赔偿投资差额损失42 513.10元，佣金和印花税损失85.03元，合计42 598.13元；（2）延安必康承担本案诉讼费用。

---

* （2021）陕01民初310号。

西安市中级人民法院（以下简称西安中院）经审理认为，本案的争议焦点是：(1) 案涉虚假陈述行为是否具有“重大性”，是否足以影响投资者的投资决策或市场交易价格；(2) 如何确定案涉虚假陈述行为的实施日、揭露日、基准日；(3) 如何确定原告损失与案涉虚假陈述行为之间的因果关系，包括交易因果关系和损失因果关系及是否存在证券市场系统风险等其他因素；(4) 如何确定原告损失的赔偿金额，包括采用何种计算方法。

被告延安必康因重大关联交易未披露的行为，构成证券虚假陈述侵权，应对被侵权的投资者承担相应民事赔偿责任。原告吴某在实施日到揭露日期间买入股票并持有至揭露日，存在投资差额损失，与被告延安必康的虚假陈述行为之间具有交易和损失的因果关系，有权要求被告延安必康予以赔偿。西安中院委托中证资本市场法律服务中心采用“移动加权平均法”计算原告吴某的股票买入均价并采用“同步指数对比法”计算市场系统风险扣除比例，计算方法和计算结果公平合理。西安中院确认原告吴某最终应获得的赔偿金额为投资差额损失 24 973.40 元和佣金 7.49 元、印花税 24.973 元之和 25 005.86 元。遂作出一审判决：一、延安必康制药股份有限公司自本判决生效之日起十日内向吴某支付赔偿款 25 005.86 元；二、驳回吴某的其余诉讼请求。

二、撰写心得

本案是西安中院首次在审判实践中适用示范判决机制审理的证券虚假陈述类型案件。自 2021 年以来，西安中院先后受理了涉及多家上市公司的数千件证券虚假陈述类型案件。作为涉众型的侵权案件，证券虚假陈述类型案件呈现投资者众多、法律关系复杂、审理难度极大的特点。在受理首批吴某等 560 名原告诉延安必康证券虚假陈述案件后，合议庭研究认为如果采用一案一审的传统审判模式，不仅审判效率低，而且不利于保护中小投资者的合法权益。因此考虑突破传统审判模式，采用示范判决机制高效便捷审理该批证券案件。为此在借鉴兄弟法院经验的基础上，由笔者主笔起草了《西安市中级人民法院关于处理群体性证券纠纷示范判决机制的意见（试行）》，并经西安中院审判委员会研究讨论后通过。合议庭经过充分研究并听取双方当事人的意见，依职权选取本案为示范案件，本案原、被告之间的争议焦点与该系列其他案件具有共通的事实争点和法律争点，且在事实争点和法律争点方面具有代表性。选择该示范案件先行审理、先行判决，能够充分发挥示范判决机制的引领作用，实现群体性证券纠纷的适法统一，进而提升审判效率，节约司法资源，降低诉讼成本，促进矛盾化解。该示范判决生效后，涉延安必康后续平行案件当庭和解撤诉 139 件，赔付金额 500 余万元。庭审后和解结案 157 件，赔付金额 600 余万元。截至 2022 年 12 月，西安中院采用示范判决机制共计审结群体性证券虚假陈述案件 3071 件，结案率 93%，判决给付金额接近 2 亿元，为后续金融证券类型案件的审理打下了良好的基础。

在保障投资者权利实现和司法机关与证券监管部门投资者保护联动工作等方面，该案也有一些亮点。审理本案过程中，西安中院与陕西证监局及中证资本市场法律服务中心签订了《证券期货纠纷诉调对接合作协议》，该协议是西北地区首家中级人民法院与证券监管部门、保护中小投资者专业机构达成的书面协议，全面规范了证券期货纠纷委派、委托调解工作，细化了诉调对接的具体工作流程和对接方式，明确了法院针对专业损失核定所具有的委托权限，以借助中证法律服务中心的专业化核定损失手段，为客观真实认定投资者损失提供了重要依据。审理本案过程中形成的证券期货纠纷诉调对接机制，作为优秀案例和典型经验被国家发改委编入《中国营商环境报告 2021》及《优化营商环境百问百答》，向全国复制推广。本案对于促进西安资本市场深化改革和健康发展、切实维护投资者的合法权益具有深远意义，是西安资本市场法治建设的一大标志事件。该案件先后被评为 2021 年陕西法院十大审判执行案件和 2021 年西安市优秀侦办案件、西安市优化营商环境十大典型案件。

本案的审理具有较强的专业性。案涉虚假陈述行为是否具有重大性，是本案审理的难点问题，合议庭依照《证券法》确立的“投资者决策标准”和“价格敏感性标准”，即从对投资人的决策产生影响或对证券市场的价格影响两个方面加以评判。通过证券市场大盘指数和行业板块指数的波动情况以及具体的考察期间，确定案涉股票的走势与大盘指数、行业板块指数走势不具有同向性，认定本案不存在证券市场系统风险。因证券领域具有极强的专业性，特别是证券虚假陈述损失的计算涉多个学科和领域，特委托专业机构中证资本市场法律服务中心进行精确化核算，以充分保护中小投资者的利益。

裁判文书是裁判的载体，是整个司法过程的总结，是所有审判成果的结晶，也是法官最好的名片。一份优秀的裁判文书需要法官的精心培育、打磨。一名优秀的法官则需要通过优秀的判决去成就和展示。优秀的裁判文书不仅是对法律的最好诠释，也是法官职业生涯的荣誉勋章。一份优秀的裁判文书应当做到叙述清楚、说理透彻、体现社会主义核心价值观。裁判文书是写出来的，只有通过不断地积累、反复地锤炼，才能够创作出高质量的裁判文书。撰写裁判文书时，一是可以通过法信、北大法宝、中国裁判文书网等平台，进行类案检索，查找承办案件的关联案件，学习借鉴优秀裁判文书的裁判说理、语言表达、逻辑分析，提高裁判文书的制作能力和水平。在撰写本案裁判文书时，笔者检索了大量法院既往的证券虚假陈述类型案件的裁判文书，形成了类案检索报告，为本案裁判文书的撰写打下基础。二是撰写裁判文书的思维活动不能脱离现实生活、忽视社情民意，只有将尊重常识常理常情贯彻到对案件事实认定全过程中，做到循天理、遵国法、通人情，才能确保事实认定以及以此为基础的裁判文书结论的公正性和准确性。三是要有透彻的说理论证，优秀的裁判文书应当是以争议焦点为起点，以论理为中心，将事实与法律有机结合，论述有理有据，通过层层递进的论述使最终的结论水到渠成地呈现。四是要树立规则、传递社会主义核心价值观。裁判文书的撰写不仅是定分止争，更应当体现规则之治。优秀的裁判文书要明确裁判规则，引领社会风尚，传递积极正向的核心价值，积极回应人民群众对公正司法的要求和期待。

以最高人民法院李广宇法官在《裁判是怎样写成的》著作里的语句与大家共勉："在法律面前，我们永远都是学徒。痛并快乐着，这就是我们的真实写照"。

（张鹏，陕西省西安市中级人民法院法官）

（2021）陕 01 民初 310 号裁判文书原文

第十一章　保险

28. 中国太平洋财产保险股份有限公司东莞分公司与中国人民保险股份有限公司中山市分公司等财产保险合同纠纷案*

【关键词】

重复保险分摊请求权　追偿　责任比例

【裁判要旨】

重复保险下，已赔付保险人享有分摊请求权，可以就实际支付保险赔偿金额超出自己份额的部分，在其他保险人未履行的份额范围内向其追偿。已赔付保险人行使分摊请求权，相应地享有被保险人的权利。其他保险人对被保险人的抗辩，可以向该已赔付保险人主张。

财产保险合同约定合同以外第三人为被保险人，保险人未证明第三人在合理期限内拒绝，第三人请求保险人承担保险合同约定的赔偿责任的，人民法院应予支持。

一、简要案情

中化化肥有限公司（以下简称中化公司）与东莞深赤湾港务有限公司、东莞深赤湾码头有限公司（以下统称深赤湾公司）签订港口代理协议，约定深赤湾公司保管到港货物，中化公司负责货物投保。中国人民财产保险股份有限公司中山市分公司（以下简称人保中山分公司）接受中化公司投保，签发035保险单，载明被保险人为中化公司，保险范围为被保险人拥有货权的商品，保险价值以出险时的市场价值确定，保险费率为0.6302‰等。中国太平洋财产保险股份有限公司东莞分公司（以下简称太保东莞分公司）接受深

---

*（2021）粤民终318号。

赤湾公司投保，签发23M保险单，载明被保险人为深赤湾公司等，扩展存货货主为共同被保险人，存货属于保险财产且为足额投保，保险费率为0.3‰。两份保险单均载明重复保险下，保险人按其保险金额占保险金额总和的比例承担赔偿责任，不负责垫付，且台风造成的被保财产损失每次事故绝对免赔额为5万元或损失金额的20%，两者以高者为准。中化公司因堆存在港区、由深赤湾公司保管的化肥（以下简称案涉化肥）遭遇台风受损，向人保中山分公司索赔损失。人保中山分公司委托信诚公估公司对事故进行现场查勘定损。信诚公估公司核定中化公司因事故遭受损失的理算金额为43 203 058.34元。人保中山分公司向太保东莞分公司发函，载明人保中山分公司拟全额向中化公司赔付4320万元，再由太保东莞分公司向人保中山分公司支付2160万元。如太保东莞分公司拟直接赔付中化公司，请三天内通知人保中山分公司。太保东莞分公司签收后未回复。人保中山分公司向中化公司赔付4320万元后，再次致函太保东莞分公司。因太保东莞分公司拒绝分摊，人保中山分公司提起本案诉讼，要求其支付2160万元重复保险分摊款及利息。太保东莞发公司在一审期间委托海江公估公司对案涉化肥受损事故损失进行公估。海江公估公司认为损失总额为10 393 321元，太保东莞分公司的赔偿数额为1 147 422.64元。人保中山分公司为处理案涉受损化肥向相关公司发出邀请函，并组织了现场看货。相关公司向人保中山分公司发送报价函，部分受损化肥被拍卖处理。万城资产评估公司出具案涉受损化肥市场单价的资产评估报告，载明评估基准日为2018年9月16日，价值类型为市场价值，评估方法采取市场法及理由，并评估了各类化肥单价。

一审法院认为案涉两份保险构成重复保险，案涉化肥在两份保险中均足额投保，人保中山分公司、太保东莞分公司应各自承担50%赔偿责任，扣除免赔额后，太保东莞分公司应向人保中山分公司支付1728万元及利息。太保东莞分公司提起上诉，主张案涉两份保险不构成重复保险，已赔付保险人不享有重复保险分摊请求权，人保中山分公司未审慎赔付导致损失数额扩大，035保险合同未记载为足额投保，请求改判驳回人保中山分公司的全部诉讼请求。二审法院经审理认为一审法院认定事实虽有瑕疵，但法律适用和判决结果基本正确，据此判决驳回上诉，维持原判。

二、撰写心得

裁判文书是法官司法经验和理性思考的记载，凝聚法官在办案历程中的创造性劳动，既是法官在具体案件中辨析曲直、定分止争的重要载体，也是人民法院明法释理、弘扬社会主义法治的宣言书。一份优秀的裁判文书应当事实陈述准确，论理论证透彻，法律援引精准，语言表达凝练，文书格式规范，做到“事理”“法理”“情理”“文理”四理兼顾。

（一）准确归纳争议焦点

争议焦点是当事人发表诉辩意见及举证、质证和庭审查明的中心，也是引领案件审理、纠纷解决的主线和枢纽。本案中，双方围绕太保东莞分公司是否应当向人保中山分公司支付分摊款从不同角度发表意见，均提交数十页诉辩意见，争议问题数量繁多、范围广泛。二审判决按照权利行使的条件、是否享有权利、权利如何行使的思路，将争议焦点归纳为三个方面：（1）案涉保险是否构成重复保险？（2）如果构成重复保险，人保中山分公司的分摊请求权是否成立？（3）如果分摊请求权成立，人保中山分公司应当如何行使？再以此为框架，将当事人争议的具体事项分层次归入不同争议焦点问题。例如，案涉保险是否构成重复保险包括是否符合“同一被保险人”“同一保险标的”“同一保险利益”要件等问题，而是否符合“同一被保险人”要件又包括对“货主”的认定、“共同被保险人”是否等同于“被保险人”、约定存货货主为被保险人对存货货主效力等问题。通过分层次分类别归纳整理当事人争议焦点，实现裁判文书条理清楚、逻辑结构清晰严谨。

（二）精准展现案件事实

正确认定事实是准确适用法律的基础。法院查明事实集中体现在裁判文书的“本院查明”部分，既不能有所遗漏，也不能事无巨细地加以罗列，而应当在纷繁的证据中梳理出可以支持裁判结果、判决说理需要用到的要件事实，突出重点，详略得当。本案中，双方对于太保东莞分公司应当分摊的损失赔偿数额存在较大争议，涉及责任比例、货物损失数额认定等问题。一审判决已就信诚公估公司认定的损失数额是否合理、人保中山分公司是否已尽妥善谨慎义务进行赔付等问题进行认真审查和详细阐述，二审法院经审查认可后，不再在二审判决书中对此赘述，而是着力对太保东莞分公司新提交的化肥国家标准的证明力进行分析。关于赔偿责任比例，一审法院认为案涉化肥在两份保险均足额投保，双方责任比例各为50%。二审法院查明部分化肥在035保险合同未足额投保，对一审判决认定的责任比例予以纠正，明确人保中山分公司在重复保险下的赔偿责任比例为49.87%［99.48÷（99.48+100）×100%=49.87%］。

（三）高度重视裁判说理

释法说理是法官裁判思维的最直接呈现，应当完整阐述根据查明事实、适用法律规定推导出解决争议的法律结论的具体过程，全面展示法官运用逻辑推理和经验法则形成结论的正当性理由。本案中，双方对案涉保险是否构成重复保险、人保中山分公司的分摊请求权是否成立等存在争议。关于是否构成重复保险，二审法院依据《保险法》第 56 条规定，对当事人争议的构成要件进行审查。关于是否符合"同一被保险人"，二审法院认为 23M 保险单记载中化公司为共同被保险人，属于利他合同条款，根据《民法典》第 522 条第 2 款，中化公司未明确拒绝即为被保险人，结合中化公司为 035 保险合同被保险人的情况，两份保险合同符合"同一被保险人"要件。关于人保中山分公司的分摊请求权是否成立，二审法院首先肯定重复保险下的已赔付保险人享有分摊请求权。主要理由是：首先，虽然《保险法》第 56 条未明确规定重复保险分摊请求权，但该条是对保险人内部责任的最终分配，未禁止超额赔付；其次，保险人赔付后，依据《保险法》第 59 条取得受损保险标的全部或部分权利，包括要求未赔付保险人保险赔偿的权利；再次，海上保险的重复保险已赔付保险人追偿权可作为一般保险的重复保险分摊请求权正当性依据；最后，确认分摊请求权体现了利益平衡原则和对保险人积极赔付行为的肯定，有利于发挥保险的制度价值，营造诚信社会环境。鉴于太保东莞分公司未履行保险合同约定的赔偿责任，人保中山分公司超额承担保险赔偿责任，案涉两份保险合同均无阻却分摊请求权成立的条款，二审法院确认人保中山分公司对太保东莞分公司的分摊请求权成立。

（四）积极参与社会治理

审判是法官的主要工作，但法官不应局限于具体案件办理，还应当具有社会责任感和大局意识，发挥司法裁判的规则引领和价值导向作用。本案涉及重复保险分摊请求权，属于新类型案件。二审判决通过文义解释、体系解释、历史解释等法律解释方法，肯定已赔付保险人享有分摊请求权，明确分摊请求权的成立要件和行使规则，有效填补法律空白，推动裁判规则统一。此外，虽然本案是保险公司之间关于分摊请求权的纠纷，但是对被保险人影响巨大。二审法院认为已赔付保险人向被保险人超额赔付，解除了其他保险人所对应的赔偿责任。为体现利益平衡原则和对保险人积极赔付行为的肯定，二审法院肯定已赔付保险人的分摊请求权，以简化被保险人索赔程序，更好发挥保险分散风险、增强保障的制度价值，推动保险行业健康有序发展，营造诚信友善社会环境。

（焦小丁，广东省高级人民法院法官）

三、专家评析

本案是财产保险合同中的重复保险分摊纠纷，涉及重复保险纠纷的多个典型问题，生效判决按照是否构成重复保险、分摊请求权是否成立、分摊请求权如何行使的思路，比较全面系统对争议问题进行说理分析，具有以下特点和意义。

（一）统一裁判尺度

我国《保险法》关于重复保险的规定未明确已赔付保险人是否有权要求其他保险人分摊，致使重复保险下损失分摊原则的适用面临司法困境。《海商法》明确规定已赔付保险人有权要求分摊，但有观点认为一般保险与海上保险在此制度上存在差异，已赔付保险人无权依据《保险法》要求分摊。事实上，在《保险法》就重复保险已经明确采用分摊主义之立场下，明确已赔付保险人享有向其他保险人追偿的权利，不仅是在损失分摊内部保证各保险人之间责任负担公平性的应有之义，更是在损失分摊外部保障被保险人得充分受偿之关键。本案通过文义解释、体系解释、历史解释等法律解释方法，肯定已赔付保险人享有分摊请求权，明确分摊请求权的成立要件和行使规则，有助于以独立责任制为计算基础，确保各保险人之间的损失分摊公平合理。

（二）细化法律条文，适用《民法典》新增条款

《保险法》虽已列举重复保险构成要件，但比较概括。本案依据法律规定、尊重保险行业规则，对作为构成要件的同一被保险人、同一保险标的、同一保险价值的“同一性”进行了分析。其中，关于被保险人同一性的认定，涉及财产保险合同约定第三人为被保险人的性质和效力认定。本案明确该条款为利他合同条款，依据《民法典》第 522 条第 2 款关于利他合同的新增规定明确条款效力，从利他合同的角度为明确第三人作为被保险人的权利提供了规范基础，为《民法典》新增条款适用贡献生动案例。

（三）引领正确价值导向，体现社会主义核心价值观和社会主义法治精神

本案确认已赔付保险人享有重复保险分摊请求权，明确其成立要件和行使规则，有利于简化被保险人索赔程序，更好发挥保险分散风险、补偿损失、增强保障的制度价值；有利于在被保险人以及各保险人之间体现利益平衡原则，营造诚信友善社会环境；有利于鼓励保险人积极参与理赔并提供更有市场竞争力的保险服务，推动保险行业健康有序发展。

本案生效判决认定事实清楚，适用法律正确，法理依据充分，文书说理思路清晰、分析透彻、详略得当，实现政治效果、法律效果和社会效果有机统一，可为同类纠纷处理提供借鉴和指引。

（点评人：辜恩臻，广东省高级人民法院民四庭副庭长，广东省审判业务专家）

（2021）粤民终 318 号裁判文书原文

第十二章　票据

29. 江西升华新材料有限公司与九江银行股份有限公司宜春分行质押合同纠纷案*

【关键词】

电子商业承兑汇票　质押　提示付款　保管义务　违约责任

【裁判要旨】

1. 在电子商业承兑汇票的提示付款期限内提示付款是行使票据权利和处置票据的行为，若质押人和质权人对双方票据权利义务无明确约定，质权人因质押而占有电子商业承兑汇票期间无主动在电子商业汇票系统操作提示付款的义务。

2. 在票据权利救济途径尚未穷尽时，是否存在损失尚不能确定，出质人以未解押退票构成违约为由主张质权人赔偿损失，不予支持。

一、简要案情

2017年10月31日，出质人江西升华新材料有限公司（以下简称江西升华公司）与质权人九江银行股份有限公司宜春分行（以下简称九江银行）签订《最高额质押合同》，约定：出质人自愿以其电子商业承兑汇票向质权人提供质押担保，质押额度有效期自2017年10月31日至2018年11月2日；质权人应妥善保管、保养和维护好质物，主合同约定的债务全部清偿后，质权人将其保管的质押权利凭证退还给出质人；债务履行期限届满前，依法、依质物性质或依约定应提前实现质物项下权利的，出质人授权质权人有权直接处分质物并以所得款项偿还担保债务。2017年11月2日，双方签订《综合授信合同》，约定综合授信额度为1亿元，综合授信额度的使用期限自2017年

* （2021）赣民终114号。

11 月 2 日至 2018 年 11 月 2 日。2018 年 4 月 26 日至 8 月 2 日，双方签订十份《银行承兑协议》，九江银行据此向江西升华公司出具 10 张银行承兑汇票，金额共计 7459 万元。为此，江西升华公司将包含案涉 33 张电子商业承兑汇票在内的 68 张票据质押给九江银行。案涉票据票面金额合计 70 645 142. 60 元，其中 9 张票据的到期日为 2018 年 10 月 17 日，4 张票据的到期日为 2018 年 11 月 5 日，20 张票据的到期日为 2018 年 10 月 5 日。2018 年 10 月 26 日前，江西升华公司清偿了十份《银行承兑协议》项下全部债务。案涉票据因未在票据到期日前解除质押，无法在电子商业汇票系统中操作解押退还。2018 年 11 月 16 日，九江银行依江西升华公司指示在电子商业汇票系统向出票人提示付款，出票人拒绝付款。2019 年 10 月 9 日，九江银行在电子商业汇票系统向出票人发起追索，至判决之日票据状态为“拒付追索待清偿”。江西升华公司诉称：其将案涉 33 张电子商业承兑汇票质押给九江银行，九江银行未在主债务清偿完毕且质押期间届满后退还票据，且因未履行按期提示付款的保管义务，导致案涉票据也不能通过向前手行使拒付追索权的方式变相退还，九江银行的违约行为造成其丧失案涉票据及票据权利，应按票面金额及自票据到期日起按同期银行贷款利率计算的利息向其赔偿损失。九江银行辩称：提示付款是行使票据权利而非履行保管义务。其未违约，且积极配合江西升华公司处置案涉票据。案涉票据不能解押退还，是因票据到期后客观上在电子商业汇票系统无法操作造成的，而非其主观上不同意退还，其不应承担赔偿责任。本案的争议焦点为：九江银行在履行质押合同过程中是否存在违约行为，应否向江西升华公司承担赔偿责任，如果应当承担赔偿责任，赔偿损失的数额如何认定。

二、撰写心得

（一）查清事实，准确适用法律，裁判结果正确

一篇优秀的裁判文书必须是一篇裁判结果正确的文书，而要做到这一点，必须做到事实清楚、适用法律正确。一是关于查清事实。查清案件事实是准确适用法律和正确处理案件的前提。本案中，案涉电子商业承兑汇票的状态直接关系着案涉票据的权利状态及票据权利人如何救济自己的权利，而案涉电子商业承兑汇票的状态并不能通过纸质卷宗材料适时呈现。为此，承办人与九江银行沟通后确定由其工作人员用账号登录进入上海票交所电票系统，在双方当事人在场的情况下，远程连接银行工作人员的电脑，银行工作人员

根据当事人及法院的要求在上海票交所电票系统操作，远程展示案涉票据状态的相关页面，法院据此查明新的案件事实。二是关于准确适用法律。本案为电子商业承兑汇票质押合同纠纷，涉及电子商业承兑汇票到期后电票系统无法操作解押退票如何处理的问题。我国《票据法》于1995年制定、2004年修改，并无电子票据的相关规定。当前，与电子票据相关的立法主要是中国人民银行制定的规章。在纸票时代背景下制定的《票据法》，对本案相关争议问题并未作出明确规定。为了准确适用法律，承办人不仅查阅了票据法、物权法关于票据质押的相关法律规定，还查阅了中国人民银行发布的《电子商业汇票业务管理办法》《中国人民银行关于发布电子商业汇票系统相关制度的通知》等，认真通读了票据法教材，检索并查阅票据纠纷的理论文章和类案。此外，为了弄清电子商业承兑汇票的实务操作问题，承办人致电上海票据交易所相关工作人员了解相关情况。在查清事实、全面了解电票操作实务、准确理解适用法律的基础上，依法妥善处理本案，确保裁判结果正确。

（二）格式正确，语言规范精练，条理清晰，逻辑严密，说理充分

1. 关于格式正确。撰写本裁判文书时，按照最高人民法院发布的《民事诉讼文书样式》的要求，做到要素齐全、结构完整、格式正确。

2. 关于语言规范精练。法院依法行使审判权，裁判文书系法院审判的产品，必须体现司法的严肃性，故裁判文书中的语言必须规范。同时，裁判文书作为法院行使公权力的正式文书，行文风格须简明扼要，表意须清晰。对当事人诉辩意见、举证质证意见，不能照搬照抄，须进行归纳总结，做到既简明扼要又能全面精准表达当事人的意思，避免语言冗长、词不达意。对当事人诉辩意见中的口语化表达须修改为正式的法言法语，当事人诉辩意见中的疑问句须修改为陈述句，并对病句予以修改。对当事人带有攻击性的语言，不宜在裁判文书中载明。

3. 关于条理清晰、逻辑严密。无论是对当事人诉辩意见的归纳还是“本院认为”部分的说理分析，均须做到层次分明、条理清晰。一篇优秀的裁判文书就是结合事实和法律进行严密逻辑推理的产品。因此，说理时要围绕争议的问题，结合案件事实、法律适用等逐一分析论证，层层递进，通过逻辑演绎，得出裁判结论。裁判文书的说理就像是写议论文，论点要鲜明，论据要充分，逻辑要严密，要有理有据。

4. 关于说理充分。司法裁判应做到以事实为依据、以法律为准绳，裁判文书的说理须做到以基本事实为出发点，结合法律规定，阐明法理、事理、情理。一是要准确归纳当事人的争议焦点，围绕当事人的争议焦点，逐一分析论证。二是要在裁判文书中将法官对事实的认定、对法律的理解以及法官内心确信通过裁判文书予以全面展现，充分阐释，释法析理充分透彻，让当事人看得清楚、读得明白。电子商业承兑汇票对于普通百姓而言，比较陌生，为了论证提示付款是否为质权人的保管义务，本裁判文书结合日常生活中常见的质物鲜活易腐产品举例说明提示付款是处分质押财产的行为而非保管质押财产的行为，通俗易懂。

（三）稳妥审理新类型案件，确立裁判规则，指导类案裁判

伴随信息时代电子商务的发展，从传统票据蜕变出电子票据。电子票据代表着 21 世纪支付结算工具的发展方向。随着电票优势的凸显和国家金融部门鼓励使用电票政策的实施，电票在票据市场中的占比越来越高，电票时代已经到来。立法滞后于实践，我国对电子票据的立法尚不完善。本案就是电票领域的新类型案件，无先例可循，无明确的法规可依。稳妥审理新类型案件对社会发展与法治进步具有重大意义。处理新类型案件不仅要关注当事人的权利义务，还要置身于社会治理角度整体审视。通过新类型案件的审理，确立新类型案件的裁判规则，在实现定分止争的同时，还要实现审理一案治理一片。通过依法稳妥审理新类型案件，确立裁判规则，引领电票交易行为，规范电票票据市场。

（四）弘扬社会主义核心价值观，发挥司法裁判的价值引领作用

一篇优秀裁判文书的价值不仅在于化解一个矛盾纠纷，还在于阐释法治精神，弘扬社会主义核心价值观，对社会发挥价值引领作用。本裁判文书凸显了诚信原则，在论证提示付款是否为诚信原则衍生的质权人应承担的合同义务时，结合诚信原则衍生的合同义务类型及法律规定，认定九江银行不负有主给付义务，但负有协助江西升华公司在电子商业汇票系统操作提示付款的义务，江西升华公司应秉持诚信原则及时通知九江银行在电子商业汇票系统协助其操作提示付款。在论证电子商业承兑汇票不能兑付的风险由谁承担时，结合市场交易的现状，提出应遵循公平原则并防范可能出现的社会道德风险，充分发挥裁判文书的价值引领作用。

（五）积极回应当事人的诉求，指明当事人的救济路径

一篇优秀裁判文书不仅要旗帜鲜明地阐明法官或法院的观点，对于当事人的主张是否成立，也应积极予以回应。唯有此，才能让当事人输得明白。同时，在败诉当事人的权利仍有救济必要时，还应指明救济路径，真正实现定分止争。本案中，九江银行在主债务清偿完毕且质押期间届满后已无继续占有案涉票据的法律依据，根据电票规则，案涉票据不能由九江银行在电子商业汇票系统操作解押退还，造成案涉票据的实际权利状态与电子商业汇票系统记载的权利状态不符。九江银行对案涉票据享有票据权利，对其权利有必要予以救济。虽然其主张九江银行赔偿其损失的救济方式于法无据，但是，还有其他救济方式，因此，在裁判文书中指明了多种救济路径，并明确了九江银行及相关机构的协助配合义务。

（吴玉萍，江西省高级人民法院法官）

三、专家评析

（一）本案为新类型案件，该裁判文书对电子商业承兑汇票到期后电票系统无法操作解押退票的争议如何处理，具有典型指导意义

我国《票据法》于1995年制定、2004年修改，并无电子票据的相关规定。当前，与电子票据相关的立法主要是中国人民银行制定的规章。在纸票时代背景下制定的《票据法》对于电票纠纷的解决，明显供给不足。电子商业承兑汇票在质权人因质押而占有期间到期，质权人是否负有提示付款的义务，现行法律未作出明确规定，市场交易中对于该类问题如何处理也未形成交易习惯。在当事人未作出明确约定时，提示付款是否为质权人保管质押财产的义务范畴，出质人未主动操作提示付款是否构成违约。另外，质权人在主债务履行完毕依法应向出质人退还质押财产，在以纸质商业承兑汇票质押时，主债务履行完毕后可通过直接交付的方式退还，而在以电子商业承兑汇票质押时，根据《电子商业汇票业务处理手续》，自电子商业承兑汇票到期之日起，质权人不能操作质押解除业务，若票据逾期提示付款，质权人亦不能通过向前手行使拒付追索权的方式变相退票。由此可见，电子商业承兑汇票会因电票规则限制在主债务履行完毕后无法解押退票。此时，质权人的行为是否构成违约？逾期提示付款造成不能变相退票的后果应否归责于质权人？出质人是否丧失了票据权利并有权向质权人主张赔偿损失？出质人的权利该如何救济？以上问题在现行《票据法》中均无明确规定，本案判决书结合个案对以上问题作出了解答，对类案具有指导意义。

（二）该裁判文书文字简明精练，条理清晰，逻辑严密，说理充分透彻，阐释了法治精神，弘扬了社会主义核心价值观，是裁判文书中的精品

在“事实认定”部分，将当事人的举证质证意见及法官的认证意见充分呈现，在分析认证部分有理有据，充分展现法官的内心确信过程。在“本院认为”部分，结合法律、法理、事理、情理等对争议问题及其关联问题逐一分析论证，层次清晰，逻辑严密，说理透彻。在论证提示付款是否为质权人的保管义务时，结合日常生活中常见的质物举例说明提示付款是处分质押财产的行为而非保管质押财产的行为，通俗易懂。在论证提示付款是否为诚信原则衍生的质权人应承担的合同义务时，结合诚信原则衍生的合同义务类型及法律规定充分分析论证，凸显了诚信原则，弘扬了社会主义核心价值观。在论证电子商业承兑汇票不能兑付的风险由谁承担时，结合市场交易的现状，提出应遵循公平原则并防范可能出现的社会道德风险，充分发挥裁判文书的价值引领作用。

（三）明确指明败诉当事人的救济途径

虽未支持江西升华公司主张赔偿损失的诉讼请求，但是，针对案涉票据不能由九江银行在电子商业汇票系统操作解押退还的情况下江西升华公司的权利如何救济，指明了多种救济路径，并明确了九江银行及上海票据交易所的协助配合义务。

（点评人：龚雪林，江西省高级人民法院民二庭庭长）

（2021）赣民终 114 号裁判文书原文

第十三章　执行异议之诉

30. 防城港务集团有限公司与广西桂建房地产有限责任公司等案外人执行异议之诉案*

【关键词】

执行异议之诉　股权转让　人格混同　规避执行

【裁判要旨】

人民法院对登记在案外人名下财产采取执行措施，该案外人提起执行异议之诉的，审理中应对该执行财产的来源及流转的基础法律关系进行实质审查。在案外人获取该财产缺乏合法有效的债权债务关系，与案外人交易的相对方和被执行人存在关联关系，且被执行人存在规避执行行为的情况下，应否定该财产权属关系，作为被执行人的责任财产予以执行。

一、简要案情

2017年6月30日，最高人民法院作出（2017）最高法民终52号终审判决，判决广西联壮投资集团有限公司（以下简称联壮公司）、柳州市泛宇投资有限责任公司（以下简称泛宇公司）、柳州市尔海房地产开发有限公司（以下简称尔海公司）、覃某1、覃某2、覃某3向广西桂建房地产有限责任公司（以下简称桂建公司）承担违约责任。判决生效后桂建公司向一审法院申请执行。一审法院在执行过程中，发现被执行人联壮公司、覃某1、覃某2涉嫌拒不履行生效判决、裁定罪，移送公安机关侦查。公安机关向一审法院发出《工作联系函》，认为覃某1利用其控制的秉泰公司对公账户，转款共计5000万元至防城港务集团有限公司（以下简称防港集团）账户，有逃避执行重大嫌疑。后一审法院向防港集团送达执行裁定书，冻结、扣留、提取秉泰公司

* （2020）桂民终147号。

转到防港集团的股份定金和履约保证金共计 5000 万元至一审法院账户。防港集团提出执行异议，一审法院审查后裁定驳回防港集团的异议。防港集团遂提起执行异议之诉。

2018 年 6 月 28 日，防港集团与广西秉泰投资有限公司（以下简称秉泰公司）签订《备忘录》，就秉泰公司意向收购防港集团所持有的股权进行约定，由防港集团对股权进行挂牌出售，秉泰公司向防港集团支付 1000 万元作为股权收购的定金，4000 万元作为股权收购履约保证金。如秉泰公司未报名或参与竞拍，所缴纳的 1000 万元定金及 4000 万元履约保证金不予退还。后转让项目公告期满，秉泰公司未报名参与竞拍。防港集团作出《关于执行〈股权转让意向协议〉的函》，函告秉泰公司构成违约，罚没该公司缴纳的 1000 万元定金和 4000 万元履约保证金。秉泰公司收到该函件后未予回应。

防港集团是国有企业。联壮公司、尔海公司、泛宇公司、秉泰公司、广西象州尔海房地产开发有限公司（以下简称象州尔海）、广西象州县恒森林业开发有限公司（以下简称象州恒森）、广西象州县恒泰矿业有限公司（以下简称象州恒泰）、柳江华腾房地产开发有限公司（以下简称柳江华腾）、柳州市天大房地产开发有限公司均与覃某 1 有关。覃某 1、覃某 2、覃某 3、覃某 4 等是亲属关系。

秉泰公司的银行流水显示，金投物业公司向秉泰公司转入联壮公司放弃华腾公司股权补偿款 4000 万元。其他关联公司及人员有大量转账。覃某 1 在接受公安机关讯问时表示，广西金投贷款给覃某 1 的贷款转入秉泰公司账户后，秉泰公司转入防港集团。李某某（联壮公司员工、秉泰公司股权收购受托人）在接受公安机关讯问时表示：秉泰公司实际控制人是联壮公司董事长覃某 1。

综合案件事实，案件争议的核心问题为防港集团对涉案 5000 万元是否享有排除强制执行的民事权益。一审、二审判决认为被执行人存在规避执行的行为，均驳回了防港集团的诉讼请求。

二、撰写心得

本案在审理及判决书的撰写过程中，合议庭进行了多次讨论。对事实认定和法律适用问题进行了充分的分析判断，在本案的判决书中有明显的体现。

（一）关于本案文书体例问题

本判决书严格按照最高人民法院下发的裁判文书样式进行书写，同时结合了执行异议之诉本身的案件特点。对于案件的复杂性和释法说理都有考量。易于他人对本案的案情及判决的认定情况进行充分的理解。法官助理、书记员对文书整理、校对都做了很多工作。

（二）本案的事实和法律适用问题

本案主要涉及的是人民法院是否可执行案外人名下财产。一般来说，执行案外人名下财产需要否定案外人取得财产的合法依据。这就存在撤销权之诉与执行异议之诉的程序冲突问题。对于案外人通过合同等行为取得财产权属，即便是存在可撤销的条件，一般应当通过撤销权之诉撤销合同行为，将财产恢复到被执行人名下才能执行。但本案中，案外人取得财产缺乏合法的行为，且被执行人与案外人存在人格混同，双方具有明显的逃避执行的行为。为了打击逃避执行行为，减少当事人的诉累，本案中对于案外人的财产关系进行了否定性认定。

就本案而言，被执行人为联壮公司等六被执行人，实际提取的是防港集团账户中的资金，该资金由秉泰公司支付，而秉泰公司的该资金由联壮公司等公司股东、员工向其转入。即涉案5000万元的所有权主体发生了两次变化。一般情况下，金钱系种类物，原则上占有即所有。防港集团账户中的资金应系其合法财产，又因其并非本案被执行人，故本案中如要否定防港集团对涉案5000万元享有排除强制执行的民事权益，应当查明以下四个方面的事实：（1）防港集团没收秉泰公司涉案5000万元是否有合法根据；（2）秉泰公司与各被执行人之间是否存在合法有效的债权债务关系；（3）秉泰公司与各被执行人之间是否存在人格混同；（4）涉案5000万元的资金流转是否属于恶意规避执行的行为。具体分析如下：（1）关于防港集团没收秉泰公司涉案5000万元是否有合法根据的问题。首先，防港集团所持有的防港晶源75.273%股权为国有资产。防港集团在转让所持有的防港晶源75.273%股权之前，已经私下先与秉泰公司签订《备忘录》和《意向协议》。防港集团没有通过产权交易机构公开披露信息、征集受让方，而是私下先行向秉泰公司披露案涉股权转让信息，并在与秉泰公司签订《备忘录》和《意向协议》后，按照双方的协议约定启动评估、审批、进场挂牌公开交易等国有资产转让程序。实际上是以公开挂牌交易的形式掩盖私下直接交易的目的，侵害了不特定主体同等条件下参与竞买的权利，损害了社会公共利益。其次，防港集团并未就上述股权转让与秉泰公司发生真实交易，在并未发生任何股权变动的情况下，以没收名义获利5000万元，不符民事经营活动的公平原则。防港集团应当将涉案5000万元返还给秉泰公司。(2)关于秉泰公司与各被执行人之间是否存在合法有效的债权债务关系的问题。在本案中，各被执行人及秉泰公司均未提出秉泰公司与各被执行人之间存在合法有效的债权债务或者交易关系的主张及其他证据。根据秉泰公司619××××××294账号银行流水，涉案5000万元是在本案执行程序中，在无合法有效的债权债务或者交易关系的前提下，由联壮公司等公司股东、员工，通过多次转账的方式转入秉泰公司的账户后（特别是在执行程序中，覃某1以放弃柳江华腾房地产开发有限公司股权转让款4000万元，由金投物业直接转给秉泰公司），再由秉泰公司转入防港集团。秉泰公司收取涉案5000万元缺乏合法依据，没有财产变动的基础事实。(3)关于秉泰公司与各被执行人之间是否存在人格混同的问题。根据工商登记及本案审理情况，联壮公司、尔海公司、泛宇公司、秉泰公司、象州尔海、象州恒森、象州恒泰、柳江华腾、柳州市天大房地产开发有限公司均与覃某1有关。覃某1、覃某2、覃某3、覃某4等是亲属关系。根据工商登记和公安机关《讯问笔录》记载，参与资金流转的公司、股东或员工都由覃某1实际控制。各被执行人与秉泰公司之间存在明显的关联关系、滥用控制权、财务混同、利益相互输送的情况。秉泰公司与各被执行人之间存在人格混同。(4)关于涉案5000万元的资金流转是否属于规避执行行为的问题。结合前述分析及本案执行情况，在本案执行过程中，覃某1等人非但未履行人民法院判决确认的义务，反而利用秉泰公司，将未被执行机构发现的涉案5000万元资金转出给防港集团并未获得相应对价，具有明显的转移财产、规避执行的目的。因此，在民事执行上，就涉案5000万元的资金流转应认定为转移财产、规避执行的行为。

（周家开，广西壮族自治区高级人民法院法官）

三、专家评析

执行异议之诉是民事案件中法律关系较为复杂的案件类型。其中涉及案外人权利、性质认定及与申请执行人权利比较，最终确定是否终止或者继续执行。对于执行财产权属的判断原则上是以物权相关法律规定为依据。在案外人已经取得物权的情况下，为保障交易秩序，一般债权人需要通过撤销权之诉等阻断案外人物权取得的原始法律关系，使执行财产权属恢复到被执行人名下，继而再予执行。但在执行实践中如果存在被执行人通过各种方式转移责任财产，企图逃避执行的情形，为打击此种逃避执行行为，保证执行效率与权威，减少当事人的诉累，有必要在执行异议之诉中一并予以处理，做好申请执行人权利与案外人正当交易秩序的平衡保护，防止机械司法，偏离司法为民的根本理念。本案执行财产是秉泰公司支付给防港集团的5000万元保证金。二审通过对防港集团没收秉泰公司涉案5000万元是否有合法根据、秉泰公司与各被执行人之间是否存在合法有效的债权债务关系、秉泰公司与各被执行人之间是否存在人格混同等问题进行分析，通过大量证据认定涉案5000万元的资金流转属于恶意规避执行的行为，以事实为依据，以法律为准绳，做到了申请执行人权利与案外人正当交易秩序的平衡保护。

本案是较为复杂的执行异议之诉案件。二审在一审判决的基础上，对案件的前因后果，当事人之间的关联情况，财产的流转情况进行了详细查明。在法律适用上，对于国有资产交易、民事合同效力、关联公司人格财产混同、逃避执行行为等法律关系进行了充分的释法说理，涉及诸多法律要点。在文书撰写上，按照民事判决书的样式，列证据、定事实、广说理，采用三段论的思维逻辑，对于法律关系的分析层层递进，充分论证了判决结果。虽然存在些许文字、标点符号瑕疵问题，但不可否认是一份典型的、具有参考价值的民事判决书。

（点评人：韦伟强，广西壮族自治区高级人民法院执行裁判庭二级高级法官，广西壮族自治区审判业务专家）

（2020）桂民终147号裁判文书原文

31. 中原银行股份有限公司驻马店分行与河南新蔡农村商业银行股份有限公司等案外人执行异议之诉案*

【关键词】

执行异议之诉　书写错误的认定与处理　担保物权　质权　保证金

【裁判要旨】

司法实践中，对于当事人主张是书写错误问题的认定与处理，应根据当事人的约定、交易习惯、实际履行情况及法律规定等综合进行判断，同时亦应考虑是否存在危及交易安全的情形。

金钱债权执行中，案外人主张其就保证金账户内的资金享有质权，请求排除执行，符合下列条件的应予支持：（1）签订有书面的质押合同；（2）设立专门的保证金账户且已特定化，账户内的资金独立于其他资金；（3）保证金账户由债权人实际控制。

一、简要案情

2013 年 11 月 11 日，中原银行股份有限公司驻马店分行（以下简称中原银行驻马店分行）与河南东方天中伟业实业有限公司（以下简称天中伟业公司）签订个人商业用房贷款合作协议，约定中原银行驻马店分行为天中伟业公司开发的“上河城项目”提供按揭贷款，合作期限三年。天中伟业公司在中原银行驻马店分行设立尾号为 3021 的售房款专用账户，并设立尾号为 5016 的保证金账户，约定保证金账户资金由中原银行驻马店分行监督管理。2017 年 1 月 20 日，中原银行驻马店分行与天中伟业公司签订商品房按揭贷款银企合作协议，约定中原银行驻马店分行为天中伟业公司开发的“上河城项目”提供按揭贷款。天中伟业公司在中原银行驻马店分行设立尾号为 3021 的商品房按揭贷款资金结算专用账户，借款人所支付的首期房款和中原银行发放的贷款均须存入该账户。天中伟业公司在中原银行驻马店分行处设立保证金账

* （2021）豫 17 民终 3443 号。

户，天中伟业公司按照中原银行驻马店分行发放每笔贷款金额的10%缴纳保证金。2017年1月20日，中原银行驻马店分行与天中伟业公司签订最高额保证金质押合同，合同显示：保证金账户户名为河南东方天中伟业实业有限公司，尾号为3021。

因驻马店市瑞晟农业科技有限公司（以下简称瑞晟农业公司）在河南新蔡农村商业银行股份有限公司（以下简称新蔡农商行）处借款2800万元到期未归还，新蔡农商行向新蔡县人民法院提起诉讼，请求瑞晟农业公司及担保人天中伟业公司等偿还借款本金及利息，新蔡县人民法院于2019年12月6日作出（2019）豫1729民初7328号民事调解书，确认由瑞晟农业公司按期偿还本金及利息，到期未足额还款，由天中伟业公司用其名下房产偿还，天中伟业公司等担保人对上述债务承担连带责任。因瑞晟农业公司、天中伟业公司等未按调解书确定的内容履行义务，新蔡农商行向新蔡县人民法院申请强制执行，并冻结了案涉尾号为5016账户内的资金，并扣划该账户内的资金3 195 301.9元。中原银行驻马店分行提出执行异议被裁定驳回，遂提起本案异议之诉。

中原银行驻马店分行向一审法院起诉请求：请求法院停止对天中伟业公司名下中原银行尾号为5016账户内款项的处置，返还从该账户扣划的3 195 301.90元，并解除对该账户的冻结措施。事实与理由：尾号为5016的账户系其行与天中伟业公司约定的按揭贷款保证金账户，该账户已经特定化，且由其行控制，2017年质押合同中的保证金账户应为尾号为5016的账户，书写为尾号为3021账户系其行工作人员笔误所造成。

新蔡农商行答辩称：中原银行驻马店分行主张的保证金账号是尾号为5016账户与双方签订的合同约定不符，天中伟业公司并不认可，中原银行驻马店分行所称的笔误不能对抗其他当事人。

天中伟业公司答辩称：其公司与中原银行驻马店分行签订的银企合作协议、最高额保证金质押合同约定得很明确，保证金账户是尾号3021的账户，中原银行驻马店分行所称的笔误没有依据。

本案争议的主要问题是：（1）案涉2017年的合作协议是否存在保证金账户书写错误的情形，案涉保证金账户是尾号3021账户还是尾号5016账户；（2）在三年的贷款合作期限届满后，中原银行驻马店分行对保证金所享有的质权是否消灭，中原银行驻马店分行对案涉资金是否享有足以排除强制执行的民事权益，是否应判决停止对案涉资金的强制执行。

一审法院认为：2013年11月11日，中原银行驻马店分行同天中伟业公司签订个人商业用房贷款合作协议中虽然约定贷款保证金账户尾号为5016，但双方合同中约定3年有效期限，该期限2016年11月10日合同履行期满，中原银行驻马店分行对该账户内的资金已经不享有质权。2017年1月20日，中原银行驻马店分行同天中伟业公司签订的最高额保证金质押合同约定天中伟业公司保证金账户为尾号为3021，并非中原银行驻马店分行主张的保证金尾号为5016的账号。故对中原银行驻马店分行请求停止对天中伟业公司名下中原银行账尾号5016账户内款项的处置，返还从该账户扣划的3 195 301.9元，并解除对该账户的冻结措施的诉讼请求，不予支持，判决驳回中原银行驻马店分行的诉讼请求。

二审认为：（1）本案中，2013年贷款合作协议中约定的合作期限虽然已经届满，但根据设立保证金账户的目的及《民法典》第393条规定，在本案主债权未消灭、担保物权未实现、债权人未放弃担保物权、无证据证明本案存在法律规定担保物权消灭的其他情形的情况下，一审判决认定中原银行驻马店分行对尾号为5016保证金账户的资金的质权已经消灭错误，予以纠正；（2）根据双方的约定、实际履行情况、交易习惯等情形来判断，2017年质押合同中所显示的保证金账户为尾号3021的账户系工作人员书写错误所致。尾号为5016的账户完全符合双方2017年1月20日《最高额保证金质押合同》第5条第1项、第2项、第5项约定的以及法律规定的保证金账户特定化、账户内的资金独立于其他资金、保证金账户由债权人中原银行驻马店分行控制、债权人中原银行驻马店分行可以根据约定的条件扣划资金等保证金账户的特征，而3021账户则不符合上述特征，中原银行驻马店分行对尾号为5016的账户内的资金享有质权，其主张停止对案涉尾号为5016的账户内的资金的执行符合法律规定。综上，二审判决：一、撤销新蔡县人民法院（2021）豫1729民初2015号民事判决；二、不得执行河南东方天中伟业实业有限公司在中原银行股份有限公司驻马店分行尾号5016账户内的资金；三、驳回中原银行股份有限公司驻马店分行的其他上诉请求及诉讼请求。

二、撰写心得

裁判是一种说理的艺术，裁判文书不仅是给当事人一个裁判结果，更多的是对案件审理过程的展现、对案件事实的分析认定、对案件所作的合法合情的评判，更是对裁判结果的全方位论证。

（一）准确认定案件事实是裁判文书说理的基础

查清案件事实是正确处理纠纷的前提，也是裁判文书说理的基础。为达到实质性化解矛盾纠纷和案结事了的目标，案件审理过程中，法官应当积极行使释明权，引导当事人进行充分举证，穷尽一切手段，尽可能地查明案件事实。在撰写裁判文书时，不应简单地对案件事实进行罗列，而是应当把认定案件事实的依据及认证过程充分阐述清楚。

本案中，主要争议的事实问题是案涉2017年的合作协议是否存在保证金账户书写错误的情形，案涉保证金账户是尾号3021账户还是尾号5016账户。判决书针对上述问题，从日常经验、当事人的约定、交易习惯、实际履行情况等5个方面进行分析、判断，认真探究当事人签订合同时的真实意思，以当事人的真实意思表示为标准来认定案件事实，也是遵循了当事人意思自治的民法基本原则。

（1）在日常生活和经济往来中，当事人书写错误的情形并不少见，因本案存在两个账户，亦存在有误写的可能。（2）2013年11月11日，中原银行驻马店分行与天中伟业公司签订的个人商业用房贷款合作协议第7条将尾号3021账户约定为贷款发放、售房款收入账户，第9条将尾号5016账户约定为保证金账户。（3）本案2013年合作协议与2017年合作协议均是发生在中原银行驻马店分行和天中伟业公司之间，均是为同一项目提供按揭贷款，两份合作协议具有延续性，在双方对相关账户的性质已经作出明确约定并实际履行的情况下，似无再对原有账户进行变更并重新约定的必要。（4）中原银行驻马店分行、天中伟业公司于2017年1月20日签订的商品房按揭贷款银企合作协议第5条第4项约定尾号3021账户为贷款资金结算账户。从上述合同约定来看，双方既将尾号3021账户约定为日常结算账户，又将尾号3021账户约定为保证金账户，还约定尾号3021账户不得作为日常结算账户使用，双方关于上述账户性质的约定相互矛盾，关于尾号3021账户性质的约定又与保证金账户管理的约定相互矛盾。（5）中原银行驻马店分行提交的尾号5016账户客户明细对账单显示客户名称：中原银行保证金—河南东方天中伟业实业有限公司。2017年商品房按揭贷款银企合作协议、《最高额保证金质押合同》签订后，尾号5016账户内共发生74笔业务，除被平舆县人民法院强制扣划转出6笔后又返还的6笔、因本案被新蔡县人民法院强制扣划1笔、被中原银行扣划5笔外，其余56笔均为转入资金。中原银行驻马店分行提交的尾号3021账户客户明细对账单显示：2017年1月20日商品房按揭贷款银企合作协议、《最高额保证金质押合同》签订后，自 2017 年 1 月 22 日至 2021 年 9 月 21 日，尾号 3021 账户内共发生 1500 余笔资金转入、转出业务。从上述事实可以看出，尾号 5016 账户完全符合双方 2017 年《最高额保证金质押合同》第 5 条第 1 项、第 2 项、第 5 项约定的以及法律规定的保证金账户特定化、账户内的资金独立于其他资金、保证金账户由债权人中原银行驻马店分行控制、债权人中原银行驻马店分行可以根据约定的条件扣划资金等保证金账户的特征，而尾号 3021 账户则不符合上述特征。

综上分析，2017 年 1 月 20 日商品房按揭贷款银企合作协议范围内按揭贷款的保证金账户应为尾号 5016 账户。中原银行驻马店分行关于将保证金账户写成尾号 3021 账户系笔误的辩解意见成立，予以采信。

（二）判决书应对所适用的法条进行充分释明和解读

因法条本身具有的抽象性、个体之间法律素养的差异等原因，对法条的理解容易产生偏差。本案中，一审法院之所以认定贷款合作协议约定的 3 年合作期限到期后，中原银行驻马店分行对于保证金账户资金所享有的质权消灭，即因为对于《民法典》第 393 条理解错误所导致。实质上，第 393 条规定的担保物权的消灭原因属于法律强制性规定，只有法定的担保物权消灭情形出现，担保物权才能消灭。撰写裁判文书时，法官对所适用的法条有进行充分释明和解读的义务，通过释明和解读，一方面可以说明适用法律的理由，另一方面还可以起到法治宣传作用。本案中，对于涉及的法条均进行了充分释明和解读，起到了很好的释法明理效果。

（三）判决书应当逻辑严密

好的判决书应当做到逻辑严密，没有明显的逻辑漏洞。撰写判决书时，应当对判决书的整体逻辑问题反复进行推敲，避免不必要的逻辑漏洞产生，力争达到无懈可击的效果。本案中，虽然当事人没有提出如果认定书写错误是否会对交易安全产生影响的问题，但从判决结果论证的逻辑性来讲，应对该问题进行阐述，故判决书将该问题专项列出并进行了充分阐述，避免了逻辑漏洞的出现。

（四）判决书要起到引领社会行为和社会风尚的作用

司法裁判在运用法律对案件事实本身作出是非判断和处理的同时，也展现出社会对于当事人行为的评判，即明确对当事人行为进行否定还是褒扬。作为法官，在作出判决结果和撰写判决书时，应有通过判决来引领社会行为和社会风尚的意识，对当事人的行为进行旗帜鲜明的评价，通过判决向社会公众传递明确的信息，引领社会公众作出正确的行为选择。本案判决书中明确写明：中原银行驻马店分行的误写行为虽然未对交易安全造成影响，但办理业务的工作人员在工作中应当勤勉尽职，避免误写情形的出现。因中原银行驻马店分行工作人员的误写行为亦是引起本案争议的原因之一，应当由中原银行驻马店分行承担本案部分的案件受理费，以示警示。判决书通过否定中原银行驻马店分行工作人员的书写错误行为，并判决中原银行驻马店分行承担一定的案件受理费作为警示，以期能够起到警醒和引领社会公众勤勉尽职的效果。

以上是笔者对于文书撰写的一点浅显认识，不足之处，敬请斧正。

（王建峰，河南省驻马店市中级人民法院法官）

三、专家评析

裁判文书记载了人民法院审理案件的过程和结果，承担着向当事人及社会公众传达有关诉讼过程、裁判结果和裁判理由的责任。裁判文书的质量能够反映出法官的理论素养、专业知识、司法水平、表达能力和工作作风。作为法官，应当高度重视每一篇裁判文书的撰写，通过一篇篇优秀的裁判文书来传递公平正义，展现人民法院、人民法官的良好风貌。

（一）优秀裁判文书要做到说理充分，论证严密

法学思维是论证的思维、说理的思维。本篇裁判文书说理充分、透彻，逻辑严密。裁判文书从已经查证的案件事实、法律规定和法学理论的角度，进行了有根据并有说服力的论证，将法官的心证过程以及判决结果的形成过程全面、充分公开，最后得出令人信服的判决结论。尤其是对于当事人是否存在书写错误问题，裁判文书从日常经验、当事人的约定、交易习惯、实际履行情况等5个方面进行充分的分析、论证，最终得出中原银行驻马店分行将保证金账户写成尾号3021账户系笔误的结论，将整个论证过程完整地展现出来，令人信服。此外，因书写错误往往会向第三人和社会传递一种错误信息，影响交易安全。因此，裁判文书又对“在保证金账户存在误写的情况下仍认定中原银行驻马店分行取得质权，是否危及交易安全问题”进行了论述，使整个裁判文书逻辑更加严密，也体现出法官逻辑思维的缜密。

（二）优秀裁判文书要做到适用法律正确，起到释明法律的作用，并说明裁判所依据的法律规范以及适用法律规范的理由

本篇裁判文书涉及的法条较多，但裁判文书对于每个法条均进行了清晰、精准的解读，尤其是对法条与本案案件事实的结合、适用方面进行了阐述，读过之后，能够对本案为何适用该法条有一个清晰的认识，体现了法官较高的法学素养和法律认知水平。

（三）优秀裁判文书要树立一种价值导向，促进社会发展

近年来，最高人民法院积极践行和弘扬社会主义核心价值观，先后印发了《最高人民法院关于在人民法院工作中培育和践行社会主义核心价值观的若干意见》《最高人民法院关于深入推进社会主义核心价值观融入裁判文书释法说理的指导意见》等规范性文件，引导广大法官正确运用社会主义核心价值观释法说理，充分发挥司法裁判在国家治理、社会治理中的规则引领和价值导向作用。本篇裁判文书在撰写时，已经树立、践行了这种意识。裁判文书对中原银行驻马店分行工作人员的书写错误行为给予否定性评价，并让中原银行驻马店分行承担一定的案件受理费予以警示，传递了倡导勤勉尽职、爱岗敬业的价值导向。

（点评人：邹波，河南省驻马店市中级人民法院院长、二级高级法官，河南省审判业务专家）

（2021）豫 17 民终 3443 号裁判文书原文

第二编　知识产权和竞争类

第一章　著作权权属、侵权

32. 北京人民艺术剧院与上海聚力传媒技术有限公司侵犯著作权纠纷案*

【关键词】

表演者权　演出单位　删除权利管理信息　消除影响民事责任

【裁判要旨】

根据2010年《著作权法》第37条第1款规定，表演者包括演员和演出单位，演出单位享有涉案表演者权中的财产性权利以及“表明表演者身份的权利”等人身性权利。为配合2020年4月28日生效的《视听表演北京条约》，2020年《著作权法》相应地对表演者的相关规定进行了修改，演出单位不再是表演者权的权利人，不再享有表演者权利中的人身性权利，但由于法律同时创设了职务表演制度并强化了对表演权利管理信息的保护，故演出单位可以依照职务表演制度获得表演者权中的经济性权利，并通过表演权利管理信息对外彰显权利人身份。针对身份的标注依据2010年《著作权法》属于表明表演者身份的范畴，而依据2020年《著作权法》则属于表演权利管理信息的范畴。新旧著作权法虽然对演出单位权利的保护方式有所不同，但针对删除上述信息、割裂演出单位与演出作品之间联系的行为均规定属于

* （2021）京73民终1723号。

侵权行为，应承担民事责任。

一、简要案情

话剧《窝头会馆》是北京人民艺术剧院（以下简称北京人艺）排演的经典话剧节目之一，是我国话剧表演历史上的经典之作。在话剧《窝头会馆》演出过程中，北京人艺同时将话剧《窝头会馆》录制为录像制品。上海聚力传媒技术有限公司（以下简称上海聚力公司）运营“PP视频”，未经许可在“PP视频”网站上提供《窝头会馆》完整话剧演出录像视频，同时删除北京人艺表演者、录像制作者身份及版权声明。本案二审审理的焦点问题集中在北京人艺作为演出单位是否享有表演者权中的表明身份的权利，针对删除北京人艺表演者、录像制作者身份及版权声明等内容的行为应当如何定性及承担怎样的民事责任，其中包括赔偿数额的确定等几个方面。对此，本判决认定，上海聚力公司侵害了北京人艺的表演者权和录像制品制作者权，综合考虑话剧《窝头会馆》的艺术价值、知名度、制作成本、侵权时间、侵权故意等因素判决赔偿50万元及维权合理开支。

本案判决详细阐述了新、旧著作权法下对演出单位权利保护方式的异同。判决认为在2010年《著作权法》下，演出单位可以作为表演者，直接享有各项表演者权，既包括其中的财产性权利，也包括人身性权利。在2020年《著作权法》下，演出单位不再作为表演者，可以通过职务表演制度获得表演者权中财产性权利，但是并不能获得“表明表演者身份的权利”等人身性权利。同时，2020年《著作权法》增加规定了“故意删除表演权利管理信息”的民事责任，为演出单位对外彰显权利主体身份提供了新的保护方式。2020年《著作权法》和2010年《著作权法》，对于演出单位权利保护方式虽有不同，但是均承认和保护演出单位基于演出的投入、筹备、组织、排练等所应获得的权利，也为演出单位对外彰显权利主体身份作出了相应的制度设计。

本案判决澄清了司法中对表演者权的模糊认识。判决认为，在表演者的舞台表演之外，对包含情节设定、台词、灯光、舞美的“整台演出”不能另行设立表演者权。2010年《著作权法》规定演出单位可以作为表演者享有表演者权，应当解释为是关于多人参与同一表演时的表演者权利归属和行使方式的特殊规定，不能解释为演员和演出单位可以同时享有表演者权，而扩大表演者权产生的根据。

本判决阐述了消除影响民事责任方式的适用范围。判决认为，消除影响的责任方式功能在于消除社会公众误解，并防止误解的进一步扩大。删除权利管理信息侵害的虽不是人身权，但删除权利管理信息客观上割裂了权利人与表演之间的联系，需要通过公开方式予以纠正，从而恢复建立公众眼中权利人与演出作品之间的联系。因此，针对删除权利管理信息的侵权行为人，可以适用消除影响的民事责任方式。

二、撰写心得

（一）撰写高质量判决的第一步：明确当事人的诉求

判决的主要功能首先应当解决当事人的争议，至关重要的就是通过实质化的庭审或者询问精准地把握当事人的诉求，明确诉的是什么，在此基础上再确认有针对性的答辩是什么，然后把当事人的诉和辩按照法律的框架进行整合。撰写高质量的判决关键并不仅在写，更在审。审理过程中引导当事人澄清其主张的内容，使诉、辩双方更有针对性。通过释明整理的诉辩主张不仅记载在诉辩称部分，还应该在判决书“本院认为”部分开门见山归纳双方争议的焦点。本案判决书在“本院认为”部分记载：根据北京人艺在一审提出的诉讼主张，本案涉及的被诉侵权行为不仅是上海聚力公司未经许可，在其经营的 PPTV 视频网站上提供《窝头会馆》话剧演出的录像视频，还包括删除了录像制品开头部分“北京人民艺术剧院”、版权侵权“警告”以及“话剧窝头会馆北京人民艺术剧院演出”，即删除前三屏内容的行为。针对删除前三屏内容的行为，一审判决认为北京人艺作为演出单位虽然享有表演者权中的财产权利，但不享有作为人身权的表明表演者身份的权利，并据此认定上海聚力公司删除前三屏内容的行为不侵害北京人艺表明表演者身份的权利，未支持北京人艺要求上海聚力公司承担消除影响民事责任的诉讼请求。北京人艺上诉主要针对一审判决对删除前三屏内容的行为定性错误，坚持认为是对北京人艺作为演出单位享有的表演者权中表明表演者身份权利的侵犯。同时，双方上诉均针对一审判决确认的赔偿数额提出异议。为此，二审审理的焦点问题集中在北京人艺作为演出单位是否享有表演者权中的表明身份的权利，针对删除前三屏内容的行为应当如何定性及承担怎样的民事责任，其中包括赔偿数额的确定等几个方面。

（二）高质量的判决以正确解释法律为前提

本案二审审理时，正值著作权法修改之际，为了配合 2020 年 4 月 28 日生效的《视听表演北京条约》，2020年《著作权法》对于表演者权的归属规则作出了较大变动，将表演者权的权利主体限于“表演者”，排除了演出单位作为表演者权的权利主体。但是，一审判决在适用修改前的2010年《著作权法》的基础上，却认为“表明表演者身份的权利”仅能由自然人演员享有，进而否认了北京人艺作为演出单位享有的表明表演者身份的权利。该项认定与2010年《著作权法》的规定不符合，同时也没有关注到著作权法修改后，演出单位权利保护这样一个法律理论、实务界和相关行业高度关注的问题。

但是，如果针对演出单位表演者权中表明表演者身份的权利仅仅因为适用修改前的法律而认为应当予以保护，不阐释修改后的法律进行了怎样的相应调整，不仅不利于旧法与新法的衔接适用，也不利于修改后的法律对演出单位权利保护规则的建立。解决这个困境同样需要从法律的思维入手，因为《立法法》第84条规定，法律、行政法规、地方性法规、自治条例和单行条例、规章不溯及既往，但为了更好地保护公民、法人和其他组织的权利和利益而作的特别规定除外。也就是说，如果2020年《著作权法》对于演出单位相关权利的修改属于“为了更好地保护公民、法人和其他组织的权利和利益而作的特别规定”，并不排除本案适用2020年《著作权法》的余地。以此为前提，阐述新、旧著作权法对演出单位权利保护的差异，没有孤立地探讨表演者权的归属制度，而是结合了权利管理信息和职务表演等相关制度的变化，总体评价了新、旧著作权法下演出单位权利获得保护的不同路径和保护程度是否存在差异。通过新、旧法的比较分析，明晰了演出单位权利保护方式的变化，特别明确了新《著作权法》并没有降低演出单位权利的保护程度。最后得出结论，可以适用修改后的法律，与适用修改前的法律，案件的裁判结果是一致的。

（三）高质量的判决在解决当事人诉求的同时确立规则

本案判决不仅对当事人的争议作出了深入的阐述和认定，同时对著作权法修改之后，如何规范视听表演使用、维护演出单位合法权益进行了规则指引。从国际公约规定进行考察，表演者通常是从事表演活动的自然人，表演者权是基于表演者的表演而产生。但如何确定表演者权的具体归属，实践中因为法律针对表演者的定性模糊产生了分歧。在判决中，除了通过法律解释解决了当事人的诉求外，同时认定演出过程中呈现的灯光、音像、舞美设计等不是表演者权保护的范围，在表演者的舞台表演之外，对包含情节设定、台词、灯光、舞美的“整台演出”不能另行设立表演者权进行了阐述。否则与公约设定的表演者权的含义是不符合的。2010年《著作权法》规定演出单位可以作为表演者享有表演者权，应该解释为关于多人参与同一表演时的表演者权利归属和行使方式的特殊规定更符合表演者权的基本含义，而不能作为扩大表演者权产生基础的根据。并认为北京人艺主张演员个人表演之外北京人艺享有表演者权，这意味着赋予演出单位对“整台演出”享有表演者权，是扩大了表演者权的产生基础。在判决中确立了表演者权的边界。

（四）高质量的判决不能回避法律上的矛盾

针对北京人艺要求消除影响的责任方式是否应该支持是本案中又一个问题，虽然是责任方式承担的问题，但具有理论价值。民事责任的基本原则是填平原则，使受损害的权利恢复到损害发生前的状态。消除影响这一责任方式从其作为民事责任方式出现在《民法通则》开始，始终与恢复名誉捆绑在一起，而恢复名誉显然是针对侵害人身权的民事责任。所以，久而久之，实践中将两者作为一体当作针对侵害人身权而承担的民事责任。但是，与恢复名誉不同，消除影响的责任方式中并没有明显的如同“名誉”这样的权利类型指代，其功能在于通过公开对侵权行为进行纠正，消除社会公众误解，并防止误解的进一步扩大。相较于“恢复名誉”责任方式，“消除影响”应该有更为广泛的适用空间。这既是消除影响和恢复名誉的责任方式区别于金钱赔偿的特殊功能，也是“消除影响”与“恢复名誉”两者之间的区别。2020年《著作权法》对演出单位对外彰显权利主体身份的保障是通过保护表演者权利管理信息实现的，而权利管理信息并非人身性权利。也就是说，删除权利管理信息虽侵害的不是人身权，但权利管理信息具有标明权利人、声明权利以及公示使用条件的功能，删除权利管理信息客观上割裂了权利人与表演之间的联系。从删除权利管理信息的侵权行为所造成的后果看，亦需要通过公开方式予以纠正，从而恢复建立公众眼中权利人与演出作品之间的联系。因此，针对删除权利管理信息的侵权行为人，没有理由不适用消除影响的民事责任方式。据此纠正了一审的判决。

（张晓霞，北京知识产权法院法官）

三、专家评析

为配合正式生效的《视听表演北京条约》，新《著作权法》修改后的一项重要变化是演出单位不再作为表演者。而上海聚力公司未经许可，在其经营的PPTV视频网站上不仅提供《窝头会馆》话剧演出的录像视频，还删除了录像制品开头部分“北京人民艺术剧院”、版权侵权“警告”以及“话剧窝头会馆北京人民艺术剧院演出”字样。对该删除行为的定性恰恰涉及新旧法变化的内容。本判决通过对表演者权立法沿革的梳理以及职务表演制度的强化和表演权利管理信息范围的变化分析，得出与一审不同的结论，认为涉案话剧演出录像开头部分“北京人民艺术剧院”的标注依据旧法或新法均属于录像制品权利管理信息的范畴；“话剧窝头会馆北京人民艺术剧院演出”的标注依据旧法属于表明表演者身份的范畴，依据新法则属于表演权利管理信息的范畴。新、旧《著作权法》虽然对演出单位权利的保护方式有所不同，但针对删除上述信息、割裂演出单位与演出作品之间的联系的行为均规定属于侵权行为，应承担民事责任。该判决对规范视听表演使用、维护演出单位合法权益具有重要的意义。

（点评人：张平，北京大学法学院教授，中国科学技术法学会常务副会长兼秘书长，中国法学会知识产权学会副会长）

（2021）京73民终1723号裁判文书原文

33. 网易（杭州）网络有限公司与罗某贵侵害作品发行权纠纷案*

【关键词】

美术作品　版权登记　自愿原则　登记在先　原创证明　发行权

【裁判要旨】

我国目前的版权登记仅进行形式审查，申请人无须提交作品底稿或首次发表作品的证据就能获得版权登记，在双方当事人均有著作权登记证书的情况下，不能仅以著作权登记证书载明的作品创作时间作为判断依据，应结合作品底稿或公开发表等证据综合判定是否为当事人的原创作品。

判断被控侵权产品是否侵犯他人的著作权，应从作品是否为原创的角度出发进行实质性对比，考察权利人主张的作品是否属于原创作品、该原创作品是否具有独创性、权利人作品与被控侵权产品的整体形象是否构成实质相似等因素。若侵权人抄袭、剽窃，恶意抢先登记版权，且被控侵权产品与权利人原创作品构成实质相似，则应当被认定为侵权。对恶意抢先登记版权的行为应进行惩罚性赔偿，以彰显法律对此类恶意行为的惩戒。

一、简要案情

原告网易（杭州）网络有限公司（以下简称网易公司）主张保护的美术作品——人物形象“鬼切”，体现了作者对漫画《阴阳师》中利刃“鬼切”的理解以及理解之上的创作，创作理念有独到之处，具备一定的独创性和艺术美感，是作者的智力成果，应当作为美术作品被《著作权法》所保护。

被告罗某贵未经网易公司许可，在网店展示、销售“鬼切”形象的人偶，网易公司多次投诉，罗某贵仍拒绝下架，还把“shoshon 鬼切”的美术作品著作权登记在自己名下。网易公司遂起诉至吉安市中级人民法院要求罗某贵停止侵权、赔偿损失。

---

* （2020）赣 08 知民初 87 号。

经庭审比对，罗某贵在网店展示、销售“鬼切”形象的人偶，无论是该人偶在店铺的名称“守护精灵 阴阳师 shoshon 鬼切 3 分 bjd 娃娃 男人形玩偶古装 cos”，还是人物整体形象，抑或人物的头饰、头部绷带、头尾中的毛球、红色里衣、黑色内衬及外套颜色及纹饰、条纹腰封、紫裤木屐、白袜等细节，均与网易公司《阴阳师》“鬼切”美术作品极为近似，易使公众造成混淆和误解，且利用了《阴阳师》在国内广受欢迎的影响力从而达到其销售人偶商品的目的，侵犯了网易公司的复制权、发行权、信息网络传播权，应当承担侵权赔偿责任。

本案的争议焦点包括：（1）被告罗某贵在互联网上销售的被控侵权产品对《阴阳师》“鬼切”美术作品是否构成侵权，罗某贵关于其产品已早于网易公司进行版权登记、不构成侵权的抗辩意见是否有事实和法律依据；（2）赔偿数额如何确定，应否适用惩罚性赔偿。

（一）关于罗某贵的行为是否构成侵权的问题

首先，罗某贵的著作权登记证书中记载的是 shoshon 鬼切美术作品，网易公司的著作权登记证书中记载的是 G37—F0237—角色—鬼切美术作品，名称中均有“鬼切”，双方均主张对各自作品享有著作权。经法院审查，网易公司于 2015 年通过独创方式取得《阴阳师》游戏软件计算机软件著作权，《阴阳师》手游中原本的式神中没有“鬼切”人物形象，“鬼切”是《阴阳师》中的一把刀的名称，因《阴阳师》在全世界范围的爆红，网易公司将这把刀通过拟人化手法，艺术加工创作成为手游中的高级式神，“鬼切”人物形象头绑血色绷带、长发及肩、手持利刃、身着色彩明艳的和服、脚蹬木屐，该形象与利刃“鬼切”原型的精髓契合贴切，体现了作者对原著中利刃“鬼切”的理解以及理解之上的创作，创作理念有独到之处，具备一定的独创性和艺术美感，体现了作者的智力成果，故“鬼切”人物形象应当作为美术作品被《著作权法》所保护。网易公司提交了广东省版权局出具的作品登记证书记载其为涉案美术作品的著作权人，亦提交了查看涉案作品底稿，以及“鬼切”美术作品作为《阴阳师》手游中的式神首次发表的 IP360 取证数据保全证书，证实“鬼切”美术作品于 2018 年 7 月首次发表。而罗某贵抗辩主张其对 shoshon 鬼切美术作品享有著作权，除作品登记证书外，未提交作品底稿或公开发表等证据予以佐证，亦没有证据证明其主张的美术作品为罗某贵的原创作品。

其次，经庭审比对罗某贵销售的被诉侵权产品和网易公司的鬼切美术作品，无论是被控侵权产品在店铺的名称“守护精灵 阴阳师 shoshon 鬼切 3 分

bjd 娃娃 男人形玩偶古装 cos”，还是被控侵权产品人物整体形象，抑或人物的头饰、头部绷带、头尾中的毛球、红色里衣、黑色内衬及外套颜色及纹饰、条纹腰封、紫裤木屐、白袜等细节，均与网易公司《阴阳师》“鬼切”美术作品极为近似，且利用了《阴阳师》在国内广受欢迎的影响力从而达到其销售人偶商品的目的，极易使公众造成混淆和误解。2020 年 1 月 15 日，网易公司向阿里巴巴用户平台投诉罗某贵的店铺侵权，虽罗某贵分别以自由知识产权、与权利人作品差异较大为由进行了两次申诉，均被淘宝网审核不成立。

因此，罗某贵抗辩主张其对涉案作品享有著作权，没有事实依据，其持有的登记证书中记载的 shoshon 鬼切不构成原创的美术作品，依法不享有著作权。

（二）关于赔偿数额的认定问题

根据《著作权法》第 49 条的规定，侵犯著作权或者与著作权有关的权利的，侵权人应当按照权利人的实际损失给予赔偿；实际损失难以计算的，可以按照侵权人的违法所得给予赔偿。赔偿数额还应当包括权利人为制止侵权行为所支付的合理开支。权利人的实际损失或者侵权人的违法所得不能确定的，由人民法院根据侵权行为的情节，判决给予 50 万元以下的赔偿。本案中，原告网易公司未提供证据证明其因被侵权所受到的实际损失，根据原告的举证，被告罗某贵销售了 14 件产品，罗某贵自认销售了 13 件，但该销售量亦不足以证明被告因侵权所获得的利益，故本案中原告因侵权所受到的损失、被告因侵权所获得的利益无法确定，原告为制止侵权行为进行了证据保全所支付的公证费 2800 元、购买被控侵权产品费用 1238 元，系原告为制止侵权行为实际支出的所合理开支，有事实和法律依据，依法应予支持。判决时，综合了以下情节和考量因素：原告美术作品在业内已享有较高的知名度和声誉，被告罗某贵抢先登记的侵权故意和主观恶意明显，在原告已经投诉的情况下，罗某贵仍然以其享有自有知识产权为由进行申诉，情节较为严重，被控侵权产品已售十件以上，每件价值在 1000 元以上，所以判决时承办法官认为应从赔偿金额体现对被告侵权行为的惩罚、警示，最终酌定被告罗某贵赔偿原告网易公司的经济损失及为制止侵权行为所支付的合理开支共计 100 000 元。

二、撰写心得

裁判文书是法院审理案件后作出判决的最后表现形式，是司法审判活动的最终结果，体现的不仅是法官的司法能力、司法作风、法律水平、语言文字运用水平，更是法院公正司法的重要载体和外在形象，其重要意义不言而喻。作为法官最好的名片，裁判文书承载着清楚的法律事实、正当的法律程序、严密的逻辑推理、精准的语言表达以及科学合理的格式等多方面的要素要求，目的就是要实现有理有据、定分止争、息诉罢访、胜败皆服的法律效果和社会效果，树立法院的司法权威，为当事人实现看得见的正义。

法律就像沙滩边上闪闪发亮的贝壳，法官如何在这些贝壳中挑选出最适合的那一枚；法律也像夜晚闪烁的万家灯火，法官如何在群灯中找到归家的指引；法律更像深埋在普罗大众内心深处的良心与道德，法官如何运用正义的利器深度挖掘彰显司法的力量。这个重要载体就是裁判文书，一份有力量、有尺度、有温度、能够彰显正义的裁判文书体现了法官分析案件争议事实、选择适用法律规则、将“纸上法律”变成鲜活法律的全过程。

（一）案件具有典型性和代表性

本案是一起知识产权案件，具体而言是著作权纠纷。实践中，著作权纠纷并不少见，但本案是动漫人物衍生出的游戏和周边产品的美术形象，且原告为知名公司，《阴阳师》游戏在业界斩获多个国际大奖，影响力较大，本案的处理对动漫人物形象的版权归属有一定的指引效果，所以本案具备打造优秀案例和判决的先天条件，笔者便有意识地以工匠精神细细雕琢，打磨出一个精品案件。

（二）做好法庭庭审工作

法庭庭审质量对裁判文书的质量有着非常重要的作用，庭审中的大部分过程都会通过裁判文书呈现出来，所以公开公正的庭审工作是裁判文书以看得见的方式实现正义的重要保障。完整的庭审工作包括开庭前的事务性工作，开庭时的证据交换、质证、侵权产品的比对、法庭调查，同时还需充分听取双方当事人的意见。比如本案庭审时，在证据交换阶段，原、被告均提交了著作权证书，被告罗某贵提交的由国家版权局颁发的美术作品 shoshon 鬼切作品登记证书的取得时间为 2020 年 1 月 7 日，载明的创作日期为 2012 年 1 月 18 日，早于原告于 2020 年 6 月 9 日取得的由广东省版权局颁发的 G37—F0237—角色—鬼切美术作品粤作登字—2020—F—00013276 著作权登记证书载明的创作日期为 2017 年 11 月 8 日，被告罗某贵的举证行为拟证明其对该美术作品享有著作权，以抗辩原告主张其侵权的法律事实。罗某贵提交的登记证书能否作为其享有著作权的依据，对涉案美术作品著作权归属的认定能否仅基于对两份登记证书的审查，成为本案判断罗某贵是否构成侵权的首要认定依据。《最高人民法院关于审理著作权民事纠纷案件适用法律若干问题的解释》第7条第1款规定："当事人提供的涉及著作权的底稿、原件、合法出版物、著作权登记证书、认证机构出具的证明、取得权利的合同等，可以作为证据。"作者主张其享有著作权的举证范围中包括著作权登记证书，版权登记之所以能够作为判断著作权归属的依据，很重要的原因是以国家行为对版权登记担保、背书后彰显的公信力。著作权登记作为公示制度，是著作权保护制度不可或缺的基本制度，著作权登记的公信力是以国家行为予以背书，故著作权登记证书系认定作品权属的证明材料之一，在处理相关纠纷、进行版权交易以及授权时可以作为证据。同时，该司法解释亦规定著作权登记证书"可以"作为证据，而不是"应当"，说明版权登记证书不必然成为判断著作权归属的唯一依据。

法官在认定法律事实时，不仅应熟悉法律法规和司法解释，还应当熟悉地选择、适用恰当的法律规定。比如，本案中认定著作权登记证书的法律效力，不仅需要审查双方的著作权登记证书，还应实质性审查登记证书中的美术作品是否满足著作权法意义上的"作品"。是否构成著作权法意义上的作品，是判断罗某贵是否享有著作权的第一步，即判断权利的来源是否合法，是本案审理的逻辑起点，如果仅审查登记证书，不审查是否构成作品，即便罗某贵拥有著作权登记证书，也不应当受到《著作权法》的保护，因为我国现阶段著作权登记审查仅为形式审查，行政机关的审查标准和司法机关审查的标准不同，法院审理案件时，著作权登记证书仅是登记作品享有著作权的初步证据，不是法定的唯一依据。所以，庭审中，合议庭进一步审查了双方的独创性来源、底稿，同时仔细查看了双方提交的人偶实物，从人物表情、着装、大小、衣服的材质和图案各方面都进行了充分比对。合议庭根据法律规定层层递进式审查，罗某贵穷尽了所有能证明著作权的来源，仍显得薄弱苍白。

（三）准确把握案件事实和法律精神，运用法治思维，依法论证，形成逻辑闭环，裁判得当

裁判文书的灵魂在于说理，说理部分对于败诉者的意义远大于胜诉者的意义。因为败诉者在举证时已穷尽举证方式用于对抗对方的主张，希望得到法庭的认可，一旦败诉，往往急于知晓败诉的原因，因此，说理部分是通过司法程序告知败诉者败诉的原因，司法公正的意义基于此而实现，裁判文书充分、透彻的说理，特别是有完整逻辑闭环的说理，不仅有利于增强说服力，有利于定分止争，还有利于减少信访案件的发生，降低发改率。本案判决书送达后，被告罗某贵也自知没有道理，虽然判决金额较大，其也自动履行了裁判结果，双方均没有上诉，起到了比较好的法律效果和社会效果，也体现了法院对恶意侵权行为的惩罚、示警。

（胡婧，江西省吉安市中级人民法院法官）

三、专家评析

在案件背景上，本案是一起涉及侵犯网络虚拟形象的著作权纠纷，原告网易公司是有名的互联网公司，涉及的《阴阳师》游戏是业界知名的手机游戏，社会关注度较高。本案的处理对游戏及其衍生产业的良性健康发展产生积极影响，对处理网络虚拟形象著作权侵犯的相关案件具有较好的示范意义。

从内容上看，判决书案情叙述清晰，对涉案美术形象“鬼切”的独创性问题进行了深入分析，明确了“鬼切”的人物特征体现在“血色绷带”“长发及肩”“手持利刃”等设计细节中，对该形象的创作理念、设计要素进行了正确把握。判决书说理充分、用语平实，指出版权登记并非享有著作权的唯一依据，并提出行政机关与司法机关在审查著作权案件上适用标准的不同。本案提出确定著作权归属的关键在于作者是否能提出实质性证据证明作品的原创性，在庭审中要切实听取原、被告双方对于作品设计理念、细节的描述，并从原创的角度进行实质性比对。案件处理考虑被告侵权商品实际销量不高，原告制止侵权实际支出，涉案商品社会影响大，被告“屡教不改”等事实，处理结果实现了较好的利益平衡与教育引导功能。被告在收到判决书后主动承认了错误并自动履行了判决结果，原告的著作权通过判决得到了支持与保障，办案政治效果、法律效果和社会效果得到有机统一。

（点评人：郑红葛，江西省高级人民法院民三庭庭长）

（2020）赣 08 知民初 87 号裁判文书原文

34. 应急管理出版社有限公司与傅某、合肥三原图书出版服务有限公司等侵害著作权及不正当竞争纠纷案*

【关键词】

著作权　修改权　不正当竞争　商品名称

【裁判要旨】

汇编进入公有领域的作品或作品片段，即使存在删节，但未对作品或其片段中的内容作出任何变更或文字、用语的修正，属于合理行使汇编权，不应认定侵害原作品作者的修改权。图书的书名如果仅是对图书内容的有限表达，缺乏显著性，且并未通过使用成为识别图书商品来源的标识，不应认定为“有一定影响的商品名称”，从而受到《反不正当竞争法》的保护。

一、简要案情

应急管理出版社有限公司（曾用名煤炭工业出版社，以下简称煤炭出版社）于2017年7月出版《傅雷家书》，傅雷著，李晨森编。该书收录了1954年至1966年傅雷与家人之间的部分书信，楼适夷发表的《读家书，想傅雷》及金圣华翻译的傅雷家人书信中的英、法文书信。傅某（傅雷之子）诉称煤炭出版社自行选择傅雷夫妇书信，擅自删节辑录成被控侵权《傅雷家书》，侵犯了傅雷对其作品的修改权。同时，煤炭出版社故意使用《傅雷家书》知名商品名称，误导读者并使之产生误认、误购，构成不正当竞争。合肥三原图书出版服务有限公司（以下简称三原公司）诉称楼适夷撰写的《读家书，想傅雷》及金圣华翻译的傅雷给弥拉的英、法文书信中译本的著作财产权尚未进入公版，著作权人已经将财产权转让给其，煤炭出版社未经其许可擅自使用，侵犯了三原公司享有的复制权、发行权。请求判令煤炭出版社立即停止侵犯

* （2019）苏民终955号。

傅雷对其作品修改权的行为并刊登道歉公告；停止使用与《傅雷家书》同样的书名印刷、发行涉案图书，赔偿傅某经济损失380 800元；停止侵犯三原公司享有的著作财产权并赔偿经济损失100 000元。

本案主要争议焦点：一是煤炭出版社是否侵害了傅雷对其作品的修改权；二是被控侵权图书使用《傅雷家书》作为书名，是否构成不正当竞争。江苏省宿迁市中级人民法院一审认为煤炭出版社侵犯了傅雷对其作品的修改权，煤炭出版社在出版的图书上使用“傅雷家书”构成了不正当竞争行为。判决煤炭出版社立即停止侵犯傅雷对其作品的修改权；立即停止使用与《傅雷家书》同样的书名印刷、发行图书的不正当竞争行为；立即停止侵犯三原公司对楼适夷著《读家书，想傅雷》和金圣华译傅雷家书中英文、法文信的著作权；赔偿傅某经济损失10万元，赔偿三原公司经济损失2万元。煤炭出版社不服，提起上诉。

江苏省高级人民法院二审认为，首先，被控侵权图书将进入公有领域的傅雷夫妇家信进行汇编，虽然存在删节，但并未对选取的家信内容作出任何变更或文字、用语的修正，因此未侵害傅雷对其作品的修改权。其次，被控侵权图书使用《傅雷家书》作为书名是否构成不正当竞争，关键在于“傅雷家书”能否构成《反不正当竞争法》规定的“有一定影响的商品名称”，对此，需要从以下两个构成条件进行判断：一是该商品名称具有一定的知名度；二是该商品名称具有区别商品来源的显著特性。本案中，“傅雷家书”作为图书名称具有较高的知名度，但其不具有区分商品来源的显著特性，主要理由：其一，家书是指家庭成员之间的往来书信，“傅雷家书”是对傅雷家信类作品命名的限制性表达，其本身不具有识别图书商品来源的作用，不能成为某一市场主体享有权利的特有名称。其二，结合《傅雷家书》的出版发行情况、相关公众的认知等因素，综合判断“傅雷家书”并未通过使用成为识别图书商品来源的标识，达到将这一图书名称指向汇编者傅某的程度。因此，被控侵权图书将汇编的傅雷家信命名为《傅雷家书》，是对该作品内容客观表述的正当使用，不构成不正当竞争。遂判决撤销了一审判决中有关傅某部分的判项，维持了有关三原公司部分的判项。

二、撰写心得

法官不需要名片，裁判文书就是法官最好的名片。打造出一篇篇被人称颂的裁判文书，对于每个法官来说，都会充满职业成就感。从事法官职业二十多年，撰写了上千份文书，能够成为优秀裁判文书，就个人感受而言，一般需要具备以下三个条件。

（一）前提条件：精品意识，贯穿始终

认真撰写每一份裁判文书，虽然是对每位法官的基本要求，但具备优秀裁判文书的前提无疑是文书所体现的案件本身。普通案件虽然也能写出条理清晰、层次分明的好文书，但因不具备典型意义或价值指引，很难从众多文书中脱颖而出。优秀裁判文书的诞生，并不是从撰写文书时才开始的，而是在接手案件后，敏锐地意识到这是一起案情疑难复杂、法律适用存在争议、社会关注程度高、具有典型示范效应或司法引领作用案件的时候。此时，就需要有打造精品案件的意识，这个意识是最终写好裁判文书的前提条件，必须贯穿于案件办理的全过程。虽然说好案件可遇不可求，但在面对一个好案件的时候，能否成就为经典案例，需要承办法官的精品意识和能力，否则好案件将被错过，好文书也不复存在。裁判文书是审判活动的最终载体，做好庭审审理工作正是为写好裁判文书打下扎实的基础。优秀的裁判文书要以案件的事实为依据，纠纷的争议为核心，这些直接取决于庭审审理中对事实调查的完整性，对争点归纳的准确性。特别是疑难案件，往往证据繁杂琐碎、事实错综复杂、法律适用争议大，法庭审理阶段组织好证据的质证及辩论工作，让当事人充分发表质证意见和辩论观点，到撰写文书时才能根据庭审调查的情况，在准确理解当事人质证及法律意见的基础上，写明对证据的认证意见及处理结论。

本案的案情虽然算不上特别复杂，但因傅某版的《傅雷家书》是我国著名的畅销书，侵犯该书著作权引发的纠纷社会关注度高。特别是 2017 年傅雷夫妇去世已过 50 年，其撰写的包括家信在内的作品进入公有领域后，围绕《傅雷家书》产生的纠纷出现新的法律问题。一是出版社在汇编已进入公有领域的傅雷夫妇家信时存在不同程度的内容删减，是否侵害了傅雷对其家信作品的修改权？二是《傅雷家书》的原汇编者傅某能否将该图书书名以“一定影响的商品名称”禁止他人在选编进入公有领域的傅雷夫妇家信出版时冠以《傅雷家书》书名？本案不仅涉及著作权侵权，还包括不正当竞争纠纷，上述涉及的法律问题界定清楚，对于公众如何合法利用进入公有领域的作品，具有一定的示范指引作用。因此，在分到该案，初步了解案情之后，作为承办法官，就做好了打造精品案件的准备，从庭前认真阅卷、庭审细致调查、庭后充分合议，到最终撰写文书，将精品意识贯穿于案件审理的每个环节。

（二）基础条件：潜心钻研，准确定性

裁判结论的正确性，不仅是每份裁判文书应当具备的要素，更是优秀文书的必然要求。对于疑难复杂的案件，如果仅是证据众多、事实繁杂，撰写文书时只需做到条理清晰、层次分明即可，但对于法律适用存在难度，案件定性产生争议的案件，则需要认真研判，充分论证。一方面，承办法官需要就案件涉及的法律问题查阅大量相关在先判决和理论资料，钻研法理精髓，吃透法律精神。另一方面，需要与合议庭成员进行反复深入的探讨，让不同观点充分碰撞，让各种疑惑完全显现。当观点趋于统一，疑问得以消弭时，得出正确的裁判结论已是水到渠成。与此同时，在检索、学习过程中所获得的法理知识，在讨论、争议过程中所获得的解决方案，都将成为之后裁判文书说理中有力的判词。

本案涉及的法律适用问题，一审判决和已有判决基本上认定构成对作品修改权的侵害和不正当竞争。作为承办法官，没有简单遵循已有的案件裁判思路，而是仔细研读分析相关在先案例和学理文章，与合议庭成员多次评议。针对著作权侵权纠纷，根据涉案作品的性质，实际需要解决的是修改权与汇编权之间的关系。在准确理解修改权与汇编权各自内涵的基础上，从有利于公有领域图书的再利用与传播的角度出发，得出被诉侵权图书仅是节选傅雷家信作品的片段，并未对作品片段中的内容作出任何改动，未侵害原作品作者修改权的结论。针对不正当竞争纠纷，在深刻理解《反不正当竞争法》规定的“一定影响的商品名称”系未注册商标这一本质特征后，从其构成要件入手，对被诉侵权图书将汇编的傅雷家信命名为《傅雷家书》能否起到识别图书商品来源作用进行分析论证，最终认定被诉侵权图书的命名方式是对该作品内容客观表述的正当使用，不构成不正当竞争。

（三）关键条件：工匠精神，精心打磨

一篇好的裁判文书，除了上述两个条件之外，如果缺乏最后的精雕细琢，不能做到逻辑严密、说理透彻、层次分明、详略得当，还是不能成为优秀的裁判文书。正确的裁判结论如果是文书的灵魂，那么逻辑周延的说理，则是文书的骨肉，也最能彰显法官的功力。文书的逻辑层次，首先需要符合裁判文书的基本格式要求，其次需要根据当事人争议的焦点进行有针对性的论证。每个争点项下，可以列明法律的基本规定，法律概念的基本定义，对法律规定的适当解读，再根据案件的具体案情，展开有理有据的分析论证。对于具有典型示范效应的案件，则需要花费一定的精力细细琢磨判词，让裁判文书

体现出其应有的社会引领作用和司法研究价值。在撰写文书的过程中，笔者有一个感触尤其深刻，在部分案件当事人的辩论意见难以回应时，应当直面难点，深入思考，而不是选择回避。任何不好回应的裁判理由，可能恰恰是这个案件需要认真分析研究的难点。当经过充分论证，圆满回应这个问题后，不仅消除了难点，文书的质量也会得到明显提升。

本案中傅某并非上诉人，其针对“傅雷家书”作为书名是否会导致读者误认提出的两点异议，与本案的争议焦点关联度不大，但却是合议庭讨论中的争议所在，也是这个案件对于进入公有领域作品如何使用作出回应的关键所在。因此，在文书撰写过程中，针对傅某提出的两个异议，笔者专门进行了详细的论证，给出了明确的指引，即“傅雷家书”是对傅雷此类家信作品的有限表达，在不侵害作者署名权、修改权及保护作品完整权的前提下，汇编进入公有领域的傅雷家信时，可以使用“傅雷家书”作为书名，否则一旦造成原汇编者对书名的不当垄断，必将阻碍进入公有领域作品的使用与传播。此外，对于本案中并不存在的情况，即将傅雷撰写的给友人的书信或其他文章等不属于傅雷家书的内容进行汇编却命名为《傅雷家书》的行为，给出了明确的救济途径，即作为汇编傅雷家书的同业竞争者可以通过《反不正当竞争法》规定的虚假宣传或诚信原则等条款获得救济和保护，而非必须以“有一定影响的商品名称”予以规制。该案最具司法参考价值的部分恰恰体现在上述两点的论述中。

（袁滔，江苏省高级人民法院法官）

三、专家评析

该篇文书撰写层次分明、逻辑严密、说理充分、结构合理，兼具专业性与教育性，体现了法官处理新类型案件较好的专业功底，较好地实现了法律效果与社会效果的统一。其亮点主要有以下两个方面。

（一）对新类型法律争议的回应说理充分到位，文书具有鲜明的专业性

按照一般法律救济思路以及先前类似案件，傅某主张他人侵害其著作权来禁止他人出版《傅雷家书》。而本案中傅雷已去世50年多年，其撰写的家信等作品已进入公有领域。其转而主张曾出版的《傅雷家书》的书名系具有一定影响的商品名称，他人以该名称出版傅雷的家信构成不正当竞争。因此，本案争议的主要问题是傅某曾经汇编出版傅雷撰写的家信时使用的《傅雷家书》书名是否属于有“一定影响的商品名称”，作者后人能否以此为由主张他人以相同名称出版相同内容的作品构成不正当竞争。这是知识产权审判中的新问题，本案也是新类型知识产权案件。新类型案件裁判文书的说理极为重要，要做到说理充分、有理有据，这样对当事人、对社会公众才有说服力，才具有指导意义。二审判决认定其他出版社使用《傅雷家书》书名出版傅雷曾经撰写的家信或家信节选并不构成不正当竞争，其详尽、充分的说理精准地阐释了立法精神，较好地维护了公平竞争秩序和公众利益。表现在：一是他人使用《傅雷家书》名称出版书信并未造成公众的混淆误认。《反不正当竞争法》第6条规定的不正当竞争行为需同时具备相关名称具有一定影响以及使用相关名称造成公众混淆误认两个要件。"傅雷家书"的本源含义即为傅雷与子女间的家信，也即傅雷家人的书信。傅某版《傅雷家书》的出版虽然在社会上具有相当的影响力，但公众普遍、自然知晓的是其内容为傅雷家信。因此，其他出版社会汇编出版傅雷家信使用《傅雷家书》名称，公众并不会产生歧义，也不会认为其他出版社在利用傅某版《傅雷家书》书名的声誉与影响，故该出版行为不符合法律关于不正当竞争行为的构成要件。二是不宜认定傅某出版的《傅雷家书》书名属于具有一定影响的商品名称。文书对此作了详细阐述，认为傅某出版的《傅雷家书》尽管具有相当的知名度，但读者之所以购买该书或者其影响力的根源主要在于其中傅雷家信对青少年的教育价值。而且"傅雷家书"作为书名时，其作为"傅雷家信"这个本源意义上的含义更为突出，在公众中印象最为深刻。因此，尽管傅某出版的《傅雷家书》很有名，但其不宜作为《反不正当竞争法》中"具有一定影响的商品名称"来保护。三是维护公共利益。事实上，傅雷的家信已经进入公有领域，公众对其中的书信有正当使用的权利，包括出版发行。二审判决考虑到，如果对该书名给予《反不正当竞争法》"具有一定影响的商品名称"进行保护，认定其他出版社的行为构成不正当竞争，将会垄断该书名，禁止他人出版傅雷的家信，事实上会限制他人出版已经进入公有领域的作品。傅某以不正当竞争来起诉，也就是通过控制书名达到控制他人使用、出版已经进入公有领域的傅雷书信的目的，这是有悖公共利益的。因此，二审文书综合体现了以上因素，兼具法理、天理、人情，法律效果与社会效果相统一。说理充分到位、逻辑严密，体现了鲜明的专业性，是文书的精彩所在。

（二）文书对一些专业性问题作了回应与阐释，可读性较强

文书不仅要素齐全、结构合理、层次清晰，而且对当事人诉辩理由中提及的专业性概念与争点都作了阐释与回应。如对于"发行权一次用尽"、修改权、汇编权、“有一定影响的商品名称”等概念，文书不只是直接认定相关行为的合法性、可责性与否，而是先对其内涵与法律标准作了准确界定，然后结合法理及相关事实对相关行为进行评价认定，从而起到了娓娓道来、令人信服的效果。

综合来说，该文书既体现了较强的专业性，又说理充分、阐释到位，可读性强；既具有较好的示范参考价值，也是一篇很好的法治教育典型案例。

（点评人：汤茂仁，江苏省高级人民法院知识产权庭庭长，全国审判业务专家）

（2019）苏民终 955 号裁判文书原文

35. 腾讯公司与畅游云端公司等著作权侵权及不正当竞争纠纷案*

【关键词】

游戏地图　思想与表达　图形作品　实质性相似

【裁判要旨】

FPS（第一人称射击）游戏地图的内部空间布局结构属于受著作权法保护的图形化表达，如具有独创性，可认定为图形作品。判断 FPS 游戏地图是否构成实质性相似，应整体观察、综合判断，重点比对两者在内部空间布局结构上的异同，并剔除不受著作权法保护的内容，只保护地图的独创性表达。

一、简要案情

《穿越火线》是由韩国笑门公司开发的 FPS 游戏，腾讯公司经授权在中国大陆独家代理运营该游戏，并有权以自己名义维权。《全民枪战》是畅游云端公司开发的移动端 FPS 游戏。英雄互娱公司是除四三九九公司以外其他被告的母公司，其主导了《全民枪战》游戏运营，与子公司共同参与了该游戏获利分配，并以此为主要盈利来源。四三九九公司作为游戏分发平台，提供《全民枪战》游戏的存储和下载服务。涉案两款 FPS 游戏地图包括相互对应的游戏场景地图和平面缩略地图。游戏场景地图可分为处于内层的空间布局结构和处于表层的美术形象，开发过程分别为主题创意策划、平面设计图、3D 建模、调试修改、美术效果完善等阶段。被诉侵权与请求保护的 6 幅游戏地图在美术形象上差异较大，但在地图空间布局结构上相似点较多。其中，《全民枪战》“巷战”“江南小镇”地图、《穿越火线》“巷战”“新年广场”地图主要布局结构与在先游戏《反恐精英》的“Iceworld”“Bloodstrike”“de_dust2”等地图主要布局结构基本相同。《全民枪战》于 2014 年 9 月上线，被诉侵权 6

* （2020）粤民终 763 号。

幅游戏地图上线时间不同，但均于2017年5月下线。其中，“运输船”地图在线32个月、使用率约7.68%，“边贸城”地图在线25个月、使用率约2.62%，“火车工厂”地图在线25个月、使用率约2.83%，“魔都废街”地图在线23个月、使用率约3.65%。根据在案证据计算，《全民枪战》游戏从上线至2017年5月获利约78 030.94万元。另查明，奇乐公司、天津卓越晨星公司因被天津英雄互娱公司吸收合并，分别于2018年5月20日、2019年7月30日注销。

广东省深圳市中级人民法院经审理，作出一审判决：一、各被告立即停止侵害腾讯公司享有独占许可使用权的《穿越火线》游戏6幅游戏地图的行为，即在发行、推广、下载等运营的《全民枪战》游戏中不得使用侵害腾讯公司6幅游戏地图的地图；二、畅游云端公司、英雄互娱公司应于判决生效之日起10日内共同赔偿腾讯公司经济损失45 247 986元；三、天津英雄互娱公司和奇乐公司对上述判决第二项确定的赔偿数额中的500万元承担连带赔偿责任；四、北京卓越晨星公司、天津卓越晨星公司对上述判决第二项确定的赔偿数额中的300万元承担连带赔偿责任；五、各被告共同赔偿腾讯公司合理维权费用95 394.12元；六、驳回腾讯公司的其他诉讼请求。

宣判后，腾讯公司和畅游云端公司、英雄互娱公司、天津英雄互娱公司、北京卓越晨星公司提出上诉。

广东省高级人民法院经审理认为，腾讯公司是经《穿越火线》游戏著作权人授权的独占被许可人，有权提起本案诉讼。本案的争议焦点在于游戏地图的作品属性、侵权比对、赔偿计算等问题。首先，对于涉案FPS游戏而言，其提供的游戏体验主要在于战斗竞技而非美学欣赏，游戏开发者的表达侧重点和玩家的核心关注点在于能够决定玩家丰富战术安排的场景地形要素上。FPS游戏场景地图处于表皮美术之下的空间布局结构是其核心表达，向玩家示意了虚拟空间环境信息，符合示意图“说明事物原理或者结构”的特征，可认定为图形作品。游戏平面缩略地图是由计算机程序按照一定的映射关系和示意方法比照游戏场景地图自动生成，在认定游戏场景地图为图形作品的情况下，对其无单独予以保护之必要。其次，判断游戏地图是否实质性相似，应排除通用设计、在先设计要素或无独创性内容，着眼于游戏地图空间布局结构这一图形化表达，即重点关注两者在整体构图轮廓和内部构成要素结构、布局方面的异同。《全民枪战》“运输船”“边贸城”“火车工厂”“魔都废街”4幅地图与《穿越火线》相应地图相比，在整体轮廓和基本布局非常相似，各位置区域存在大量相同或类似的设计表达，构成著作权侵权。《全民枪战》“巷战”“江南小镇”地图与《穿越火线》“巷战”“新年广场”地图相比，虽整体轮廓和基本布局相似，但两者相似部分主要来源于在先游戏《反恐精英》的“Iceworld”“Bloodstrike”“de_dust2”等经典地图或者射击类游戏地图的通用设计表达，腾讯公司无权对此要求著作权保护，故该被诉2幅游戏地图不侵权。最后，根据在案证据，《全民枪战》侵权期间平均每月盈利约2690.72万元。考虑到FPS游戏整体由多个密切配合的游戏系统共同搭建，游戏地图仅是其中一环，且腾讯公司主张的著作权限于游戏地图空间布局结构而不及于表皮美术，故酌情确定游戏地图整体贡献率约20%。4幅侵权游戏地图使用人次和在线期间不等，应分别单独计算。按照“游戏整体月平均盈利×每幅侵权游戏地图在线时长×游戏地图整体贡献率×侵权游戏地图使用率”的方法计算并累加，4幅侵权游戏地图侵权获利2500余万元。遂作出二审判决：一、撤销一审判决；二、畅游云端公司、英雄互娱公司、天津英雄互娱公司、北京卓越晨星公司停止侵害《穿越火线》涉案“运输船”“边贸城”“火车站”“巨人城废墟”游戏地图复制权及信息网络传播权的行为；三、畅游云端公司、英雄互娱公司共同赔偿腾讯公司25 170 694.12元，天津英雄互娱公司对其中500万元承担连带赔偿责任，北京卓越晨星公司对其中300万元承担连带赔偿责任；四、驳回腾讯公司的其他诉讼请求。

二、撰写心得

本案先后获评当年度国际保护知识产权协会（AIPPI）中国分会十大版权热点案件、中国法院十大最具研究价值知识产权案件、广东法院十大互联网案件、广东法院知识产权审判十大案件、广东省十大知识产权案（事）件等荣誉，具有较大社会影响。在撰写判决书过程中，主要解决的问题是游戏地图“换皮”是否构成著作权侵权以及如何进行侵权比对的问题，审理过程中遇到不少难题。

（一）如何理解游戏地图

游戏地图是游戏系统中具有基础作用的组成部分，承载了地形、地物及各种游戏资源。从游戏地图的功能和作用来看，其具有实用性和艺术性：一方面通过地物布局设计实现引路、指示功能，如提供方位、距离等信息，展现游戏事件内容，铺开游戏故事情节，激励玩家探索未知区域、完成游戏流程，引导玩家利用地图中的掩体和交互物来赢得战斗；另一方面还会考虑在色彩、图案、光影上的美感设计，以期给予玩家沉浸式体验。换言之，游戏地图既是对游戏虚拟世界本身物理、社会的数字表达，也是对现实世界的艺术或写实的映射，并由此打造出虚拟与现实的交互平台。甚至可以说，游戏地图是对虚拟空间环境信息的图形化描述，其本质就是对虚拟存在的一种表达形式。不同类型游戏中可能不止一幅“地图”，形态、功能和作用也不完全相同。以本案所涉 FPS 游戏为例，有大、小地图之分，游戏大地图一般是指玩家实际玩赏体验的虚拟三维场景，又称 3D 地图、场景地图、实战地图等，游戏小地图一般是指对大地图的鸟瞰图，又称 2D 地图、缩略地图、战术地图等。游戏大地图并非著作权法上的立体作品，其是通过计算机图形技术模拟的具有空间立体感的虚拟三维图形，本质上仍是平面图形。而且，所谓的游戏大、小地图并不是独立存在的两幅地图，两者相互对应且各有侧重，以不同视角或维度来描述同一个游戏场景空间。比如在《穿越火线》这类侧重战术竞技的 FPS 游戏中，每张地图就是一个封闭式的独立关卡，通常会预设简单的游戏目标和玩法规则，如解救人质、拆除炸弹等，故将游戏大地图称为“场景关卡”更为贴切。游戏小地图相对于大地图而言，可能更接近日常经验认知的“地图”。

（二）如何区分游戏地图中的思想与表达

著作权法只保护思想的表达而不延及思想本身。在司法实践中，常常按照“思想与表达二分法”并结合作品的特点来保护独创性表达。表达有形式和内容之分，著作权法保护的表达不仅指文字、色彩、线条等符号的最终形式，当作品的内容足够具体，形成一个被“充分描述的结构”，其亦属于表达。对于游戏地图而言，又要如何区分思想与表达？或许可从创作过程中窥见端倪。以本案所涉 FPS 游戏地图为例，创作过程大致分为四个阶段：第一阶段，策划游戏地图的场景风格、玩法创意等框架性设计，此时还停留在抽象思想。第二阶段，用图形化语言对上述构思进行可视化表达，勾勒出场景平面整体轮廓、主要区域和路线布局等，形成平面设计图。第三阶段，在平面设计图基础上搭建出虚拟三维模型（或称“白盒”），形成由通道路径、建筑物、障碍物、遮掩体等元素组成的虚拟场景空间，并反复进行测试、调整和迭代。第四阶段，在优化后的游戏地图白盒基础上添加完善贴图、纹理、色彩、光影等美术效果，形成最终的游戏场景地图（大地图）。此后，部分游戏运行过程中还存在比照游戏场景地图自动生成的平面缩略地图（小地图）。由此可见，游戏地图的创作就是从思想不断具化到表达的过程。对于同一抽象构思往往存在不同图形化表达，从游戏地图创作第一阶段的主题创意开始逐步具体化，到第二阶段平面设计图已经有一定的创作空间，而在第三阶段空间布局结构设计阶段已有充分创作空间，需要进行反复测试、调整和迭代，以保证游戏地图可玩性符合预期，这一阶段往往是游戏地图设计的难点所在，亦是地图作者投入大量智力劳动的关键环节。简言之，从游戏地图创作的第二阶段开始已经逐渐形成具体细致的表达，而第三阶段所形成的游戏地图的空间布局结构则是一种非常具体的图形化表达。如果说前面阶段的智力成果是为游戏地图搭建起“骨架”与“血肉”，那么最后阶段的美术效果则相当于游戏地图的“皮肤”，而且根据不同游戏场景变更替换“皮肤”并非难事。对于游戏开发者而言，其在地图中设计通道、障碍物、遮掩体等元素的具体形状结构及相互位置关系，表达了其对于特定关卡中各种路线、区域、点位及组合的构思。对于玩家而言，虽然直接看到的是由美术效果所模拟的场景，但以玩家视角并结合游戏平面缩略地图观察，可以明显感知该游戏场景的整体构图和内部布局结构的细节，进而作出适当的战术安排。换言之，游戏场景地图是游戏开发者对于地图构思的具体表达，向玩家示意了虚拟空间环境信息。尤其是对于 FPS 游戏而言，虽然逼真的美术效果能够让玩家获得审美体验，但玩家的真正游戏体验在于战术竞技而非美学欣赏，游戏地图的创作重心和玩家的关注要点必然在于能够决定丰富战术安排的场景地形要素上。无论表皮美术如何变更替换，都不会改变内层的空间布局结构，也不会改变游戏场景地图所要表达的虚拟战场环境的实质内容。综上，FPS 游戏地图设计精巧与否主要取决于表皮美术之下的空间布局结构，此即这类游戏地图的核心表达。

（三）如何界定游戏地图作品类型

不同游戏地图的构成元素、具体形态不尽相同，在具体案件中，可根据当事人诉辩主张和涉案作品的特征合理认定作品类型。本案中，当事人之间的主要争议就在于游戏地图的作品类型问题，尤其是游戏场景地图究竟应认定为美术作品还是图形作品。同一智力创作成果可以有不同的表现形式，可能依观察角度不同，同时归属于两种作品类型。游戏场景地图的表皮美术固然是一种表达，表皮美术之下的空间布局结构亦是一种表达，两者各有侧重。前者侧重艺术美感层面的视觉效果，力求给玩家提供仿真沉浸的审美体验，后者侧重规则设计层面的实用功能，追求游戏整体的可玩性、平衡性、趣味性。从美术效果上看，游戏场景地图显然符合美术作品“有审美意义的造型艺术作品”的特征，但同时也是一种图形化表达，向玩家示意了虚拟空间环境信息，符合示意图“说明事物原理或者结构”的特征。因此从整体而言，游戏场景地图兼具美术作品和图形作品的基本特征。美术作品与图形作品都是以线条、图案、色彩等视觉语言为主要表现形式，区别在于前者主要给人以艺术上美的享受，后者虽也有一定美感，却主要服务于实用功能。因此，对于战术竞技 FPS 游戏而言，游戏场景地图的核心表达在于空间布局结构，其虽有一定美感，但主要起到提示玩家的功能性作用，故归类为图形作品更符合表达的实质特征。至于游戏小地图，其用于简明反映游戏场景地图整体轮廓及内部构成元素的基本布局结构，虽然主要实现指示位置关系的实用性功能，这部分不受著作权法保护，但对于线条、色彩、图案、符号等具体元素本身或其组合而言，仍有一定的取舍、安排和艺术处理的空间，如具有独创性，则应归类为图形作品。

（四）如何进行游戏地图侵权比对

关于游戏地图的侵权比对，要根据其特点采取合适的分析比对方法。游戏地图兼具美术作品和图形作品的特征，本质上是一种视觉艺术作品，似乎“整体观感法”应是优选方法之一。但是，游戏地图的创作不可能完全虚构，大量素材往往取材于现实场景，且在后游戏地图也会经常借鉴在先游戏地图的一些创作要素，即游戏地图作品中可能存在大量公有领域的通用表达、他人在先作品的表达、因功能性限制的唯一或有限表达、因描述同一场景必须使用的表达等，这些对于受众在整体观感上产生相似性印象发挥了不可忽视的作用，如不予以剔除，将不当扩大作品保护范围，极大限制在后作品创作空间，严重侵蚀公共利益。此外，游戏地图的创作从抽象创意到具象表达有较明显层次，也适合分析和解构的方法。因此，在游戏地图实质性相似判断的问题上，更适宜结合“整体观感法”与“抽象分离法”两者优势进行分析：以普通游戏玩家的视角观察原、被告的游戏地图，如整体观感相似，则找出两者相同或相似之处，然后按照“抽象分离法”进行分析和解构，剔除不受著作权法保护的部分，继而对剩余部分从质量（重要性原则）和数量（比例原则）上进行综合评判。

（王晓明，广东省高级人民法院法官）

三、专家评析

本案是全国首例游戏地图“换皮”著作权侵权诉讼，对类案审理有重要参考价值。游戏地图是利用计算机图形技术构建的虚拟空间，也是各大互联网公司抢滩布局“元宇宙”虚拟现实产业的重要入口。尤其是对于射击类游戏而言，抄袭乱象已经“进阶”到保留游戏地图空间布局结构而仅替换其美术元素的“换皮”方式，近年来成为被抄袭“重灾区”，若仅按美术作品保护，恐怕力有不逮。本案开创性地认定射击类游戏地图为图形作品，判定游戏地图“换皮”构成侵权，保护了游戏地图空间布局结构；充分考虑在先作品，排除非原创要素，厘清借鉴与抄袭边界；客观评估游戏地图贡献，精细计算侵权获利；既严格保护权利，又注重激励产业创新和维护公共利益。

著作权侵权判定中，对于实质性相似的判断较难，司法实践中逐渐形成了多种方法，如“抽象分离法”和“整体观感法”。“抽象分离法”逐步发展成“抽象—过滤—比对”三步测试法，常适用于文字作品、计算机软件作品等表现有不同层次的作品，该方法是严格基于“思想与表达二分法”的分析解构方法，但弊端是可能割裂作品作为思想与表达有机融合的整体，忽视作者为紧密串联各要素而付出智力劳动，不当降低作品保护力度；“整体观感法”常适用于视觉艺术作品，该方法以普通观察者对作品的整体观念和感受为标准进行比对和判断，由于不需要对思想和表达进行区分，具有简单明了且容易操作的优势，但普通观察者主观性强，容易被不应受著作权法保护的内容所过度影响，不当扩大作品受保护范围。“抽象分离法”和“整体观感法”分别置于“限制”与“扩张”著作权保护范围的两端，前者侧重“分析和解构”，后者侧重“整体把握”，如果恰当适用两方法，就可以在著作权法激励创造与保护公益之间达到较好平衡。“抽象分离法”和“整体观感法”有其各自优势，并非相互排斥、互不兼容。即使按照“抽象分离法”对作品进行分析和解构，也可从普通观察者“整体观感”角度进行检视和参考。在具体案件中，可根据作品的性质和当事人的诉辩主张，采取合适的方法或灵活结合不同方法的优势来进行分析。

本案中，二审法院采取了整体观察、综合判断的方法，着眼于空间布局结构这一图形化表达，重点关注整体构图轮廓和内部构成要素结构、布局方面的异同，剔除不受著作权法保护的部分，对剩余部分综合评判是否构成实质性相似。基于上述考虑，二审法院查明游戏地图中属于公有领域的通用设计、他人在先作品已有设计，以及基于“必要场景”或“表达有限”原则的设计表达，将其过滤剔除而不纳入比对范围，最终保护游戏地图的独创性表达。总之，任何人只能就自己独创的内容主张著作权，无权独占属于公有领域或他人在先创作的智力成果，本案通过部分改判进一步阐释上述著作权法基本原理，值得充分肯定。

（点评人：欧丽华，广东省高级人民法院民三庭副庭长，广东省审判业务专家）

（2020）粤民终763号裁判文书原文

36. 罗盒公司与玩友公司等侵害计算机软件著作权纠纷案*

【关键词】

开源软件　许可协议　侵权　商业使用限制

【裁判要旨】

原告作为项目管理人将软件初始版本源代码开源发布，其他贡献者提交的代码能否并入涉案软件主分支由项目管理人决定，项目管理人提交的代码量占整个涉案软件代码量的绝大部分，因此其他贡献者提交的代码并未对涉案软件著作权产生实质影响，且无法判断贡献者提交的代码是否属于有独创性的表达，故一方面无法认定涉案软件属于合作作品，另一方面，参照《著作权法》对合作作品行使权利的规定，作为提交了绝大部分代码量的项目管理者，即开源软件项目的最主要贡献者有权单独起诉。该开源软件的贡献者如能证明其属于合作作品作者之一的，可以向原告主张分割赔偿款。

如果开源软件协议约定，某个软件版本加入该协议，则该版本源代码将永久保持开源，则已适用开源协议的软件权利人不能撤销先前的许可，即使其后续变更或删除开源协议，也不影响此前版本继续适用开源协议的效力。且开源软件的权利人不能违反开源协议增加限制商业使用条款。

使用GPL协议开源代码的软件再发布时需将软件全部源代码开源而不是仅公开使用了开源软件部分的源代码，除非其是独立的不同软件，与开源软件并未混合在一起。GPL V3协议属于附解除条件的非典型著作权许可使用合同，若用户违反协议则该协议终止适用，其获得的授权终止，其再使用开源软件已没有法律和合同依据，从而构成侵权。

---

* （2019）粤73知民初207号。

一、简要案情

罗盒公司的股东罗某在 Github 网站上传了其开发的 VirtualApp 软件初始源代码并适用 GPL V3（GNU General Public License Version 3）开源许可协议，另附加声明任何人如用于商业用途需购买，后又删除了 GPL V3 协议并停止更新而转向开发闭源商业收费版。罗盒公司通过受让方式取得了涉案软件的著作权并登记。玩友公司开发了四款被诉侵权的微信视频美颜相机 App 并上传于各平台供用户下载，但并未提供源代码下载，用户可免费试用半小时，之后需付会员费才可继续使用，该费用由冠准航公司、奥斯坦公司、祥运公司代为收取。罗盒公司提供鉴定报告主张四款被诉侵权软件中的沙盒分身功能与涉案软件构成实质性相似，玩友公司收取会员费和不提供开源代码的行为违反限制商业使用条款和 GPL V3 协议构成侵权，请求判令玩友公司停止提供四款软件的下载、安装和运营服务并赔偿经济损失 1500 万元和维权合理费用 15 万元，另三被告承担连带责任。

广州知识产权法院经审理认为，罗某是涉案软件的最主要贡献者，故罗盒公司有权单独提起本案诉讼。罗盒公司无权在适用 GPL V3 协议的涉案项目中添加商业使用限制保留条款。本案中，沙盒分身部分功能代码是作为被诉侵权软件的衍生部分而整体发布的，GPL 协议具有高传染性，故玩友公司未开源整个被诉侵权软件的源代码违反协议约定。GPL V3 协议属于附解除条件的著作权合同，许可条款是版权许可的条件。玩友公司违反 GPL V3 协议的约定，其依据 GPL V3 协议获得的授权自动终止，玩友公司再使用涉案软件已没有法律和合同依据，故其构成对涉案软件的侵权。另三被告实施收款行为本身无过错，无须承担连带责任。法院据此判决玩友公司停止提供含有侵权沙盒分身功能源代码的四款软件的下载、安装和运营服务并赔偿罗盒公司经济损失及维权合理开支共计 50 万元。

一审法院作出判决后双方均未提起上诉，该判决现已发生法律效力。

二、撰写心得

裁判文书是公正司法的载体，是法官业务素质、文学修养、写作技能的综合体现。优秀的裁判文书能够反映案件审理的全部过程，彰显“事实清楚、辨析分明、裁判公正”。在撰写本案裁判文书的过程中，笔者有如下几点心得体会。

（一）坚持公平谨慎

作为法官，必须秉持公平公正的原则，保持内心的理性，不带个人感情判定案情，不偏向任何一方当事人，依据案件事实及证据，公开公正地作出判决。有不少法官认为只有经典案件才能出精品文书，而经典案件可遇不可求。此观点有待商榷，不妨换个角度更加辩证地看待这个问题。的确，不是每个人、每一次都能遇到新型疑难案件，但经典案件与优秀法官往往是相互成就的，优秀法官更需要在大量普通案件中历练和滋养。唯有以工匠精神严谨、认真地对待每一个案件，产出精品案例和文书的概率才会大大增加，反之，好的案件也可能被错过。

（二）培养逻辑思维

作为一名法官，必须要有较强的逻辑思维能力，能根据原、被告双方的诉求及提交的相关证据材料，尽可能地还原案件事实，并依法作出公平公正的裁决。司法裁判应当以事实为依据，以法律为准绳，但裁判文书的说理部分不能仅仅是对裁判结论形成过程的公式化阐述，而应当做到阐明事理和释明法理并重。一篇优秀的裁判文书既要对案件事实予以充分认定，又要对适用法律规范的依据进行充分阐释，还要注重法理的贯通运用。本案中，法官对美国、德国等域外法院对开源协议性质认定进行了透彻分析。本案裁判文书在我国著作权法视域下进行了司法演绎推理，最终对争议事实作出了准确的法律评价。

（三）研透案卷卷宗

判定案件事实最有力的依据就是案卷卷宗，作为法官，要想写出优秀的裁判文书，就必须仔细研究卷宗，反复推敲证据材料，根据证据材料最真实地还原案件事实。一般，在判定一个案子前，法官都会一遍又一遍地研读卷宗，从卷宗里发现最有力的证据和线索。对于GPL V3协议条文的查明及解读是本案审理的关键，但GPL V3协议的原文是英文，虽然原、被告双方都提交了开源协议的中文翻译，但该两个版本的中文翻译存在差异且晦涩难懂，承办人又从官网上下载了GPL V3协议的中文翻译版，官方声明该版仅供参考，并不与英文版一样具备正式的官方效力，经审阅，该版本的中文翻译也并不十分精准。于是，承办人又仔细逐条研读分析了GPL V3协议的英文版，结合上下文的连贯意思表达，对该协议的关键条文作出通俗易懂的精准翻译，为本案事实的查明打下坚实基础。

（四）用好庭审笔录

庭审笔录是对庭审过程的全面记载，要想写好裁判文书，就必须以庭审笔录为根据，结合庭审笔录中双方当事人陈述的事实，以及双方对证据的认定，来还原和判定案件事实。归根结底，裁判文书所查明的事实来源于庭审笔录并高于庭审笔录。

（五）检索类案文章

对同一事实和同一法律适用的推理论证因人而异，各不相同，这就可能使法院整体的裁判文书水平大打折扣，甚至产生舆情影响。因此，法官一定要时刻自我提醒，裁判文书代表的是法院所行使的司法权力，要保证裁判文书与已发生法律效力的同类案件在裁判结果上保持一致，推理论证的方式要尽量保证相同。日常工作中我们可以多学多看，借鉴他人撰写的优秀裁判文书，及时归纳总结类似案件优秀的推理论证方式和过程，从而既可保证不同法官撰写的裁判文书所采用的推理论证方式相同，又可以通过不断地学习借鉴和经验总结提高法官个人和法院整体的裁判文书制作水平。本案在审理过程中，承办人先进行类案检索，但因案件较新颖，无法检索到可借鉴的生效裁判文书，故承办人便转换角度，从检索理论学界的研究文章及国外相关案例出发，从而检索到可供参考的资料。

（六）发挥集体智慧

合议制度就是通过充分发挥合议庭全体成员的集体智慧，对各类案件的性质、争议焦点、证据是否采信、事实如何认定和是非责任界限予以分析判断，正确适用法律，对案件作出公正裁判。真正发挥合议庭成员的集体智慧，合议庭成员共同对案件事实认定、证据采信，法律适用和实体处理负责，即合议庭共同决策，以确保案件质量。此外，还可以将重大疑难复杂案件提交法官专业会议乃至审判委员会进行讨论，听取其他法官对该案的不同意见，进一步完善文书，关于开源协议传染性的重要问题就是本案在提交专业法官会议讨论后提出的。会后承办人经过深入研究分析后增加了该问题的分析，也让此点分析成为该文书的亮点之一。

（七）提升文字驾驭力

写裁判文书，必须要有很强的文字驾驭能力，不仅要用精练的语言总结归纳双方当事人的诉讼请求、争议焦点、事实理由，还要用精准、通俗的语言阐述自己对事实的认定、证据的采信以及法律的适用，让普通人也能看懂裁判文书。所以裁判文书的书写，其实是很考验文字驾驭能力及语言组织能力的，一位好的法官必须提升自己的文字驾驭能力。

（八）仔细校对文书

人们常说“细节决定成败”，裁判文书亦是如此。一篇优秀的裁判文书在细节上不应有任何差错，其基本要求是文书格式应当统一、标点符号应当规范、当事人的信息和案件事实不能有误、引用的法律依据应当准确、文书的遣词造句要字斟句酌、最终校对要做到零差错等。要达到以上要求，需要在文书初稿形成后反复核对校验。写好裁判文书后，需要从头到尾仔细检查核对，看适用法律法规是否正确，裁决理由是否表达准确，是否有错别字、语病等问题。有一个方法就是在撰写文书后反复修改，直到看不出错漏，然后再将它放在一旁，隔一两日再看，“放一放回头看”不仅能查找出之前未能发现的问题，通常还会有新的思路或更好的表达方式，使整篇文书更加精准完善。

总之，一篇优秀的裁判文书不仅要公开法官自由裁量的依据和过程，在事实认定、法律适用和法律效果方面，也要经得起法律同行的评议，经得起案件评查，经得起人民群众的评论。

（谭海华，广州知识产权法院法官）

三、专家评析

本案是涉及开源软件著作权保护的新类型案件，案件事实复杂、法律问题新颖且无成熟先例，处理难度较大。当前国际社会上开源授权许可协议众多，而我国直至 2021 年才发布中国首个开源协议——木兰宽松许可协议（MulanPSL）。但是，目前国内尚无涉及开源软件的法律、司法解释，涉开源软件的案件屈指可数，涉开源协议的裁判规则更是几乎处于空白状态，例如开源软件的最主要贡献者能否单独提起侵权诉讼、已适用开源协议的软件能否撤销许可、能否在开源协议中增加限制商业使用条款、利用开源软件开发的商业软件能否对其他人使用该商业软件进行收费、使用开源软件开发的商业软件需整体还是部分公开该商业软件的源代码、开源协议的性质及违反协议是采用违约还是侵权给予救济等问题，国内法院尚未有成熟的处理意见。本判决借鉴了美国、德国等域外法院对开源协议性质的认定，通过分析开源协议的发展历程及分类，对上述问题进行了开创性的探索。此判决书语言文字用语规范、严谨；诉辩主张概括简明准确，证据认定说理充分，审理查明案件事实清楚；针对各审查要素说理逻辑严谨、层次清晰，适用、引用法律条文正确，充分展现了法官扎实的理论功底和裁判文书制作水平，实现了司法审判法律效果和社会效果的统一，并对规范企业使用开源软件有良好指引作用，也向国际社会彰显了我国对开源软件合法权利保护的决心和信心，对推动我国开源软件行业的发展具有积极作用。

（点评人：祝建军，深圳市中级人民法院知识产权庭三级高级法官，全国审判业务专家）

（2019）粤73知民初207号裁判文书原文

第二章　商标权权属、侵权

37. 上海老城隍庙餐饮（集团）有限公司、上海豫园南翔馒头店有限公司与向某某、上海南翔食品股份有限公司、上海南翔餐饮管理有限公司、上海市浦东新区北蔡镇润泽小笼店侵害商标权及不正当竞争纠纷案*

【关键词】

服务商标　老字号保护　长期共存　虚假宣传

【裁判要旨】

原告享有餐饮类的服务商标，被告就相同或近似标识享有食品类别的商品商标，被告将其商品商标扩展使用至餐饮服务及相应加盟招商宣传中，超出指示商品来源的必要范围，产生标识服务来源的用途并导致混淆误认时，应认定构成对服务商标的侵害。

在涉老字号商业标识权利冲突案件审理中，既要给予企业充分的法律保护，又要尊重其历史传承与时代背景。诉争双方对品牌的良好商誉均有贡献，且经过长期共存，已然形成相应的市场格局和法律秩序并为公众认可，被告使用老字号历史宣传的行为不宜认定构成虚假宣传。

一、简要案情

原、被告均与“日华轩”“吴家馆”具有历史渊源关系，原告上海老城隍庙餐饮（集团）有限公司（以下简称老城隍庙公司）取得第772405号“南翔”商标权。该商标于1994年11月21日获准注册，核定使用于第43类“餐馆”，现在有效期内。1999年1月7日，原告老城隍庙公司投资成立原告

* （2019）沪0115民初84502号。

上海豫园南翔馒头店有限公司（以下简称豫园南翔馒头店公司）。原告老城隍庙公司将“南翔”商标授权豫园南翔馒头店公司使用，并由该公司负责南翔馒头店门店的经营。在长期经营过程中，“南翔”品牌知名度进一步扩大，并不断获得诸多荣誉，如“中华老字号”“上海市著名商标”等。

被告上海南翔食品股份有限公司（以下简称南翔食品公司）“南翔”系列商品商标与原告的服务商标长期共存于市场。被告在以下情形中使用“南翔”了标识：（1）用于招商加盟宣传，加盟展会、手册、网站、微信公众号等；（2）用于涉案直营店及加盟店，店招、店内装潢、小票、牌匾、餐具等。

2019 年 4 月 15 日，被告向某某与被告上海南翔餐饮管理有限公司（以下简称南翔餐饮公司）签订加盟合同，经营上海市浦东新区北蔡镇润泽小笼包店（以下简称润泽小笼店），在其店内的墙面装潢、点单灯箱、收银小票等上使用被诉标识。

本案争议焦点如下：（1）被诉行为是否构成对原告服务商标专用权的侵害；（2）被诉行为是否构成仿冒混淆、虚假宣传的不正当竞争；（3）若被诉行为被认定构成商标侵权或不正当竞争，四被告应承担何种民事责任。

上海市浦东新区人民法院经审理认为：两原告诉请保护的“南翔”服务商标以及被告据以抗辩的“南翔”商品商标均为合法注册且在有效期内。原告以被告的使用超出核定商品的范围为由提起本案诉讼。对于被诉行为的性质，需要考虑被诉行为是否构成对原告服务商标专用权的侵害，被告南翔食品公司、南翔餐饮公司基于地名、字号合法使用的抗辩是否成立，被诉行为是否构成仿冒混淆、虚假宣传的不正当竞争。

第一，关于被诉行为是否构成对原告服务商标专用权的侵害。被诉侵权标识为“南翔”“南翔小笼”，与原告的服务商标“南翔”分别构成相同、近似商标。关键在于判断被诉标识的使用与原告服务商标的使用在类别上是否构成相同或类似，容易导致混淆。首先，涉案的直营及加盟店铺的经营模式是基于特定消费者的购买要约而制作、提供食品，点单及堂吃或外带均在线下线上店铺完成，故其经营行为属于餐饮服务的提供行为。其次，《国家工商行政管理局商标局关于保护服务商标若干问题的意见》第 7 条规定，服务商标的使用是指为提供服务而在服务场所，服务招牌，服务工具，带有服务商标的名片、明信片、赠品等服务用品，带有服务商标的账册、发票合同等商业交易文书，广告及其他宣传用品的使用，该种使用具备指示服务来源的作用。被诉标识使用于餐饮店铺的店招、店内装潢（墙面装潢、灯箱装潢、点单灯箱)、小票、海报、餐具（纸杯、一次性筷子包装袋等）上。涉案店铺在店招、海报、店内装潢、小票等多处使用“南翔”“南翔小笼”字样，该些物品并非被告之商品商标所指向的商品或者指示其商品来源所必需，而是用于提供餐饮服务的工具、用品等，附着于其上的标识也并非用于指示该物品的来源，而是用于指示餐饮经营者的服务来源。故应认定被告对被诉标识的使用与原告服务商标的使用在类别上构成相同。同理，被告在餐饮服务特许加盟的招商展会、网站和微信公众号的宣传中对被诉标识的使用，与上述餐饮服务中的使用性质相同。结合在案证据，被告对其商品商标的不规范使用已造成相关公众的混淆误认。故被诉侵权行为构成对原告服务商标专用权的侵害。

第二，关于被告南翔食品公司、南翔餐饮公司基于地名、字号合法使用的抗辩是否成立。《商标法》第59条之规定，注册商标中含有地名，注册商标专用权人无权禁止他人正当使用。两原告的服务商标涉及地名“南翔”，故其作为商标权人虽有权禁止他人使用该标识来指示服务的来源，但无权禁止他人正当使用“南翔”这一地名。判断使用地名的行为是否正当，关键在于其是对该地名系作为对地理位置的描述性使用还是作为识别商品或服务来源的商标性使用。若使用该地名仅是为了描述地理位置且不会对来源产生混淆误认，则不宜仅因地名商标的存在而禁止他人正当使用该地名；反之，若将该地名作为指示来源的使用且导致相关公众对来源的混淆误认，则不宜认定为正当使用。根据查明的事实，涉案店铺均不位于南翔镇内，但却在店招、店内装潢等处将“南翔”“南翔小笼”突出标注，亦无其他任何关于地理位置的描述、介绍。以一般消费者的认知，该种标注方式应为指示来源意义的商标性使用，而非对于地理位置的说明或描述。故对两被告的该项抗辩意见，法院不予采纳。关于字号，原告服务商标获准注册的时间为1994年，并于2006年被认定为“中华老字号”，被告字号与两原告的服务商标处于长期共存状态。两被告于2019年开展餐饮加盟业务时，应当预见如将“南翔”字号授权他人使用，会造成相关公众对商品和服务来源产生混淆，以及商品和服务提供者间存在关联关系的误认，会损害原告的合法权益，但被告却放任这种结果发生，甚至在原告采取维权行为之后，仍未停止上述行为，其攀附商誉的主观恶意明显，构成对原告服务商标专用权的侵害。故被告关于被诉行为系基于地名、字号合法使用的抗辩均不成立。

第三，关于被诉行为是否构成不正当竞争。结合在案证据及被告的历史渊源，部分被诉宣传行为有事实依据，部分宣传行为尚不足以达到引人误解或需要适用《反不正当竞争法》予以规制的程度，故对于原告的该主张，法院不予支持。

据此，上海市浦东新区人民法院判令四被告停止商标侵权行为、被告南翔食品公司、南翔餐饮公司赔偿经济损失200万余元，并刊登声明、消除影响。该案宣判后，被告提起上诉，经二审维持原判。

二、撰写心得

法律并不是冷冰冰的条文，背后有情有义。要坚持以法为据、以理服人、以情感人，既要义正词严讲清“法理”，又要循循善诱讲明“事理”，感同身受讲透“情理”，让当事人胜败皆明、心服口服。裁判文书具有双向性，既承载检验司法公正与否的凭证，也承载检验任性裁判与否的标尺。作为定分止争记载审理过程和裁判结果的载体，摆正法理、事理、情理三者关系，是裁判文书写作的内在要求。撰写精品文书有如下心得体会。

（一）事实清楚明晰是裁判的基石

正确认定事实，是准确适法的前提。事实的查明依赖于对证据的客观认定，应结合举证质证及法庭调查，运用证据规则、经验法则和逻辑推理，围绕证据的真实性、合法性和关联性认证，以确定法律事实，把握争议焦点。对各方的证据进行举证、质证，准确梳理案件事实，并将案件事实以条理清楚、行文流畅的方式呈现，是书写好裁判文书的基石。本案的诉争双方均系“中华老字号”，双方历史沿革涉及百年老字号延续、国企改制、非遗评选等历史时代背景，双方企业的发展沿革对于案件的判决结果具有重要影响，均需进行审慎梳理、认定。除对双方已提交的证据进行举证、质证，法院还多次释明，要求双方对相关历史沿革记载的书籍、报道、文件穷尽举证，并走访了行业协会、相关管理部门等，最终将双方的历史以流畅的行文予以呈现。

（二）争点准确回应是裁判的亮点

裁判说理是司法之眼。唯有争议焦点得到了有效回应，才能解开当事人的心结，才能让赢者明白，输者服气。争点回应是文书观点的浓墨重彩，是阐法释理的集中展开。争点的回应贯穿于“本院认为”的写作部分，可划分为立意、布局、选材与表达四个步骤。首先，“立意”，明确说理部分写作的目的。鉴于个案情形各不相同，法官在写作裁判文书前必须胸有成竹，明确自己就案件裁判的核心观点。法官在确定核心观点时不仅需要明确最终的判决结果，还需要对支撑判决结果的核心理由心中有数。其次，“布局”，谋划文书写作时整体的框架设计。古人曰，“至于议罪，乃结束通案事情，应议及者，必须逐一声明；应断结者，纤毫不可错乱，虽人多事杂，俱要挨次点出，不留一隙也”。写作时应该先根据双方诉辩意见、庭审陈述及代理意见争点列明争议焦点，再对争议焦点进行逐一论述。知识产权案件中所涉请求权基础较多，争议焦点可根据请求权的类别分述之。再次，“选材”，为裁判文书的说理拣选素材。法官需要先梳理自己的裁判观点，再围绕观点根据在案的证据和当事人自述罗列论证观点的相应依据。一般而言，控辩双方已就各自主张准备好大量证据、法条等素材，法官只需从中拣选。在特定情形下，法官需要主动寻找素材，包括引导双方当事人举证、咨询专家意见、参考指导性案例等。最后，“表达”，撰写裁判文书，不仅要有一定的法学理论基础，更需要有良好的语言文字功底和缜密的逻辑思维能力。判决书中的用语，必须使用“法言法语”，而且对于争点问题，裁判文书应当逻辑严密，重点交代。本案中，就双方最为关注的“南翔”商品商标、服务商标二者共存的划界问题，文书先结合被诉侵权标识的使用场景判断标识使用产生标识服务来源抑或商品来源的效果，再分析被告对其商品商标的不规范使用，已经超出其商品商标的核准范围，使相关公众直接感知或联想到相关服务系源自原告或者与原告有特定关联关系者，导致相关公众混淆误认，构成对原告服务商标权的侵害。裁判文书还对被告主张的基于地名、字号的合法使用等抗辩进行逐一回应。

（三）创设裁判规则是裁判的难点

裁判规则是司法案例通过裁判结论所确立的具有法律性质的规范，是司法案例的灵魂所在。现阶段，社会发展速度快、创新变化多、牵涉利益广，案件的法律问题新、解决难度大，这都给司法高质高效化解纠纷提出了更高要求。对于法官而言，在面对案件时，不应只满足于个案纠纷的解决，更应注重裁判规则的提炼，力争发挥裁判的示范效应。裁判规则的树立需要在事实清楚及查明法律的基础上，紧跟时代发展的背景和相关领域的司法政策，更需要在了解该领域的专业背景、行业惯例的基础之上。本案为涉老字号侵害商标权及不正当竞争纠纷树立裁判规则，明确在涉老字号商业标识权利冲突案件审理中，既要给予企业充分的法律保护，又要尊重其历史传承与时代背景，力争在案件审理中切实达到政治效果、法律效果和社会效果的统一。

（四）传递司法温度是裁判的升华

2021年1月19日，最高人民法院印发《关于深入推进社会主义核心价值观融入裁判文书释法说理的指导意见》，该意见要求法院在遇到法律和道德难题的司法裁判时，应强化释法说理、亮明立场，不能“机械裁判”。裁判文书是法官与当事人之间的鲜活对话，它不应该是冰冷、无情的，而应该是有温度、有魅力的。法官在保有司法理性的同时，可以赋予文书一定程度的感性，展现法官应有的人文情怀和人格魅力，以精练、有温度的文字传递社会主义核心价值观、弘扬人性的光辉和力量。本案的诉争双方均被评为“中华老字号”，双方各自核准注册的“南翔”商品商标、服务商标处于长期共存状态，理应恪守权利边界、谋求共同发展。裁判文书中写道：“原、被告享有权利的‘南翔’商标分别核定使用于服务、商品类别上，双方长期共存，已然形成相应的市场格局和法律秩序，并为公众认可和接受。双方应珍惜并共同维护‘南翔’商标的良好形象和声誉，更应本着诚实信用、禁止混淆、公平竞争的原则，恪守商品商标与服务商标的权利边界，谋求共存发展。”希望双方当事人能够在阅读后理解社会对其以恒心、匠心共铸民族品牌的殷切期待。

（袁田，上海市浦东新区人民法院法官）

三、专家评析

本案系一起涉中华老字号“南翔”商标侵权及不正当竞争纠纷，主要涉及商品商标和服务商标权利冲突的司法判定、地名商标正当使用的判断等。法院在该案件的判决书中，适用法律得当，裁判准确，理论分析透彻，充分显示了主审法官专业知识的深厚积淀和对法律的运用能力；该案件的判决对新形势下老字号和商标权冲突、地名商标使用的认定等问题的解决具有重要的指导意义和司法价值。

涉案原告传承自“日华轩”，系“南翔”服务商标权利人。被告与“日华轩”、嘉定的“吴家馆”有一定渊源关系，系“南翔”商品商标权利人。现原告主张被告将“南翔”“南翔小笼”突出使用于餐饮服务及其加盟的招商宣传上，并以“始创清朝同治十年”“百年南翔”等文字作宣传，其行为构成商标侵权和虚假宣传的不正当竞争。法院认为，原、被告与南翔小笼的发源者均有一定的渊源关系，均获评“中华老字号”等荣誉，对“南翔”品牌的良好商誉均有贡献；双方长期共存，已形成相应的市场格局和法律秩序，并为公众认可和接受，故基于双方的形成和发展史、字号与商标的共存现状，被诉行为不宜认定构成虚假宣传。现被告作为同业经营者，明知原告的服务商标具有较高知名度，却将与原告商标构成相同、近似的“南翔”“南翔小笼”标识突出使用于餐饮服务的店招、服务工具上以及餐饮加盟的招商中，其行为已超出指示其商品来源的必要范围，产生标识服务来源的效果，导致混淆误认，构成对原告服务商标专用权的侵害，依法应予制止。

针对本案系老字号商标纠纷的特点，判决书尤其指出，双方应珍惜并共同维护“南翔”商标的良好形象和声誉，恪守商品商标与服务商标的权利边界，谋求共存发展。唯有此，才能更好地维护各自权利，并形成有序的市场竞争。

在地名正当使用的判断方面，法院根据《商标法》第 59 条规定及相关案例，指出地名商标正当使用判断的关键在于对该地名系作为对地理位置的描述性使用还是作为识别商品或服务来源的商标性使用。若使用该地名仅是为了描述地理位置且不会对来源产生混淆误认，则不宜仅因地名商标的存在而禁止他人正当使用该地名；反之，若将该地名作为指示来源使用且导致相关公众对来源的混淆误认，则不宜认定为正当使用。根据查明的事实，涉案店铺均不位于南翔镇内，但却在店招、店内装潢等处将“南翔”“南翔小笼”突出标注。以一般消费者的认知，该种标注方式应为指示来源意义的商标性使用，而非对于地理位置的说明或描述。法院的判决书结合案件的事实，对法律规定进行了准确阐述，具有参考意义。

（点评人：王莲峰，华东政法大学知识产权学院教授、博士生导师、商标法研究所所长）

（2019）沪 0115 民初 84502 号裁判文书原文

38. 杭州王星记扇业有限公司与绍兴王星记扇厂、杭州保和堂医药有限公司、周某某侵害商标权纠纷案*

【关键词】

商标权　老字号　非遗传统技艺　商标侵权

【裁判要旨】

企业名称的取得先于涉案注册商标核准日的，享有合法使用字号的在先权利，但突出使用企业字号易导致市场混淆的，构成商标侵权。非遗项目传承人有权在经营活动中标注其商品系采用相关传统技艺制作，但抽象化概括性地加以标示，易导致市场混淆的，构成商标侵权。

一、简要案情

原告杭州王星记扇业有限公司（以下简称杭州王星记公司）的前身“王星斋扇庄”由王星斋于1875年（清光绪元年）创办。经过历代传承人的经营，杭州王星记公司是国家商务部认定的中华老字号企业，系国家级非遗代表性项目保护单位，依法享有第5×××24号“王星記”的商标专用权，该商标于1991年注册，后被认定为中国驰名商标。1978年，被告绍兴王星记扇厂进行开业登记申请，经过多年经营，现已转制为个人独资企业。绍兴王星记扇厂曾被评定为省级非遗代表性项目保护单位、绍兴老字号；其法定代表人周某某被评定为浙江省非遗项目代表性传承人。原告杭州王星记公司认为，被告绍兴王星记扇厂“绍興★王星記”“王星记扇子”“王星記扇”“绍興　王星記扇子”“中國绍興　王星記扇子”等标识的使用侵害其商标权，请求赔偿经济损失300万元。绍兴王星记扇厂辩称，“王星记”系其企业名称中的字号，“王星記扇”系非遗传统技艺类代表项目名称，亦系具有地方特色的工艺扇子的通称，其作为权利人和非遗项目传承人有权使用相关标识，不构成商标侵权。

* （2020）浙8601民初1746号。

杭州互联网法院经审理认为，本案主要争议焦点在于绍兴王星记扇厂的商标先用权抗辩、正当使用抗辩等理由是否成立，绍兴王星记扇厂的涉案行为是否构成商标侵权。缘于历史上双方当事人在涉案标识使用、企业名称登记、商标获准注册、商标知名度获得、非遗项目获评的时间上存在交叉等事实，双方当事人对“王星记”三字作为商业标识所承载的权利或权益产生了冲突。对于能否将本案被诉行为认定为商标侵权行为，须考虑涉案商标和字号的历史形成背景、双方的历史关系、双方使用涉案标识初始时间以及涉案商标知名度、被诉侵权标识的使用方式、主观意图以及是否会导致消费者混淆等方面综合予以评判。首先，双方均为老字号企业、非遗代表性项目保护单位，共同传承和发扬了“王星记扇”传统制造技艺，两者对“王星记”品牌的发展均作出一定贡献。对此，应充分考虑该历史因素，按照“保护在先权利、维护公平市场竞争、禁止市场混淆、有利于老字号品牌发展”的原则，公平合理处理本案争议。其次，我国统一的商标注册与使用制度已经形成并不断完善，本案涉及注册商标侵权及相关权利冲突的处理，不能脱离维护合法有效注册商标这一基本价值目标。双方对“王星记”标识的使用情况和权利（权益）基础存在差异，双方对该标识所享有的权利（权益）均不得超过其应有范围。杭州王星记公司率先将“王星记”注册为商标，并将之持续作为商标进行使用，获得了较高知名度，更使相关公众将之与该商标形成了稳定联系。而绍兴王星记扇厂的字号注册于杭州王星记公司之前，但承上关于商标先用权抗辩的分析，其也未提供有效证据表明在涉案商标注册之前对“王星记”字号简称进行了足以在相关公众心目中建立稳定联系的使用。再次，绍兴王星记扇厂虽然具有使用其企业字号和标注采用了传统技艺的扇子制作工艺的权利，但使用标注的方式应规范完整，不能致人误认系商品来源的标识。本案中绍兴王星记扇厂对被诉侵权标识的使用方式，从使用的位置、采用的字体或不同字样组合的方式来看，被诉侵权标识系具有指示商品来源的商标性使用，超出了必要、合理的限度，难谓系企业字号、非遗传统技艺、商品通用名称的正当使用。关于绍兴王星记扇厂还提出其使用被诉侵权标识是对商品通用名称的正当使用，然而在案证据表明无论历史与现实中，在相关公众的认知中“王星记”扇子始终为特定主体或其关联企业提供的商品，王星记扇子仍系商品特定来源的指代，并非相关市场内通用的商品名称。最后，绍兴王星记扇厂对被诉侵权标识的使用容易导致消费者混淆误认。鉴于绍兴王星记扇厂对“王星记”在字号等方面享有的权益，其对被诉侵权标识的使用虽无明显恶意，但其不当使用方式极易造成市场混淆，使相关公众或者消费者误认绍兴王星记扇厂的产品来源于杭州王星记公司或与杭州王星记公司存在关联关系，使其或其产品在市场竞争获得并不归属于其自身的竞争优势，从而损害杭州王星记公司的注册商标专用权及承载于该商标之上的无形财产权益。

综上，法院认为，结合绍兴王星记扇厂所享有的权利（权益）基础及具体使用方式，其在生产、销售的扇子类商品、商品包装、网店店铺及商品页面中突出使用“王星记”“绍兴王星记”“王星记扇子”等标识，容易导致相关公众对商品来源产生混淆误认，已超出了企业字号、非遗传统技艺、商品通用名称的合理使用范围，构成商标侵权。

法院于2021年5月18日作出判决：判令绍兴王星记扇厂立即停止涉案商标侵权行为，赔偿杭州王星记公司经济损失及合理费用30万元；杭州保和堂医药有限公司立即停止销售侵犯涉案注册商标专用权的商品；周某某（个人独资企业投资人）对前述债务不足清偿部分承担清偿责任。绍兴王星记扇厂不服一审判决向杭州市中级人民法院提出上诉，该院经审理后判决驳回上诉、维持原判。

二、撰写心得

裁判文书作为审判机关的工作成果展示，是社会公众评价审判工作的主要窗口，承载着社会对于司法公正的期望。一般裁判文书的制作，需要符合格式规范、表述流畅、详略得当、结论准确的基本要求。优秀裁判文书相较于一般裁判文书，主要体现在其释法说理更能使人解惑释疑进而得到教育启迪，从而获得受众对于裁判结果的认同信服。优秀裁判文书如何通过说理让社会公众获得启迪，可以在以下三个方面精心打磨。

（一）优秀裁判文书对于受众的定位要更宽泛

裁判文书的程序 性功能是阶段性终结某项诉讼活动，其受众固然有当事人及上诉审法官。但优秀裁判文书另外还应担负起社会性功能，特别在裁判文书上网、司法公开的当下，优秀裁判文书担负有传播公正和法治理念的任务，其受众当然还应包括其他社会公众。优秀裁判文书的制作不仅要着眼于息诉服判或二审维持的效果，还要追求能够赢得各界群众认同信服和教育启迪的效果。这要求法官在裁判文书的制作中，应完整扼要地讲清楚案件基础事实的来龙去脉和前因后果关系，以及用以证明该部分事实的证据取舍情况及理由。因为案件当事人亲历了案件过程、二审法官可以调阅材料，而社会公众并不了解情况。“王星记”案所涉基础事实，时间跨度长达一个半世纪，关联双方的资料可以用“巨量”来形容，其中对于适用法律具有影响力的关键节点事实需要法官去发现梳理并固定于裁判文书中，使受众对于诉讼各方的渊源关系有一个直观清晰的认知，在此基础上形成其对于案件是非曲直的“内心确认”，为法官其后的释法说理打下基础。“以事实为根据”，不仅是公正司法的前提，也是裁判文书说理的基础，如果说理没有案情事实的支撑，让人产生前后不对应的观感，不仅不能使人信服，还会引起公众对于判决结果的质疑。

（二）优秀裁判文书对于涉案各方诉讼主张的开示要更充分

在“以事实为根据”的基础上直接展开释法说理，对于争议不大或法律规定明确的普通案件而言，尚且可行。但对于优秀裁判文书而言，其面对的往往是法律规定不够明晰而社会又尚未形成共同认识的疑难复杂案件。此类案件中当事人的诉讼主张虽各执一词，但往往各具一定的合理性，社会公众对于此类案件的种种是非曲直也都持有不同的“内心确认”。如果裁判文书对此加以回避，不能直面各种观点，不能逐一解析各项诉讼主张而给出“解惑释疑”以消解或矫正部分认知偏差的“内心确认”，一旦裁判结果与其“内心确认”相左，会影响对司法裁判的公信力与权威性的社会评价，无法取得司法裁判的良好社会效果。当然，对于诉讼各方诉讼主张的开示要更充分，并非简单罗列当事人的所有诉讼意见，而是需要法官梳理出其中具有可诉辩价值，对于裁判结果的推演具有实质性影响的诉辩意见。在“王星记”案中诉辩双方提出了一系列诉讼主张，基本聚齐了涉老字号企业间商标侵权纠纷的各种争议问题。对于原告指控被诉行为构成商标侵权的诉讼主张，被告申辩其使用涉诉标识系自己在先标识、企业字号的使用以及商品通用名称、非遗传统工艺名称的使用等系列抗辩主张，裁判文书均予以一一列举并附述了当事人提出各项主张的相关理由，且在随后的说理部分逐一加以释法析理后对双方各项诉讼主张作出评价判定。

（三）优秀裁判文书对于释法说理要更精细

优秀判裁判文书的说理部分能做到文句通畅、结构合理、繁简得当、逻辑自洽是基本标准。其更高要求是通过释法说理“解惑释疑”，消解矫正当事人及社会公众对法律价值存在的认知偏差，凝聚价值共识。通过裁判文书的说理“解惑释疑”凝聚共识，把释法说理做得更精细，可以在以下几个方面进一步提升：其一，常以对话的方式而非说教的口吻进行说理。一者提升司法的亲和力；二者对话是针对不同的诉讼意见作出的回应，说理更加具象生动，而非抽象空洞的，可以取得“一把钥匙开一把锁”的教育效果。其二，常以通俗易懂的语言进行说理。优秀裁判文书的受众包括当事人在内其主体是普通百姓。因此，裁判文书的说理在体现裁判文书专业性、严肃性的前提下，尽可能让不具备法律专业知识的人，仅凭其日常知识和内心良知情感就可以看明白。最后是焦点也是难点之处，释法析理要精准周全。释法析理的精准周全是司法理性的集中反映，要求法官有较高的分寸感，善于平衡各方合理利益诉求，做到法理、事理与情理的融通以及正义与公平的兼顾，只有周全的推论方能获得最大限度的共识。当然平衡各方合理利益诉求，并非均等予以保护，而是依循法、理、情分清权重比例下的平衡。在“王星记”案中法院综合考量了争议双方对于老字号品牌与非物质文化遗产的贡献比例关系、相互间的权利比重关系以及使用争议标识先后时序关系，最终认定绍兴王星记扇厂构成商标侵权。同时又明确了绍兴王星记扇厂享有正当使用企业字号与标注非遗传统技艺的权利。该案裁判文书通过释法析理传递了在充分尊重和考虑相关历史事实的前提下，秉持“保护在先权利、禁止市场混淆、有利于老字号品牌与非物质文化遗产发展”的原则，公平合理地解决争议的司法理念；彰显了鼓励和支持老字号品牌与非物质文化遗产健康发展的价值追求。

要坚持以法为据、以理服人、以情感人，既要义正词严讲清“法理”，又要循循善诱讲明“事理”，感同身受讲透“情理”，让当事人胜败皆明、心服口服。这鼓舞着我们努力向社会呈现更多的优秀裁判文书，以一个个司法个案阐述的法理、事理、情理凝聚公理人心。

（沙丽，浙江省杭州铁路运输法院法官）

三、专家评析

老字号是经营者的“金字招牌”和商誉载体，也是我国传统优势知识资源，体现了我国的文化软实力、民族产业优势和地区特色经济优势。老字号的知名度和声誉都是在漫长的历史过程中形成的，故权利冲突的产生往往存在特定的历史背景，不能机械适用相关法律条文来处理纠纷。解决老字号权利冲突的关键在于在市场经济条件下应当如何规范使用商业标识以及促进市场公平竞争，保护在先权利、禁止市场混淆以及尊重历史因素是处理老字号权利冲突的一般共识。发生在先字号与在后商标的冲突时，应当在诚实信用的基础上，划清各自权利领域，协调权利关系。对于因历史原因造成的权利冲突，当事人不具有恶意的，应当视案件具体情况，在考虑历史因素和使用现状的基础上，公平合理地予以解决。

本案双方均是老字号企业，共同传承了“王星记扇”这一非遗传统技艺项目的制作工艺，且在长期经营过程中各自形成了多重权利。双方的权利冲突基本聚齐了涉老字号企业商标侵权纠纷的各种争议问题，对法院如何平衡双方权利与社会公众利益提出了挑战。本案判决综合考量了争议双方对于老字号品牌与非物质文化遗产的贡献比例关系（杭州王星记公司优于绍兴王星记扇厂）、使用争议标识先后时序关系（杭州王星记公司早于绍兴王星记扇厂）以及相互间的权利位阶关系（商标权强于字号权），最终认定被告构成商标侵权，同时也明确了被告享有正当使用企业字号与标注非遗传统技艺的权利，兼顾了禁止市场混淆与鼓励支持老字号品牌、非物质文化遗产健康发展的关系，公平合理地解决了争议。

本案裁判从双方当事人为证明各自与“王星记”的渊源关系而提交的海量资料中梳理出对于法律适用具有影响的关键节点事实，对双方关于商标在先使用、正当使用及通用名称等一系列诉辩主张均通过释法析理予以回应，事实认定清楚、法律适用解读恰当、裁判说理充分，入选 2021 年度中国法院 50 件典型知识产权案例，对涉老字号企业商标侵权案件裁判具有较强的示范和指导性意义。本案裁判文书传递了在充分考虑和尊重相关历史事实的前提下，根据公平、诚信的法律原则，合理解决争议，以促进老字号品牌与非物质文化遗产健康发展的司法理念，既为服务地方产业特色、优化营商环境提供了强有力的司法保障，又为加强知识产权保护、激发创新活力提供了鲜活样本，实现了法律效果与社会效果的统一。

（点评人：何琼，浙江省高级人民法院知识产权审判庭副庭长，浙江省审判业务专家）

（2020）浙 8601 民初 1746 号裁判文书原文

39. 康恩泰有限公司（Consitex S. A.）与杭州法蔻进出口贸易有限公司、新疆沈氏富成国际贸易有限公司、沈某甲、沈某乙、沈某丙、韩某某侵害商标权及不正当竞争纠纷案*

【关键词】

平行进口　商标侵权　商标淡化

【裁判要旨】

在平行进口商品为正品且保持商品原产性的情况下，该进口商品与权利商标之间的对应关系真实，不会导致消费者对商品来源产生混淆误认，权利人无权阻止平行进口商品的进口和销售行为。

在进口商对平行进口商品加贴自有商标或对标识要素进行改动的情况下，消费者很可能会认为加贴标识与权利商标所指向的商品来源具有同一性或具有特定的联系，从而弱化权利商标与商标权人之间的联系，对商标识别功能造成实质性损害，属于《商标法》第57条第7项规定的商标侵权行为。

一、简要案情

康恩泰有限公司（Consitex S. A.，以下简称康恩泰公司）系第2×××88号“Ermenegildo Zegna”商标、第5××××15号“Ermenegildo Zegna”商标、第4××××28号“Ermenegildo Zegna”商标、第5××××14号“Ermenegildo Zegna”商标、第6×××08号“杰尼亚”商标的权利人；杭州法蔻进出口贸易有限公司（以下简称法蔻公司）系被诉侵权商品的平行进口商，沈某甲、沈某乙为法蔻公司股东；新疆沈氏富成国际贸易有限公司（以下简称沈氏富成公司）系涉案“富成国际购物中心”商场的经营管理者，沈某丙、韩某某为沈氏富成公司的股东，沈

* （2020）浙民终701号。

某丙、韩某某、沈某甲、沈某乙为父母子女关系。康恩泰公司认为法蔻公司未经康恩泰公司许可，设立“Ermeneildo Zegna”店铺，销售并非源自康恩泰公司的与涉案注册商标相同的“Ermenegildo Zegna”及“杰尼亚”标识的服装产品，将康恩泰公司的涉案注册商标与“France Coach”标识同时使用，且自称为“Ermenegildo Zegna”产品经销商，使用康恩泰公司产品宣传照片，在涉案店铺的店铺招牌、内墙及商场外墙等多处突出使用与康恩泰公司注册商标相同的“Ermenegildo Zegna”标识等行为构成对康恩泰公司的商标侵权及不正当竞争行为；同时，康恩泰公司还认为，沈氏富成公司对于法蔻公司在商场外墙上的使用行为构成共同侵权，且其为涉案店铺的经营提供经营场所、代收货款及代开发票的服务，应承担相应责任；沈某甲、沈某乙、沈某丙、韩某某应承担连带责任。康恩泰公司遂诉至法院，请求判令六被告立即停止侵权，刊登声明消除影响，并连带赔偿经济损失500万元。

浙江省杭州市中级人民法院认为，法蔻公司在商品、商品标签及销售票据上对“Ermenegildo Zegna”“杰尼亚”标识的使用系再次销售过程中不可避免的对商标标识的合理使用，不构成商标侵权行为；康恩泰公司并非Coach商标的权利人，对于法蔻公司在销售涉案商品时使用的外包装袋上标有“France Coach”的标识无权进行主张；法蔻公司在店铺门头、外墙、橱窗、商场外墙对“Ermenegildo Zegna”的突出使用构成商标侵权行为；沈氏富成公司在应当知道法蔻公司不具有商标授权的情况下，仍然以提供场地和收款开票、进行收益分成等方式协助法蔻公司开展侵权经营，沈氏富成公司与法蔻公司共同实施了侵权行为，两公司应承担连带赔偿责任。法院于2020年4月20日判决法蔻公司、沈氏富成公司停止实施侵犯康恩泰公司第5××××14号注册商标专用权的行为，共同赔偿康恩泰公司经济损失及为制止侵权行为所支付的合理开支共计50万元。

康恩泰公司、法蔻公司、沈氏富成公司不服，提起上诉。

浙江省高级人民法院经审理认为：（1）法蔻公司销售的涉案商品系通过平行进口方式获取并最终源自康恩泰公司的正品，该商品与商标之间的对应关系真实，并不会导致消费者对商品来源产生混淆误认，故不构成对康恩泰公司涉案四枚商品商标专用权的侵害。（2）法蔻公司在其开设的涉案店铺招牌及外墙、所在商场外墙上醒目标注“Ermenegildo Zegna”标识，易使相关公众误认为涉案店铺系由康恩泰公司开设或管理的Ermenegildo Zegna品牌官方授权店铺，该行为构成对服务商标权的侵害。（3）法蔻公司在标注有“Ermenegildo Zegna”“杰尼亚”商标的服装吊牌上加贴“France Coach”标识，并使用“France Coach”包装袋的行为，实际上使“France Coach”标识攫取了涉案商标所积累的商誉，其借涉案商标之商誉提高被诉标识知名度的主观意图明显，客观上淡化了涉案商标与康恩泰公司商品的唯一对应性，影响到涉案商标识别功能的正常发挥，给康恩泰公司的商标权造成了其他损害，构成商标侵权。（4）法蔻公司在其开设的涉案店铺招牌及外墙、所在商场外墙上醒目标注“Ermenegildo Zegna”标识的行为，已经依据《商标法》认定构成商标侵权，足以对康恩泰公司的权利予以充分保护，无须再适用《反不正当竞争法》进行重复评价。（5）法蔻公司与沈氏富成公司主观上具有共同侵权的意思联络，客观上共同实施了侵权行为，应承担共同侵权的连带赔偿责任。（6）关于赔偿数额，考虑到“Ermenegildo Zegna”系列商标具有较高知名度，曾有过驰名商标保护的记录，应给予较强的保护力度。浙江省高级人民法院于2020年9月27日判决：撤销一审判决；法蔻公司、沈氏富成公司立即停止商标侵权行为；分别刊登澄清声明，消除侵权影响；共同赔偿康恩泰公司经济损失及为制止侵权行为所支付的合理开支共计80万元。

二、撰写心得

“裁判之外，法官无言。”裁判文书是法官综合素质的集中体现，既体现了法官的价值观，也体现了法官的法律解释水平和文书写作水平。作为法官，必须要做到“内外”兼修，在修炼价值观“内功”的同时也要练好“五字诀”的“外功”，以“内功”护根本，以“外功”强能力，才能写好一份优秀的裁判文书。

（一）练好“内功”，以守正创新捍卫司法公正

不谋全局者，不足谋一域。所谓“内功”就是指法官内心的价值观。习近平总书记强调：“我们从事的是前无古人的伟大事业，守正才能不迷失方向、不犯颠覆性错误，创新才能把握时代、引领时代。”① 知识产权作为与经济发展和科技进步互动最为密切的司法领域，法官更要有大局意识，掌好思想之“舵”，坚持“从政治上看，从法治上办”，在经济发展和社会进步的浪潮中不迷航。既要树立正确的价值观念，也要树立正确的司法理念；既要把

① 《高举中国特色社会主义伟大旗帜　为全面建设社会主义现代化国家而团结奋斗——在中国共产党第二十次全国代表大会上的报告（2022年10月16日）》，载《人民日报》2022年10月26日，第1版。

握经济发展大局，也要把握法律适用之道。坚持守正，创新才有方向和依归；不断创新，守正才有活力和基础。以本案为例，我们跳出案件看案件。平行进口是跨境贸易蓬勃发展的新型商业模式，平行进口商以差价谋取利润，在一定程度上挤占了国内商标权人的市场份额，也因此产生了双方对于商标权和不正当竞争的纠纷。因此，我们必须要认识到本案的侵权认定不只关乎当事人双方的利益，更事关平行进口商业模式的定性，事关跨境贸易的高质量发展，必须要审慎处理、依法裁判。

（二）练好“外功”，以细致打磨彰显司法水平

铁柱磨成针，功到自然成。所谓“外功”就是指法官在审理案件和文书写作中的技巧。在裁判文书写作中需要念好“五字诀”，在五个关键问题上彰显法官的法律功底和写作水平。一是争议焦点确定要“准”。争议焦点犹如裁判文书之“骨架”，忌过于原则性，亦忌琐碎繁复。要准确将案件审理中的关键问题提炼成争议焦点，以准确的争议焦点串联整个案件的审判脉络。二是说理分析论证要“力”。裁判文书的说理分析论证犹如裁判文书之“血肉”，既要详略得当，又要进退有度；既要有“阳春白雪”的法律语言，又要有“下里巴人”的事实语言；既要密切结合法律适用的要件展开论证，又要紧密结合案件审理的事实展开论证。三是侵权责任界分要“清”。在复杂的知识产权侵权案件中，常常杂糅了多个民事主体、多重法律关系、多种侵权形态，法官必须要在裁判文书中清晰地界分侵权责任，不能“和稀泥”。四是侵权责任判定要“恰”。侵权责任判定既包括对责任承担方式的判定，也包括对承担责任程度的判定。知识产权法官在侵权责任判定上有时掌握着较大的自由裁量空间，但这样的自由并不是没有章法、没有尺度的，必须要结合侵权主观恶意、侵权情节严重程度等考量因素全面衡量，罚当其“罪”、恰如其分。五是争议问题研判要“精”。争议问题往往缺乏先例可循，法官要精心准备，从法律规范、法理研究、学术探讨中精心研判，切忌盲目武断、刚愎自用。

（三）“内外”兼修，以能动履职提升司法效果

博观而约取，厚积而薄发。撰写裁判文书时，不能只讲大方向不讲小细节。尤其是知识产权法官更不能只顾埋头走路、不会仰望星空。对于法官而言，每一份判决都要做到政治效果、法律效果和社会效果有机统一。要把握好法律与现实的关系，学会在法律世界和现实世界中来回穿梭，在法律世界中寻找现实问题的答案，在现实世界中寻找法律问题的答案，深刻地认识问题、深刻地回应问题。要把握好公正与效率的关系，树牢正确的司法理念，坚持于法有据、遵循司法规律、符合工作实际、顺应民众需求，兼顾国法、天理、人情，既要在纸面上呈现司法态度，又不能让司法态度仅仅浮在纸面上。要把握好加强保护与防止滥用的关系，既要保护权利人的合法权益，又要防止权利滥用，努力让知识产权司法成为社会进步的“垫脚石”，避免成为社会发展道路上的“绊脚石”。要把握好能动履职与被动履职的关系，一方面要积极主动对接经济发展和科技进步的司法需求，跟得上时代发展的步伐；另一方面也要保持一定程度的司法谦抑性，要“让子弹飞一会儿”，把市场问题交给市场解决，避免随意干涉市场行为。

知之者不如好之者，好之者不如乐之者。法官是一个终身修行的职业，法律是一门终身学习的学问。唯有以苦行僧的意志行走在裁判文书的笔墨之间，以弄潮儿的志向搏斗在疑难繁案的困境之中，才能实现法官人生的价值。

（王亦非，浙江省高级人民法院法官）

三、专家评析

随着贸易全球化、自由化的推进，在“一带一路”倡议顶层设计和国际国内双循环的背景下，跨境贸易蓬勃发展，进口商品大量流入国内市场，不可避免地与国外品牌在国内的商标权人发生摩擦。其摩擦的本质是平行进口商未经国内商标权人许可，将从国外进口的“正品”在国内进行转售，在一定程度上“抢夺”了国内商标权人的市场份额，很可能对其营收造成负面影响，而平行进口商却可以从国内、国外的差价中盈利。该种商业模式存在多主体的利益争夺，因此，平行进口带来的商标侵权和不正当竞争在知识产权领域和国际贸易领域都是无法回避的热点、焦点、难点，既关系到商标法的明晰释法，也关系到平行进口商业模式的生死存亡，更关系到跨境贸易的高质量发展。

本案是一起典型的平行进口引发的商标侵权及不正当竞争纠纷，并综合了平行进口行为本身的商标侵权问题、平行进口后商品转售中不规范行为的商标侵权问题、商标侵权与不正当竞争行为竞合问题、共同侵权方的连带责任问题、公司有限责任问题、侵权责任承担方式问题及判赔数额精准衡量问题，涉及面广，关系复杂，厘清其中的法律关系、精准判定各方的法律责任需要很强的法律功底和系统思维。

一方面，本案二审判决立足于对商标功能的保护，把握利益平衡、分类规制的原则，“以允许为原则，以侵权为例外”，对不同形态的被诉行为是否构成侵权逐一进行了详细的说理分析，在进口商品与国内商标权利人销售的商品存在实质性差异的情况下，准确划定了平行进口模式下正当使用行为和侵权行为的边界，规范了平行进口商的商标使用行为，以保护商标权人和消费者利益。该案及时回应了行业和社会公众司法期待，为相关利益主体提供了明确稳定的行为预期，有效发挥法治固根本、稳预期、利长远的保障作用，在法治轨道上推进跨境贸易的高质量发展，对于推动跨境贸易行业繁荣健康发展以及服务国内国际双循环的新发展格局具有重要意义。

另一方面，本案二审判决从加大知识产权保护力度的角度，既考量了权利商标曾有过驰名商标保护的记录等能证明其商标价值的因素，也考量了侵权的主观恶意及侵权情节的严重程度，在全面衡量的基础上提高了判赔金额，有力彰显了我国对于加大知识产权保护力度的决心以及对涉外主体所持有知识产权的平等保护态度。

总体来说，本案二审判决思路清晰、论证有力、考虑全面、判赔恰当，既回应了平行进口中的知识产权热点问题，又体现了我国知识产权司法的优秀水平和大局观念，从法律层面来说对于立规则、明态度具有典型示范意义，从裁判文书写作层面来说也是一篇上乘之作。

（点评人：李永明，浙江大学知识产权与竞争法研究中心主任，浙江大学光华法学院教授、博士生导师，中国法学会知识产权法学研究会副会长）

（2020）浙民终 701 号裁判文书原文

40. 上海万翠堂餐饮管理有限公司与温江五阿婆青花椒鱼火锅店侵害商标权纠纷案*

【关键词】

商标　正当使用

【裁判要旨】

已注册的餐饮服务商标含有菜品调味料通用名称，经营者在服务中将与该通用名称相同或相似的文字使用在其店招上，用以描述其提供服务的品质、特色等，不易导致相关公众混淆的，注册商标专用权人无权禁止该经营者的正当使用行为。

一、简要案情

上海万翠堂餐饮管理有限公司（以下简称万翠堂公司）系第12××××07号“”注册商标、17××××63号“”注册商标、第23××××28号“”注册商标的权利人，上述三枚商标的核定服务项目均包括第43类中的饭店、餐厅等，且均在有效期内。

2021年5月21日，万翠堂公司发现温江五阿婆青花椒鱼火锅店（以下简称五阿婆火锅店）在其店招上使用了“青花椒鱼火锅”字样“

”，遂以五阿婆火锅店侵害其注册商标专用权为由，向四川省成都市中级人民法院提起诉讼，请求判令五阿婆火锅店立即停止侵权并赔偿万翠堂公司经济损失及合理开支共计50 000元。

本案争议焦点为五阿婆火锅店在店招上使用“青花椒”字样的行为是否侵犯万翠堂公司的注册商标专用权。

---

* （2021）川知民终2152号。

二、撰写心得

“青花椒案”作为社会广泛关注的知识产权纠纷案，二审民事判决书入选第五届全国法院“百篇优秀裁判文书”。作为承办法官，既是荣幸，亦是对法官职业最好的告慰。裁判文书，是法院司法裁判过程的最终体现，不仅要辨法析理，在能动理解适用法律上下工夫，而且要定分止争，还要在遵循天理国法人情、传递司法公平正义上下工夫，让人民群众切实感受到司法的温度。用心、用力、用情办好每一件案件，写好每一份裁判文书，是法官的使命和职责。“善战者无赫赫之功，善医者无煌煌之名”，在“青花椒案”的审理和裁判文书制作过程中，笔者深切感受到，裁判文书是司法正义的生动诠释，如何在案情和法律之间抽丝剥茧，在笔墨间蕴初心，于方寸中显乾坤，是对法官的司法素养和智慧的考验。

（一）实质化庭审，是写好裁判文书的前提

裁判文书是审判活动的最终载体。优秀的裁判文书取决于案件审理在程序上的合法性和完整性，在事实调查中的全面性和准确性，是法官司法能力的综合反映。优秀的裁判文书离不开高质量的庭审活动。通过裁判文书字里行间对事实的表述，再现诉争场面。使当事人及社会公众通过该裁判文书，能够清晰地认识整个案件全貌，详细了解案发原因、争议焦点及各方观点和理由。因此，实质化庭审，查明事实是写好裁判文书的前提。“青花椒案”二审中，为了保证案件审理公开透明，推动社会热点回归法治，合议庭确立了公开庭审、当庭宣判的审判思路。作为承办人，事前认真阅卷，对与案件相关的事实进行认真梳理，查阅了“青花椒”作为调料在川菜历史上的沿革以及“青花椒”商标的注册和使用情况，理顺双方诉辩意见和法律依据，准确归纳案件争议焦点，做到思路清晰。开庭前，制订详尽的庭审预案，精心打磨庭审提纲，确保庭审活动以最规范的程序、最完美的形象、最公正的判决彰显司法正义。通过庭审，查明了“青花椒”作为调味品被广泛用于描述含有“青花椒”特色的菜品中，且涉案“青花椒”商标的权利人在经营活动中亦有“青花椒砂锅鱼”的使用方式。公开庭审不仅让社会公众直观感受到司法的公正透明，也为司法裁判奠定了坚实的基础。

（二）坚持情与法相融合、能动理解适用法律，是写好裁判文书的根本

一份优秀的裁判文书，法官必须有明确且正确的裁判导向。体现在裁判文书“本院认为”部分，是法官通过庭审对案件事实的抽丝剥茧和对法律适用的析法明理，既是裁判结果的关键，亦是裁判文书的精华，体现着法官的法学功底、司法智慧、裁判技艺，是彰显法官司法能力的“名片”，是衡量法官职业化水平的“标尺”。中国特色社会主义司法制度的人民性决定着法官在选择法律、理解法律、适用法律时，必须站稳人民立场，把老百姓的“情”与治国重器的“法”紧密融合起来，主动从人民群众的角度去思考、去判断和下结论，才能作出法、理、情相融，符合人民群众普遍认识和朴素正义观的裁判。二审法院坚持以人民为中心的根本立场，把人民群众的朴素情感与法律规定紧密结合起来。实现以“良法促进发展、保障善治”。

1. 站在相关公众的视角去评判被诉侵权行为是否容易导致混淆、误认，是否容易与涉案商标权利人联系起来。青花椒系一种植物果实以及由此制成的调味料的名称，在川渝地区种植历史悠久，以其作为川菜的调味料已广为人知，把青花椒作为川菜调味料是公众根深蒂固的认识，涉案注册商标知名度不高，消费者不会将被诉火锅店店招上的“青花椒”字样理解为某个餐饮品牌，难以与涉案商标造成混淆、误认。

2. 立足一般社会人的认知去评判被诉火锅店将“青花椒”字样使用在店招上是否必要。“青花椒”是用于指代一种特定调味料的通用名称，将特色菜品名称标注在店招上是餐饮行业的惯常做法，相关公众亦习惯将其理解为含有青花椒调味料的特色菜品。因此，被诉火锅店将“青花椒”字样使用在店招上是合理且正当的。

3. 从普通大众的视角去评判被诉火锅店将“青花椒”字样使用在店招上是否攀附涉案注册商标的商誉。本案中，涉案“青花椒”商标显著性不强，虽然被诉火锅店店招使用的“青花椒”字样与涉案注册商标文字以及呼叫相同，但在字体、构成要素等方面存在明显差异。生活中，相关消费者通常不会将店招上的“青花椒”与涉注册商标联系起来，因此，难以认定被诉火锅店具有攀附权利人涉案注册商标的主观意图。

因此，承办法官正确地理解和诠释了《商标法》第59条的规定，认定被诉火锅店的被诉行为构成商标正当使用，不构成商标侵权。

（三）坚持遵循天理国法人情、传递司法公平正义，是写好裁判文书的关键

实践证明，一份优秀的裁判文书，唯有遵循天理国法人情，树立正确的裁判导向，充分尊重人民群众的常识、常情和常理，增强裁判文书的可读性，才能更好地让人民群众切实感受到公平正义、感受到法治的力量。

1. 树立正确的司法裁判导向。正确的裁判导向必然能够引导社会积极向上、社会风尚向善，传播真善美的社会正能量。二审判决通过充分说理，最终作出了撤销一审判决，驳回万翠堂公司全部诉讼请求的判决，合理划分了商标权的权利边界，合理平衡了商标权私权与社会公共利益，为诚信正当经营的中小微企业撑腰鼓劲，维护了公平竞争的市场秩序，有效发挥了司法裁判在社会治理中的规范、评价、教育、引领等功能。

2. 充分尊重人民群众的常识、常情和常理。本案涉及的商标权利边界界定等法律问题，《商标法》及其司法解释规定的标准比较模糊，检索到的案件裁判标准也相互冲突，法律适用成为二审遇到的最大障碍。尤其是涉案商标权利人在全国多地维权，均被当地法院支持，且相关判决已生效。在此情况下，本案二审裁判既要关照民情民意，更要符合法律规定。为解决商标法现行规定和人民群众朴素认识之间的偏差，作为承办法官，认真研究商标法相关条文的立法逻辑和内涵，请教专家学者，和合议庭多次深入讨论，分析注册商标显著性与保护范围的关系，在理论上解决了商标正当使用的合理性判断，从而得出了被诉火锅店的使用行为属于正当使用的结论。确保二审判决更加符合人民群众的常识、常情和常理。

3. 增强裁判文书的可读性。裁判文书是法律文书的一种，要符合裁判文书应有的基本格式，充满法言法语，极具严谨性和规范性，但裁判文书不应该是冰冷、无情的，而应该是有温度、有魅力的。因此，在裁判文书制作过程中，结合案件涉及民生、关注度高的特点，对裁判文书的结构事前做好谋篇布局，围绕争议焦点，力图层次清晰、观点明确、法律适用正确，在文字表达上，做到文风朴实、文字简洁，以提升裁判文书的可读性。因此，在撰写中，一方面坚持司法理性的同时，对注册商标专用权的保护范围与显著性的关系作了具有深刻法理、哲理的阐释，拓展了商标制度的理论高度和深度；另一方面又站在普通百姓的角度，回归生活常识，赋予裁判文书一定程度的感性，将晦涩难懂的法理用人民群众最朴素、通俗易懂的语句予以阐释，有效解决了裁判文书用词生硬、难以读下去、难以接受的问题，展现法官的人文情怀和人格魅力，以精练、有温度的文字传递社会主义核心价值观。

一篇优秀的裁判文书是司法公正的宣言书。撰写裁判文书即是书写正义，作为一名法官，需要我们不忘初心、牢记使命，公正司法，以匠心打磨，用初心回应，以人民群众看得见的方式实现公平正义。

（杨丽，四川省高级人民法院法官）

三、专家评析

本案涉及经营者自由竞争与商标权合理边界的关系，受到社会各界广泛关注。四川省高级人民法院坚持弘扬社会主义核心价值观，以“青花椒”为“小切口”，通过严谨有力的论证，讲透“权利有边界，行使须诚信”的“大道理”，依法判决驳回万翠堂公司的全部诉讼请求，并承担一审、二审诉讼费。彰显了法院不支持“碰瓷式”维权的鲜明态度，也厘清了诚信经营者合理使用的边界，高度契合人民群众的常识、常情和常理，切实让人民群众感受到公平正义就在身边。

（一）符合优秀裁判文书标准

判决书格式规范、逻辑严谨、行文流畅、说理透彻。一方面，结合法律规定明晰法律概念，阐述裁判法理，体现深厚专业功底；另一方面，根据案件查明事实，融规范逻辑与生活逻辑于一体，展现思辨裁判智慧，兼具法律高度、论证亮度与理论深度。

（二）具有较高类案参考价值

本案所涉侵害商标权纠纷具有典型性。关于被告对“青花椒”字样的使用方式是否属于正当使用，司法存在认识分歧。本案判决结合《商标法》规定，指出商标的作用在于识别商品或服务的来源，应当具有显著性，并重述注册商标专用权的保护范围应与其显著性相一致的原则。“青花椒”注册商标的显著性，因餐饮服务与菜品调味料的天然联系而极大地降低，由此决定“青花椒”注册商标的保护范围不宜过宽，否则将妨碍其他市场主体正当使用。裁判结合在案证据与查明事实，从被告使用“青花椒”没有攀附涉案商标意图、不具有识别服务来源作用、不会导致相关公众产生混淆或误认等方面，逐一论述被告使用“青花椒”字样不构成商标侵权。同时，从行业习惯与公众理解习惯方面，进一步强化论证被告使用“青花椒”字样属于正当使用和诚实经营，注册商标专用权人无权禁止，为类似案件合理确定商标权边界明晰了裁判思路。

（三）法律效果与社会效果有机统一

“青花椒”案连续两年写入 2022 年、2023 年最高人民法院工作报告，并入选 2022 年中国法院十大知识产权案件，二审判决书获评第五届全国法院“百篇优秀裁判文书”，二审庭审获评第五届全国法院“百场优秀庭审”。在“碰瓷式”维权日益增多的背景下，判决重申了商标权保护基本原理，划清了商标权、禁止权及自由竞争权的界限，防止商标权人滥用权利。在充分尊重保护注册商标专用权的基础上，捍卫生产经营者自由竞争的权利，实现商标权与公共利益之间的平衡，依法维护公平竞争的市场环境，受到餐饮业经营者、新闻媒体、法学专家、实务工作者、人大代表、政协委员一致好评，对于引导社会公众树立依法保护知识产权、诚信行使知识产权的观念意识，具有重要作用。

（点评人：王玥，四川省高级人民法院行政庭庭长、三级高级法官）

（2021）川知民终 2152 号裁判文书原文

41. 绫致时装（天津）有限公司与博野县幻蝶雾语服装店侵害商标权及不正当竞争纠纷案*

【关键词】

不正当竞争行为　行为法　竞争利益

【裁判要旨】

《反不正当竞争法》第2条中提到的“合法权益”并非指专有权利，不正当竞争行为的认定应当采取行为正当性的判断模式，着重综合分析行为的特征及损害后果。如果系以特别应受谴责的方式方法损害受保护的利益——即使该利益尚未达到权利的属性，也应当认定构成不正当竞争。服装款式系服装企业的核心竞争力之一，服装款号不仅是生产厂商和销售方管理商品的编号，也是消费者通过检索定位到自己需求的服装的重要途径。经营者利用服装款式和款号的特殊对应关系，将与他人相同的款号使用在与他人相同或类似款式的服装上，将通过款号搜索他人服装的消费者引流到其店铺，获取不正当的竞争优势，违反诚信原则和商业道德，构成不正当竞争。

一、简要案情

2001公司系第11×××85号VERO MODA商标及第14×××54号ONLY商标权利人。2020年4月15日，2001公司向绫致时装（天津）有限公司（以下简称绫致公司）出具授权书，允许绫致公司在生产、销售的产品，以及在广告、店面以及各类电子商务平台上使用上述商标并有权就针对ONLY、VERO MODA商标的侵权行为，以其自身名义提起诉讼。

绫致公司提交的（2020）京东方内民证字第11364号公证书中显示，将幻蝶雾语服装店在淘宝网上所销售的92款服装款式与绫致公司销售的标注同一货号的服装比对发现，幻蝶雾语服装店销售的89款服装与绫致公司同一货

---

* （2021）冀知民终294号。

号的服装在服装款型、颜色选择、领口袖口等细节方面构成近似。幻蝶雾语服装店在其淘宝网销售页面服装名称部分使用的货号与绫致公司在同款或近似款服装上使用的货号一致。同时，幻蝶雾语服装店在其开设的淘宝店铺“女装高端定制”中销售的商品将“VERO TEX MODA”“ONLY. LUU”等标识使用在商品名称处。绫致公司认为幻蝶雾语服装店的上述行为构成商标侵权及不正当竞争，遂诉至法院。

原审法院认为，蝶雾语服装店在其网站销售的商品名称中使用的“VERO TEX MODA”“ONLY. LUU”等标识，构成商标侵权；但绫致公司提交的证据不足以证明其对涉案服装的款式具有排他性权利，故幻蝶雾语服装店不构成不正当竞争。

本案二审中争议的焦点问题为：（1）幻蝶雾语服装店是否侵犯了绫致公司 VERO MODA 商标及 ONLY 商标的注册商标专用权；（2）幻蝶雾语服装店的行为是否构成不正当竞争；（3）一审判决确定的赔偿数额是否适当。

关于商标侵权行为是否成立较为明确，一审、二审法院认定的结论也一致，不再赘述。本案重点讨论的问题为：幻蝶雾语服装店的行为是否构成不正当竞争。

不正当竞争行为判断模式与知识产权侵权判断模式应当有所区别。知识产权侵权判断模式都是权利侵害式，即未经许可使用某类权利，且无免责事由的，构成侵权。这种侵权判断模式通常先论述出一个受保护的权利，以此为出发点，并根据其受到损害而认定构成侵权。对不正当竞争行为的认定应当适用行为谴责式的判断模式，《反不正当竞争法》所保护的法益是民事利益，民事利益与绝对权利不同，缺乏公示性和排他性，因此，对不正当竞争行为的认定应着重通过对侵害行为方式方法的评判，考量行为的正当性，认定是否构成不正当竞争。

就本案而言，一审判决并未通过对侵权行为方式方法的评判去认定是否构成不正当竞争，而是采用了知识产权侵权判断的思路，认为绫致公司无法证实涉案商品的款型系其原创、货号为其独有，并据此认定幻蝶雾语服装店不构成不正当竞争。这种思路事实上是通过认定绫致公司不具有应受保护的权利，进而认定幻蝶雾语服装店不构成不正当竞争，而并未考虑《反不正当竞争法》具有补充权利保护专门法的独特功能。对此，应当确立的理念是，《反不正当竞争法》保护不是立足于权利保护，而是立足于行为正当性，因此无须受到知识产权权利侵害式侵权判断范式和思维的限制。如果系以特别应受谴责的方式方法损害受保护的利益——即使该利益尚未达到权利的属性，也应当认定构成不正当竞争。

本案中，幻蝶雾语服装店模仿绫致公司服装款式并在相似款式的服装上使用相同商品货号等行为并非《反不正当竞争法》第2条规定的典型的不正当竞争行为，绫致公司也并未依据该列举式规定主张权利，而是直接主张幻蝶雾语服装店的行为违反了《反不正当竞争法》第2条的规定。对于幻蝶雾语服装店的行为是否满足《反不正当竞争法》第2条规定的适用要件，分析如下：尽管就某一具体的服装款式或款号而言，绫致公司并未举证证明该款式为其独创或其具有某种专有权利，但就服装而言，服装款式系一个服装企业的核心竞争力之一，可以为经营者带来更多的竞争优势。而服装款号不仅是生产厂商和销售方管理商品的编号，更是消费者通过检索款号定位到自己需求的服装的重要途径。幻蝶雾语服装店利用服装款式和款号的这种特殊对应关系，不仅模仿绫致公司的服装款式，在服装的设计、材料的选择、做工和细节的处理等方面抄袭绫致公司的成果，而且在相同或类似的款式上使用与绫致公司相同的款号。幻蝶雾语服装店将与绫致公司相同的款号使用在与绫致公司相同或类似款式的服装上，将通过款号搜索绫致公司服装的消费者引流到其店铺，购买其销售的类似款式的服装，以获取不正当的竞争优势。该行为明显挤占了绫致公司的交易机会，已经对绫致公司的商品构成实质性的替代，这种替代必然会使绫致公司的利益受到损害。幻蝶雾语服装店作为从事服装行业的经营者，和绫致公司具有竞争关系，其理应知晓服装款式是服装企业的重要资源，也应当知道，在网络上购买服装时，消费者经常通过服装的款号找到特定款式的商品，其利用绫致服装款式和款号之间的对应关系，同时抄袭绫致公司服装款式和款号，侵占绫致公司的商业利益和商业机会，主观上具有恶意。综上，幻蝶雾语服装店的行为违反了诚信原则和市场主体应当遵循的公认的商业道德，其不正当竞争行为成立。

关于赔偿数额，原审判决未考虑到幻蝶雾语服装店模仿绫致公司服装款式和款号的不正当竞争行为给绫致公司造成的损失导致判决赔偿数额过低，二审法院对赔偿数额进行了上调。

二、撰写心得

裁判文书是司法审判的最终产品，是当事人权利义务的确定书，是法治宣传教育的生动教材，更是一名法官业务水平的最好名片。裁判文书的制作过程，是法官将自己的司法经验和理性思考完整记录下来的过程，凝聚了法官在整个办案过程中的创造性劳动。写出一份优秀的民事判决文书需要深厚的文字功底、理论功底、娴熟的说理技巧和妥帖的衡平意识，非一日之功可炼成。好的裁判是精心准备、精心挑选、精心培育、精心打磨出来的。

（一）精心准备，有积累

每一份精彩，都源于积累，发自准备。笔者的这篇获奖文书也是源于笔者长期对反不正当竞争法领域重、难、热点问题的关注和大量相关论著的阅读。这让笔者在办案时，能迅速把握案件问题的本质，也为判决写作积累了大量的知识、素材。巧妇难为无米之炊，平时就要多通过知网等数据平台进行检索。重点关注相应领域内知名学者的理论文章，以及《人民司法》等期刊杂志的实务文章或案例分析。同时，要特别注意对优秀裁判文书的学习，学习优秀文书推理论证的方式和过程，取长补短，不断提升自身的裁判文书制作水平。

（二）精选案例，有重点

一个好的法官要靠好的案例去成就。要练就精准选案的慧眼。对于简案、常规案件等，要做到“快办”。如果碰到涉新类型、涉新法适用、涉社会热点、涉社会主义核心价值观、理论或实务界关注度高或法律适用有争议的案例，就要精心打磨，要做到“精办”。这次笔者获评双百的优秀文书案件，绫致时装（天津）有限公司诉博野县幻蝶雾语服装店侵害商标权及不正当竞争案，虽然在事实认定方面争议不大，二审时双方当事人也没有提交新证据，但绫致公司却对一审法院关于幻蝶雾语服装店不构成不正当竞争行为的认定不服。结合双方当事人的诉辩意见和一审法院的论述，承办人敏锐地感觉到，本案中关于是否构成不正当竞争行为，一审法院的判断模式是传统的知识产权侵权判断思路，而《反不正当竞争法》作为行为法，对不正当竞争行为的认定应当采取行为正当性的进路。对这个问题理论界和实务界关注度较高，如果这个判决写得好，那么将成为非典型不正当竞争行为认定的一个经典案例。换言之，本案具备打造优秀文书的先天条件。所以，在办理这个案件的过程中，笔者下定决心不能浪费这个优质素材，要朝着优秀文书和典型案例的方向精心打造，努力打造精品案例，提炼出实用的裁判规则。

（三）精心打磨，重细节

“细节决定成败”，文书亦是如此。缺乏精品意识和能力，产生不了好的判决；反之，以工匠精神去认真对待每一个案件，产出优秀文书的概率会大大增加。首先，在形式上和结构上，一定要做到万无一失。因为对一篇文书的第一印象，先要从形式上看是否规范，内容要素是否齐全。这是裁判文书的基础性要求。裁判文书的写作虽然常带有法官个人色彩和个性魅力，但其本质也是一种公文，倘若标点符号、语法句式、法言法语等方面都没有做到准确应用，给人的感觉就是很不规范。如果最基本的结构、要素都不齐全，则容易使公众对司法裁判产生随心所欲、标准不一的误解。因此，一篇优秀的裁判文书首先要力争做到格式规范、结构合理、要素齐全。比如，法条引用要合法有效、每个部分的格式要统一、篇幅布局要合理、同一事物前后提法要保持一致、遣词造句要反复推敲、标题序号要规范准确、校对要做到零差错，标点符号要规范使用，因为优秀文书不允许细节上有败笔。其次，要多参考优秀裁判文书的写作经验和技巧，《最高人民法院公报》刊登的文书是笔者经常学习的对象。即便是一名资深的法官，也需要通过借鉴和吸收来不断精进业务。

（四）精致分析，理说透

论理部分能充分体现法官对案情的理解及对事实、法条结合的水平，是整篇文书的精髓，也是文书成功与否的关键。一篇好的裁判文书不但能使当事人看清查明事实的过程，更要在论理上层次清晰，说理上充分透彻，通过辨法析理，使当事人赢得清楚、输得明白。而要想把理说透，就要有充分的论据。这就面临选材问题。选材是指法官为裁判文书的说理拣选素材。法官获取素材的方式可以分为主动式选材与被动式选材。主动式选材是指法官自主寻找而获得，被动式选材通常是指律师、检察官、当事人等向法官提供素材。在普通案件中，被动式更为常见。诉辩双方已就各自主张准备好大量证据、法条等素材，法官只需从中拣选。而在特定情形下，特别是在打造优秀文书时，主动选材特别重要。一篇优秀的裁判文书，需要深入、细致地展开辨法析理，此时，法官说理的素材不能仅仅拘泥于当事人的诉辩理由。当事人提出的诉辩理由可以给我们一个论证的方向，但如果仅以当事人的诉辩理由作为论据往往是不充分的，还需要法官主动寻找规范、梳理事实并作出裁判。当然，过程中必须注意法院裁判不能超出当事人诉讼请求，也不能脱离其选择的请求权基础，只是论证的过程和论证的素材可以更加地精细和深入。法官主动寻找素材的途径包括类案检索、专家意见、法学通说、理论著作等。通过深入、透彻阐明裁判结论的形成过程和正当性理由，才能写出一份既彰显法律力量，又体现规则意识，情理兼容，有力度、有温度，被当事人真正信服的优秀判决。

（邢会丽，河北省高级人民法院法官）

三、专家评析

本篇裁判文书值得肯定之处主要有以下三个方面。

（一）案件法律适用上的典型性

非典型不正当竞争行为的司法认定标准问题是当前理论和实务介争议较大的热点问题之一。对于未予类型化而依照一般条款认定的不正当竞争行为，很多案件采取了权利保护式的裁判思路，没有考虑到《反不正当竞争法》行为法的特性。本案一审判决即采用了权利保护式的思路，通过论述原告绫致公司不具有排他性的权利，进而认定被告幻蝶雾语服装店不构成不正当竞争。二审判决则并未拘泥于原告绫致公司是否存在应受保护的排他性权利，而是着重综合分析行为的特征及损害后果，得出构成不正当竞争的结论。本案裁判理由部分并未拘泥于就案论案，而是进行了深入的法理分析，详细论述了对非典型不正当竞争行为的认定应当立足于行为正当性的裁判规则，在案件本身及法律适用上均具有典型意义，对类似案件的裁判具有参考价值。

（二）文书形式上的规范性

从形式上看，本篇裁判文书格式规范，结构合理，要素齐全。用精练流畅的文字总结归纳了双方当事人的诉讼请求、争议焦点、事实理由，用精准、规范的表达阐述了对事实和法律适用的意见，彰显了承办法官较好的文字驾驭能力。

（三）文书析理充分透彻

判决说理是告诉当事人法院的结论以及为何作出这样的结论。“说理”是评判裁判文书质量高低的关键环节，是裁判文书的灵魂。一篇优秀的裁判文书，要求制作者要根据案情，具体分析，说理透彻充分，将裁判结果的生成过程逻辑性地展示在文书里。法院权威的源泉是公信，而公信源于公正，公正则必须基于信任和信服，所以裁判理由在整个文书中显得特别重要。裁判理由最能彰显法官理论功底和业务素质。裁判文书的公正性、说服力、公信力就维系在裁判理由上。当前，许多法官开始在裁判文书的说理部分动脑筋、下工夫，大大改变了过去公文型、简单模式化裁判文书之弊，开始向具有相当色彩的法理型、说理型文书转变。本篇裁判文书在文书说理部分，详细阐述法庭观点，层次分明、脉络清晰、叙述事实简洁扼要、阐明法理深刻充分，使当事人看到审判人员辨法析理的过程，堪称一篇说理精彩的佳作。

当然，本文书也有一定的不足，如在当事人诉辩意见部分对当事人诉辩理由的归纳过于全面具体，可再予精练。但瑕不掩瑜，总体而言，本文书既体现了裁判文书的权威性、严肃性、规范性，又在论理部分用生动的文字、流畅的文笔、透彻的析理进行了一定的理论阐述和规则探索，堪称一篇佳作。

（点评人：原晓爽，最高人民法院知识产权法庭审判长，全国审判业务专家）

（2021）冀知民终294号裁判文书原文

42. 惠氏有限责任公司与原广州惠氏公司、正爱公司、青岛惠氏公司等侵害商标权及不正当竞争纠纷案*

【关键词】

惩罚性赔偿　故意　情节严重　基数　倍数　赔偿总额

【裁判要旨】

"故意"和"情节严重"是惩罚性赔偿适用的主观要件和客观要件。对于"故意"的认定，人民法院应当综合考虑被侵害知识产权客体类型、权利状态和相关商品知名度、被告与原告或者利害关系人之间的关系等因素；对于"情节严重"的认定，人民法院应当综合考虑侵权手段、次数以及侵权行为的持续时间、地域范围、规模、后果，侵权人在诉讼中的行为等因素。惩罚性赔偿的基数和倍数数额应当分别计算，即最终确定的被诉侵权人承担的赔偿总额应为基数数额加上惩罚性赔偿数额之和。

一、简要案情

惠氏有限责任公司（WYETH LLC，以下简称惠氏公司）设立于1926年2月4日，拥有1×××50号"WYETH"商标、第5××819号"惠氏"商标、第5×××019号"**WYETH**"商标和第5××××76号"惠氏"商标，核定使用的商品类别为第5类的"药剂，药膏，婴儿及病愈者食品、婴儿奶粉、孕妇及哺乳期妇女用医用粉末状营养品"等。上述涉案商标经惠氏公司的长期使用和宣传，具有较高知名度，其中"惠氏"和"惠氏"商标曾在行政程序中被认定为在第5类上的驰名商标。惠氏公司许可惠氏（上海）贸易有限公司（以下简称惠氏上海公司）使用上述商标。

被告陈某某与管某某曾系夫妻，管某某于2009年在我国香港特别行政区设立惠氏中国有限公司，受让"惠氏""Wyeth"等商标并许可原广州惠氏宝

* （2021）浙民终294号。

贝母婴用品有限公司（以下简称原广州惠氏公司）等使用。之后，两人通过原广州惠氏公司，以及设立广州正爱日用品有限公司（以下简称正爱公司）、青岛惠氏宝贝母婴用品有限公司（以下简称青岛惠氏公司）等，长期大规模地生产、销售带有“惠氏”“Wyeth”“惠氏小狮子”标识的母婴洗护产品等商品，并通过抢注、从他人处受让等方式在洗护用品等类别上注册了“惠氏”“Wyeth”“惠氏小狮子”等商标，该些商标现均被无效。被告杭州向笛母婴用品有限公司（以下简称向笛公司）前身亦使用了“惠氏”作为企业字号，并在线上销售被诉侵权商品，获利巨大，亦与原广州惠氏公司共同经营网上店铺。

惠氏公司认为原广州惠氏公司等的行为构成商标侵权及不正当竞争，向浙江省杭州市中级人民法院提起诉讼，请求停止侵权行为并提出惩罚性赔偿的诉讼请求，要求以侵权获利为基数，赔偿3000万元及合理维权支出。本案争议焦点即为是否构成商标侵权及不正当竞争以及侵权责任的确定。

浙江省杭州市中级人民法院于2020年12月25日作出（2019）浙01民初412号民事判决：一、原广州惠氏公司等停止侵权行为；二、原广州惠氏公司等连带赔偿3000万元，及为制止侵权所支出的合理费用55万元，共计3055万元。

宣判后，原广州惠氏公司等不服一审判决提起上诉。

浙江省高级人民法院经审理认为：原广州惠氏公司在其生产、销售的被诉侵权商品、商品包装及宣传册上使用“Wyeth”“惠氏”“惠氏小狮子”标识并在网站上进行宣传的行为，正爱公司、向笛公司、青岛惠氏公司在其网店及被诉侵权商品上使用“Wyeth”“惠氏”“惠氏小狮子”标识并进行销售的行为，均侵害了惠氏公司涉案注册商标专用权，构成商标侵权。青岛惠氏公司使用“惠氏”作为企业字号的行为亦属于擅自使用惠氏公司具有一定影响的企业名称而构成不正当竞争。陈某某、管某某试图通过合法手段掩盖其实质攀附惠氏公司商誉获得非法利益的主观恶意十分明显，两者和青岛惠氏公司、正爱公司、向笛公司与原广州惠氏公司既有共同的意思联络，又因各自行为客观结合而给惠氏公司、惠氏上海公司造成同一损害，均构成共同侵权。

关于本案赔偿数额，惠氏公司在一审辩论终结前提出惩罚性赔偿请求，法院应予审查。结合涉案商标的知名度和显著性，作为同样从事母婴商品生产或销售的同行业竞争者，管某某、陈某某及其投资开设的公司，对惠氏公司、惠氏上海公司及涉案商标的知名度均应知晓，但管某某从2009年就开始通过在我国香港特别行政区设立与惠氏公司涉案商标或企业字号相同的惠氏中国有限公司，受让与涉案商标标识完全相同的侵权商标标识，并转让或许可给原广州惠氏公司等公司使用，并且申请、注册了大量含有“Wyeth”“惠氏”标识的注册商标，持续多年在母婴商品上使用，该些行为足以证明其攀附惠氏公司涉案商标知名度的主观故意十分明显。结合原广州惠氏公司、青岛惠氏公司、正爱公司、向笛公司的设立目的、设立过程、使用侵权标识的规模、生产的商品品类等因素，应认定该些公司均系以侵害知识产权为业。原广州惠氏公司授权全国多达百余个地级市超过900家经销商使用，侵权持续时间长、侵权获利极大。即使在本案一审判决之后，陈某某、管某某、原广州惠氏公司等仍未完全停止侵权行为。另外，本案的被诉侵权商品为关乎母婴身体健康的商品，被诉侵权行为亦对使用在婴幼儿食品上的涉案商标专用权造成了较大的损害。因此，被诉侵权行为符合“故意”和“情节严重”的标准，一审适用惩罚性赔偿计算本案赔偿数额并无不当。

关于基数的确定。本案中，惠氏公司选择依据侵权人因侵权所获得的利益确定赔偿数额，并以侵权商品销售收入与利润率的乘积计算侵权获利。根据原广州惠氏公司提交的财务数据和以其在行政程序中提交的经销商数量和年购货指标计算其销售收入为2795.20万元~18 396万元。根据原广州惠氏公司提供的爱婴室等三家上市公司年报中的平均毛利率28.23%确定其利润率。因此，本案惩罚性赔偿基数为789.08万元~5193.19万元。

关于倍数的确定。本案中，各侵权人侵害商标权的主观恶意较为明显，侵权行为持续时间长达7年以上，在恶意注册商标后，大规模实施侵权行为，不仅在全国100多个地级市发展经销商，还通过设立多家公司在线上开设多家店铺实施销售侵权行为，给惠氏公司以及正常的市场秩序造成了极大损害。因此，确定以3倍作为惩罚性赔偿计算的倍数。

关于损害赔偿总额。因本案确认以3倍作为惩罚性赔偿计算的倍数，故本案赔偿总额应为基数的4倍，故本案损害赔偿总额为3156.32万元~20 772.76万元，该区间的下限已超出惠氏公司、惠氏上海公司关于损害赔偿的诉讼请求数额，故对惠氏公司、惠氏上海公司关于赔偿数额的诉讼请求予以全额支持，并对一审法院确定的赔偿数额予以维持。浙江省高级人民法院于2021年4月26日作出（2021）浙民终294号民事判决：驳回上诉，维持原判。

二、撰写心得

裁判文书是法官司法能力的外在表现，尤其是知识产权案件的裁判文书已成为严格保护知识产权、划定划清权利边界、促进创新要素有序流动的有效手段，更需要在裁判文书撰写中释明法理、运用知理、达到智理。

（一）释明法理：传递立法目的的同时凝聚价值共识

最高人民法院在《关于加强和规范裁判文书释法说理的指导意见》中阐明了释法说理的目的在于实现法律效果和社会效果的有机统一，增加裁判的透明度，规范审判权的行使，从而发挥裁判的定分止争和价值引领作用。在知识产权审判领域这点尤为重要，如本案中涉及的惩罚性赔偿问题，法律规定得较为原则，诸如适用的条件、故意与情节严重的认定、基数与倍数的确定等都有待通过实践案例去明晰，这些问题的解决都需要法官在裁判文书中准确把握法律规则背后的价值理念，在事实与规范之间往返流盼，实现个案效果与社会效果的协调。一方面，法律规范是说理的基础，对于法律已经确定的规则应当严格遵照法律，避免武断和肆意的裁判，约束自由裁量权的行使；另一方面，不能机械司法，不能仅关注法律文义解释，而是要领悟规则背后的价值理念和道德考量，把个案公平正义与整体社会目的结合起来。知识产权纠纷的实质绝大部分是商业领域中对于利益的争夺，而创新并非都是从无到有的创造，大多都是尊重前人劳动成果上的改进。但是，要划清商业创新与权利滥用之间的关系，严格在法律划定的框架内进行自由竞争，而不是攫取他人商业标识的知名度。本案从正当性的角度，从被告在我国香港特别行政区注册公司、受让商标、使用商标等现象入手，分析其行为的不正当性，划清侵权与否的边界。

（二）运用知理：用简单易懂的语言追求严格保护与激励创新间的平衡

面对知识产权制度的国际变革和时代发展，在中国语境下解读知识产权司法保护制度对多元价值冲突进行协调，实际上就是在社会主义核心价值观指引下，处理好知识产权法律规范和司法政策之间的关系。而法律正义的实现，取决于法官在对个案事实的透彻分析基础上对法律适用的准确把握。知识产权裁判文书的释法说理应当针对争议焦点，根据庭审举证、质证、法庭辩论以及法律调查等情况，从知识产权特点出发，重点说明裁判事实认定的过程。同时，应当使用简洁明快、通俗易懂的语言，讲究繁简得当，丰富修辞论证，提升语言表达和说理的接受度和认可度。

严格保护知识产权首先意味着严格遵守知识产权法律制度，其在司法裁判中的实现手段，不是超越法律、无原则地盲目提高保护强度。如对于知识产权赔偿制度的适用，裁判文书对事理、法理、情理的充分阐释是这一制度得以实现其价值的重要保障。对知识产权进行严格保护就是对知识产权市场价值的坚守，这不仅依赖于相关立法的科学规定，更需要依靠法官努力探寻知识产权的市场价值。对于惩罚性赔偿制度的适用，要认识到鼓励创新与保护权利具有同等重要的作用，加大对恶意侵权行为打击力度，同时也要避免过多过高的惩罚性赔偿对社会有益生产和研发行为的过度威慑，引发影响信息传播和创新的寒蝉效应。因此，赔偿数额的确定，不仅要有相应的程序性要求，还要基于当事人提交的证据对赔偿方式、权利状况、侵权情节、贡献度、倍数与基数等问题进行充分的说理和论证，使赔偿金额更趋向“精准”。

（三）达到智理：追求“法理情”相统一达到智慧治理

知识产权裁判文书释法说理全过程都需要一定的法律解释方法，比如司法实践和法学界普遍采用的文义解释、体系解释、目的解释和历史解释，这些方法有一定运用的次序，也应基于不同的案件情形采用适当的解释方法。知识产权案件中最重要的是文义解释和目的解释，即法官解释要符合法律人对于该条文通常的文义理解，出现法律规定不明时，要忠于知识产权立法目的。比如本案中对于惩罚性赔偿倍数的解读，法律规定与司法解释都有一定解释的空间，从适用结果来看，如果严格按照文义解释，那将使惩罚性赔偿的目的落空，所以本案采取了文义解释与目的解释相结合的方法，把倍数与总额分别考虑，基数与倍数之间相加才是赔偿总额，有效解决了法条本身规定的模糊之处。这些方法的运用，需要在法理和知识产权理论的基础上，使裁判文书的撰写也成为与知识产权一样的智慧结晶；既是一项科学的工作，又是一种独特的文学艺术既体现了法官的智慧，又使受众感受到法律之美，成为一件恒久流传的“说理作品”，具有重要的参考价值。

司法裁判的性质不仅在于解决纠纷，还在于有着超越个案本身的价值目标。要坚持以法为据、以理服人、以情感人，既要义正词严讲清“法理”，又要循循善诱讲明“事理”，感同身受讲透“情理”，让当事人胜败皆明、心服口服。这深刻阐明了执法办案兼顾法理情的重要性。合法、合情、合理的裁判结果需要立场正确、内容合法、程序正当，反映在裁判文书释法说理就要围绕证据审查、事实认定、法律适用进行充分说理，推理过程做到层次分明、有的放矢、繁简适度。知识产权审判工作一方面要坚持严格公正司法，另一方面也不能背离人之常情，世之常理，更重要的是要符合新发展理念的内在要求，立足当下，面向未来。当前，信息技术革命把人们推向新的价值选择和利益衡量格局，使既有的著作权、专利权、商标权理论和制度遭遇结构性挑战，诸如新兴的数据权利与知识产权边界的划分、基因编辑技术的可专利化问题、人工智能创作作品的独创性判定问题、数字商标的构成要素问题等已经或即将在知识产权审判中成为裁判文书所需要直面的问题。解决这些新问题的关键在于对于法理情三合一的尺度把握，以智能化的思维看待法治和国家治理、社会治理呈现的智能化发展的路径，在保护创造者权利的基础上，让全社会分享知识产权保护带来的经济和社会效益。

（陈为，浙江省高级人民法院法官）

三、专家评析

本案系知识产权惩罚性赔偿的典型案件，被评为 2021 年全国十大知识产权案例，关键问题为惩罚性赔偿在知识产权领域的解释与适用。对此，承办人严格依照最高人民法院司法政策要求，充分吸取学理，对惩罚性赔偿制度本身及各个构成要件进行了详尽的分析，并结合具体案例，归纳总结了涉惩罚性赔偿典型案例裁判规则，精心制作了本案裁判文书。

（一）明确规则

裁判文书阐释了惩罚性赔偿的各构成要件，包括对故意以及情节严重条件的论证分析，对照法律和司法解释中的规定，逐项证成为什么被告的侵权情形符合故意以及情节严重的构成要件，并运用文义解释、目的解释等法律解释方法，结合当事人的行为进行解释，还明确了基数和倍数的确定方式。总体上，该裁判文书是一篇典型的惩罚性赔偿的参考文书，有助于涉惩罚性赔偿案件裁判尺度的统一。

（二）逻辑严密

裁判文书在认定被告行为构成商标侵权的前提下，围绕赔偿数额确定这一焦点重点展开论述。在每一个分论点中，也严格依照法律规定—本案事实—分析论证—得出结论的顺序逐一展开论述。如在论述基数确定这一部分，从被告的侵权时间确定入手，分析被告在侵权行为发生之后的违法所得，分别从被告自己的财务账册以及证据所显示平台的经营额入手，计算出侵权损失的最大值和最小值，从而避免损害赔偿认定中自由裁量权过高的风险。在共同侵权的认定中，分别从各个公司的股东、注册时间、侵权行为入手，分析其与主要侵权人之间的关系，全面运用民法中共同侵权的理论从主体、客体、行为等方面进行分析评判，层层递进，环环相扣。

（三）说理透彻

裁判文书对于商标侵权的认定、商标无效的法律后果、惩罚性赔偿的适用、赔偿数额的具体确定等方面说理下大笔墨进行论述。特别是在与本案事实的结合方面，基本遵循理论加事实的说理模式，不仅分析法律适用中的要件，还重点分析与本案事实之间的关系。尤其是在法律解释的模糊之处，比如倍数与赔偿总额之间的关系问题，本裁判文书进行了重点说理，认为在约定基数与倍数的情况下，赔偿总额应是基数与倍数的和，而不是直接依据倍数确定赔偿总额，有效防止了对于倍数的不同理解。这也是与惩罚性赔偿司法解释相一致的认定思路，真正使惩罚性赔偿体现出惩罚性的价值。同时对于被告方在上诉中针对基数确定所提出的抗辩进行了回应，还结合二审中提供的新证据，创新性地采用了基于证据确定基数取值范围的做法，使一审中对于基数确定较为随意的说理模式在二审中得以全面纠正，令人信服。知识产权赔偿数额的确定虽然不是精确计算出来的结果，但一定需要法官在综合各方证据的情况下将准备计算与合理计算相结合，从而得出一个具体的数字或取值空间，使主观标准与客观标准相结合，综合运用各种方式进行合理解释，论证有力，结论令人信服。

总之，本裁判文书要素齐备、结构完整，条理清晰，用语严谨，属于一篇优秀的裁判文书。

（点评人：林秀芹，厦门大学法学院教授、博士生导师，厦门大学知识产权研究院院长）

（2021）浙民终294号裁判文书原文

43. 欧普照明股份有限公司与广州华升塑料制品有限公司侵害商标权纠纷案*

【关键词】

商标侵权　惩罚性赔偿　侵权故意　情节严重

【裁判要旨】

在侵害商标权纠纷中适用惩罚性赔偿时，同一行业的经营者在明知权利商标享有较高知名度的情况下，仍故意模仿、使用多个与权利商标近似的商标，可认定具有主观恶意；对于大量生产、销售侵权产品，且产品质量不合格、曾被行政处罚的，可认定属于情节严重；在确定赔偿数额的基数和倍数时，可按涉案商标的许可使用费、侵权人的持续侵权时间来确定赔偿的基数，并根据侵权人主观恶意和侵权后果的严重程度来确定赔偿的倍数。

一、简要案情

原告欧普照明股份有限公司（以下简称欧普公司）诉称：2016 年 8 月，华升公司在阿里巴巴等电商平台销售带有“欧普特”“OUPUTE欧普特”等标识的灯类产品，严重侵害了自己的商标权。广州市华升塑料制品有限公司（以下简称华升公司）明知欧普公司“欧普 OPPLE”等商标为中国驰名商标，且明知“欧普特”不能注册在灯类别上，但仍在灯类商品上使用“欧普特”等标识，销售量巨大，产品质量不合格，故向广州市南沙区人民法院提起诉讼，请求判令华升公司在灯类产品、经营场所、网页上立即停止使用“欧普特”商标，刊登声明消除影响，并请求适用惩罚性赔偿其经济损失及合理费用 300 万元。

被告华升公司辩称：华升公司在生产经营中没有独立使用“欧普特”这三个汉字，使用的是“欧普特”+“OUPUTE”中英文组合标识，与原告的权利商标不构成相同，也不构成相近似。欧普公司的诉请缺乏事实依据，请法

* （2019）粤民再 147 号。

庭予以驳回。

法院经审理查明：欧普公司是第 1424486 号“欧普 OPPLE”、第 4426527 号“欧普”注册商标的权利人，核定使用商品均为第 11 类，包括灯、日光灯管，电灯、灯罩、照明器械及装置等，其中第 1424486 号“欧普 OPPLE”注册商标多次被认定为广东省著名商标，并于 2007 年被认定为中国驰名商标。华升公司是第 13984166 号“OUPUTE”注册商标注册人，核定使用范围是第 11 类，包括日光灯管、电灯、灯、照明器械及装置等。华升公司是第 13984578 号“欧普特”注册商标的权利人，核定使用范围是第 21 类，包括除蚊器、蝇拍、家务手套、清洁用布、牙刷、手动清洁器具等。欧普公司对华升公司第 13984166 号“OUPUTE”注册商标提出无效宣告请求，国家工商行政管理总局商标评审委员会于 2018 年 11 月 28 日作出《关于第 13984166 号“OUPUTE”商标无效宣告请求裁定书》，裁定华升公司的第 13984166 号“OUPUTE”商标予以无效宣告。华升公司不服，向人民法院提起行政诉讼，后被判决驳回诉讼请求。华升公司股东邓某辉于 2011 年 12 月 8 日申请注册第 10280630 号“OPT 欧普特”商标，被国家商标局驳回。华升公司在其生产、销售、许诺销售的台灯、小夜灯等灯产品及相关宣传网页上使用“欧普特”“OUPUTE欧普特”“OUPUTE 欧普特”“欧普特”等标识，被诉产品在沃尔玛、卜蜂莲花、大润发、华润万家等各大实体超市销售，在天猫、淘宝网、京东、阿里巴巴批发网等线上销售。华升公司生产的灯等商品因质量不合格被行政机关处罚。

一审法院认为华升公司的“欧普特”“OUPUTE欧普特”“OUPUTE 欧普特”商标与欧普公司的注册商标“欧普 OPPLE”“欧普”不构成近似，以一般消费者的注意力足以区分两者，故而华升公司不构成侵犯商标权，判决驳回欧普公司的全部诉讼请求。欧普公司不服一审判决，向广州知识产权法院提起上诉，二审法院维持原判，驳回上诉。欧普公司不服二审判决，向广东省高级人民法院申请再审。广东省高级人民法院经审理后作出裁定提审本案。

广东省高级人民法院经审理后认为：第一，关于华升公司的被诉行为是否构成商标侵权问题。“欧普 OPPLE”“欧普”注册商标中“欧普”文字属于臆造词，具有较强的固有显著性，经过其持续的使用和宣传，该商标已达到相当高的知名度。虽然被诉商标“欧普特”的字体与涉案商标有所不同，但由于为纯文字商标，对应的“欧普”在文字构成、呼叫等方面相近，且其未形成明显有别于涉案商标的其他含义，两者构成近似标识。而“OUPUTE欧普特”“OUPUTE 欧普特”“欧普特”标识虽然外形与涉案商标有一定区别，但均含有“欧普”两字，且对应的英文“OUPUTE”与“OPPLE”在字母组成、呼叫等方面相近，也与“欧普”读音相似，在欧普公司的涉案商标具有较强显著性和较高知名度的情况下，华升公司的被诉标识已构成使用在同一种商品上的近似商标，极易使相关公众对商品来源产生混淆和误认，构成商标侵权。第二，关于本案赔偿基数应如何确定问题。欧普公司主张以涉案商标许可使用费的倍数合理确定本案赔偿数额。（1）关于涉案商标许可使用费。欧普公司提交的《商标授权许可协议》、银行转账凭证、店铺照片等证据已证实其实际履行了《商标授权许可协议》。结合涉案商标知名度，足以证明“欧普公司授权给销售商的涉案商标许可使用费为36.5万元/年”这一事实成立。（2）关于本案应计赔的侵权时长。华升公司于2016年2月开始至2020年1月的四年期间持续侵权。由于本案为再审案件，本案计算赔偿的侵权时间应截至二审判决作出之日，即应计赔的侵权时长为21个月，折合为1.75年。（3）关于合理倍数的确定。欧普公司授权许可涉案商标给销售商的使用范围仅限于在销售商的经营场所使用和宣传涉案商标，区域仅为销售商所在的地市。而本案华升公司被诉侵权行为的性质为生产、销售和许诺销售被诉侵权产品，销售方式包括线上和线下，范围为全国甚至全球，可见华升公司使用涉案商标的程度和范围要比欧普公司授权销售商大得多。因此，本案商标许可使用费至少应按“36.5万元/年”的2倍计算，即73万元/年。故本案赔偿基数应确定为73万元/年×1.75年共计127.75万元。第三，关于本案应否适用惩罚性赔偿问题。根据我国《商标法》规定，对于恶意侵犯商标专用权且情节严重的侵权行为，可以适用惩罚性赔偿。（1）关于恶意的认定。首先，华升公司明知他人享有商标权，仍故意实施侵权行为。欧普公司起源于广东，且为中国驰名商标，华升公司作为同地区同行业的经营者，仍故意在相同商品上使用多个近似商标，主观恶意明显。其次，华升公司明知其不享有相关商标权利，仍然故意实施商标侵权行为。故华升公司在申请注册“欧普特”商标时，显然已经充分知晓“欧普特”商标不能用在第11类商品上。但华升公司仍然故意将其注册在第21类的“欧普特”商标，跨类别地使用于第11类的灯类商品上，可见华升公司侵犯欧普公司商标权、攀附欧普公司商誉的主观意图明显。（2）关于情节严重的认定。首先，华升公司生产并且在京东商城等多渠道销售被诉侵权产品，侵权持续时间长，从本案起诉至再审期间均未停止侵权，且侵权产品种类多，销售数量巨大。其次，华升公司不断扩大生产规模，另行成立了新的公司，专门从事灯饰产品的研发与生产。第三，华升公司生产的侵权产品还因质量不合格被行政处罚，给欧普公司通过长久努力积累起来的商业信誉带来负面评价。且华升公司经营范围并不包含灯具制造，产品质量不合格极易引发安全事故，影响公共安全。综上，华升公司的主观恶意明显，侵权情节严重，本案应适用惩罚性赔偿。综合考虑本案华升公司的主观恶意程度、侵权行为的性质、情节和后果等因素，本案应按3倍确定赔偿数额。由于上述赔偿基数127.75万元的3倍已超过300万元，故对于欧普公司的诉请予以全额支持。遂判决：一、撤销二审判决；二、撤销一审判决；三、华升公司立即停止侵犯欧普公司涉案注册商标专用权的行为；四、华升公司在淘宝网等刊登声明消除影响；五、华升公司向欧普公司赔偿经济损失及合理费用合计300万元；六、驳回欧普公司的其他诉讼请求。

二、撰写心得

本案再审判决在分析论证驰名商标侵权的判断标准基础上，对知识产权惩罚性赔偿的正确适用进行积极探索，明确“依请求原则”“主观恶意的认定”“情节严重的认定”的规则边界和证明标准，并提出精细化计算确定赔偿数额的基数和倍数的方法和路径，有效破解“知识产权侵权赔偿低、惩罚性赔偿适用难”的瓶颈问题，具有重要的法律适用参考价值。本案判决后，当事人胜败皆服，侵权人自觉履行了判决，并在国内各大主流媒体进行广泛宣传报道，取得了良好的政治效果、法律效果和社会效果。审理过程中，需要解决以下法律难题。

（一）关于商标侵权的判定标准

2013年修正的《商标法》在商标侵权判断原有的近似性标准基础上增加了混淆可能性标准。近似性与混淆可能性作为商标相似侵权判断的独立要件，近似性是商标侵权判断的前提，混淆可能性则是商标侵权判断的决定性要件。

1. 商标近似的比对方法。商标近似是指被控侵权的商标与原告的注册商标相比较，其文字的字形、读音、含义或者图形的构图及颜色，或者其各要素组合后的整体结构相似，或者其立体形状、颜色组合近似，易使相关公众对商品的来源产生误认或者认为其来源与原告注册商标的商品有特定的联系。

在审判实践中，一般遵循以下比对原则：一是整体比对兼要部比对原则；二是隔离比对原则，即在假定被比对商标与比对商标在隔离状态下进行，而不是将两者放在一起比对。

2. 商标构成混淆的判定标准。判断是否存在造成相关公众混淆、误认的可能性时，应重点考虑商标的显著性和知名度，商标的相同或近似程度、商品的相同或类似程度以及被告的主观意图、市场定位、消费者的范围等因素。把握混淆判断标准，要以相关公众的一般注意力观察时，对商品或服务的来源或者相关信息产生混淆或者误认的可能性作为判断标准。

3. 商标近似与混淆可能性的关系。根据商标近似和混淆可能性的不同组合形式，实践中主要存在三种商标近似形态：商标近似且存在混淆可能性；商标近似但不存在混淆可能性；商标不近似（或仅部分近似）但存在混淆可能性。对于第一种情形，既具备商标近似的形式要件，又满足实质要件，通常可认定构成商标混淆。对于第二种情形，仅具备商标近似的形式，但由于考虑到显著性、历史情况等其他因素，通常认为不会引起市场混淆。对于第三种情形，虽然在形式上不完全具备近似的表现，但是因为考虑到商标的知名度、主要识别部分的近似程度等因素，通常也应认定构成商标混淆。

4. 知名度高低和显著性强弱与商标权保护强弱的关系。商标权的保护强度是与知名度和显著性相关的。认定商品类似和商标近似要考虑请求保护的注册商标的显著程度和市场知名度，对于显著性越强和市场知名度越高的注册商标，给予其范围越宽和强度越大的保护。在具体案件中，相关商标的构成要素整体上构成近似的，通常可认定为近似商标。而有些商标虽然构成要素整体上不近似，但主张权利的商标的知名度远高于被诉侵权商标的，可以采取比较主要部分决定其近似与否。在保护具有较高知名度的商标时，应按有关司法解释的精神，适当放宽近似商标或者类似商品的判断标准。

（二）关于惩罚性赔偿及其适用条件

惩罚性赔偿是指由法院所作出的超出实际损害数额的赔偿。因其赔偿金数额超出了实际损失的数额，而被看作是对民法“损害填平原则”的一大突破。我国于 2013 年修正的《商标法》中首次规定了知识产权领域的惩罚性赔偿制度。2020 年 5 月颁布的《民法典》[①] 从民事基本法层面对知识产权侵权

---

① 《民法典》第 1185 条规定：“故意侵害他人知识产权，情节严重的，被侵权人有权请求相应的惩罚性赔偿。”

惩罚性赔偿进行了总括性规定，这标志着惩罚性赔偿制度在知识产权领域的普遍建立。

1. 惩罚性赔偿适用的程序要件一般以原告在诉讼请求中主张为前提。从不告不理的原则出发，若受害人作为原告并未明确提出请求，法官不能主动适用惩罚性赔偿。如果原告在起诉时并未申请适用惩罚性赔偿，但在案件审理过程中，经法官释明，被告有可能符合承担惩罚性赔偿责任情形的，原告可变更或增加其诉讼请求，要求被告承担惩罚性赔偿责任，但一般应当在一审法庭辩论终结前提出。

2. 惩罚性赔偿适用的实体要件。

（1）主观要件："恶意"的认定。"恶意"是指行为人明知其行为损害他人合法权益而故意为之的心理状态，其针对的是行为人的主观状态，表明其行为的可责难性。在审理商标侵权诉讼中，具有下列情形之一的，可认定行为人具有恶意：①权利商标的知名度较高；②侵权人与权利人之间具有许可、经销、代理、代表、合作等合同关系，或者存在劳动、劳务关系，抑或进行过磋商、诉讼、异议程序等，明知他人知识产权存在；③侵权人曾抢注原告驰名商标，或注册过近似商标，在相关部门驳回或被起诉后，仍攀附原告商标声誉，继续实施侵权行为；④侵权人或者其控股股东、法定代表人等在生效判决作出后，重复或变相重复实施侵权行为；⑤侵权人或者其控股股东、法定代表人等经权利人多次警告或受到行政机关处罚后，仍继续实施侵权行为；⑥假冒原告注册商标；⑦侵权人在侵权过程中存在掩盖其侵权行为、伪造或毁灭侵权证据等行为；⑧侵权人拒不履行行为保全裁定等情形。

（2）恶意与故意的区别及关系。《民法典》以及新修改的《著作权法》与《专利法》，都采用"故意"的用语，而《商标法》则使用了"恶意"一词。单纯从语义上看，"故意"是指行为人对行为可能产生的危害结果具有清醒的认识，希望或放任危害结果的发生，包括直接故意和间接故意。对于"恶意"，是一种较"故意"更具可责性的主观心态。但是，在民法理论中，"恶意"与"故意"并未有严格区隔，"恶意"也非传统民法领域的类型化概念，在实践中较少对两者进行区分理解和使用。因此，从功能角度看，将"恶意"解释为"故意"，更有利于惩罚性赔偿两法律要件规制范围的清晰化区分及功能实现，也可以直接与民事侵权理论和实践关于主观故意的理解相契合。在审判实践中，应当将惩罚性赔偿中的"恶意"限于直接故意，防止将"故意"的内涵过于宽泛。

（3）客观要件："情节严重"的认定。"情节严重"是指被控侵权人从事的侵犯商标权的行为从方式、范围、所造成的影响等方面均对权利人产生了较大损失和消极影响。在认定情节严重时，可从如下几个方面予以考虑：一是侵权时间长或多次侵权；二是侵权地域范围广；三是侵权手段恶劣、损害结果严重；四是侵权产品种类多，侵权获利数额巨大，给权利人带来巨大经济损失或其他严重后果；五是侵权行为对权利人的商誉产生了消极影响；六是社会影响大，侵权产品涉及食品、药品、医疗、卫生等行业，可能危害人身安全或者损害公共利益等；七是以侵权为业等。

（三）惩罚性赔偿基数的确定

根据《商标法》第63条第1款规定，惩罚性赔偿的适用，除应当满足前述主客观要件外，其计赔基数必须是按照"权利人因被侵权所受到的实际损失""侵权人因侵权所获得的利益""商标许可使用费的倍数"这三种方法进行确定。笔者仅结合本案的举证和主张，对如何确定商标许可使用费及其合理倍数进行分析和阐释。关于商标许可使用费的确定。一个真实合理并且已得到实际履行的商标许可使用费，对确定惩罚性赔偿基数具有重要意义。在确定商标许可使用费时，应综合考虑下列因素：（1）许可使用合同是否已实际履行，有无发票、付款凭证、商标许可使用实况等相应证据；（2）许可使用合同是否备案；（3）许可使用的权项、方式、范围、区域、期限等因素与被诉行为之间有无可比性及重合度；（4）许可使用费是否为正常的商业许可费用而未受到诉讼、并购、破产、清算等外在因素的影响；（5）许可人与被许可人之间是否存在亲属、投资或关联公司等利害关系。关于商标许可使用费的合理倍数的确定。从学理上理解，对"商标许可使用费的合理倍数"的适用，目的在于弥补权利人因商标专用权遭受侵犯所受到的应得而未得之消极损失。在确定具体"倍数"时，需要根据案件的具体情况，按照能够使商标权人因侵权行为受到的实际损失得到充分的赔偿，依循侵权人不能因侵权行为获利的原则，进行合理确定。具体需要考虑的因素有：一是许可使用的权项、方式、范围、区域、期限等因素与被诉侵权行为之间的差距；二是权利商标在侵权行为发生地的市场影响力、市场价值等因素；三是权利商标的知名度与商标许可使用费之间的市场匹配度等。需要注意的是，参照商标许可使用费的倍数合理确定实际损失或者侵权所得时，只能考虑该许可费所针对的许可行为与涉案侵权行为在权利性质、许可时间、范围等方面的可参考程度，而不应当考虑惩罚性因素。否则，以此作为基数，再根据具体情节确定适当的惩罚倍数时，相当于对侵权人进行了双重惩罚，失去了正当性。

（四）惩罚性赔偿倍数的确定

依据2013年《商标法》第63条第1款的规定，在确定惩罚性赔偿数额时，以前述确定的赔偿基数的“一倍以上三倍以下”进行计算。2019年修正的《商标法》提高了惩罚性赔偿数额的上限，规定了“一倍以上五倍以下”的标准，进一步强化了对商标权的保护。在惩罚倍数的确定上，应当遵循以下原则：

1. 充分考虑被诉侵权人的恶意程度和情节严重的程度，遵循“罚责相适应”。在具体案件中，可对前文所列举的主观故意和情节严重所考虑的各项因素赋予不同权重，规范法官裁量权的行使。而惩罚性赔偿的倍数并不限于整数，如可以是1.3倍、2.5倍等。实现惩罚性赔偿在民事责任领域中的比例协调，还需要留意那些具有商业维权色彩的知识产权批量维权行为，避免因重复维权导致惩罚过度。

2. 兼顾考虑侵权人的财务状况和当地的经济发展水平。对于财力薄弱者而言适当的惩罚性赔偿数额，往往难以触动财力雄厚者。在侵权人为盈利丰厚的企业或者大型公司时，较高倍数的惩罚性赔偿才能产生相应的威慑或者预防效应。且对于同一地区或者经济水平相当地区的商标侵权行为，应当保持惩罚性赔偿数额的相对稳定。

3. 统筹考虑民事、行政、刑事责任关系，遵循比例协调原则，避免对同一侵权行为的过度惩罚。由于三者在价值取向上不完全一致，被告以其同一被诉行为已受到行政罚款或者刑事罚金处罚为由，请求抵销惩罚性赔偿相应数额的，一般不予支持。但对于同一被诉行为，在确定惩罚性赔偿数额时，法官应考虑被诉侵权人已经为自己的行为受过刑事或者行政处罚的事实，适当限制惩罚性赔偿的数额，做到罚当其责。需要说明的是，虽然华升公司因产品质量不合格已经受到了行政处罚，但由于该处罚所针对的是小夜灯产品，并非其“主打”的台灯产品，且时间发生于较早的2016年之前，而本案被诉侵权行为主要发生于2016年之后，因此该次行政处罚对本案惩罚倍数的确定影响不大。

（王晓明，广东省高级人民法院）

三、专家评析

从党的十九届四中全会通过的《中共中央关于坚持和完善中国特色社会主义制度 推进国家治理体系和治理能力现代化若干重大问题的决定》到多

份中央政策文件，从2013年修正的《商标法》到2020年颁布的《民法典》，均明确要求引入并有效执行知识产权领域的惩罚性赔偿，充分体现了党中央对该项制度的高度重视和法治建设的安排。然而在司法实践中，由于知识产权的无形性、侵权的隐蔽性和多发性，我国长期存在“知识产权侵权发生易、违法成本低、侵权赔偿少”的现象，适用惩罚性赔偿的规则不清，导致惩罚性赔偿制度长期以来难以落地，全国适用惩罚性赔偿的案例较少，未能完全实现防止故意侵害知识产权行为发生、维护正常社会秩序的立法目的。知识产权侵权损害赔偿的确定，只有充分反映知识产权的市场价值，才能实现对创新者的充分救济，让创新者坚定创新信心，提升创新活力。

我国知识产权法中的惩罚性赔偿制度构建尚不完善，本案在分析论证知名商标侵权的判断标准基础上，通过回归民法体系，对知识产权惩罚性赔偿制度进行积极探索，对惩罚性赔偿的司法适用进行全面深入分析，提炼出具有普遍性和指导性的裁判规则，实现惩罚性赔偿体系的逻辑自洽，又兼顾了知识产权领域的特性，具有很强的实践价值和理论价值。本案针对知识产权惩罚性赔偿的程序要件和实体要件、惩罚性赔偿基数和倍数的确定，结合案件的具体案情进行了充分的论证，例如本案提出应当将惩罚性赔偿中的“恶意”限于直接故意，防止将“故意”的内涵过于宽泛；参照商标许可使用费的倍数合理确定实际损失或者侵权所得时，只能考虑该许可费所针对的许可行为与涉案侵权行为在权利性质、许可时间、范围等方面的可参考程度，而不应当考虑惩罚性因素等，契合了知识产权特性，具有很强的指导性，为知识产权惩罚性赔偿的类案提供重要参考，将进一步推动相关法律规范的完善。通过本案审理，对恶意侵权、情节严重的知识产权侵权行为，适用惩罚性赔偿，显著提高违法成本，彰显了人民法院依法严格保护知识产权、依法严厉打击恶意侵权行为的坚定决心，对支撑国家创新驱动发展战略、维护粤港澳大湾区良好的法治环境和健康的市场竞争秩序发挥司法引领作用。

（点评人：秦旺，广东省高级人民法院民二庭副庭长，广东省审判业务专家）

（2019）粤民再147号裁判文书原文

44. 广州红日公司与智美公司等侵害商标权及不正当竞争纠纷案*

【关键词】

不正当竞争　诚信　赔偿力度

【裁判要旨】

被诉行为是否因擅自使用他人具有一定影响的企业名称而构成不正当竞争，应以被诉行为发生之时作为判断的时间节点。

即使被告有注册商标，若在商标使用过程中有违诚信，故意攀附他人企业名称知名度、造成相关公众混淆误认的，仍可通过《反不正当竞争法》予以制止。商标得以注册的合法形式不能掩盖被诉行为的侵权实质，更不能成为不正当竞争行为赖以产生甚至持续的合法依据。

被告侵权恶意明显、情节严重的，应加重赔偿力度予以惩治。

一、简要案情

红日公司自1993年起即使用“红日”字号至今，其依法享有的第950873号“红日 RedSun”注册商标于1997年核定使用在第11类燃气炉具、燃气热水器、抽油烟机、消毒碗柜等商品上，曾被国家商标局认定为驰名商标。石某文曾系红日公司员工，离职后即成立智美公司制造“红日E家”集成灶等产品，并联合红日公司D的4家原省级经销商，利用红日公司原销售渠道和网点，进行大规模销售，并在终端门店、相关网站及微信公众号，使用“红日厨卫升级啦”“大品牌、新形象、新模式”“专注厨电自主研发20余年”等宣传语。此外，江西经销商于2007年2月16日申请注册第5920931号“红日e家”商标并核准转让给智美公司。智美公司还受让或注册取得“红日e家”“RedSunhome”“REDSUNHOME”“红日E家”“R/E”注册

---

* （2019）粤民终477号。

商标，并注册域名 redsun-gd. com。

红日公司遂提起本案诉讼，指控智美公司在燃气灶、抽油烟机等产品上使用第 5920931 号“红日e家”商标及其变体，并利用红日公司定牌生产厂家和经销渠道生产、销售该产品，构成不正当竞争；指控智美公司在洗碗机上使用“红日 e 家”标识，注册使用域名 redsun-gd. com，侵害红日公司注册商标权；指控 4 家经销商等共同侵权，请求判令智美公司和 4 家经销商等立即停止侵权、消除影响、公开道歉，共同赔偿红日公司经济损失 5000 万元、合理维权费用 45 万元，并承担本案诉讼费用。

一审法院认为：智美公司明知红日公司在先字号知名度，却选择使用与红日公司字号近似的商标，主观上具有攀附他人知名度的恶意，客观上容易导致相关公众误认，其行为有违诚信原则和商业道德，损害了红日公司和消费者的合法权益，故构成不正当竞争行为。4 家经销商违反注意义务，与智美公司具有共同过错，构成共同侵权。同时认定，智美公司在洗碗机上使用被诉商标以及注册使用被诉域名 redsun-gd. com，侵害了红日公司“红日 Red-Sun 及图”注册商标专用权。一审法院遂判决：智美公司立即停止在被诉产品上使用“红日 E 家”商标；智美公司立即停止使用并于 30 日内注销域名 redsun-gd. com；4 家经销商立即停止销售智美公司上述被诉产品；智美公司和 4 家经销商就其不正当竞争行为澄清事实、消除影响并向红日公司道歉；智美公司赔偿红日公司经济损失 5000 万元及合理维权费用 45 万元，4 家经销商对上述赔偿数额各自在相应范围内承担连带赔偿责任。

二审法院认为：经营者的企业名称因其具有区别商品来源的作用，而受到《反不正当竞争法》第 6 条禁止造成混淆的保护。相关企业名称是否在市场上有一定影响从而受到反不正当竞争法保护，应以被诉行为发生之时作为判断的时间节点。本案中，红日公司从 1993 年起即持续使用“红日”字号，从该企业科研实力及所获荣誉、市场开拓及产品销量情况、企业宣传和品牌打造方面来看，在被诉行为发生之前，红日公司的“红日”字号已在厨电领域为相关公众所知悉，已具有较高知名度和影响力，能够起到区分市场主体和识别商品来源的作用，属于《反不正当竞争法》第 6 条第 2 项所要保护的“有一定影响”的企业名称。智美公司不仅使用与红日公司的“红日”字号相近似的被诉“红日 E 家”标识，还与红日公司 4 家原省级经销商联合，利用红日公司的原销售渠道和网点，将“红日 E 家”产品与红日公司的“红日”产品并列销售，并配合各种宣传与营销手段，处处将二者相联系，误导相关公众以为二者同属一家，甚至“红日E家”是“红日”产品的升级版，其不当利用和攀附红日公司及“红日”标识知名度和美誉度的恶意明显，相关行为容易引发相关公众混淆误认，构成不正当竞争。红日公司不仅在厨卫领域具有较大影响力，还与智美公司、4家经销商等均有一定渊源关系。智美公司等均明知红日公司在厨卫领域的知名度，却仍然在同一领域经营销售与“红日”相近似的“红日E家”产品，并在经营过程中统一部署和行动，误导相关公众以为“红日E家”产品与红日公司有特定联系、攀附“红日”知名度的主观恶意明显。

此外，商标得以注册的合法形式不能掩盖被诉行为的侵权实质，更不能成为不正当竞争行为赖以产生甚至持续的合法依据。姑且不论被诉行为并非规范使用“”注册商标，即使系规范使用，其在具体使用过程中故意造成相关公众混淆误认，攀附他人企业名称知名度的，仍然可以通过反不正当竞争法予以制止。且市场经济中，经营者之间合作或竞争关系的变化属于常态，但诚实信用、公平竞争原则属于各经营者理应始终遵循的义务，这一义务不因各方关系的变化而有所变化。在明知“红日”品牌知名度的情况下，即使与红日公司合作关系已然破裂，智美公司等在经营其他品牌时，仍应合理避让红日公司的“红日”标识，避免混淆和误认。故智美公司等使用被诉标识的行为难谓善意，其行为并非对自身注册商标的合法使用。

另外，智美公司在与“”商标核定使用商品类别类似的洗碗机商品上，使用被诉“红日E家”标识，被诉redsun-gd.com域名的注册和使用容易使相关公众产生误认，构成商标侵权行为。

二审法院综合考虑本案中美智公司等侵权恶意明显、情节严重，对法律敬畏之心严重缺失，认为理应加重赔偿力度予以严惩，一审法院全额支持红日公司诉请的5000余万元经济损失并无不当。二审遂判令：驳回上诉，维持原判。

二、撰写心得

红日公司诉智美公司等侵害商标权及不正当竞争纠纷案刚上诉的时候，厚厚的案卷提醒笔者，这应该是一个分量不轻的案件。翻开案卷，果然，这是笔者所经办的被告人数最多的案件，被诉侵权行为策划久、规模大、影响深，一审法院详细论述诚信原则，最终全额支持原告5000余万元的诉请赔偿数额，创下我国家电领域判赔最高额纪录，对侵权行为予以严惩。二审过程中，经再三对相关法律问题进行研析，最终维持了原判。该案文书最终能被评为“百优”文书，笔者认为是因为当时撰写文书的三个“坚持”。

（一）坚持破题不逃避

本案涉及的难题之一是原告的经销商（同时也是被告之一）在早年即注册了商标，现有证据显示原告对此也明知，似难以认定其注册时即具有恶意。故对该注册商标在后期转让给智美公司的被诉使用行为，为何评判其具有不正当性？对此，一审法院只是相对简单笼统地以诚实信用为由强调了被诉行为的不正当性，但并没有对其中最早注册的商标具有一定正当性的问题进行有针对性的回应。笔者认为这是个关键问题不能忽略，于是补充查明了被告在最初注册及使用商标的情况，确定其注册商标时的身份及合同义务。二审认定：前述商标申请注册时，商标申请人属于红日公司的省级经销商，向红日公司签订合同承诺过“原则上不允许经销与红日品牌系列各类产品相冲突的其他品牌的产品”；在案证据仅能证明被告在橱柜等不类似商品上使用“红日 e 家”标识获得了红日公司的允许，且该使用仍然是以红日公司的名义或在其控制下使用为前提，而并不能代表红日公司明知并允许被告在第 11 类商品上注册和独立使用商标；即使获得注册，相关主体也应恪守维护“红日”品牌的合同义务并遵守诚信原则，不能仅以商标获得注册为由，侵害红日公司合法权益。在此基础上，结合被诉行为使用情况、目的、效果等，最终认定被诉行为具有不正当性并及时予以制止。也由此细节，更加佐证被诉行为策划久、侵权主观恶意大，为整个行为定性以及后面的高额赔偿奠定坚实基础。

本案所涉及的难题之二是一审确定的 5000 万元赔偿额是否合理。一审法院从原告因侵权所受损失、被告行为情节严重以及广告费的 3 倍作为惩罚性赔偿等多个角度，论述了其判赔 5000 万元的合理性。在二审中，我们认为，本案并无精确证据证明原告所受损失或被告因侵权所获利益，但这主要是因为被告未如实履行证据披露义务，拒绝全面、真实、完整披露其财务账册所造成的，其理应承担举证妨碍的不利法律后果。在此基础上，可以依据全案证据和情况作裁量性认定。故二审进一步认定，被诉行为持续时间长、所涉产品多、规模大、获利高，相关厨电行业平均利润率较高，被诉侵权性质恶劣，极具组织性、设计性和目的性，必须严惩，从而论证了维持一审高额判赔结果的合理性和正当性。该 5000 万元的赔偿创下了当时家电领域的最高判赔纪录，但因为一审与二审从不同角度对判赔方面的详细论述，业界人士和社会公众对该判赔额度均持以肯定态度。

（二）坚持指引不偷懒

一份优秀的裁判文书，除了明辨是非、定分止争，还应该对当事人及相关行业有所启发，充分发挥裁判指引和示范功能。无论是对相关被告与原告之间渊源关系的陈述，还是对被告孜孜不倦以各种形式合法的行为掩盖自己侵权实质的做法，二审法院都紧抓相关事实与法律，陈述法理，明确指出“市场经济中，经营者之间的合作或竞争关系的变化属于常态，但诚实信用、公平竞争原则属于各经营者理应始终遵循的义务，这一义务不因各方关系的变化而有所变化。在明知红日品牌知名度的情况下，即使与红日公司合作关系已然破裂，各原经销商在经营其他品牌时，仍应合理避让红日公司的红日标识，避免混淆和误认”，彰显了在市场竞争中倡导遵循诚信原则、遵守商业道德的司法态度。针对被诉侵权人，列举其行为指出“在明知红日公司知名度的情况下，智美公司仍然联合红日公司合作十余年的原省级经销商，以受让和启用十余年前注册但搁置的商标作为掩护，利用红日公司原销售网点，通过集体改换门面、混同销售、虚假宣传等行为，意图将‘红日 E 家’与红日公司的‘红日’品牌相混淆，甚至达到将‘红日’厨卫品牌取而代之的效果。被诉侵权行为处心积虑之深、攀附行为之劣、侵权规模之广，甚为少见”。“被诉侵权人还在诉讼中多次出现出尔反尔、彼此推诿或举证妨碍等明显有违诉讼诚信的行为。可见，本案各被诉侵权人对法律敬畏之心严重缺失，侵权恶意明显、情节严重，本案理应加重赔偿力度予以严惩。”强调“司法救济力度应与红日公司的知名度相适应”，及时对恶意侵权行为和不诚信诉讼行为予以明确的制止，充分表达司法对保护知识产权、打击侵权的决心与态度。

（三）坚持规范不放松

好的文书需要说理充分，也需要规范简练地表达。紧扣争议焦点进行有针对性和有重点的论述和回应，详略得当地布局、逻辑自洽地说理，是一份良好文书的基本要求。本案在撰写过程中也尽量做到如上要求。此外，本案当事人众多、事实证据众多，本案二审尽量在论述过程中做到简明扼要、表达流畅。

全国法院“百篇优秀裁判文书”荣誉的获得对笔者继续撰写优秀裁判文书起到了极大的鼓舞作用。无论日后是否能继续获奖，笔者都将一如既往地致力于撰写出勇于破解难题、对行业有参考作用、发挥指引意义的优秀判决。

（肖海棠，广东省高级人民法院法官）

三、专家评析

本案涉及老字号保护问题，法院通过全额支持原告 5000 余万元的诉请赔偿数额，对侵权行为予以严惩，创下我国家电领域判赔最高额纪录，被多家媒体广为宣传，社会评价甚高。本案文书亦在全国第四届知识产权优秀裁判文书评比中获二等奖。

本案涉及的难题之一是被告实施被诉行为具有极强的设计性、整体性和目的性，在早年即注册了商标，并企图通过受让或注册相关商标达到规避反不正当竞争法、逃避侵权责任的目的，如何通过充分论证掀开权利外衣，认定其注册时即具有恶意，是本案相关被诉行为定性的基础。二审承办人从原权利人注册时的身份及合同义务、被诉行为使用情况、目的、效果等，紧扣《反不正当竞争法》第6条规定，围绕不正当竞争的构成要件进行详细分析论理，明确指出即使商标是合法注册的，只要具备不正当竞争的全部构成要件，依然受到反不正当竞争法的规制，从而有效制止了经营者在经营活动中有预谋、有组织地恶意攀附他人企业字号和商标知名度的不诚信行为。

本案另一个亮点在于，并无精确证据证明原告所受损失或被告因侵权所获利益，如何突破法定赔偿额的上限，合理酌定判赔数额。“赔偿难”一直是知识产权权利人反映强烈的问题，主要原因在于知识产权本身价值难以准确评估、当事人侵权行为隐蔽难以举证、价值评估机构不健全、评估手段有局限等。本案法官为破解赔偿难题，巧妙运用证据披露、举证妨碍制度，结合原告销售任务的历史情况，合理推算原告损失，透彻分析行业平均利润率情况，对侵权恶意明显、情节严重的被告加重赔偿力度予以惩治，裁量公平合理的赔偿金额，系知名品牌司法救济中妥善运用“比例协调”原则的典型案件。

本案裁判文书论理清晰，逻辑缜密，为此类通过合法形式掩盖侵权实质行为的认定作出良好示范，彰显了在市场竞争中倡导遵循诚信原则、遵守商业道德的知识产权司法保护态度，对于经营者在市场竞争中自觉规范自身经营行为具有重要参考价值，也有利于构建和谐、有序的社会主义市场经济秩序。

（点评人：邓燕辉，广东省高级人民法院二级高级法官，广东省审判业务专家）

（2019）粤民终477号裁判文书原文

45. 康成投资（中国）有限公司与赤壁市新店镇大润发平价超市侵害商标权及不正当竞争纠纷案*

【关键词】

企业名称　在先权　个体工商户　字号转让商标侵权

【裁判要旨】

企业名称具有地域性，即便是在某地登记注册取得字号，并享有在先权利，但在其他不同登记地区不一定享有在先权，需要重新单独进行审查认定。

根据相关行政法规及部门规章规定，个体工商户营业执照不能转让和过户，应由原经营者办理注销后，再由新经营者办理新的个体工商户营业执照。经营者即便通过转让合同取得其他个体工商户经营的店铺，在法律上亦不能自动获得该店铺的名称权。

一、简要案情

2009年12月28日，案外人上海大润发有限公司注册了第5091186号“大润发”注册商标，核定服务项目为第35类，包括货物展出、商业橱窗布置、广告宣传版本的出版、广告空间出租、商业管理咨询、商业调查、进出口代理、推销（替他人）、组织商业或广告展览、自动售货机出租，注册有效期限至2019年12月27日，续展注册有效期至2029年12月27日。2011年4月13日，大润发控股有限公司经核准受让了该商标。2013年11月27日，原告康成投资（中国）有限公司（以下简称康成公司）经核准受让了该商标，取得了该注册商标专用权。2015年1月，原告第5091186号“大润发”注册商标被评为上海市著名商标。2017年1月25日，江苏省高级人民法院作出（2015）苏知民终字第00303号民事判决，认定第5091186号“大润发”注册商标为驰名商标，并认定大润发流通事业股份有限公司、上海大润发有限公司、大润发控股有限公司与康成公司同为润泰集团的下属企业，属于关联公

* （2019）鄂12知民初407号。

司。且该商标的前权利人均确认康成公司有权对涉案商标受让之前的侵权行为进行追究，该争议商标的注册和转让行为，是关联公司的安排，商标使用具有持续性和连续性。

案外人程某勇分别于2006年1月4日、2010年9月19日向岳阳市工商行政管理局云溪分局、赤壁市工商行政管理局申请登记注册了云溪区大润发平价超市路口店和赤壁市新店大润发平价超市；2014年7月1日，被告赤壁市新店镇大润发平价超市成立，企业类型为个体工商户，经营者为方某成。被告在其经营的店面招牌、地面宣传贴、货价卡、购物袋、购物小票等使用了“大润发”字样。原告认为被告侵害其商标权并构成不正当竞争，向一审法院起诉请求：（1）被告停止侵害第5091186号“大润发”注册商标专用权的行为，包括但不限于拆除含有“大润发”字样的门店招牌、户外招牌、广告宣传等，停止在店内装饰装潢、货价牌、购物袋、购物小票等服务用品上使用“大润发”字样等；（2）被告停止在名称中使用含有“大润发”的字号并变更其名称，新的名称中不得含有“大润发”字样；（3）赔偿原告经济损失30万元（含维权合理开支）；（4）由被告承担本案诉讼费用。

湖北省咸宁市中级人民法院经审理认为，本案的争议焦点是：（1）被告对其名称中的“大润发”字号是否享有登记注册在先的相关权利；（2）被告在其超市店面招牌中及超市内多处使用“大润发”字样是否侵害了原告的注册商标专用权；（3）被告将包含“大润发”字号的超市名称进行登记注册并使用是否构成不正当竞争；（4）如果被告构成商标侵权或构成不正当竞争，应当如何承担民事责任。

1. 被告对其名称中的“大润发”字号是否享有登记注册在先的相关权利。（1）从企业名称登记注册的地域性看，企业名称权之效力仅及于登记注册的主管机关的辖区范围。企业名称登记注册采用的是地域性审查，企业名称的在先权亦具有很强的地域性。2009年“大润发”已被案外人上海大润发有限公司注册为商标，而程某勇在赤壁新店登记注册超市名称的时间为2010年，系在“大润发”被注册为商标之后。案外人程某勇于2010年9月19日在赤壁新店镇开设超市将“大润发”作为字号，不享有在先权。（2）被告设立“赤壁市新店镇大润发平价超市”系在“大润发”被注册为商标之后。被告即便通过转让合同取得案外人程某勇的超市，在法律上亦不能自动获得程某勇超市的名称权，其只能通过注销原营业执照，重新办理注册登记。同时，从法院查明的事实看，两超市名称并不一致，登记信息显示两超市并存过一段时间，这与被告所述通过受让取得不相符合，且被告未提供充分证据予以佐证。故法院对被告的该主张不予支持。另外，因案外人程某勇对其在赤壁市新店镇的超市使用的“大润发”字号并不享有在先权，故即便被告是通过受让方式取得，亦不享有对“大润发”字号的在先权。

2. 被告在其超市店面招牌及超市内多处使用“大润发”字样是否侵害了原告的注册商标专用权。（1）无论是店面招牌组成的文字本身，还是将店面招牌理解为企业名称的简化，抑或理解为包含“企业字号+服务类别”的一般店名表达。被告店面招牌以“大润发”作为服务来源标志，不能与原告注册商标“大润发”的服务区别开来。原告“大润发”商标具有较高的知名度，被告对该注册商标理应具有更高的注意和避让义务。被告在店面招牌使用“大润发”字样清晰醒目，应当认定为突出使用，并足以使相关公众对被告提供的商品及服务来源产生误认，侵害了原告“大润发”注册商标的专用权。（2）被告在其超市内多处使用“大润发”字样侵害了原告的注册商标专用权。被告在其店内的地面宣传贴、货价卡、购物袋、购物小票上突出使用了与原告注册商标相同的“大润发”文字，容易使相关公众误认为被告经营的超市与原告存在某种关联，侵害了原告的注册商标专用权。

3. 被告将包含“大润发”字号的超市名称进行登记注册并使用是否构成不正当竞争。（1）企业名称与注册商标均属于商业标识，均是经法定程序确认的权利，有各自的保护范围。经营者在注册和使用其企业名称时应当遵循诚信原则，对他人在先具有的一定知名度的注册商标进行合理避让，避免使用含有他人注册商标的企业名称或字号而造成相关公众的混淆误认。（2）原告“大润发”商标在超市零售行业具有较高的知名度，其销售规模连续多年排名中国连锁行业前列，而且被评为上海市著名商标，也被认定为驰名商标。被告称原告“大润发”商标在其及案外人程某勇设立超市时（在赤壁市新店镇设立超市为2010年）没有知名度，与事实不符。（3）被告作为同业经营者在经营中应当进行合理避让，但被告登记注册并使用了含有“大润发”字号的企业名称，主观上存在攀附“大润发”品牌的意图，客观上容易导致消费者对被告服务的来源与原告的注册商标产生混淆或者误认，违背诚信原则，其行为构成不正当竞争。

4. 关于被告民事责任的承担。（1）被告应立即停止侵害原告第5091186号“大润发”注册商标专用权行为，停止在其店面招牌、地面宣传贴、货价卡、购物袋、购物小票上使用“大润发”字样。（2）被告应当立即停止使用包含“大润发”字号的企业名称。只有被告立即停止在其企业字号中对“大润发”文字的使用，才能消除公众对被告与原告可能存在关联关系的误认。(3) 被告应当赔偿原告的经济损失。被告除应承担上述停止侵害的民事责任外，还应当依法承担赔偿损失的民事责任。但对于被告赔偿数额的确定应当充分考量如下事实：一是被告地处乡镇，且属于经济不发达乡镇，超市的客户数量、范围及影响力十分有限，其经营能力及侵权行为对原告的商誉影响较小；二是该乡镇仅有被告一家较大超市，与其他同类经营者无直接竞争关系，被告因本案侵权行为获得的直接利益较小；三是原告起诉前未在咸宁市范围内设立超市，被告的行为对于原告经营利益及商业秩序仅能产生有限的影响，且原告未提交充分证据证明被告侵权行为给其造成的损失或者被告因侵权获利的情况；四是被告设立超市时间较早，且原告在该地区未设立超市，被告涉案侵权行为的主观恶意较小。综上，在原告实际损失和被告所获利益难以确定的情况下，法院综合考虑被告侵权行为的性质及时间、地域、经营规模、其所处地方的经济状况、原告商标在本地区的影响力及原告为维权支出的合理费用等因素，酌定被告应承担的赔偿数额为 30 000 元，原告诉请要求赔偿的数额过高，法院支持其合理的部分。

据此，湖北省咸宁市中级人民法院判决：一、被告赤壁市新店镇大润发平价超市立即停止侵害原告康成公司第 5091186 号“大润发”注册商标专用权行为，包括但不限于停止在其店面招牌、地面宣传贴、货价卡、购物袋、购物小票上使用“大润发”字样；二、被告赤壁市新店镇大润发平价超市在其名称中立即停止使用含有“大润发”的字号，新的名称中不得含有“大润发”字号；三、被告赤壁市新店镇大润发平价超市于本判决生效之日起 15 日内赔偿原告康成公司经济损失包括维权费用共计 30 000 元；四、驳回原告康成公司的其他诉讼请求。如果未按本判决指定的期间履行给付金钱义务，应当依照《民事诉讼法》第 253 条之规定，加倍支付迟延履行期间的债务利息。案件受理费 5800 元，由原告康成公司负担 2900 元，由被告赤壁市新店镇大润发平价超市负担 2900 元。

二、撰写心得

（一）准确归纳争议焦点，不回避问题

案件涉及一些难点问题，承办法官逐一思考，并进行严谨论述。比如，企业名称登记注册的地域性与商标权的关系问题，由于企业名称登记注册采用的是地域性审查，企业名称的在先权亦具有很强的地域性。因此，即使其

对岳阳市云溪区的超市名称或字号享有在先权利，其在赤壁市的超市名称或字号也不一定享有在先权利。又如，个体工商户通过受让店铺等方式是否可直接获得前个体工商户的名称权，从而获得相关在先权利。答案是否定的，被告即便通过转让合同取得案外人程某勇的超市，在法律上亦不能自动获得程某勇超市的名称权，其只能通过注销原营业执照，重新办理注册登记。承办法官在归纳争议焦点时，不回避难点，准确和深度提炼核心关键词，为深入论述打下坚实基础。

（二）注重各焦点之间的先后逻辑，论述环环相扣

案件归纳了四个焦点：一是被告对其名称中的“大润发”字号是否享有登记注册在先的相关权利；二是被告在其超市店面招牌中及超市内多处使用“大润发”字样是否侵害了原告的注册商标专用权；三是被告将包含“大润发”字号的超市名称进行登记注册并使用是否构成不正当竞争；四是如果被告构成商标侵权或构成不正当竞争，应当如何承担民事责任。各个焦点之间具有很强的内在逻辑，使得整个裁判说理如同剥洋葱，剥一层深一层，最终得出结论，读完全篇裁判文书使人有如剥开云雾见光明之感。

（三）锤炼表达，精益求精

文书中有许多处精彩表达，例如，“不论是店面招牌组成的文字本身，还是将店面招牌理解为企业名称的简化，抑或理解为包含‘企业字号+服务类别’的一般店名表达。被告店面招牌以‘大润发’作为服务来源标志，不能与原告注册商标‘大润发’的服务区别开来”。又如，“企业名称与注册商标均属于商业标识，均是经法定程序确认的权利，有各自的保护范围。经营者在注册和使用其企业名称时应当遵循诚信原则，对他人在先具有的一定知名度的注册商标进行合理避让，避免使用含有他人注册商标的企业名称或字号而造成相关公众的混淆误认”。这样的表达虽然没有华丽的辞藻，但是词语准确的运用及逻辑连接，使得语言在字里行间有很强的表现力，为裁判说理增添了色彩，使人心悦诚服，有一吐为快之畅感。

（四）逻辑严谨，学会在针尖上思考问题

把所有可能的逻辑漏洞补上。不同的是裁判文书是通过对诉辩双方争议焦点的论述回应争议双方各自的主张，运用事理逻辑、法理逻辑和语言逻辑，逐一把所有漏洞补上。本案文书若仔细读来就能深刻感受到这一点。承办法官把这种严密的逻辑思维形象地比喻成“学会在针尖上思考”。在足球场那么大的范围划分几块逻辑区是很容易的，但是如果能在针尖大小的范围也能有效划分逻辑区，而且很好地划分逻辑区，才是真本事。若能做到如此，逻辑必然严谨到密不透风。

（王洪斌，湖北省咸宁市中级人民法院法官）

三、专家评析

（一）本案对企业名称在先权的认定规则结合案件情况进行了有价值的诠释，完善了审查规则

企业名称的在先权具有很强的地域性，即便是在某地登记注册已取得字号，并享有在先权利，但在其他不同登记地区不一定享有在先权，需要重新单独进行审查。同时，通过对个体工商户登记规则的分析，明确指出个体工商户不能通过受让而直接获得他人企业名称的在先权。该案对同类案件的审理具有重要的借鉴意义。

（二）准确把握裁判规则，全面回应当事人的诉辩

通过流畅的语言表达，清晰而严密的逻辑论证，对双方当事人的主张与抗辩进行了全面、细致、充分的说理回应，事理与法理融合互辩，论述表达亮点纷呈，充分实现了裁判文书的裁判与说理功能。

（三）裁判效果好

被告的行为侵害了原告的商标专用权，同时构成不正当竞争。在确定赔偿数额上，本案全面、细致地考量了诸多因素，比如，被告地处经济欠发达乡镇，超市规模不大，客户数量、范围、盈利能力及影响力十分有限，侵权行为对原告的商誉影响较小；原告公司起诉前未在咸宁市范围内设立超市，被告的行为对原告经营利益及商业秩序仅能产生有限的影响；被告涉案侵权行为的主观恶意较小。法院综合考虑被告侵权行为的性质及时间、地域、经营规模、其所处地方的经济状况、原告商标在本地区的影响力及原告为维权支出的合理费用等因素，酌情进行了处理。双方对该结果均表示接受服判，均未提出上诉。判决生效后，被告随即向原告支付了赔偿款，并拆除了其超市中所有与原告商标相关联的标识，案结事了，案件取得了较好的法律效果和社会效果。

（点评人：汪习根，华中科技大学法学院院长、博士生导师）

（2019）鄂 12 知民初 407 号裁判文书原文

第三章 专利权权属、侵权

46. 闫某与吉林省某播种器厂侵害实用新型专利权纠纷案*

【关键词】

技术特征 权利要求解释 发明目的

【裁判要旨】

当专利技术方案中的技术特征因描述不够准确而产生歧义时，法官应当根据专利说明书中的具体表述并结合该专利的发明目的和技术方案整体内容，对该技术特征进一步解释和限定，在此基础上判断侵权技术方案是否落入专利保护范围。

一、简要案情

2014年4月7日，原告在某合作社以190元的价格购买“肥车”一个，并以其销售侵害实用新型专利产品为由提起诉讼，吉林省高级人民法院于2018年9月11日作出（2018）吉民终462号民事裁定，认定该合作社销售的施肥器产品落入ZL2012××××××69. X号“旱田人力施肥器”实用新型专利权的保护范围，系侵权产品，并且认定该产品来源于某播种器厂。现原告以被告某播种器厂擅自生产专利产品为由提起本案诉讼，主张ZL2010××××××66. 2号“旱田人力施肥器”、ZL2012××××××69. X号“旱田人力施肥器”两项实用新型专利权，要求其停止侵权、赔偿经济损失。

本案原告主张被告生产的产品侵害了其两项实用新型专利权，因此需要分别进行技术比对：第一，将本案被诉侵权方案与ZL2012××××××69. X号“旱田人力施肥器”实用新型专利权利要求记载的全部特征进行比对，被诉侵

* （2020）吉01知民初33号。

权技术方案包含与该权利要求记载的全部技术特征相同的技术特征，应当认定其落入专利权的保护范围。但是被告针对该专利权提出先用权抗辩和现有技术抗辩，其中先用权抗辩成立，因此被告在原有范围内继续制造被控侵权产品的行为，依法不视为侵犯ZL2012××××××69.X号“旱田人力施肥器”实用新型专利。第二，本案被控侵权产品所采用的技术方案与ZL2010××××××66.2号“旱田人力施肥器”实用新型专利权利要求所记载的全部技术特征相比，有一个以上技术特征不相同，且该区别特征并非本领域普通技术人员在被诉侵权行为发生时无须经过创造性劳动就能够联想到的特征，不能被认定为《最高人民法院关于审理专利纠纷案件适用法律问题的若干规定》第17条规定的等同特征，依法应当认定其没有落入该专利权的保护范围。因誉兴播种器厂并未擅自实施ZL2010××××××66.2号“旱田人力施肥器”实用新型专利，故本院对闫某以某播种器厂未经许可生产、销售该专利产品为由提起的诉讼请求不予支持。

二、撰写心得

得知本判决入选全国法院“百篇优秀裁判文书”，笔者很开心，因为这说明笔者在司法中的态度、坚持和努力通过所撰写的裁判文书被看到了，这是对笔者工作的极大认可和鼓励。借此机会，笔者粗浅地谈三点想法，与大家共勉。

（一）好的裁判文书应该“直击痛点”

敢于直面矛盾，针对症结作出明确的论断并充分阐明依据，才能真正体现专业水准。首先，在事实查明方面，很多客观事实是很难查清的，甚至是根本查不清楚的。此种情况下，如果无法查明的是当事人争议较大的关键事实，文书中应当明确举证责任的分配方式，并详细说明相关证据无法认定的理由，然后给出由举证不能的当事人承担不利后果的明确结论。其次，在法律适用方面，法律作为社会科学很难像自然科学那样有唯一答案，针对同一件事有不同的观点是普遍而正常的，法官也不例外。尽管我们一直孜孜不倦地追求司法标准统一，但不可否认，即使在当今大数据时代，法官也仍然不能由某个文书自动生成软件替代，司法需要法官作为“人”进行处理和判断。在案件讨论中，法官们经常会持不同观点，但是裁判文书上必须体现合议庭的唯一观点。尤其案件涉及法律关系的定性、法律行为的效力等这些最根本的问题，不能回避，必须给出明确回应并在此基础上进一步适用法律作出裁判。同理，原告的诉讼请求支持或者不支持、被告的抗辩理由成立或者不成立，都需要正面回应，不能充耳不闻，自说自话。

（二）不同案由的裁判文书需要分类施策

法官审理不同案由的民商事案件，审理方式、裁判文书的写作方法也必须随之调整。以家事纠纷类裁判文书为例，在必要的法言法语之外，行文中适当使用一些社会生活中的规范表达方式可以让人感受到司法的人文关怀，效果反而更好。但是如果是涉及专业技术类的案件，例如本次入选的侵害实用新型专利纠纷案件，在裁判文书中就需要精准表达，除了法官擅长的法律规范用语之外，还要使用专利所属领域的技术类专有词汇和表达，因为这类案件的当事人大多从事专业技术类工作，如果法官对专利技术方案没有吃透、对相关科学知识没有储备，导致在裁判文书中针对专利技术方案的比对、技术特征的描述特别“外行”，将大大降低裁判结果的权威性。

（三）法官职业需要“匠人精神”

裁判文书是纠纷得以化解的最终依据。法官通过裁判文书记录其对案情的梳理查明，并进行评价处理，字里行间处处体现出法官的智慧、素养和情怀，每一篇裁判文书的落款处都写着法官的名字，不可更改。在案如潮水的日复一日，法官们必须持续保持审慎和专注，凭借对法治的信仰、对法官职业的热爱，将自己撰写的裁判文书进行打磨、雕琢，精益求精，让裁判结果经得起败诉方当事人的质疑、经得起上级法院的二审及再审，也经得起时间的考验，终身为其负责。

（王欣，吉林省长春市中级人民法院法官）

三、专家评析

这个案件不同于生活中常见的民事纠纷，而是侵害实用新型专利纠纷案件。此类案件因涉及较强的专业技术，在管辖上比较特殊，由省会所在地的中级人民法院一审管辖并且“飞跃”上诉至最高人民法院。专业技术类案件在审判上对法官也提出了更高的要求，不仅需要正确适用法律，还要对专业技术问题进行判断，准确查明技术事实。

（一）本案法官的理论功底扎实，审判思路清晰

这个案件比较疑难复杂，涉及两项专利的侵权纠纷，原本可以拆分成两个独立的案件，即使合并仍需要分别定性；专利技术方案与侵权技术方案的比对本身已经比较复杂，当事人又提出先用权抗辩、现有技术抗辩等需要另行与其他技术方案进行技术比对的抗辩理由；在技术方案比对中需要同时适用全面覆盖原则和等同原则进行双重判断……审理过程中每一个环节的判断都会影响最终裁判结果。本案是一审判决，当事人上诉至最高人民法院，二审维持原判，且最高人民法院对一审中各个环节的判断均予以肯定。

（二）法官对诉争事实研究透彻，敢于从专业角度深度剖析

本案其中一项专利技术方案中的技术特征因描述不够准确而成为双方当事人争议的关键点，法官在论述中没有忽略比对过程直接给出相同或者等同的结论，而是根据专利说明书中的具体表述并结合该专利的发明目的和技术方案整体内容，先对该技术特征进行了进一步解释和限定，在此基础上再行判断侵权技术方案是否落入专利保护范围。技术事实查明专业、细致、准确。

（三）裁判文书的结构清晰，逻辑严谨，语言简洁，是最适合此类案件的裁判文书写法

专业技术类案件较为特殊，核心在于技术事实的查明，这是法律适用和进一步裁判的基础。如前所述，本案比较疑难复杂又环环相扣，如果结构安排不当、论述冗长烦琐，会使原本就烦琐枯燥的专业技术内容更难以识读和理解。主审法官通过明确的标题区分、利落的段落转换以及专业准确的表述让技术查明内容清晰；在法律适用部分逻辑一步步递进，每个环节都给出明确结论，对原告的诉讼请求和被告的抗辩理由都正面回应并详细阐明依据和理由。

此类专业技术性较强的知识产权案件在整个民商事案件中占比较小，加之管辖又较为集中，所以成为比较“小众”的审判业务，大多数奖项的评选都是在知识产权审判业务范围内进行的。而此次全国法院“百篇优秀裁判文书”评选涵盖所有民商事案由，本篇裁判文书能够获奖，是对从事知识产权审判工作的法官的认可和鼓励，在此也对最高人民法院此次评比的公正性和专业性表示感谢和敬意。

（点评人：李丽娟，吉林省长春市中级人民法院副院长）

（2020）吉01知民初33号裁判文书原文

47. 华为技术公司与康文森公司确认不侵害专利权及标准必要专利许可纠纷案*

【关键词】

标准必要专利　行为保全　禁止执行　国际礼让

【裁判要旨】

对于禁止申请执行域外法院裁决的行为保全申请，人民法院应当综合考虑以下因素作出判断：被申请人申请执行域外法院判决对中国诉讼的审理和执行是否会产生实质影响；采取行为保全措施是否确属必要；不采取行为保全措施对申请人造成的损害是否超过采取行为保全措施对被申请人造成的损害；采取行为保全措施是否损害公共利益；采取行为保全措施是否符合国际礼让原则；其他应予考虑的因素。

一、简要案情

2018年1月，华为技术公司向江苏省南京市中级人民法院（以下简称南京中院）提起本案诉讼，请求确认未侵害康文森公司三项国内专利权并请求确认中国标准必要专利的许可费率。2018年4月，为反制华为公司的中国诉讼，康文森公司向德国杜塞尔多夫法院提起标准必要专利侵权诉讼，请求判令华为公司停止侵权并赔偿损失。2019年9月16日，南京中院作出本案一审判决，确定了华为技术公司及其中国关联公司与康文森公司所涉标准必要专利的许可费率。康文森公司不服原审判决向最高人民法院提起上诉，主张原审法院确定的标准必要专利许可费率过低。该上诉于2019年11月18日受理并立案。2020年8月27日，最高人民法院收到华为技术公司的禁诉令申请，请求在最高人民法院终审判决前，禁止康文森公司申请执行德国判决。该公司主张，德国杜塞尔多夫法院作出一审判决，认定华为技术公司及其德国关联公司侵害了康文森公司专利号为EP17××××9的欧洲专利（本案涉案专利的

* （2019）最高法知民终732、733、734号之一。

同族专利），判令禁止华为技术公司及其德国关联公司提供、销售、使用或为上述目的进口或持有相关移动终端，禁止向客户提供或者交付带有 UMTS 标准功能的手机和平板电脑，提供相关侵权行为和销售行为信息，销毁并召回侵权产品，承担诉讼费用。该判决可以在康文森公司提供 240 万欧元担保后获得临时执行。该判决认定，康文森公司向华为技术公司提出的标准必要专利许可费率要约未违反公平、合理、无歧视（FRAND）原则。康文森公司的前述要约中多模 2G/3G/4G 移动终端产品的标准必要专利许可费率约为本三案原审判决所确定中国标准必要专利许可费率的 18.3 倍。最高人民法院综合考虑了必要性、损益平衡、国际礼让原则等因素，在要求华为技术公司提供担保的基础上，于 48 小时内作出（2019）最高法知民终 732、733、734 号之一行为保全裁定：康文森公司不得在最高人民法院终审判决前，申请执行上述德国判决。如违反本裁定，自违反之日起，处每日罚款人民币 100 万元，按日累计。该裁定于当日送达。康文森公司在复议期内提起复议，9 月 4 日最高人民法院针对康文森公司的复议申请组织双方听证，并于 9 月 11 日作出复议裁定，驳回康文森公司的复议请求。

二、撰写心得

在康文森公司与华为技术公司标准必要专利许可纠纷案中，我们作出了中国知识产权领域首例禁诉令裁定。该案引起了国内外业界的广泛关注，并入选“2020 年度人民法院十大案件”。

（一）为什么该案需要作出行为保全裁定

1. 我国《民事诉讼法》确立了行为保全裁定的法律基础。本案中，华为技术公司请求禁止对方当事人不得在最高人民法院终审判决前申请执行关联德国判决，实际上是一种特殊的行为保全申请，其寻求保全的行为系当事人在域外的诉讼或者执行行为，属于广义的“禁诉令”申请。我国《民事诉讼法》第 100 条规定的行为保全制度授权人民法院依职权或者依申请责令禁止被申请人为一定行为，为审查本案行为保全申请提供了法律依据。并且，中国法院在涉及海事商事审判和知识产权审判中对于行为保全及其中的禁诉令申请积累了一定审判经验，出台了有关知识产权和竞争案件行为保全申请的相关司法解释，已经具备实施此类行为保全裁定的操作条件。

2. 本案作出行为保全裁定是依法积极回应当事人司法需求的结果。禁诉令制度在防止或者减少当事人择地行诉、恶意诉讼、解决国际平行诉讼以及维护国家司法主权方面具有一定的积极功能。我国法院在先受理的多起诉讼已经遭遇了他国法院签发的禁诉令。本案中当事人提出了相关申请，人民法院需要在法律规定的范围内依法审查，积极回应当事人的司法需求。本案行为保全裁定的作出，正是我们不断完善诉讼制度、积极回应当事人司法需求的生动体现。

（二）该案行为保全裁定体现了能动履职的创新意识

1. 确定了该类行为保全需要考量的因素。合议庭经过审理，结合国内外的司法经验，认为可以从以下五个因素综合考量：域外判决临时执行对中国诉讼的影响；采取行为保全措施是否确属必要；损益平衡；采取行为保全措施是否损害公共利益；国际礼让原则。在该份裁定书中，合议庭对每一个因素的考量情况均进行了详细阐述。

2. 必要性判断的全面性考察。根据《民事诉讼法》第100条规定，是否颁发禁诉令应着重审查不采取行为保全措施是否会使申请人的合法权益受到难以弥补的损害或者造成案件裁决难以执行等损害。单纯的经济利益损失并非合议庭考察的重点，合议庭更关注非经济利益的损失，本案表现为当事人诉权以及中国裁判可执行性所遭受的损失。

3. 充分考虑了国际礼让原则。对国际礼让原则的考量应当维持在一个适度的范围内。总体而言，应当在维护国家司法主权、安全和核心利益的同时，适度考虑对方国家利益。在本案中，合议庭提出了国际礼让原则考量的三个具体因素：案件受理时间先后、案件管辖适当与否、对域外法院审理和裁判的影响是否适度等。在前述五个考量中前四个因素满足的情况下，禁诉令对域外法院诉讼未超出可容忍的范围即可。该案裁定限制康文森公司在本案作出终审判决前申请临时执行德国法院一审判决，既未涉及德国诉讼所涉欧洲专利的侵权认定，又未对德国判决或者执行作出任何评价，更未干涉德国诉讼实体审理及裁判效力。对国际礼让因素的细化考量，体现出合议庭适度和谨慎的司法态度。

4. 关于“按日计罚”措施的适用。为确保裁定中的行为保全措施得到有效执行，该案裁定还明确了当事人拒不执行的法律后果：“自违反之日起，处每日罚款人民币100万元，按日累计。”合议庭对这一问题进行了全面的衡量和审慎的思考。第一，禁止被申请人为一定行为的行为保全措施具有特殊性，其核心是针对被申请人未来的行为，要求其不得为一定行为，不得违法改变现有状态。倘若被申请人拒不遵守法院裁定确定的义务，改变现有状态，则属于积极、故意违法行为。被申请人此种故意违法行为系持续性地违反裁定和改变现状，该行为与一次性的、已经实施完毕的违法行为具有明显区别，应视为被申请人每日均实施了单独的违法行为。第二，妨害民事诉讼强制措施的强度需要与妨害民事诉讼行为可能产生的后果相适应。本案采取按日计罚方式，既与该违法行为的恶性程度和损害后果相适应，也为维护原裁定的法律效力所必需。第三，按日计罚处罚方式符合国际通行做法。在禁诉令和反禁诉令中采取按日计罚措施属于国际的通行做法，英国、美国、德国、法国等西方国家法院在以往的相关案例中均采取了该项措施。例如，法国巴黎高等法院在 IPCOM 与联想公司一案中，颁发反禁诉令的同时，裁定如不遵守反禁诉令则处以联想公司 20 万欧元/日罚款（折合人民币 160 余万元/日）。

（三）行为保全裁定作出后的案件效果

该案裁定作出后，各方当事人在充分尊重并切实履行裁定的同时进行了积极商业谈判，达成了“全球一揽子”和解协议，康文森公司撤回其在德国法院的禁诉令申请，双方结束了在全球多个国家的所有平行诉讼，取得了良好的法律效果以及多赢的社会效果。总体而言，该案以我国《民事诉讼法》第 100 条的行为保全制度为基础依据，细化了我国行为保全制度适用于禁诉令性质行为保全时的考虑因素，并基于违反该类行为保全裁定的行为性质与特点适用“按日计罚”处罚方式，在法律的框架内确保了行为保全措施得到当事人有效尊重及执行。

（朱理，最高人民法院法官）

三、专家评析

最高人民法院作出的该案裁定的内容是禁止康文森公司在德国法院申请执行判决，符合“禁诉令”的定义，因而被称为中国知识产权纠纷“禁诉令”第一案。这一开创性的判决受到国内外广泛关注。

随着我国通信类企业在全球市场中的份额不断扩大，近年来接连出现数起案件，竞争对手在其他国家的法院申请禁诉令并获得法院支持，要求中国企业停止或者撤回在中国正在进行的诉讼。虽然作出禁诉令裁定所依据的法律是国内法，但是禁诉令所产生的实际影响却是超越国界的。禁诉令虽然只针对诉讼当事人，不直接针对他国的司法机关，但是其影响却能够跨越国界，使他国法院的管辖权落空。如果当事人违反禁诉令，后果和违反其他行为保全裁定的后果一样，会导致高额的罚金乃至刑事责任。因此，涉诉企业在一个国家市场越大、资产越多，该国法院发出的禁诉令就越有威慑力。除非涉诉企业选择彻底放弃这个国家的市场，否则就只能遵照禁令而放弃在另一国家的正当维权诉讼。如果一个国家没有禁诉令制度，对于该国的企业而言就意味着在国际平行诉讼中缺失了一项重要的反制手段，对于国家而言就意味着法院管辖权落空的风险。虽然双方当事人在这个国家进行生产经营活动，但是由于他国法院禁诉令的束缚而无法在这个国家的法院进行诉讼，也就不能适用这个国家的法律。最终的后果就是在一个国家进行的生产经营活动，却需要遵照另外一个国家的立法和判例。

对于主动适用禁诉令的国家而言，禁诉令是扩张司法管辖权的重要手段。对于“跟进”适用禁诉令的国家，禁诉令是捍卫司法管辖权的有力措施。近年来，英美法系国家在标准必要专利纠纷中适用禁诉令更加积极主动。一些大陆法系的国家如德国、法国也纷纷选择“跟进”。对于在标准必要专利案件中适用禁诉令，德国法院和法国法院的态度经历了从观望到积极适用的转变。面对竞争和对抗不断升级的国际环境，我国法院适用禁诉令，是维护我国司法主权和我国企业合法权利的必由之路。

在“一带一路”倡议的指引下，我国既需要不断提升自身的科技创新能力，也需要把握区域经济一体化和国际经贸规则的新发展，积极参与全球治理，探索我国法律的域外适用，不断推进和平发展“走出去”战略的有效实施。最高人民法院在华为技术公司诉康文森公司一案中捍卫了司法主权，是习近平法治思想的司法实践与创新应用，开创了我国知识产权发展的新阶段，对于服务我国企业“走出去”战略、保护我国专利权人合法行使权利、保障我国法律在域内域外的适用具有重要意义，是积极参与知识产权全球治理体系建设的重要举措，这必将把我国知识产权保护推向新的高度。这一裁定书通过适用我国《民事诉讼法》第 100 条，在我国民事诉讼法框架内实现了禁诉令落地，是我国知识产权审判领域的新里程碑。这一裁定充分考虑了双方当事人的利益以及公平有序的竞争秩序，充分考虑了国际礼让原则，符合国际惯例，为国内外专利权人的创新成果提供了更为有力的平等保护和公平竞争的营商环境，成为涉外审判实践的典范。

（点评人：彭哲，山东大学法学院副研究员）

（2019）最高法知民终 732、733、734 号之一裁判文书原文

48. 广州泽沐信息科技有限责任公司与北京亚都环保科技有限公司、东莞京东利昇贸易有限公司侵害外观设计专利权纠纷案*

【关键词】

专利侵权　委托加工　专利独占许可

【裁判要旨】

在委托制造专利产品的情况下，委托方与加工方通力合谋、分工协作从无到有制造出被诉侵权产品，产品外观设计体现的是双方意志，制造是整体行为。故除非有相反证据推翻，委托人与受托人均系产品的制造者。

专利独占实施许可合同是对被许可人在一定期间内垄断专利实施的授权。委托加工共同制造被诉侵权产品，且加工方系经专利权人独占许可实施涉案专利的，整个制造行为均应视为经专利权人许可而实施，委托方不构成专利侵权。

一、简要案情

广州泽沐信息科技有限责任公司（以下简称泽沐公司）是专利号为ZL2017×××××701.8、名称为“加湿器”的外观设计专利的专利权人。该专利申请日为2017年3月29日，授权公告日为2017年11月10日，现处于有效状态。

2019年4月，泽沐公司经公证在东莞京东利昇贸易有限公司（以下简称利昇公司）经营的“亚都官方自营旗舰店”购买到被诉侵权的型号为“SC-SO50”的白色加湿器。该加湿器产品、包装盒和说明书均标示了“YADU”标识，包装盒和说明书还另标示了“亚都”商标、北京亚都环保科技有限公司（以下简称亚都公司）名称及其工厂地址、注册地址、电话、网址等联系方式，产品检验合格日期均为“2017-11”。

* （2020）粤民终524号。

泽沐公司遂起诉至法院，请求判令：亚都公司停止生产、销售、许诺销售侵犯本案专利权的产品；利昇公司停止销售、许诺销售侵犯本案专利权的产品；亚都公司、利昇公司连带赔偿其经济损失 40 万元、合理支出 5 万元等。

利昇公司承认销售、许诺销售了被诉侵权产品，并提出合法来源抗辩。

亚都公司承认销售了被诉侵权产品，但否认其构成专利法意义上的制造，亦否认其构成专利侵权。亚都公司主张，被诉侵权产品是由中山市哥尔电器有限公司（以下简称哥尔公司）根据其获得授权的外观设计专利生产后提供给亚都公司贴牌销售的。泽沐公司与哥尔公司（合同乙方）于 2017 年 11 月 17 日签订了《专利实施许可协议书》，许可哥尔公司独占实施本案专利。哥尔公司在二审中向法院出具书面说明，并委派法定代表人出庭作证，确认被诉侵权产品由其制造。

亚都公司与哥尔公司于 2017 年 9 月 22 日签订的《亚都公司 OEM 项目采购合同》，合同约定：亚都公司提供的包括但不限于配件、模具、技术资料、质量资料等所有权和知识产权为亚都公司所有……哥尔公司生产产品在设计、规格、替代原材料及部件等方面如有变更，事前需征得亚都公司的书面同意。

广州知识产权法院于 2019 年 12 月 16 日作出（2019）粤 73 民初 1074 号民事判决：一、亚都公司于判决发生法律效力之日起停止生产、销售侵犯本案专利权的产品；二、亚都公司于判决发生法律效力之日起 10 日内赔偿泽沐公司经济损失 12 万元；三、驳回泽沐公司的其他诉讼请求。亚都公司不服一审判决，上诉至广东省高级人民法院。

广东省高级人民法院经审理认为：(1) 关于亚都公司是否为被诉侵权产品制造者的问题。被诉侵权产品上印制了亚都公司的个性化信息，采购合同更是明确约定，亚都公司与哥尔公司之间的关系为“贴牌生产”。故亚都公司与哥尔公司之间的关系是委托加工关系。在委托加工关系中，委托人与受托人一般构成共同制造，除非有相反证据推翻。采购合同的约定表明，哥尔公司并非将已经制造好的成品贴牌销售给亚都公司，而是在亚都公司的参与下共同制造符合亚都公司要求的被诉侵权产品。并且，被诉侵权产品系经亚都公司同意在本案专利基础上作了局部改动形成的。亚都公司作为委托加工方，参与了被诉侵权产品的外观形成过程，其应与哥尔公司一并视为被诉侵权产品的制造者。(2) 关于亚都公司是否构成专利侵权的问题。首先，亚都公司的委托加工方哥尔公司于 2017 年 11 月 17 日获得了泽沐公司的许可。自此日起，亚都公司制造被诉侵权产品不构成侵权。理由在于：①委托加工共同制造被诉侵权产品的，该制造行为系一个整体，不能人为切割成委托方与加工方各自的制造行为再分别定性。自加工方哥尔公司获得泽沐公司的专利许可开始，委托方亚都公司可以被诉侵权产品的制造已获得泽沐公司许可为由进行不侵权抗辩。②泽沐公司与哥尔公司签订的《专利实施许可协议书》并未对哥尔公司如何实施本案专利进行约定。哥尔公司接受他人的委托以他人的名义制造专利产品，并未违反许可合同的约定。哥尔公司获得的专利许可不因在制造的产品上标注亚都公司商业标志而改变属性。③泽沐公司授予哥尔公司的是专利的独占实施权，哥尔公司与亚都公司合作制造被诉侵权产品的行为，不会损害泽沐公司专利收益。若因哥尔公司瞒报产品数量导致泽沐公司的利益受损，泽沐公司可通过合同之诉进行权利救济。泽沐公司请求法院判令亚都公司承担侵权责任的诉请不具有合理性。鉴于 2017 年 11 月 17 日之后的被诉侵权产品系经泽沐公司许可而制造，亚都公司销售该产品的行为亦不构成专利侵权。其次，本案专利授权日为 2017 年 11 月 10 日，哥尔公司获得独占许可的日期为 2017 年 11 月 17 日。因此，自 2017 年 11 月 10 日至 2017 年 11 月 16 日，亚都公司系未经许可实施本案专利，构成侵权。广东省高级人民法院于 2020 年 12 月 25 日作出（2020）粤民终 524 号民事判决：撤销一审判决；亚都公司应于本判决发生法律效力之日起 10 日内赔偿泽沐公司经济损失及合理维权费用共计 50 000 元；驳回泽沐公司的其他诉讼请求。宣判后，判决已发生法律效力。

二、撰写心得

“委托加工”并非严格意义上的法律概念。司法实践中，一方委托他方加工、制作产品的行为，均会被视为“委托加工”。“委托加工”并非专利法所明确规定的不侵权抗辩事由，但在专利侵权纠纷中，被告时常以被诉侵权产品系由他人代为加工或者系接受他人委托代他人加工作为理由，进行抗辩。被告以单独的“委托加工”进行抗辩的目的，并非主张自己不侵权，而仅是主张自己实施的是“销售侵权”，不是“制造侵权”，类似于刑事犯罪上的“罪轻辩护”。若委托方或者加工方还系经专利权人许可实施其专利的被许可人的，被告以“委托加工”与“专利许可”相结合进行抗辩，其目的就不再是变更行为性质，而是彻底否认自己构成侵权，类似于刑事犯罪上的“无罪辩护”。二者法律适用大相径庭。因此，在专利侵权纠纷中涉及委托加工关系的，首先，要认定当事人是否形成“委托加工”关系并甄别其属于何种情形。其次，要对“委托加工”关系中各方专利实施行为的类型作出认定。再次，对在“委托加工”作用下的专利侵权问题进行分析并得出结论。最后，对结论产生的法律逻辑、价值选择进行分析，对结论产生的社会效果作出衡量。以事实为依据，精准解读法律精神、融合司法政策，作出令人信服的裁判。

本案文书撰写，承办人有以下四点心得体会。

（一）文书所依据的案件事实要充分查明

案件事实清楚，是正确适用法律的根基。以本案为例，亚都公司与泽沐公司在二审中最大的争议在于，被诉侵权产品是否由亚都公司制造。为查明该事实，二审法院一方面通过反复研究物证，核实被诉侵权产品与专利产品是否一致。另一方面，二审法院通知了加工方哥尔公司的法定代表人到庭作证。通过反复询问其委托加工合同的履行细节，判断被诉侵权产品是否确实由其接受亚都公司的委托代为加工制作而成。

（二）参考类案时要找准本案与类案的相同点与区别点

类案同判是确保裁判尺度统一的重要司法政策。在裁判前进行类案检索，是每一个法官的必修课。但是，参考类案不是简单地抄作业。尤其是疑难复杂案件，拟判决的案件与类案可能既有相似之处，又有不同之处。如何既遵循类案的裁判规则，又不因为机械照搬办成错案，非常考验法官的智慧。此时，不能被类案的表面现象困住，而要通过类案的表面现象，寻找到背后的法律原理。在本案之前，最高人民法院“飞利浦案”亦是就委托方与加工方是否为制造者的问题作出的生效裁判，属于本案的类案。但是经比较，我们发现本案与该类案有诸多不同之处。“飞利浦案”权利人起诉了委托加工关系中的委托方与加工方，本案权利人只起诉委托加工关系中的委托方；“飞利浦案”的加工方获得过权利人关于接受他人加工的授权，而本案的加工方并未获得权利人该类授权；“飞利浦案”权利人给予加工方的是普通许可，而本案权利人给予加工方的是独占许可。以上种种不同，导致本案不能简单参考“飞利浦案”的结论，而要进一步思考“飞利浦案”关于委托方与加工方关系认定的法理，再结合本案事实，作出判决。

（三）要正确界定“通常意义上的产品制造者或方法使用者”与“专利法意义上的产品制造者或方法使用者”的含义，并审视“委托加工”关系中各方当事人行为的性质

首先，对于加工方而言，其系“亲力亲为”将落入专利权保护范围的产品生产出来的民事主体或者将落入专利权保护范围的方法步骤从头到尾实施一遍以上的民事主体，既属于“通常意义上的产品制造者或方法使用者”，又属于“专利法意义上的产品制造者或方法使用者”。其次，对于委托方而言，其在专利实施过程中的参与程度各异，其行为性质不能一概而论。对于参与了被诉侵权技术方案或者设计方案实施过程的委托方，无论其参与的具体方式是向加工方提供相关方案，还是在产品生产、方法实施中体现其技术、设计要求，均构成产品的制造者或者方法的使用者。反之，对于并未参与被诉侵权技术方案或者设计方案实施过程的委托方，譬如司法实践中常见的，仅要求加工方在成品上“打标”的委托方；在产品生产、方法实施过程中，向加工方提供涉案专利之外的其他技术、设计方案的委托方；在产品生产、方法实施中体现了其涉案专利之外的技术、设计要求的委托方，均不宜被认定为产品的制造者或者方法的使用者。

（四）对法律条文的理解要有体系性

本案加工方取得许可之后，接受他人委托加工产品，是否侵权，对应的法律条文应该是《专利法》第 12 条。该条规定，被许可人无权允许合同规定以外的任何单位或者个人实施专利。也就是说，被许可人有亲自、独立实施专利的义务。从字面看，接受他人委托的，被许可人与该委托人均应该认定侵权。但是，对于本案这种独占许可的情况，是否要认定加工方与委托方违反了上述义务，还需要结合《民法典》的相关规定进行解读。根据最高人民法院在解读《民法典》第 867 条和第 873 条时的意见推定，不影响专利权人利益的实施不应视为《专利法》第 12 条所禁止的实施。通过体系解释，我们对第 12 条作出了更加符合专利法宗旨的理解，从而得出委托人与受托人在许可合同约定的期限内制造被诉侵权产品均不侵权的结论。

（欧丽华，广东省高级人民法院法官）

三、专家评析

制造环节往往是侵权的源头，是知识产权法律保护的重中之重。委托制造是常见的产品制造方式。委托制造模式下如何认定被诉侵权产品的制造者、判定侵权行为，直接影响到制造业的规范发展和专利技术的产业运用。对于委托加工关系中的制造者认定问题，最高人民法院审理的“飞利浦案”影响深远。最高人民法院在该案中对于专利法意义上的产品制造者作了界定。认为《专利法》第 11 条规定的“制造专利产品”，对于发明或者实用新型来说，是指作出或者形成覆盖专利权利要求所记载的全部技术特征的产品；在委托加工专利产品的情况下，如果委托方要求加工方根据其提供的技术方案制造专利产品，或者专利产品的形成中体现了委托方提出的技术要求，则可以认定是双方共同实施了制造专利产品的行为。该案的裁判是建立在被诉侵权产品是经由专利权人许可而制造的产品，飞利浦公司仅为提供商业标识的贴牌方的基础上。但是在司法实践中，该案前述裁判观点比案件事实更为引人注目，带来了委托加工各方行为定性的争议。本案在夯实前述裁判规则的基础上，进一步明确，获独占许可的被许可人接受委托加工制造专利产品的，委托方即使构成共同制造，可以加工方经专利权人授权进行不侵权抗辩。该裁判规则的确立，解答了委托加工关系中仅一方获得授权时其他共同被告的行为定性难题，在“飞利浦案”的基础上，打通了最后一公里，彻底解决了专利法上关于委托加工各方行为如何定性的历史难题。

《专利法》第 12 条与《民法典》第 867 条、第 873 条赋予被许可人不得擅自许可第三人实施专利的法定义务，其目的是禁止被许可人以任何形式蚕食瓜分专利权人的许可市场，加强对专利权人的权利保护。但对于被许可人的上述法定义务，实践中存在“亲自实施”和“独立实施”义务之争。“独立实施”比“亲自实施”更为严苛，“独立实施”不仅要求被许可人务必“亲自实施”，还需排除由被许可人与他人合作实施的情形。该案以独占许可的典型案件事实为依托，从法律逻辑、价值选择、社会效果维度作了深入分析，厘清了《专利法》第 12 条规定的“亲自实施”义务与《民法典》第 867 条、第 873 条规定的“独立实施”义务之间的内在关系，很好地平衡了加强专利保护与促进专利实施应用两项价值的冲突。

鼓励专利创造、促进专利运用、加强专利保护是我国实施知识产权战略的重要目标。本案裁判继承和发展了“飞利浦案”的裁判规则，做到加强专利权保护与促进专利转化为生产力并重，精准解释和适用法律，实现了政治效果、法律效果和社会效果的有机统一，为进一步完善专利许可制度提供了有样本意义的裁判。

（点评人：王晓明，广东省高级人民法院民三庭庭长，广东省审判业务专家）

（2020）粤民终 524 号裁判文书原文

第四章　植物新品种权

49. 湖南亚华种业科学研究院与张某侵害植物新品种权纠纷案*

【关键词】

植物新品种权　举证责任　亲缘关系鉴定

【裁判要旨】

在被诉侵权种子与授权品种存在亲缘关系的鉴定意见的基础上，人民法院应将是否以授权品种作为母本生产被诉侵权种子的事实举证责任转移给被告，适用高度盖然性标准认定被诉侵权行为是否属于“未经许可使用授权品种繁殖材料重复用于生产另一品种的繁殖材料”。

一、简要案情

原告湖南亚华种业科学研究院（以下简称亚华研究院）系授权品种“隆科 638S”的品种权人，在海南省三亚市崖州区发现被告张某利用“隆科 638S”母本生产“隆两优 1377”水稻品种（“隆两优 1377”品种来源为“隆科 638S”×“R1377”）。经鉴定，被诉侵权种子样品与“隆两优 1377”系极近似品种或相同品种，与“隆科 638S”存在亲缘关系。亚华研究院向法院起诉主张，张某侵犯其享有的“隆科 638S”植物新品种权，应立即停止侵权行为，销毁繁育的全部侵权种子产品及其全部母本“隆科 638S”种子，并参考“隆两优 1377”的销售价格，主张判令张某赔偿含维权合理支出 3.5 万元在内的经济损失共 50 万元。

被告张某认为，其行为系农民自繁自用，不具有商业目的，对“隆科

---

* （2021）琼 73 知民初 1 号。

638S”繁殖材料只进行了一次生产使用，不符合重复使用的情形。被诉水稻种子并未在市场上进行销售，也未实际投入使用，并未给原告亚华研究院造成任何损失，不存在实施侵权行为的主观故意，不应承担赔偿责任。

海南自由贸易港知识产权法院经审理认为，本案为侵害植物新品种权纠纷，争议焦点为：（1）张某生产被诉水稻种子的行为是否侵犯亚华研究院主张保护的“隆科 638S”植物新品种权；（2）如构成侵权，张某应如何承担侵权责任。

1. 关于张某生产被诉水稻种子的行为是否侵犯亚华研究院主张保护的“隆科 638S”植物新品种权的问题。《种子法》（2015 年修订）第 28 条规定：“完成育种的单位或者个人对其授权品种，享有排他的独占权。任何单位或者个人未经植物新品种权所有人许可，不得生产、繁殖或者销售该授权品种的繁殖材料，不得为商业目的将该授权品种的繁殖材料重复使用于生产另一品种的繁殖材料；但是本法、有关法律、行政法规另有规定的除外。”《植物新品种保护条例》第 6 条亦有相关规定。

本案中，亚华研究院提交了一份农业部植物新品种测试（杭州）分中心的检验报告，证明被诉水稻种子与“隆两优 1377”系“极近似品种或相同品种”，还提交了一份该中心出具的鉴定报告，证明被诉水稻种子与隆科 638S“存在亲缘关系”。法院认为，被诉水稻种子与“隆两优 1377”系“极近似品种或相同品种”的结论可以证明被诉水稻种子系“隆两优 1377”。但对于植物基因关系而言，从被诉水稻种子与“隆科 638S”存在亲缘关系的结论，尚不能直接判断出被诉水稻种子系通过母本“隆科 638S”与父本“R1377”生产的杂交水稻品种，在理论上，仍然存在母本和父本的姊妹品系作为亲本的可能性。但从实际生产角度出发，利用不同的杂交亲本组合，生产出基因型极近似或相同的子代概率很小，被诉水稻种子使用“隆科 638S”作为亲本进行繁育具有极高可能性。本案中，在亚华研究院已提交检测报告和鉴定报告的基础上，张某如认为其繁殖的涉案品种并非源于“隆科 638S”，则需要提交其涉案品种源于其他亲本的相关证据。张某未提交其没有使用“隆科 638S”的相关证据，法院依据高度盖然性证明标准，认定张某存在使用授权品种“隆科 638S”生产“隆两优 1377”的行为。

张某辩称其育种行为系农民自繁自用，不具有商业目的，亦不属于重复使用的情形。本案中，张某系江西省萍乡市人，其未提供家庭承包土地的相关证据，且未能对其在三亚使用授权品种“隆科 638S”生产“隆两优 1377”

种子达上万斤给予合理解释。结合张某本人的身体情况以及家庭情况，其生产上万斤种子的行为已经超出了合理数量，不能认定其生产种子的行为构成农民自繁自用，亦不能排除商业目的的可能性。此外，《种子法》（2015 年修订）第 28 条中的“重复使用”不应简单理解为次数的多少，应理解为杂交水稻育种中重复以授权品种的繁殖材料为亲本与其他亲本另行繁殖的行为。具体到本案，是指使用母本“隆科 638S”生产被诉侵权种子“隆两优 1377”的杂交育种行为。因此，张某不符合重复使用情形的辩解不能成立。

2. 关于张某应如何承担侵权责任的问题。张某的行为构成侵犯亚华研究院主张保护的“隆科 638S”植物新品种权，应当立即停止侵权。由于原告亚华研究院没有提供证明其损失和被告张某因侵权所获得的利益的相关材料，也没有提供授权品种的许可费供参照，法院综合考虑涉案植物新品种权的类型、侵权行为的性质和情节以及原告亚华研究院为制止侵权的合理开支等因素，参考原告亚华研究院许可关联公司生产、销售“隆两优 1377”品种的情况，依据法律规定酌情确定被告张某赔偿数额包括合理费用支出 3.5 万元，共计 10 万元。

关于亚华研究院销毁繁育的全部侵权种子产品及其全部母本“隆科 638S”种子的请求，因原、被告双方均未提供上述涉案种子的实际去向，判决认定，如原告亚华研究院后续发现被诉侵权种子产品及其全部母本“隆科 638S”种子实际去向，可向法院提出申请，责令张某对该被诉侵权种子产品及其全部母本“隆科 638S”种子作消灭活性等使其不能再被用作繁殖材料的处理。

一审判决后，双方均未上诉。

二、撰写心得

本案系海南自由贸易港知识产权法院成立后受理的第一案，涉及侵害植物新品种权纠纷，在案件类型上属于技术类知识产权案件，审理此案既需要种业相关专业知识，又需要熟悉种业相关法律法规及立法目的和司法解释的内容，具有很强的专业性和技术性。该案社会关注度高，公开开庭及网络直播共吸引 100 余万名网友在线观看。

（一）适时转移举证责任，释法说理精准透彻

本案的难点也是特殊之处在于，在没有关于植物品种亲缘关系鉴定标准的情况下，是否可以通过被诉侵权种子与授权品种存在亲缘关系的鉴定意见

推定侵权成立。在释法说理方面既要符合社会主义核心价值观的精神，体现有力保护育种创新的审判理念，维护品种权人的利益，又要准确把握诉争点，实现法律效果和社会效果的有机统一。

实践中，要证明将授权品种的繁殖材料重复使用于生产另一品种的繁殖材料，即证明侵害亲本品种权，具有一定难度。被诉侵权行为往往具有一定隐蔽性，品种权人发现被诉侵权行为时，被诉侵权人已经使用授权品种繁殖材料进行了生产。在侵权行为已经实施完毕的情况下，通过生产出的繁殖材料证明侵权行为成立具有一定难度，原因在于目前没有关于植物品种亲缘关系的鉴定标准，一般情况下品种权人通过分子检测结论推定侵权成立。

本案将技术规则和诉讼规则相结合，从保护权利人合法权利、便利品种权人维权、降低维权难度的角度出发，在品种权人已经充分举证的情况下，将举证责任转移给了被诉侵权人，认为对于植物基因关系而言，从“送检样品和隆科638S存在亲缘关系”的鉴定意见，尚不能直接判断出被诉侵权种子系通过母本“隆科638S”与父本“R1377”杂交的水稻品种，在理论上，仍然存在母本和父本的姊妹品系作为亲本的可能性。但从实际生产角度出发，利用不同的杂交亲本组合，生产出基因型极近似或相同的子代概率很小，被诉侵权种子使用“隆科638S”作为亲本进行生产具有极高可能性。在亚华研究院已提交检测报告和鉴定报告的基础上，张某如认为其繁殖的涉案品种并非来源于“隆科638S”，则需要提交其涉案品种来源于其他亲本的相关证据。张某未提交其没有使用“隆科638S”的相关证据，可以依据高度盖然性证明标准，认定张某存在使用授权品种“隆科638S”生产“隆两优1377”的行为。

（二）严格适用裁判依据，有力保护育种创新

对农民自繁自用的认定，既关系到依法保护农民的合法正当权益，同时也关系到品种权人的利益。本案对张某主张其生产“隆两优1377”的行为系农民自繁自用，不具有商业目的的抗辩理由进行了充分的分析。裁判文书结合《最高人民法院关于审理侵害植物新品种权纠纷案件具体应用法律问题的若干规定（二）》第12条对此进行了充分的说理，指出农民自繁自用应当在其家庭农村承包经营土地范围内进行，而被告张某系江西省萍乡市人，其未提供家庭承包土地的相关证据，且未能对其在三亚使用授权品种“隆科638S”生产“隆两优1377”种子达上万斤给予合理解释。结合张某本人残疾的身体情况以及家庭情况，其育种上万斤的行为已经超出了合理数量，不能认定其育种行为构成农民自繁自用，亦不能排除商业目的的可能性。

本案对是否支持原告销毁侵权物的诉讼请求进行了开创性的处理，有力地保护了育种创新。本案中，原告亚华研究院没有提供其主张的侵权种子产品和母本“隆科638S”种子实际去向，故未对该项诉讼请求予以支持。但为加大对权利人的保护力度，认为如原告亚华研究院后续发现涉案请求种子的实际去向，可向法院提出申请，责令张某对涉案侵权种子产品及其全部母本“隆科638S”种子作消灭活性等使其不能再被用作繁殖材料的处理。

（三）践行司法为民，案结事了化纠纷

本案被告张某在立案之初消极对待案件，经过反复沟通得知，其系残疾人，文化程度低，不知道如何应诉，更看不懂原告诉状中所述的事实和理由。对此，合议庭通过浅显易懂的语言帮助其理解诉讼内容，告知其庭审中的注意事项及诉讼流程，还帮其联系了法律援助中心，协助其递交法律援助申请。在后续的庭审中，考虑被告身患残疾，允许其线上出庭，原、被告在庭审中充分陈述了相关案件事实以及对案件的看法，被告张某的法律援助律师也为其从法律角度进行了答辩，庭审顺利进行。本案判决对原、被告的诉辩意见进行了全面回应，辨法析理精准透彻。案件虽然未能调解成功，但原、被告双方均认可法院查明的案件事实，服从裁判结果，一审判决后双方均未上诉。

（夏君丽，海南自由贸易港知识产权法院法官）

三、专家评析

本案系关于未经许可商业目的利用授权品种繁殖材料生产另一品种繁殖材料的典型侵权案例，为海南自由贸易港知识产权法院审结的首例品种权侵权案件。该案在植物新品种侵权判定、亲本鉴定证明责任分配和侵权责任承担等方面，对后续相关案件的审理具有重要借鉴意义。

如何理解《种子法》关于“将该授权品种的繁殖材料重复使用于生产另一品种的繁殖材料”是植物新品种侵权判定中的一个关键问题。本案中，被诉侵权人涉及未经许可利用授权品种作为母本生产杂交品种的繁殖材料，并辩称其对授权品种仅存在一次生产使用，不存在重复使用的情形。审理法院通过本案明确，上述规定中的“重复使用”不应简单理解为使用授权品种繁殖材料次数的多少，而是指某些作物品种繁殖材料的特殊生产方式。比如，杂交品种不能保留种子，其繁殖材料必须利用该杂交品种的母本和父本进行生产。

亲本品种保护通常会涉及亲本品种与杂交品种的关系鉴定。由于我国目前不存在关于品种亲子鉴定的技术标准，法院无法根据被控侵权品种和授权品种“存在亲缘关系”的鉴定意见，直接判定被控侵权品种系利用授权品种为亲本进行生产的。在本案中，审理法院考虑到通过鉴定确认植物品种亲缘关系的局限性，以及原、被告双方对杂交品种亲本来源证据获得的容易程度，在原告方提交了符合高度盖然性标准的鉴定报告后，适时将侵权行为不成立的证明责任转移至被告方，以强化判决的科学性。上述证明责任的分配思路，与国际上实质性派生品种判定中的证明责任分配，以及分子鉴定结论低临界值时证明责任的移转在本质上是相同的。该案对这一证明责任分配规则的分析和呈现，丰富了品种权侵权证明责任分配的具体形态，也为后续品种权侵权证明责任分配一般规则的提炼与完善提供了基础。

侵权责任承担是植物新品种侵权司法救济的落脚点。在本案中，考虑到侵权行为发生在一年前且原、被告双方均无法提供被诉侵权种子的实际去向，原告要求销毁全部侵权种子及其全部母本种子的诉讼请求无法实施，审理法院根据实际情况赋予权利人在后续发现涉案种子时可向法院申请对其进行灭活处理的权利。这一处理方式充分地考虑了具体法律责任在个案中适用的有效性，切实维护了权利人的合法利益。

（点评人：李菊丹，中国社会科学院法学研究所副研究员，最高人民法院“种业知识产权司法保护专家智库”专家）

（2021）琼 73 知民初 1 号裁判文书原文

第五章 不正当竞争和垄断

50. 武汉市汉阳光明贸易有限责任公司与上海韩泰轮胎销售有限公司纵向垄断协议、滥用市场支配地位纠纷案*

【关键词】

垄断 限定最低转售价格协议 滥用市场支配地位

【裁判要旨】

垄断协议的构成，应当以具有排除、限制竞争的效果为要件。垄断协议主张方应对纵向协议具有排除或限制竞争之效果承担举证责任。在相关市场竞争充分，被告在相关市场不具有很强市场地位，被告没有通过最低转售价格限制来维持高价的动机，被告限定最低转售价格行为没有在相关市场产生排除、限制竞争的效果的情况下，被告与经销商之间达成的“限定向第三人转售商品的最低价格”的协议不构成垄断协议。

一、简要案情

原告武汉市汉阳光明贸易有限责任公司（以下简称汉阳公司）系被告上海韩泰轮胎销售有限公司（以下简称韩泰公司）的韩泰轮胎经销商，其主张被告实施了限定其向第三人转售韩泰轮胎商品最低价格的垄断协议，同时还实施了限定区域销售、价格差别待遇、限定交易等多项滥用市场支配地位行为，故向上海市知识产权法院起诉，要求被告停止垄断行为并赔偿经济损失。

一审法院审理查明，原、被告于2012年签订《特约经销合同书》，由原告在被告指定区域内销售韩泰轮胎产品且须遵守最低销售价格；原告销售韩

* （2018）沪民终475号。

泰轮胎的销售额应占销售总额的60%以上，经同意后可销售其他品牌轮胎。2015年双方另签订《特约经销合同书》，删除了经销商最低销售价格条款。本案中原告在经销韩泰轮胎的同时也销售其他品牌轮胎，无证据证明被告曾因原告违反“限制向第三人最低转售商品价格”条款而对其进行处罚。

2012年至2016年，韩泰轮胎在全球轮胎市场居于第七名左右；国内销售总额居于第五名、第六名左右；在国内整车配套市场的市场份额居于领先地位，但在汽车售后市场不具有明显市场份额优势。中国轮胎生产企业和轮胎品牌大体分为三个梯队，韩泰品牌属于第二梯队，同时遭受第一梯队与第三梯队参与竞争。2012年至2016年，韩泰公司三种热销规格轮胎出厂价格及其他热销品牌轮胎销售价格均呈持续下降趋势。

2015年至2016年，上海市工商行政管理局等行政机关对包括被告在内的八家轮胎销售公司的商业贿赂行为分别作出行政处罚决定，认定因经销商、零售商同时代理经销多个品牌，该八家公司均实施了商业贿赂以促使其销售自己品牌的轮胎。

上海知识产权法院认为，被告在2012年至2013年与经销商达成并实施了“限制向第三人最低转售商品价格”的协议，但并未实施。本案存在三个相关市场，即包含汽车初装轮胎市场与汽车售后轮胎替换市场在内的中国大陆乘用车轮胎市场，包含批发市场与零售市场在内的中国大陆乘用车轮胎替换市场，以及中国大陆乘用车轮胎替换市场中的批发市场。2012年至2016年，上述三个相关市场竞争充分，被告在相关市场不具有很强市场地位，没有通过最低转售价格限制来维持高价的动机，也未在相关市场产生排除、限制竞争的效果，故被告在本案所实施的最低转售价格的协议不构成垄断协议。无证据表明被告在相关市场占有具有优势的市场份额，被告对于经销商和零售商不具有控制力量，在相关市场不具有市场支配地位，被诉行为均不构成滥用市场支配地位的垄断行为。据此，判决驳回原告全部诉请。

判决后，原告不服，向上海市高级人民法院提起上诉。

二审法院认为，在市场竞争中，诸多商业行为都可能具备促进竞争与限制竞争的双向效果。在市场竞争充分的情况下，大部分反竞争行为会由市场竞争机制自行调节而不会对相关市场产生排除或限制竞争的后果，因此市场竞争秩序常处于一种持续自我调整的动态平衡之中，此时《反垄断法》不宜轻易介入。

1. 韩泰公司是否存在滥用市场支配地位的行为。本案相关市场的特定商品为乘用车轮胎，相关市场的地域范围为中国大陆。韩泰公司在中国大陆乘用车轮胎市场面临来自众多其他品牌轮胎的需求替代，但没有证据显示存在由其他潜在的非乘用车轮胎企业转产乘用车轮胎企业的供给替代。本案被诉行为可能对竞争秩序产生影响的三个相关市场为“包含汽车初装轮胎市场与汽车售后轮胎替换市场在内的中国大陆乘用车轮胎市场”“包含批发市场与零售市场在内的中国大陆乘用车轮胎替换市场”“中国大陆乘用车轮胎替换市场中的批发市场”。

汉阳公司并未能提供证据证明韩泰公司销售的韩泰品牌乘用车轮胎在上述三个相关市场占有较高份额，在经营地位和规模等方面具有竞争优势，可以控制销售市场或者原材料采购市场的价格、数量、其他经营者之市场准入或其他交易条件。在三个相关市场中，乘用车轮胎品牌竞争充分。在被诉行为发生期间，在中国大陆乘用车轮胎市场需求上升的情况下，仍在竞争中采取了逐年降价、允许经销商和零售商同时代理销售其他品牌轮胎甚至采用商业贿赂等方式来换取市场份额的做法。因此，韩泰公司在中国大陆乘用车轮胎三个相关市场并不具有市场支配地位。

因韩泰公司在三个相关市场不具有市场支配地位，故从逻辑上亦不可能存在实施滥用市场支配地位之不法行为的可能性。同时，汉阳公司无证据证明双方签订的限定销售区域条款、销售目标与销售奖励金捆绑条款排除、限制了上述相关市场的有序竞争；其也未能提供证据佐证其关于韩泰公司滥用市场支配地位的其余主张，故汉阳公司关于韩泰公司滥用市场支配地位行为的主张，法院不予支持。

2. 双方当事人是否达成并实施了构成《反垄断法》所禁止的限定最低转售价格协议。双方当事人 2012 年虽达成了“限定向第三人转售商品的最低价格”协议，但未实施其中最低转售价格条款。2015 年《特约经销合同书》虽已删除该条款，但仍对降价销售等行为予以禁止，并约定价格另行通报；同时仍约定当汉阳公司违约时，韩泰公司可以解除合同并没收奖励金等且不得要求赔偿。从交易惯例及合同条款文义解释、上下文解释等角度分析双方签约时的真实意思表示，有理由认为合同仍对汉阳公司擅自降价的行为予以禁止并对产品售价约定了最低下限，因此双方在 2015 年亦达成“限定向第三人转售商品的最低价格”协议，但亦无证据证明双方实际实施了该条款。

垄断协议应当具有排除、限制竞争的效果。在法律无特别规定时，应由主张被诉纵向协议构成垄断协议的原告方对协议具有排除或限制竞争之效果承担举证责任。在本案三个相关市场竞争充分的情况下，汉阳公司未能举证证明韩泰公司在上述相关市场中具有强大市场力量、韩泰公司具有限制竞争的主观动机且被诉协议中关于限制最低转售价格的惩罚性条款已被实施，被诉行为已在上述相关市场产生了排除或限制竞争（尤其是品牌间竞争）的负向效果。因此，汉阳公司未能完成其法律要件事实的举证义务，无法证明上述协议构成《反垄断法》所禁止的垄断协议。

综上，上海市高级人民法院依法驳回上诉，维持原判。

二、撰写心得

本案系全国首例同时涉及限定最低转售价格纵向垄断协议和滥用市场支配地位纠纷的反垄断案件。二审判决须对反垄断案件的举证责任、相关市场的合理界定、品牌内与品牌间竞争的关系、合同优势地位和市场支配地位的区分、限定最低转售价格垄断协议的确认、垄断协议的必要构成要件等反垄断疑难问题进行说理论证，这对于首次审理反垄断判决的合议庭和主审法官而言，可谓是个巨大的挑战。

本案的二审文书撰写，主要分为以下四个阶段。

（一）熟悉案情，确定争点

本案原告诉请繁多，包括7项垄断行为和包含合理费用在内的损害赔偿；而双方当事人在一审、二审中提交的证据及一审合议庭依职权调取的证据加起来多达90份。在海量的案卷中，主审法官需要仔细阅看并实现证据材料内容的快速定位，此时采用便签结合阅卷笔记的方式进行阅卷可以极大提高效率。

虽然双方提交的上诉状和答辩状均多达十余页，但人民法院的裁判文书不可能也没有必要对其进行全文引用，因此二审文书通过对双方的诉辩意见的梳理，分别以1787字和1051字对双方观点进行高度的浓缩概括，并归纳出二审阶段双方的三大争议焦点，极大地提高了文书受众的阅读感受。

（二）博览群书，专家研讨

本案系新类型案件，所涉及的对最低转售价格维持条款的垄断定性分析究竟应当采取本身违法原则还是合理原则等相关问题在反垄断司法实务中分歧严重，因此如何妥善处理本案，成为合议庭面对的巨大挑战。

为了使判决结果和理由经得起考验，主审法官在文书起草前做了大量案头工作。首先，收集了学界专家大量著作和文章，逐一进行学习和研究，补充反垄断法和经济学的相关专业知识。其次，合议庭在庭领导的支持下，克服困难，组织召开了线下和线上相结合的全国反垄断专家学术研讨会。国家市监总局反垄断局官员及对外经济贸易大学、武汉大学、南开大学、上海交通大学、华东政法大学等高校诸多知名学者参与。专家们对反垄断法纵向协议之相关条款理解、纵向协议排除和限制竞争效果之经济学分析、行政执法和司法审判的衔接与协调等问题进行了充分的讨论，开拓了合议庭的办案思路。最后，在前期充分学习、调研的基础上，主审法官对于本案众多的争议焦点逐步形成了自己的观点，通过与合议庭成员进行充分评议，最终达成了一致意见。

（三）形成内心确信，大胆探索

竞争法领域案件往往涉及对经济发展过程中出现的新类型商业行为的评价。与偏重微观、防止过度竞争而直接保护特定竞争者的《反不正当竞争法》不同，《反垄断法》注重宏观，其立法目的在于鼓励和保护自由竞争，防止相关市场中缺乏竞争，从而实现社会资源的最优化配置，提升社会的整体福祉。因此，在处理本案纠纷时，应当审查被诉纵向协议是否排除、限制了相关市场的自由竞争。

对于本案所争议的、在市场经营活动中广泛存在的纵向协议，《反垄断法》到底是“管”还是“不管”，不但是个案评价的问题，还涉及价值取向、行业引导等反垄断重要问题。通过研究，主审人认为，我国正处于市场经济蓬勃发展的初级阶段，允许特定竞争行为在相关市场中的存在，正是司法引导和鼓励自由竞争的价值体现。因此，在综合案情及诸多考量因素后，主审法官首次在本案判决中大胆地提出了反垄断法“非必要不介入”原则，即在司法诉讼中须谦抑适用《反垄断法》，以给予市场自我调解的空间和活力。在裁判文书的分析过程中，主审法官还具体指明了纵向协议与横向协议的区别以及品牌内竞争和品牌间竞争的不同作用，因合同双方不具有竞争关系，无法排除、限制相关市场上其他经营者的竞争行为，故纵向协议不应被轻易被认定为垄断协议。而对于《反垄断法》仅针对横向垄断协议的定义予以规定的立法结构性缺陷，主审法官在文书中也用一定篇幅进行了严谨而详尽的论证，从文义解释、体系解释、目的解释等不同法律解释方法，结合纵向协议与横向协议构成要件的比较分析，同时考虑到限定转售价格协议对竞争的双向作用和竞争效果的不确定性，最终得出具备排除、限制竞争效果应当是垄断协议的法定必要构成要件之结论，积极推动了当时正处修法阶段的《反垄断法》的立体完善。同时，判决还结合数据分析，合同优势地位和市场支配地位的合理区分本案的最低转售价格维持纵向协议不构成垄断协议。

在本案中，要确定原告诉请是否成立、被诉行为是否构成垄断，法官们还须面对法律缺乏对于纵向垄断协议案件的举证责任如何确定这一立法空白点。最终，二审文书结合反垄断法司法解释对横向协议举证责任的相关规定积极探索，将举证责任设定由原告来承担。这一做法确保了反垄断诉讼具有一定的诉讼门槛，避免了今后可能因启动反垄断诉讼过易而会大量产生的滥诉行为。

（四）反复打磨，精益求精

为了保证二审判决的文书质量，除了精心撰写裁判理由之外，对于事实查明部分，主审法官在撰写时也没有简单照抄一审部分，而是根据在案证据，再次对一审法院查明事实进行核实。当发现一审文书的事实查明在原、被告企业登记信息、当事人质证意见、行业情况事实查明方面存在瑕疵后，二审判决均以“另查明”的方式一一加以补充完善；同时，二审判决还对一审判决相关文字笔误予以更正，确保了生效文书在事实查明部分的准确性。

此外，在该文书的撰写中，为了更精准地表达反垄断和经济学相关学术概念，主审法官在二审判决的遣词造句时力求精益求精，诸多段落、语句乃至词汇被反复打磨，文书的完善修改近十次，最终以 116 页、72 288 字和 5 张附图定稿。

（王静，上海市高级人民法院法官）

三、专家评析

本案二审判决充分考量相关市场的竞争现状，从司法价值导向角度，以七万余字对《反垄断法》程序和实体上的诸多争议或立法空白进行了有益探索，在反垄断立法、司法和实务界产生积极效果。

判决在国内首次确立了《反垄断法》对市场竞争行为“非必要不介入”的司法规制原则，合理界定了《反垄断法》对竞争行为进行规制的边界，通过为市场主体自由竞争保留有益空间，维护并促进了相关市场的竞争活力。针对相关司法解释仅对横向垄断协议案件的举证规则作出规定的现状，判决综合考量反垄断案件双方当事人举证能力及司法成本等因素，明晰了纵向垄断协议案件当事人的举证责任。通过对垄断诉讼启动方设定更为严格的举证义务，有效地预防了可能产生的垄断诉讼泛滥。对于 2007 年《反垄断法》缺乏垄断协议定义条款之立法结构性缺陷，判决大胆突破原法第 13 条横向垄断协议第 2 款之规定，以文义解释、体系解释、目的解释等不同法律解释方法并结合比较分析，对“具备排除、限制竞争效果”亦是纵向垄断协议的法定构成要件进行了充分论证，不但解决了个案中对纵向垄断协议构成要件的司法认定问题，还从实务层面进一步推动了《反垄断法》第 18 条第 2 款的修订。此外，判决还创新性地引入经济学分析，通过对品牌内竞争和品牌间竞争的不同作用进行梳理，认定品牌间竞争在反竞争效果评价中具有主导作用，厘清了实务中对限定最低转售价格协议竞争效果评价存在的误区；同时，判决排除了垄断纠纷中最低转售价格维持协议对本身违法原则的适用，提出因最低转售价格维持协议的竞争效果具有不确定性，个案中对此类协议在相关市场所产生的竞争效果应采用客观分析法之观点，相关论证理由获得业界的普遍肯定。

该案二审裁判文书格式规范，行文流畅，逻辑严密，事实查明细致翔实，说理论证条理清晰，真正做到了释法说理通透充分，文事法情有机结合，堪称近年来全国法院司法裁判文书的经典。该判决曾获评 2021 年全国法院第四届“百篇优秀裁判文书”并在外部专家评审环节中荣列全国第二位，另荣获 2020 年度上海法院十大优秀裁判文书第一名、2020 年上海法院知识产权司法保护十大案件等荣誉，相关案例分析亦被《人民法院案例选》登载。该案的司法裁判不但对人民法院反垄断类案的审理具有典型的示范指导意义，还积极推动了相关立法的提升完善，具有司法前瞻性，充分展现了人民法院司法审判的开拓创新精神。

（点评人：盛杰民，北京大学法学院教授、博士生导师）

（2018）沪民终 475 号裁判文书原文

51. 上海陆家嘴国际金融资产交易市场股份有限公司等与西安陆智投软件科技有限公司不正当竞争纠纷案*

【关键词】

网络抢购服务　不正当竞争　平台规则　用户黏性

【裁判要旨】

经营者提供网络抢购服务，应当遵循《反不正当竞争法》第12条之规定，不得利用技术手段，通过影响用户选择或者其他方式，妨碍、破坏其他经营者合法提供的网络产品或者服务的正常运行。在网络抢购服务不属于《反不正当竞争法》互联网专条明确列明的行为类型从而适用该条兜底条款时，除应考量其对抢购服务目标平台及用户是否造成损害外，还应审查其是否具有不正当性。网络抢购服务利用技术手段，为目标平台的用户提供不正当抢购优势，破坏目标平台既有的抢购规则并刻意绕过其监管措施，对目标平台的用户黏性和营商环境造成严重破坏的，应认定构成不正当竞争。

一、简要案情

原告上海陆家嘴国际金融资产交易市场股份有限公司（以下简称陆金所公司）、上海陆金所互联网金融信息服务有限公司（以下简称陆金服公司）共同诉称：两原告开设有金融服务网站及手机应用，其中债权转让产品交易是热门服务之一。为抢购债权转让产品，两原告的会员需经常登录上述网站或手机应用，频繁刷新关注债权转让产品信息。被告西安陆智投软件科技有限公司（以下简称陆智投公司）系“陆金所代购工具”的提供者。用户通过被告运营的“陆金所代购工具”软件、“陆智投”手机应用、“掌上陆智投”微信小程序等渠道，无须关注两原告平台发布的债权转让产品信息即可根据预

* （2019）沪0115民初11133号。

设条件实现自动抢购，并先于手动抢购的会员完成交易。此举不仅破坏了两原告平台的公平交易规则，剥夺了其他会员的公平交易机会，也令两原告通过会员制度建立的市场优势损失殆尽。同时，在微信小程序等渠道的宣传中，陆智投公司更是将“陆金所”列为推荐返利平台之一，使公众误以为陆智投公司与两原告存在合作关系。该行为既构成虚假宣传，又属恶意攀附原告市场影响力的“搭便车”混淆行为。受前述行为之影响，社会公众对两原告平台交易系统的评价显著降低。两原告认为，陆智投公司实施的不正当竞争行为损害了两原告通过多年经营所积累的竞争优势，导致两原告会员流失、产品关注度下降、商誉受损，对两原告造成了较大损失。据此，两原告诉请法院判令：（1）被告停止通过代购工具提供抢购两原告平台债权转让产品外挂服务的不正当竞争行为；（2）被告停止使社会公众误以为原、被告之间存在合作关系的混淆及虚假宣传行为；（3）被告公开发布声明，消除不良影响；（4）被告赔偿原告经济损失 220 391 元及为维权支出的律师费 250 000 元、公证费 29 609 元。

被告陆智投公司辩称：（1）原、被告之间所属行业及经营范围均不相同，并非同类经营者，不存在竞争关系。（2）陆智投公司提供的抢购服务核心是在用户授权的前提下，使其更为便捷地购买两原告平台的债权转让产品，本质上属于代理行为。抢购服务既不妨碍用户正常登录两原告平台进行交易，也不影响两原告平台其他注册用户的正常购买行为。（3）两原告平台债权转让产品之所以难以抢购，系因该类产品发布数量少、发布时间随机不定。两原告运营管理能力评价降低的根本原因则在于其管理模式本身存在缺陷。（4）被告为用户提供多家理财平台的抢购服务，用户通过比较自主选择交易平台，被告并未抢占两原告的客户群体。同时，陆智投公司软件的用户数量与两原告注册用户数量间差距巨大，不会对两原告的正常经营产生不良影响。（5）被告作为独立的软件技术公司，从未刻意制造与两原告之间的联系。两原告平台只是陆智投公司推荐的返利平台之一，且仅作展示之用，并不存在虚假宣传或“搭便车”的行为。综上，陆智投公司抢购服务并未给两原告造成不良影响或经济损失，也未给被告带来非法获利，两原告支付的律师费亦非为制止侵权支出的合理开支，故请求驳回两原告的全部诉讼请求。

经审理查明，陆金所公司系“平安陆金所官网”（首页网址 www. lu. com）的主办单位，也是“陆金所”手机应用的运营主体。陆金服公司系“上海陆金所互联网金融信息服务有限公司网站”（首页网址 www. lup2p. com）的主办单位，也是“陆金服”手机应用的运营主体。自2012年起，陆金所公司先后荣获数十项奖项，并得到相关媒体的广泛关注与报道。

在两原告运营的上述网站和手机应用中，均有债权转让产品的交易服务。其中，两原告自营的债权转让产品仅有“慧盈-安e+”一类，下辖多款不同产品，相应的转让价格、约定出借利率、投资期限等各不相同。债权转让产品由购买理财产品的用户转让而产生，数量有限且发布时间并不固定。两原告的用户在登录上述网站或手机应用后，可以查看可供购买的债权转让产品信息，并通过产品详情页内的“立即投资”选项，在输入交易账号、交易密码和验证码后进行抢购。

被告陆智投公司同时运营“陆智投”和“掌上陆智投”微信小程序、“陆智投”微信公众号、“陆智投”安卓手机应用以及“陆智投科技”网站。上述服务渠道中，除“陆智投”微信公众号和“陆智投”微信小程序外，均有抢购两原告债权转让产品的功能。

“陆智投科技”网站首页末端载有“陆金所二手转让数据小程序”和“官方微信群”的二维码。用户登录网站后可以管理抢购工具和抢购任务，并可跳转至“看云”网站浏览《陆智投产品手册》。该网站社区版块中有近千条用户讨论帖，其中多条帖子涉及两原告平台债权转让产品的抢购工具。

通过“陆智投”平台抢购两原告债权转让产品的流程具体如下：（1）在工具市场安装“陆金所代购工具”；（2）预先输入用户在两原告平台注册的用户名、登录密码及交易密码；（3）输入所需购买的金额范围后启动抢购任务；（4）抢购系统通过安卓模拟器登录两原告平台对债权转让产品的信息进行不断刷新，并根据既定金额范围自动筛选，对符合条件的产品迅速提交购买申请。抢购任务的有效期间自任务创建时起至提交购买申请时止，在此期间用户除任务失败或需修改购买金额等情况外，无须进行主动操作。相较通过人工方式抢购债权转让产品的用户，使用陆智投抢购服务的用户在产品信息浏览、作出交易判断和完成交易流程等环节上均具有一定的时间优势。但与此同时，两原告对于自身平台用户的交易行为也进行了监管。除向全体用户发送站内信进行风险提示外，对于成交耗时短于正常值的用户，两原告采取复杂化验证码等方式延长其完成交易所需时间，以保证各用户在抢购债权转让产品时拥有相对公平的机会。对此，被告就“陆智投”抢购服务的成交耗时进行了专门设定，使其尽可能接近并略微领先于正常人工抢购的时长，从而规避两原告平台的监管。

自 2018 年 5 月 10 日起，先后有多位用户通过电子邮件及客服热线等形式向两原告平台投诉陆智投抢购工具影响普通会员的正常交易。而在百度贴吧“陆金所吧”内以“陆智投”为关键词进行搜索后，则显示多条关于两原告债权转让产品及外挂工具的帖子。用户讨论认为，尽管抢购成功与否和操作的熟练度、网速、手速及运气都有关系，但外挂工具的存在确实对两原告债权转让产品的正常抢购造成了影响。

本案主要争议焦点在于：(1) 被告提供的抢购服务是否在公平交易规则、用户黏性等方面不正当地损害了两原告依法享有的竞争利益；(2) 被告在其商业宣传中使用两原告的相关信息，是否构成虚假宣传或混淆行为；(3) 若被告的行为构成不正当竞争，两原告作为交易平台经营者所受的竞争利益损害应如何通过经济损失赔偿加以衡量。

二、撰写心得

裁判方法和法律逻辑是法律文书撰写的关键所在。法律规定是大前提，案件事实是小前提，根据逻辑三段论推导出结论即判决结果。一篇符合法律逻辑的裁判文书能够展示逻辑的力量，从而在说理上具有说服力，更为当事人和社会公众所接受。本案法律文书的写作就是遵循这一方法。

《反不正当竞争法》第 12 条作为“互联网专条”，通过例示性规范的方式明确了互联网环境下参与市场竞争所应遵循的规则。经营者提供的网络抢购服务，虽不属于“互联网专条”所明确规制的三类不正当竞争行为，也应遵循该条之兜底规定，不得利用技术手段，通过影响用户选择或者其他方式，妨碍、破坏其他经营者合法提供的网络产品或者服务的正常运行。在适用“互联网专条”之兜底条款判定网络抢购服务是否构成不正当竞争时，应参照最高人民法院“海带配额案”① 所确立的裁判规则，评判被诉行为是否符合以下四项条件：(1) 被诉行为系利用技术手段干扰他人网络产品或服务正常运行的行为；(2) 被诉行为不属于该条明确列举的互联网不正当竞争行为；(3)《反不正当竞争法》保护的法益因被诉行为受到实际损害；(4) 被诉行

---

① 参见（2009）民申字第 1065 号山东省食品进出口公司等诉青岛圣克达诚贸易有限公司、马某庆不正当竞争纠纷申请再审案民事裁定书，最高人民法院在该裁定书中指出：“总体而言，适用反不正当竞争法第二条第一款和第二款认定构成不正当竞争应当同时具备以下条件：一是法律对该种竞争行为未作出特别规定；二是其他经营者的合法权益确因该竞争行为而受到了实际损害；三是该种竞争行为因确属违反诚实信用原则和公认的商业道德而具有不正当性或者说可责性。”

为基于互联网商业伦理具有不正当性。鉴于前两项条件的判定已基本为本案事实分析所涵盖，故对被告实施的涉案行为是否构成不正当竞争的判定，可同时从是否造成损害结果以及是否具有可归责性两方面进行分析。

（一）本案所涉网络抢购服务的损害结果分析

对于互联网环境下法益损害的判定，系属基于因果关系的实证分析，应将互联网公共利益（市场秩序）、互联网经营者利益和互联网用户利益进行“三元叠加”予以综合考量。其中，经营者利益主要在于经营者不受强制自由开展经营活动的利益；消费者利益主要在于消费者作出理性的商业决定的自由；互联网公共利益主要在于竞争机制以及社会福祉最大化的目标是否受损。

本案中，两原告经营互联网金融平台，债权转让产品虽不属于定期发布的常规金融产品，但却因投资周期较短、手续费用相对优惠等因素颇受用户欢迎。因此，数量少、热度高、随机性强是两原告债权转让产品的主要特点。有意购买的用户不仅需要登录两原告平台全面查询、浏览产品信息，确定符合需求的目标产品，更需要提高信息浏览频度，以期在目标产品发布后的最短时间内进行抢购。依用户的一般访问习惯，其所浏览的内容既包括最终决定购买的产品，也包括其他备选产品以及不甚符合购买期望的产品，在关注不断变化的产品信息时投入了大量的时间成本。可见，用户为抢购特定的债权转让产品必须投入持续性的全面关注，这正是两原告作为一种营销模式推出该类产品所期待的结果，而这种结果能为两原告带来可观的流量利益。

用户正常抢购两原告的债权转让产品，大致需要经过产品检索—购买决策—密码输入—交易确认四个环节，每一环节均依靠用户人工完成。而被告运营的“陆智投”抢购服务，实质是由软件系统代替人工方式为用户抢购两原告平台的债权转让产品。由于软件系统在抢购流程的各环节耗时更少，故使用“陆智投”抢购服务的用户较其他用户而言，在同等条件下具有更高的抢购成功率。尽管债权转让产品的抢购实质上属于平台用户间的利益竞争，但被告通过运营抢购服务介入其中并为部分用户提供抢购优势的行为，确已造成以下三方面的损害后果：

1. 平台流量利益的减损。使用“陆智投”抢购服务的用户只需事先确定目标产品的金额范围即可设置自动抢购，其行为模式已由先浏览产品信息再评估产品是否符合需求，转变为先确定需求再搜索是否存在契合的产品。此时用户不再对两原告平台发布的金融产品信息存有高度依赖，失去了继续投入时间成本的驱动力，访问两原告平台的频度将不可避免地呈下降趋势。即便如被告辩称，“陆智投”抢购服务仍通过安卓模拟器访问两原告平台并检索产品信息，但该种以用户预设需求为基础的定向检索，与用户人工抢购时采取的全面信息浏览相比，显然在相当程度上减损了两原告平台本应获得的流量利益。更何况两原告平台除债权转让产品外，尚有其他自营、非自营金融产品在售。用户为抢购债权转让产品进行信息浏览时，有充分的机会接触该些产品，亦不乏在未能购得理想的债权转让产品时从中寻找替代产品之可能。因此，“陆智投”抢购服务导致用户对两原告平台的访问频度下降，客观上减少了两原告其他金融产品的展示机会。

2. 用户潜在交易机会的剥夺。由于“陆智投”抢购服务的介入，通过人工方式正常抢购的用户购得两原告债权转让产品的概率大幅降低，这使本应由平台全体投资者公平竞争的投资收益向小部分投资者严重倾斜。被告运营“陆智投”抢购服务，客观上改变了债权转让产品在两原告平台用户间的收益分配，对其中大部分用户在市场投资活动中本应享有的机会利益造成了减损。

3. 平台营商环境的破坏。尽管“陆智投”抢购服务在短期内可促使两原告平台债权转让产品快速成交，但单纯追求成交速率的做法与两原告平台的远期利益相去甚远。两原告经营的互联网金融平台，需依靠用户关注度和活跃度实现持续运营，通过用户习惯的培育和用户黏性的建立不断吸纳新的投资者和资本注入，债权转让产品正是其积累用户群体、拓展影响范围的重要载体。但在“陆智投”抢购服务促成的快速交易中，少数用户借助计算机系统的优势提升了其对目标产品的抢购成功概率，挤占了其他用户获得投资收益的空间，更使两原告平台与“外挂横行”之类的负面形象产生关联。长此以往，两原告平台最为依赖的投资者信心将受到冲击。由此导致的用户黏性降低、投资者与资本流向其他投资渠道等后果，将使两原告平台的经营活动难以维系，其在现阶段获得的短期成交利益无法弥补平台整体价值的减损。

（二）本案所涉网络抢购服务的可归责性分析

市场经济条件下，竞争与损害相伴而生。市场主体对特定竞争利益的争夺实属商业常态，而竞争行为通常必然导致一方受损。因此，竞争利益受到损害并非《反不正当竞争法》对受损方施以民事救济的充分条件，只有当相关竞争行为具有可归责性时，方受《反不正当竞争法》所规制。本案中，尽管被告提供的债权转让产品抢购服务对两原告平台造成了损害，但仍需从以下两方面考量其可归责性。

一方面，“陆智投”抢购服务对两原告平台规则的颠覆破坏了产品抢购的公平基础。两原告平台根据债权转让产品随机发布的特点，已经在销售过程中建立起“先购先得”的抢购规则。用户竞争的核心标准即抢购所耗时长，其由发现产品耗时和达成交易耗时两部分组成，每一部分都受特定因素的影响。发现产品耗时一般与用户浏览产品信息的频率呈负相关，即用户登录两原告平台浏览产品信息的频率越高，发现目标产品所耗时长就越短。达成交易耗时则受主客观两方面因素的影响——网速、计算机响应速度等是取决于技术条件的客观因素，决策果断性、操作熟练度等是取决于用户自身特质的主观因素。除极小概率偶发因素的影响外，每一用户都根据其自身特质及投入的成本对抢购成功这一结果事件享有特定概率，这也正是两原告平台用户相互竞争所依赖的基础。用户参与两原告平台债权转让产品的抢购，实则是对上述抢购规则的认可和接纳，同意按照两原告平台预设的概率影响因素在相对公平的环境下进行抢购，并愿意投入一定的时间或经济成本改善相应的概率影响因素。“陆智投”抢购服务的介入，虽从表象上体现为通过技术手段提升抢购成功率，但该种技术手段的实质并非为改善概率影响因素，而是从根本上颠覆既有规则，破坏用户间抢购产品的公平竞争基础。通过正常方式进行抢购的用户，无论其如何缩短抢购所耗时长，都无法抗衡“陆智投”抢购服务通过计算机系统自动操作形成的时长优势。故此时抢购规则已然发生了改变，用户不再根据其对应的影响因素对抢购成功享有特定概率，抢购成功率整体上向使用“陆智投”抢购服务的用户严重倾斜，用户间公平竞争的基础丧失殆尽。

另一方面，“陆智投”抢购服务刻意规避两原告的监管机制，反映了被告对该行为所持的主观故意。两原告平台为遏制违规抢购、维系既定的抢购规则，专门设置了相应的监管机制，对成交时长过短的非正常交易行为进行管控。但“陆智投”抢购服务不仅破坏了两原告平台既定的抢购规则，还通过设置抢购时长下限的方式，刻意绕开两原告平台的监管，隐匿其行为痕迹。由此可见，被告熟知两原告平台的抢购与监管规则，也能够较为准确地预见“陆智投”抢购服务可能导致的不良后果，但其对该种后果的发生持积极期待的态度。

综上，被告经营的“陆智投”抢购服务利用技术手段，通过为两原告平台用户提供不正当抢购优势的方式，妨碍两原告债权转让产品抢购业务的正常开展，对两原告及平台用户的整体利益造成了损害，不正当地破坏了两原告平台公平竞争的营商环境。在同时符合“损害”与“可归责性”的前提下，被告实施的涉案行为构成不正当竞争，应当给予《反不正当竞争法》上的否定评价。据此，法院根据涉案行为的持续时间、影响范围、损害后果以及被告实施涉案行为的主观因素等方面，对被告所应承担的民事责任进行综合考量后予以确定。

（徐俊，上海市浦东新区人民法院法官）

三、专家评析

《反不正当竞争法》主要是对不正当竞争行为的界定和规制。从原则性条款到类型化条款，无论是静态立法的规范构造还是动态司法的条文适用都紧紧围绕这一焦点问题展开。而展开范式在总体框架上一以贯之、统一遵循的是价值判断和利益权衡。展开范式的模糊或失当，必然导致争议，损及规制效果。互联网不正当竞争纠纷形态的多样性和众多司法案例的探索实践为竞争法理论研究提供了广阔的空间和鲜活的素材。

近年来，科技金融行业不断发展，通过网站和手机应用等网络平台推出的科技金融产品广受用户欢迎，同时也催生了各类网络抢购服务。网络抢购服务作为经营者实施的市场竞争行为，如何通过《反不正当竞争法》加以评价与规范，不仅关乎科技金融企业竞争利益和投资用户消费者利益的保护，更对维护金融平台营商环境具有重要意义。本案判决是一起涉网络抢购服务的新型互联网不正当竞争案例，判决文书在写作时遵循利益衡量，深入讨论互联网不正当竞争的法律适用，分析竞争关系在不正当竞争诉讼中的定位，在互联网专条法律规范分析的基础上，探究互联网专条兜底条款的适用条件。判决文书撰写在彰显法律逻辑力量的同时，也反映了法官在新类型案件裁判中对产业规律的深刻理解。

互联网经济条件下，经营者之间是否属于同业竞争关系，并非提起不正当竞争之诉或认定不正当竞争的必要前提。在互联网领域，对《反不正当竞争法》正确适用的关键在于透过眼花缭乱的市场乱象，看到竞争行为的本质，创造性和创新性地适用《反不正当竞争法》的法律条文。经营者利用网络从事生产经营活动，妨碍、破坏其他经营者合法提供的网络产品或者服务正常运行，不属于互联网专条类型化条款规定情形的，可通过损害与不正当性的评估，适用互联网专条兜底条款予以规范。重点审查原告受《反不正当竞争法》保护的法益是否因被诉行为受到实际损害，被诉行为基于互联网商业伦理是否具有不正当性。

在传统市场领域，竞争行为具有不正当性或可归责性的结论主要基于是否违反诚信原则或商业道德的判断。但是在互联网经济背景下，由于互联网产业以互联互通为基础，强调共享、共治、开放和包容，技术发展的更新迭代速度较快，具有更强的技术性、跨界性和动态性。对互联网竞争行为正当性与否的评价和判断不同于传统市场领域，也可以说，互联网商业伦理有别于传统商业伦理。由于在互联网产业竞争中对公认的商业道德缺乏有效的判断标准，面对法律适用的困境，判定互联网领域竞争行为的不正当性需要将商业伦理放在互联网产业背景下进行考量，基于公共利益（市场秩序）、经营者利益、消费者利益作“三元叠加”的利益衡量，保障互联网市场主体不受非法干扰的经营自由，维护用户间公平竞争的基础，促进互联网市场的开放、创新、效率与安全。涉案网络抢购服务利用技术手段，为目标平台的用户提供不正当抢购优势，破坏目标平台既有的抢购规则并刻意绕过其监管措施，对目标平台的用户黏性和营商环境造成严重破坏，应认定构成不正当竞争。

（点评人：张占江，浙江大学法学院教授）

（2019）沪 0115 民初 11133 号裁判文书原文

52. 深圳市腾讯计算机系统有限公司、腾讯科技（深圳）有限公司、腾讯数码（天津）有限公司与赵某不正当竞争纠纷案*

【关键词】

不正当竞争　网络服务　诱导分享　恶意对抗

【裁判要旨】

侵权人开发专门用于网络公众服务平台的强制、诱导分享软件，专门对抗权利人管理措施的防封软件和域名检测接口服务，破坏了用户群体和经营者群体的使用体验，不正当地占用、分流其他经营者群体通过正当途径获取的用户流量和用户注意力，妨碍、破坏其他经营者合法提供的网络产品或者服务正常运行，构成不正当竞争。

《反不正当竞争法》规定的虚假宣传是对商品的性能、功能、质量、销售状况、用户评价、曾获荣誉等作虚假或者引人误解的商业宣传。侵权软件所具有的虚拟投诉、虚拟评论、虚假红包等功能或内容，只是实现软件使用价值的手段与方式，并非对软件本身的宣传，该等行为本身不构成《反不正当竞争法》所规制的欺诈行为，亦不应单独进行是否构成不正当竞争的评价。

一、简要案情

腾讯科技（深圳）有限公司、深圳市腾讯计算机系统有限公司系腾讯微信软件的著作权人。腾讯数码（天津）有限公司、深圳市腾讯计算机系统有限公司、腾讯科技（深圳）有限公司共同运营微信产品和 QQ 产品，共同对微信产品和 QQ 产品享有运营权利，并有权单独或共同就其他方侵害微信产品和 QQ 产品经营的行为提起诉讼维权。微信品牌具有极高的市场价值，微信程序具有较高的市场知名度和广泛的用户基础，并在多个软件排行榜中名列前

* （2019）津 01 民初 1319 号。

茅。微信平台禁止强制、诱导分享等行为，公布了相关运营规则和管理规范，并通过相关媒体对打击强制、诱导分享行为进行宣传报道。被告赵某明知微信平台禁止强制、诱导分享行为，开发销售18种专门用于微信平台的可以通过视频、群聊、影视、红包、新年签等方式强制、诱导用户进行分享的裂变程序。上述程序的功能在于通过视频、群聊、影视、红包、新年签等欺骗、误导用户分享相关链接或内容，从而实现对相关广告进行传播扩散的目的。除上述裂变程序外，被告还开发了微信域名防封系统对外进行销售，同时提供救援狗微信和QQ域名检测接口服务，实时监测域名是否被封，对抗微信平台的管理措施。

原告深圳市腾讯计算机系统有限公司、腾讯科技（深圳）有限公司、腾讯数码（天津）有限公司认为被告赵某违反诚信原则和商业道德，不正当利用微信软件服务及用户资源，恶意对抗和干扰微信平台的经营规则和经营措施，破坏了微信平台的生态环境和正常运营，损害了原告的合法经营利益，降低了广大微信用户的正常使用体验，扰乱了公平竞争的市场秩序，其行为构成不正当竞争。故原告起诉要求被告停止侵权，消除影响，并赔偿损失。

被告赵某辩称，其仅是网络服务提供者，从未在微信平台发布分享链接，而是由广告投放者利用涉案程序生成分享链接后最终分享至微信平台。由于功能所限，涉案程序生成的分享链接并不必然实现“裂变分享”效果。原告并未证明其受到了实际损失以及实际存在来源于涉案程序的侵权行为，原告主张的赔偿数额应当以直接侵权行为的存在为前提。被告在收到起诉书后立即断开了涉案网站链接，停止了涉案程序的网络服务，没有造成扩大损失。被告赵某要求驳回原告的诉讼请求。

本案的争议焦点为：（1）被告的行为是否构成不正当竞争；（2）如被告的行为构成不正当竞争，其民事责任如何确定。

法院认为，原告通过微信平台获取的商业利益和竞争优势应受《反不正当竞争法》保护，被告开发专门用于微信平台的强制、诱导用户进行分享的裂变程序以及对抗微信平台的管理措施的行为损害了原告的商业利益与竞争优势，构成不正当竞争，遂判决被告在网站上刊登声明消除影响，并赔偿原告损失100万元。该案一审判决后当事人自动履行，双方均未提起上诉。

二、撰写心得

裁判文书是反映人民法院审判过程和裁判结果的载体，是连接人民法院和社会公众的桥梁。裁判文书只有得到当事人和社会公众的认可、信服和接受，才能使司法公信力得以彰显。认真审理每一起案件，认真撰写每一篇裁判文书，让每一篇裁判文书都经得起检验，让人民群众真正感受到公平正义，是人民法官的职责和神圣使命。

从立案到结案，本案裁判文书的形成经过了四个步骤。

（一）通过阅卷发现案件的典型意义和价值

本案系因针对网络公众服务平台的强制、诱导分享行为引发的不正当竞争纠纷，案件疑难复杂，属于专业技术性较强的新类型案件，对同类案件的审理和法律适用具有示范价值；且本案所涉微信平台用户众多，影响较大，具有较高的社会关注度，案件的裁判结果对平台用户的行为具有引导意义。本案立案后，承办人第一时间进行阅卷，即发现本案所具有的意义和价值，及时向合议庭成员进行汇报，努力打造精品，以更好发挥典型案例的示范价值和引导作用。

（二）重视庭前准备和庭审活动，认真查清案件事实

好的庭审是确定当事人诉辩意见、归纳争议焦点、查清案件事实、了解当事人意图的基础，也是裁判文书形成的前提。就本案而言，一方面，由于案情复杂，证据较多，为使庭审达到预期效果，合议庭进行了充分的庭前准备工作。通过庭前阅卷和庭前证据交换，了解各方当事人的诉辩意见及相关依据，明确案件争议焦点和待证事实，使庭审更有针对性。另一方面，对于争议焦点和庭前准备阶段发现的问题，在庭审过程中有针对性地进行调查询问，充分发挥合议庭的作用，互相配合互相补充，保证案件审理质量和审理效果。同时，在案件审理过程中要依法保障当事人的程序性权利，保持人民法院公平公正的中立形象，做好当事人的释法明理工作，使当事人能够明白自己为什么赢，为什么输，实现案结事了、定分止争的目的，提高裁判结果的可接受性。

（三）全过程撰写裁判文书

裁判文书是人民法院对当事人诉讼请求、诉讼争议作出的回应和判断，对当事人民事权利义务进行司法确认、调整或分配的凭据，是法官对民事案件依法审判的结论。对于一般案件而言，通常都是在庭审结束后开始撰写裁判文书。但由于本案疑难复杂，承办人在庭审之前即按照现有事实证据草拟裁判文书的相关内容。通过这一草拟裁判文书的过程，使合议庭对案件有了更为深入的了解，更加准确全面地发现当事人的争议所在和需要进一步调查的相关事实，也使案件的审理思路更加明晰。但对于提前草拟的相关内容，要特别注意在庭审后根据案件实际情况进行修正，如案件当事人及代理人情况、当事人诉辩意见、相关证据事实等。

1. 准确完整归纳双方当事人的诉辩意见，这是归纳当事人争议焦点的基础。在庭审过程中，当事人可能在庭审的不同阶段提出新的诉辩理由，所以在归纳当事人诉辩意见时不能仅局限于诉状或答辩状，以免遗漏当事人提出的新的理由。

2. 在充分总结当事人诉辩意见的基础上完整归纳案件争议焦点。虽然争议焦点在裁判文书裁判说理部分表述，但争议焦点是整个裁判文书的线索和逻辑，在事实查明部分即可以按照这一逻辑认定事实，使说理部分的事实基础更加充分、更有条理。由于本案事实证据较多，判决书以争议焦点为主要线索，分别从微信软件的权属及运营主体，微信平台禁止强制、诱导分享等行为的运营规则，被告实施的不正当竞争行为，影响侵权责任认定的因素等方面对事实进行论述，使事实认定部分条理更加清晰更符合逻辑，保证了案件相关事实的完整无遗漏，从而为文书说理部分奠定基础，使文书说理更有针对性。

3. 围绕争议焦点进行说理要充分有据。要全面回应当事人的争议，避免可能出现的遗漏当事人诉讼请求的情况。如本案判决书在对被告是否构成侵权进行论述时，即按照原告主张的三个方面的不正当竞争行为分别论述，避免遗漏。论证过程要详略得当，对于当事人争议较大或法律适用存在困难的问题，要舍得花费笔墨和篇幅，把问题说清说透。论证过程要言之有据，说理过程中所依据的案件事实要在事实查明部分有所表述。如本案在认定被告是否具有过错时，即依据事实认定部分关于原告如何禁止强制、诱导分享行为以及被告是否知晓原告的运营规则等方面的事实进行认定。此外，对于当事人提出的程序性问题需要在裁判文书中予以回应，避免遗漏。

4. 突破受固有思维方式和认知能力的限制。在撰写裁判文书过程中难免会遇到各种各样的困难和障碍，比如行为的定性问题和法律适用问题等。对此，要拒绝个人英雄主义，要善于开拓思路寻找灵感，充分发挥合议庭的作用，倾听他人意见。本案在对原告的权利基础进行论证时即查阅参考了相关案例资料关于此类问题的表述和观点，最终形成了判决书的表述，并成功解决了当事人之间的争议问题。

（四）加强对裁判文书的校对修改

疑难复杂案件的案件事实一般较为复杂，当事人争议较大，而人的思维和认知通常存在惯性，校对软件难以发现裁判文书的深层次问题，所以对于此类案件的裁判文书来说，简单的形式化的校对是不够的。

本案裁判文书的校对过程可以归纳为“三审三校”。“三审”就是承办人撰写文书后交由合议庭成员和审判长分别阅看并提出意见后由承办人进行修改；“三校”就是承办人在文书撰写完成后交助理和书记员分别校对，承办人在印发前再次进行校对。

通过校对软件进行校对是必不可少的，文书校对软件可以发现一些常见技术性问题。此外还需采取其他校对方式。一是实体方面的校对，即对照案卷证据材料对裁判文书的实体内容进行校对，检查当事人信息、当事人诉辩意见归纳、证据认证和事实认定、论证过程、法律依据和裁判结果等方面是否正确。二是形式方面的校对，即检查裁判文书是否存在当事人前后不一致、是否存在语病或语法、用词错误、标点符号错误等问题，可以采取通读的方式。三是交叉校对，由助理或书记员进行校对。

文书撰写完成后的再思考过程也很重要，对于没有把握的处理意见或表述方式的反思推敲，可以使我们的意见更加成熟，增强内心确认。由于本案裁判文书撰写难度较大，文书撰写完成后并没有急于印发，而是在印发之前静下心来对文书中遇到的问题进行再思考，从而强化内心确认，确保裁判结果的准确性。对于那些让我们付出精力较多或对某些问题存有疑虑的案件，要给自己再思考的时间，甚至在文书印制完成后仍有必要通读之后再行送达。

（刘剑腾，天津市第一中级人民法院法官）

三、专家评析

该案系经营者利用技术手段，妨碍、破坏其他经营者合法提供的网络产品或者服务正常运行的典型不正当竞争纠纷案件。生效判决很好地诠释了经营者在利用网络从事经营活动中，仍然应当遵循自愿、平等、公平、诚信的竞争原则，应当遵守法律和商业道德。我国2017年修订的《反不正当竞争法》专门增加了网络不正当竞争行为的规定，即第12条规定：经营者利用网络从事生产经营活动，应当遵守反不正当竞争法的各项规定。经营者不得利用技术手段，通过影响用户选择或者其他方式，实施流量劫持、干扰、恶意不兼容等行为，妨碍、破坏其他经营者合法提供的网络产品或者服务正常运行。同时，考虑到网络不正当竞争行为的复杂多样性，该条用兜底条款的方式规定其他妨碍、破坏其他经营者合法提供的网络产品或者服务正常运行的行为也应当受到《反不正当竞争法》的规制。该案生效判决明确了原告通过提供微信平台服务而获得的商业利益和竞争优势应受《反不正当竞争法》保护，被告作为网络经营者开发专门用于微信平台的强制、诱导用户进行分享的裂变程序以及对抗微信平台的管理措施的行为损害了原告的商业利益与竞争优势，构成不正当竞争行为。该案对于如何审查判断《反不正当竞争法》第 12 条所规定的其他妨碍、破坏其他经营者合法提供的网络产品或者服务正常运行的行为具有典型意义。该案裁判有效保护了网络服务提供者的合法权利，维护了网络平台用户的合法利益，对同类案件的审理和法律适用具有一定的示范价值，对于规范网络经营者的竞争行为具有积极意义。

从形式上看，该判决书形式规范、要素齐全、结构完整、格式统一、逻辑严密、条理清晰、语言规范简洁、详略得当，既不存在缺少文书要件、使用口语化的不规范语言、文书前后用语不统一、论述冗长啰唆等情况，也不存在错别字、病句、错误使用标点符号，以及当事人名称错误、数字错误等低级错误。

从内容上看，该判决书归纳当事人诉辩意见全面客观，事实认定准确完整，归纳争议焦点全面准确，不存在遗漏当事人诉讼请求、遗漏事实或遗漏争议焦点等问题；文书说理深入透彻、论证充分、逻辑严谨、条理清晰，证据认定、事实认定、裁判理由符合逻辑，论证说理有针对性并与已认定的案件事实相互呼应；裁判结果合法、合理、公平、正当，符合当事人的期待和社会公众的普遍价值追求。

具体而言，该判决书在事实认定和说理论证等方面表现出以下特点：

一是判决书全面完整论述双方当事人的诉辩意见，在当事人诉讼请求部分对原告主张的被诉侵权行为类别进行明确，并在裁判理由部分对原告主张的被诉侵权行为是否构成侵权分别进行论述，使判决书前后呼应，条理更加清晰，也避免了在文书说理部分对原告主张的被诉侵权行为有所遗漏。

二是事实认定部分以争议焦点为线索，以侵权行为构成要件为标准，从微信软件的权属及运营主体，微信平台禁止强制、诱导分享等行为的运营规则，被告实施的不正当竞争行为，影响侵权责任认定的因素等方面分类进行论述。对于与被告主观过错相关的事实，判决书分别从微信平台如何禁止强制、诱导分享等行为以及相关运营规则的内容，被告是否明知微信平台的运营规则以及可以证明被告是否明知的相关事实进行论述。对于与具体被诉侵权行为相关的事实，判决书对涉案18种强制分享微信裂变程序以及微信域名防封系统和域名检测接口服务逐一进行论述，并对每一微信裂变程序以及微信域名防封系统和域名检测接口服务的使用方法和功能进行详细说明，为判决说理部分认定是否构成侵权奠定事实基础。对于与侵权责任认定相关的事实，判决书在事实部分对被诉侵权行为的现状、被告的主观过错情况、影响赔偿数额的微信平台知名度和原告的维权成本等相关事实进行了论述。

上述围绕争议焦点对案件事实进行分类表述的方式，使判决书事实认定部分条理更加清晰更符合逻辑，保证了案件相关事实的完整无遗漏，从而为裁判理由部分提供基础，使文书说理更有针对性。

三是裁判理由部分全面回应双方争议，说理充分有据，逻辑严密，详略得当。对于当事人争议较大或法律适用存在困难的问题充分展开论证，对于当事人没有争议或结论明显的问题则当简则简。如对原告据以主张不正当竞争的权利基础即是否就微信平台享有竞争利益，被告开发专门用于网络公众服务平台的强制、诱导分享软件以及专门对抗权利人管理措施的防封软件和域名检测接口服务等被诉侵权行为如何损害原告的竞争利益并构成不正当竞争进行充分详尽的论证，理据充分，结论正当。对原告主张的被诉虚假宣传行为是否符合《反不正当竞争法》规定的虚假宣传的构成要件进行详细论述，并据此对被告侵权行为是否构成虚假宣传进行准确认定。对于被告的侵权责任，全面评价被诉侵权行为对微信平台的影响方式，并将此作为确定赔偿数额的考量因素，综合考虑涉案网络公众服务平台的市场知名度、商业价值、运营模式、侵权行为的持续时间、影响范围、侵权人的主观过错以及权利人必要的维权成本等因素确定侵权责任合法合理，实现了裁判结果实体公正和可接受性的统一。

（点评人：原晓爽，最高人民法院知识产权法庭第三合议庭审判长，全国审判业务专家）

（2019）津01民初1319号裁判文书原文

53. 江苏宝资影视传媒有限公司与湖南快乐阳光互动娱乐传媒有限公司、浙江横瑞影视传媒有限公司等不正当竞争纠纷案*

【关键词】

近似片名　流量劫持　商业道德

【裁判要旨】

未经著作权人允许，擅自利用其在先传播且已建立一定知名度的电影片名及相关信息，施以技术控制手段将网络流量导入在后传播且片名近似的电影播放页面的行为，劫持了本应属于著作权人的网络流量和交易机会，损害著作权人基于在先视听作品享有的潜在商业利益，违反了诚信原则和公认的商业道德，属于我国《反不正当竞争法》所应禁止的行为。

在原告公证保全证据期间与庭审后，以相同关键词进行百度搜索，点击相同搜索结果项跳转至被告网站网页后显示结果不同，被告既未对此作出合理解释，亦未举出相反证据，在无证据表明百度搜索引擎所采用的技术手段及工作原理在此期间内发生过重大调整变化的前提下，法院综合相关事实可推定被告能够借助一定技术措施对其网站页面在被百度搜索引擎抓取后的链接显示结果施以间接控制。

一、简要案情

2018年6月9日，江苏宝资影视传媒有限公司（以下简称宝资公司）与浙江横瑞影视传媒有限公司（以下简称横瑞公司）签订《网络电影委托制作协议》，约定宝资公司对于横瑞公司制作完成的网络电影《明明是TA先喜欢我的》享有除署名权以外全部知识产权及一切相关合法权利。涉案电影创作完成后，横瑞公司擅自将其许可湖南快乐阳光互动娱乐传媒有限公司（以下

---

* （2019）湘01知民初1527号。

简称快乐阳光公司）在芒果 TV 平台播出，经宝资公司投诉后下线。2019 年 3 月 29 日，快乐阳光公司与三元公司签订《视频合作协议》，三元公司许可快乐阳光公司在芒果 TV 平台播出网络电影《明明就是喜欢我》。经宝资公司公证保全证据证实：（1）百度搜索栏输入关键词“明明是 TA 先喜欢我的”，点击出现的第二项搜索结果，页面跳转至芒果 TV 网站的电影《明明就是喜欢我》播放页面，点击播放的电影内容也是该剧；（2）在芒果 TV 网站的“全网搜”搜索栏中输入关键词“明明是 TA 先喜欢我的”进行搜索，将跳转后的搜索结果页面拉至底部，点击“相关搜索”栏目下的“明明是 TA 先喜欢我的 2”进入下一页面，点击页面的第一项视频资源进入电影《明明就是喜欢我》的播放页面。电影《明明就是喜欢我》片尾显示出品单位为三元公司，联合出品单位为横瑞公司，播放页面下方显示的播放量为 704.2 万次，置顶的观众最热评论中包括“怎么不是明明是他先喜欢我的下部？陆凉茶呢？”“这跟明明是 TA 先喜欢我的有关系嘛”“明明是 TA 先喜欢我的里面的女生”“这个是明明是他喜欢我的第二部吗”等内容。2019 年 4 月 22 日，宝资公司以快乐阳光公司等构成不正当竞争为由，向长沙市中级人民法院提起诉讼。本案审理过程中，承办法官利用办公电脑登录百度网站，在百度搜索栏输入关键词“明明是 TA 先喜欢我的”进行搜索，点击标题为“明明是 TA 先喜欢我的-高清视频在线观看-芒果 TV”的搜索结果，跳转至芒果 TV 网站页面，页面显示：“抱歉，该视频已下线。”经审理，长沙市中级人民法院认为宝资公司主张的两项不正当竞争行为均成立，判决快乐阳光公司停止侵权并赔偿损失。快乐阳光公司不服一审判决，向湖南省高级人民法院提起上诉，湖南省高级人民法院二审判决驳回上诉，维持原判。本案因牵涉互联网信息技术问题，争议焦点在于准确判断被诉侵权人是否借助一定的技术控制手段，不当干扰网络用户的观影及消费选择。长沙中院针对权利人主张的两项不正当竞争事实进行了全面细致的分析说理，创造性地运用相同关键词检索的线上勘验方法，对侵权人利用他人的电影片名施以技术控制导入网络流量的行为予以了巧妙验证。根据先后两次点击相同搜索结果项所发生网页跳转的实际情况对照，证实了侵权人能够借助其网站后台运营管理的一定技术措施使其网站的页面在被百度搜索引擎的相关功能模块软件自动爬取后，用某一特定关键词进行百度搜索时，以该页面为链接目标的文本超链接必然出现在百度搜索结果项中，即便该关键词、文本超链接与被链接页面并无相关性。本案详细评述了受影视平台公司技术间接控制和完全控制而实施的劫持网络流量的不正当竞争行为对于有观影需求的网络用户的误导作用，以及因流量转化为经济收益给权利人造成的实际损害，从诚实信用原则和公认的商业道德角度出发，充分阐释了《反不正当竞争法》对于擅自利用他人在先传播且已建立一定知名度的电影片名为在后电影导流的不当行为的有效规制。

二、撰写心得

关于如何撰写优秀裁判文书？千人千面，万人万解，每位资深法官都有着自己独到的观点，掌握着一定的发言权。笔者资历尚浅，仅从十年裁判文书写作经验出发，分享以下四个要点，供致力于高品质裁判文书写作的同行参酌。

（一）树立精品意识，以典型案件为抓手

同一段木材，有人嗤之以鼻，认为朽木不可雕，有人则能化腐朽为神奇，将其雕琢为登堂入室的艺术珍品——差别在于眼光、态度和技巧，毫无疑问，眼光是先决条件。围绕具有稀缺性的典型案件做文章，是产出精品文书的最好抓手。

法官必须基于相当程度的理论实践积淀，密切地关注时政社会经济文化动向，构建起宏观视野，充分熟悉所处业务领域，敏锐地把握当前党委政府的中心工作是什么、社会主义核心价值观倡导什么、最高人民法院和省高级人民法院重视什么、广大人民群众和企业关注什么，才能够清晰地认识到所属业务条线板块上的前沿热点，准确灵敏地从堆积如山的案卷中捕捉到亮点案件，甚至是填补实务空白的案件。有了典型案件加持，创作优秀文书不过是水到渠成的事。从这个角度而言，知识产权和涉外审判部门打造典型案件和精品文书无疑具有先天优势。知识产权强调保护创新，对外开放也在不断求新，新意味着未知，未知意味着想象拓展的空间，有了空间就有了恣意挥洒的舞台。故知产涉外法律人更应当用好舞台，抓住机遇，树立典型。

此外，在传统案件领域同样蕴含许多创新实践的机会，有待我们去挖掘新意，产出精品。如长沙市中级人民法院审理的“岳麓山夜骑”案，立足于新法新规，鲜活地阐释了从事危险体育运动的自甘风险原则；网约车事故责任案，聚焦新兴行业治理，精辟地分析了平台、司机、用户等多方主体构建的归责体系，都是在传统民商事领域推陈出新的范例。

（二）崇尚工匠精神，以苦心孤诣为路径

精华在笔端，咫尺匠心难。若把法官比作工匠，案件就是取之不竭的原材料，庭审过程犹如艺术设计构思，法律技术仿若手中雕梁画栋的锋利刻刀。唯有经年累月、孜孜不倦、刻苦钻研，方能融会贯通、驾轻就熟、炉火纯青。首先，应遵循简案快办、繁案精办的工作理念，合理优化配置有限资源，简案确保质效，繁案精益求精，集中火力，攻坚克难。其次，办理繁案不能求快，一定要用心、静心、恒心，力求查明待证事实一丝不苟，梳理法律关系不留漏洞，论理分析深刻精辟。

笔者回顾近年来数篇获奖文书的撰写过程，个案开庭三、四次为常态，为吃透涉案技术问题查阅国内外文献、现场观摩产品结构运转、就技术细节与当事人反复沟通、与合议庭成员多番研讨，无一不是近乎痴迷，加之新冠肺炎疫情期间居家办公，在绝对安静环境下专心撰写，可谓心无旁骛，全神贯注。正是凭着这股“痴”劲，写出了令自己满意，也令当事人信服的裁判文书。

（三）遵循标准规范，以既定样式为基础

不以规矩，不能成方圆。裁判文书属于公文性质，应遵循规范样式，以符合最高人民法院的既定写作要求为基础，从格式体例规范、证据审核适当、事实查明客观、论证说理精准四个方面下工夫。

1. 以规范的格式体例展现职业素养。写文章讲究谋篇布局，写裁判文书则无须有此顾虑，无须在文书体例结构上创新尝试，裁判文书主体样式应当是全国范围内规范统一。行文应平铺直叙，开门见山，清晰明了，准确表述。建议阅读学习由人民法院出版社出版的《民事诉讼文书样式》一书的前序部分，熟练掌握文书结构及制作要求，注重法院名称、案号编排，数字序号、标点符号运用，当事人主体信息要素、法律依据排序等细节问题，从细节处见品质。

2. 证据审核依“三性”标准开展。围绕证据的真实性、合法性以及与待证事实的关联性进行质证，说明采信与否的理由。对证据有无证明力以及证明力大小的判断系证据审核的关键环节，也是自由裁量权的核心所在。法官应依照法律规定，运用逻辑推理和日常生活经验法则，充分论述证据的证明力。关于证据部分的撰写规则，简案可在诉辩意见后直接列出查明的事实，再对定案证据名称予以总体概括，并说明未采信证据的具体理由；繁案则应逐一列出证据名称及拟证明目的，载明对方当事人质证意见，阐述法院采信与否的具体理由。

3. 事实查明力求客观、严谨、全面。文字表述避免冗词赘句和使用含感情色彩的词汇，以中性的语言清晰完整地表述与案涉争议相关的事实，确保裁判文书的严肃性、权威性，反而更能传递司法的温度，更易获得当事人认同。笔者因从事知产“三合一”审判，还办理了大量刑事案件，故认为对于刑事文书，其事实表述相较民事文书应更为严谨准确，在说明人员、数额或归纳定案证据时不宜使用“等”“约”“左右”等模糊化词汇，防止对定罪量刑造成影响。

4. 围绕争议焦点说理，精准适用法律。说理部分应围绕争议焦点，找准法律依据，突出关键词和主旨句（尤其针对有后续评奖评优规划的文书，关键词和主旨句势必与参评材料中的裁判要旨、推荐理由呼应衔接），注重论证过程的条理性、层次感，确保论证逻辑严密。能够彻底说服自己的文书说理才是合格的文书说理，才可能争取到胜败皆服的理想化法律效果。

（四）兼具个性色彩，以表达风格为渲染

裁判文书是法院的门面，也是法官的名片。如前所述，裁判文书应遵循规范体例样式，在此基础上，事实查明及论理分析部分可适度融入自身语言风格和个性化叙事表达，以充分展现法官的文字功底、文化修为及思维层次。例如，以图文结合形式呈现商标标识、版权图案及技术方案等要素，增强文书可视化和可读性，这是笔者多年来坚持的习惯，亦运用在了获评全国百优的裁判文书中，用网页截图层层递进，对被诉不正当竞争行为予以直观展示，取得不俗的效果。

身居利益风暴眼，事事如履薄冰，法官必须有冷静的头脑、稳定的立场、明确的判断，更要体现鲜明的风格。借用一句网络流行语所言，“好看的皮囊千篇一律，有趣的灵魂万里挑一”——裁判文书不但须追求那好看的“皮囊”，还应注入万里挑一的有趣“灵魂”，在一篇篇优秀裁判文书中渲染出法律人光辉的职业生涯。

（孙一中，湖南省长沙市中级人民法院法官）

三、专家评析

这是一份将互联网视频平台商业竞争模式、技术控制措施的分析与《反不正当竞争法》的法律适用紧密结合的优秀知识产权一审裁判文书。文书整体呈现了事实清晰、逻辑严密、表达流畅、繁简得当、结构完整、格式规范的写作特点，展示了作者较高的文书制作水平。具体而言，主要体现了如下亮点。

（一）对证据的充分审查认定

互联网环境下的侵权事实的认定通常具有查明难度较大的特点，证据采信和认定分析尤为关键。该文书在证据审查认定部分，对双方当事人证据的形式、内容、证明目的进行分门别类描述，并清晰展示合议庭对相关的互联网取证证据通过在线检索进行勘验、确认的过程，阐明证据认定和采信标准，进而全面客观查明案件事实，有效实现了一审准确查明案件事实、促进纠纷化解的审判职能定位。

（二）对新类型问题的充分裁判说理

本案涉及视频平台经营主体通过实施技术控制实现流量竞争、获取商业利益的商业竞争行为以及由此产生的法律纠纷，技术问题和法律问题交织，当事人诉辩意见繁杂，法律规定较为原则，对驾驭全案、提炼争议焦点、将技术层面问题转为法律适用问题以及透彻辨法析理的裁判说理能力提出了更高要求。该文书在全面反映各方当事人各项诉辩意见的基础上，抽丝剥茧地进行客观分析和整理，对当事人之间有实质性争议的焦点正确归纳总结，采取分别罗列论述的模式，并注重技巧，先论述基础性争议焦点，而后层层递进，围绕经营主体之间的竞争关系、竞争行为是否具有正当性和合法性、法律责任承担、赔偿数额认定等焦点问题，依据查明的事实，准确适用《反不正当竞争法》的法律原则和法律规范，条分缕析，有理有据，厘清了视频平台以技术手段引流、误导互联网用户，获取非法商业利益的不正当竞争行为的司法认定标准，对同类纠纷的司法解决具有较强的规则指引作用。

（三）对涉互联网竞争纠纷社会治理的充分实践

一份事实查明准确、法律定性清晰、价值导向明确的裁判文书无疑是促进社会治理的重要手段。通俗而言，以优秀裁判文书实现“判决一案、规范一片”的社会治理效果。当前，在互联网领域，随着视频平台经营主体之间的竞争日益激烈，平台通过技术手段争抢用户、资源和流量已成为常态，但盲目地流量劫持、引流增长等不正当竞争行为，必然损害用户体验，扰乱市场竞争秩序。引导视频平台依法经营、正当引流，规范平台运营，培育良性竞争环境十分必要。该文书通过详尽的裁判说理，对视频平台采用欺骗误导用户的手段截取流量的行为予以禁止，施以惩罚，使侵权者无利可图，划定了平台竞争的底线，引导商业主体诚信有序正当竞争，弘扬公平公正，彰显了司法裁判的价值导向，对规范网络视频平台市场竞争秩序具有积极引导作用。

（点评人：闫伟，湖南省高级人民法院民三庭副庭长）

（2019）湘01知民初1527号裁判文书原文

54. 深圳市腾讯计算机系统有限公司、腾讯科技（深圳）有限公司与浙江搜道网络技术有限公司、杭州聚客通科技有限公司不正当竞争纠纷案*

【关键词】

数据权益　权利边界　分类保护　不正当竞争

【裁判要旨】

网络运营者所控制的数据分为原始数据与衍生数据。对于单一原始数据个体，数据处理者只能依其与用户的约定享有有限使用权；对于单一原始数据集合而成的数据资源整体，数据处理者享有竞争权益。擅自使用他人控制的单一原始数据，可综合考虑“合法、必要、用户同意”等原则，认定是否构成不正当竞争。擅自使用他人数据资源开展竞争活动，可综合考虑“合法、适度、用户同意、有效率”等原则，如系规模化、破坏性使用他人数据资源，且竞争效能上弊大于利的，应认定为不正当竞争。

一、简要案情

深圳市腾讯计算机系统有限公司、腾讯科技（深圳）有限公司（以下简称两原告）共同开发运营的个人微信产品，为消费者提供即时社交通信服务。浙江搜道网络技术有限公司、杭州聚客通科技有限公司（以下简称两被告）开发运营的“聚客通群控软件”，以 Xposed 外挂技术将该软件中的“个人号”功能模块嵌套于个人微信产品中运行，利用个人微信用户的用户账号数据、好友关系链数据、用户操作数据等个人身份数据和个人行为数据，为购买该软件服务的微信用户在个人微信平台中开展商业运营活动提供帮助，主要表现为自动化、批量化操作微信的行为，包括朋友圈内容自动点赞、群发信息、自动添加好友并回复、清理“僵尸”粉、智能养号；监测、抓取微信用户账号信息、好友关系链信息以及用户操作信息（含朋友圈点赞评论、支付等信

* （2019）浙 8601 民初 1987 号。

息）存储于其服务器，攫取数据信息。两原告诉称：其对于所控制的微信平台数据享有数据权益，两被告擅自获取、使用微信数据，已构成不正当竞争。故请求判令两被告停止涉案不正当竞争行为、赔偿经济损失500万元并刊登声明消除影响。两被告辩称：涉案数据的数据内容系网络用户提供的用户信息，微信用户信息所形成的涉案数据应当归用户所有，两原告并不享有任何数据权益，无权就此主张权利；被控侵权软件的应用属于创新性竞争活动，不应被认定为不正当竞争。

杭州互联网法院作出判决：一、两被告立即停止涉案不正当竞争行为；二、两被告共同赔偿两原告经济损失及为制止不正当竞争行为所支付的合理费用共计260万元；三、两被告在腾讯网等网站刊登声明为两原告消除影响；四、驳回两原告其他诉讼请求。

两被告不服一审判决提起上诉，后又申请撤回上诉。杭州市中级人民法院于2020年8月25日作出（2020）浙01民终5889号民事裁定，准予撤回上诉。

一审法院生效裁判认为，首先，本案中两原告主张享有数据权益的涉案数据均为微信用户的个人身份数据或个人行为数据。该部分数据只是将微信用户提供的用户信息作了数字化记录后而形成的原始数据，并非微信产品所产生的衍生数据。其次，两原告主张数据权益的涉案数据，可以分为两种数据形态：一是单一原始数据个体；二是数据资源整体。就单一原始数据个体而言，数据处理者只能依附于用户信息权益，依其与用户约定享有原始数据的有限使用权。使用他人控制的单一原始数据只要不违反“合法、必要、征得用户同意”原则，一般不应被认定为侵权行为，数据处理者亦无赔偿请求权。就数据资源整体而言，因系网络平台方经过长期经营积累聚集而成，且能够给网络平台方带来开发衍生产品获取增值利润和竞争优势的机会，网络平台方应当就此享有竞争权益。如果未经数据处理者许可规模化破坏性使用其数据资源的，数据处理者有权要求获得赔偿。本案中，两原告的个人微信产品作为社交平台，其主要功能是帮助用户便利地进行社会交际。由于社交活动具有较多私密性的特点，且微信用户数据具有用户社交信息与用户身份信息一并记录的特点，微信用户对于其个人微信数据具有很高的敏感性及安全性要求。微信产品使用过程中社交信息安全性的用户体验获得，直接关系到用户使用微信产品的意愿，构成了微信产品经营生态的底线要求。两被告擅自收集、存储或使用微信平台中作为经营性用户微信好友的其他微信用户的个人数据，将导致该部分微信用户对微信产品丧失应有的安全感及基本信任，减损微信产品对于用户关注度及用户数据流量的吸引力，进而会恶化两原告既有数据资源的经营生态，实质性损害两原告对于微信数据资源享有的竞争权益，构成不正当竞争行为。

关于涉案被诉行为是否属于创新性竞争，法院认为，基于数字经济“开放、共享、效率”的主要价值取向及其“共生经济”的基本特质，数字经济条件下的竞争应允许在他人既有网络产品基础上创新性地开展自由竞争。但创新竞争，不能以牺牲其他竞争者对于市场发展及消费者福利的贡献力为代价。一项网络创新竞争如果在竞争效能上破坏性大于建设性，即便能够给部分消费者带来某些福利，但不加禁止，其不仅会损害其他多数消费者的福利，同时还将损害其他市场主体的创造积极性，进而影响到消费者整体与长远利益的提升。本案中，微信产品在国内外拥有巨量的活跃用户，其对于市场的贡献力是显而易见的。被控侵权软件虽然提升了少数经营性用户使用微信产品的体验，但恶化了多数用户使用微信产品的体验，如不加禁止会危及微信产品的整体效能发挥与后续发展，进而影响到广大消费者的福祉。两被告此种所谓创新竞争活动，在竞争效能上对市场整体而言明显弊大于利，难谓系有效率的竞争，并不具有正当性。

二、撰写心得

裁判文书是司法品格的外在展示，是司法理性最集中的体现。裁判文书的质量，不仅关系到当事人是否能服判息诉，也是对法官专业素质的直接考量，更是考验司法裁判公信力和权威性的窗口，要求法官制作裁判文书时全心投入、精益求精。

（一）查明事实，准确归纳争议焦点是优秀裁判文书的基础

互联网技术日新月异，引领社会生产新变革，创造人类生活新空间，也改变了传统法律关系的结构要素和表现形式，催生出专属于互联网领域的全新纠纷形态。当前，数字经济蓬勃发展，很多互联网前沿领域的法律问题并无先例可循。正如本案涉及企业数据权益的归属、用户数据爬取性质的认定、数据处理行为的正当性边界等问题。要想找到案件的最佳处理方案，就要吃透案情，查清基础事实，找到那把打开案件之门的钥匙。庭前会议需着力挖掘“互动”功能，引导当事人共同梳理主张、固定证据，把焦点说清楚弄明白。在把握案件全貌后，庭审中突出重点，引领当事人的交互与有序对抗。在审理程序中，这种对抗式的分配和开示，不仅能够清晰地引导当事人穷尽

举证，还能够帮助把控或完善审理思路，找到事实认定的根脉和适法论理的逻辑。本案被诉侵权行为涉及批量化自动化操作、抓取用户账号数据、好友关系链数据、用户操作数据等方面，被诉侵权行为非常隐蔽，需全面客观归纳当事人诉辩主张，并在此基础上查清事实和准确归纳争议焦点。裁判中应针对当事人提交证据的“三性”以及证明目的能否实现予以详细分析认证，有利于当事人和公众明晰法院裁判认定事实所依据的证据情况，对法院事实认定是否清楚、全面、无误进行监督。

（二）论据严密、说理透彻是优秀裁判文书的灵魂

裁判文书的说理部分是将案件事实、法律适用与裁判结论联系起来的纽带和桥梁，优秀的裁判文书应当体现清晰的审判思路和严谨的逻辑结构，形成严密有说服力的论证，才能提升裁判结论的认可度。裁判文书释法说理要透彻、精准，应当以事实为依据、以法律为准绳，但裁判文书的说理部分不能仅仅是对裁判结论形成过程的公式化阐述，而应当做到阐明事理和释明法理并重。裁判的形成应是针对当事人诉辩意见，抽丝剥茧地进行整理和分析，对有实质性争议焦点进行正确归纳总结。由于本案事实和法律关系较为复杂，故需要将多个争议焦点分别罗列论述，从原告对涉案数据是否享有合法权益、双方之间是否具有竞争关系、被诉行为是否有违法律和商业道德具有不正当性、被诉行为是否属于技术创新的公平竞争等方面进行罗列，并注意将基础争议焦点先行论述。在分析具体争议焦点时，需归纳罗列双方当事人的诉辩主张和举证情况，详细分析诉辩成立与否，并要对适用法律规范的依据进行充分阐释，同时还要注重法理的贯通运用，在进行透彻分析的基础上，运用相当因果关系理论进行司法演绎推理，对争议事实作出准确的法律评价。在办理新类型疑难案件时，我们需要不断地将目光和思维往返顾盼于案件事实与法律条文之间，在不厌其烦地裁剪事实和修正理论之后，才能实现事实与规范间在逻辑和价值的完美契合，犹如工匠打造一件卯榫之间无缝衔接的作品。

（三）树立规则、传递正义是优秀裁判文书的价值追求

新类型案件的裁判文书的撰写不应仅仅停留在解决个案争议上，更应明确裁判规则，引领社会风尚，传递积极正向的社会主义核心价值观，为产业赋能，为市场指路，充分发挥司法裁判在国家治理、社会治理中的规则引领和价值导向作用，积极回应人民群众对公正司法的要求和期待。互联网技术会带来各种前沿法律问题，要求法官不能只是会办案的法官，更是要能够跨学科学习、深入型研究的法官，需要广泛收集相关文献，大量查阅前沿动向、理论争鸣，充分了解行业背景和运营模式，反复推敲论证。如该案裁判文书在认定原告权利基础方面，没有简单认定原告对平台数据享有竞争性权益，而是将平台数据分为原始数据、数据集合、数据产品，在不同数据类型的基础上明确了用户、平台、第三方的数据权益边界，确立了数据权益分类保护原则。在界定数据抓取正当性方面，考虑到数字经济“开放、共享、效率”的价值取向，以及释放数据价值、分享数据红利的目标，首先，认定被告软件自动化操作并规模化抓取数据，该技术创新在竞争效能上破坏性大于建设性，构成不正当竞争；其次，明确创新与效率是市场发展的主要价值取向，在“合法、必要、征得用户同意”等情形下使用平台用户数据，并非不正当。正是通过这样一正一反两个维度，分类施策、比例协调，平衡数据保护与共享的关系，确立了数据权益的司法保护规则，既保护了企业数据权益，也对其权利加以必要限制，以达到激发数据活力，释放数据价值，共享数据红利的目标。

总而言之，裁判文书的制作，如果能做到格式规范、表述流畅、详略得当、结论正确，是一份合格裁判文书；如果加上对案件争议焦点简洁明了的概括，释法说理精辟透彻且能深入浅出，则为好的裁判文书；如果能进一步厘清法律适用标准，创设新的裁判规则，为类案的审理提供有益借鉴，为社会树立正确的价值导向，则为优秀裁判文书。优秀裁判文书的制作，既需要反复琢磨地精心制作，更有赖于日积月累的厚积薄发。创作优秀裁判文书，前路漫漫亦灿灿，唯精业笃行，惟实励新，勤耕不辍，方得臻于至善；唯以匠心铸匠艺，匠于心，精于工，方得品于行。

（沙丽，杭州互联网法院法官）

三、专家评析

数据作为新型生产要素，是价值创造的重要源泉，构建以数据为关键要素的数字经济，也是释放数据价值的关键动力。习近平总书记指出，发挥数据的基础资源作用和创新引擎作用，加快形成以创新为主要引领和支撑的数字经济。① 为我们进一步加快构建以数据为关键要素的数字经济指明了方向。时代发展和国家战略都呼吁我们必须要充分发挥数据的基础资源作用和创新引擎作用，不断做强、做优、做大我国数字经济。因此，与数据有关的司法案件不仅关系双方数

① 《习近平在中共中央政治局第二次集体学习时强调　审时度势精心谋划超前布局力争主动　实施国家大数据战略加快建设数字中国》，载《人民日报》2017 年 12 月 10 日，第 1 版。

据权益的保护，更关系我国数字经济的健康有序发展，需要法院审慎处理。

本案是一起典型的数据权益纠纷，也是我国首例涉及微信数据权益案，涉及不同数据权益的权属及其权利边界，集合了数据来源者、数据处理者、第三方平台之间的数据权益关系。在案件审理当时缺乏明确的相关法律规则的情况下，审理难度较大，需要法院在准确把握网络数据价值链中各节点的价值贡献的基础上，精准界定和保护各主体的数据权益边界。本案判决在区分不同数据类型的基础上，对数据来源者、数据处理者、第三方平台三者间的数据权益关系进行了积极探索，在平衡各相关方权益关系的基础上，厘清不同数据权益、数据主体间的权利边界，并提出了数据抓取及其使用行为正当与否的基本判断方法。在给予数据处理者数据权益司法保护的同时，也对其权利加以了必要限制，以防止其滥用权利侵害用户信息权益以及形成数据垄断限制其他经营者的自由创新竞争。本案关于数据权益保护的司法认可，在现行法规则尚不清晰的客观语境中，为数据处理者在投入与贡献的范围内维护自身合法权益提供了有力支持，也为数据流通利用和权益分配划清了基本的边界，与后来出台的《中共中央、国务院关于构建数据基础制度更好发挥数据要素作用的意见》的规制理念不谋而合，反映了本案判决理念与裁量尺度的精细、精准、精确。

从文书写作层面来看，本案在不正当竞争的分析逻辑框架下以服务性质、平台安全运行、产品运行的稳定与效率等多视角衡量被诉侵权行为对微信产品正常运行的妨碍、破坏，并结合不正当竞争行为的构成要件详细分析了数据权益的归属及数据形态的区分，阐述了被诉行为不属于技术创新的公平竞争。总体来看，论证逻辑严密，法律分析、产业分析详略得当、重点鲜明，很好地回应和解决了实务中对于数据权益保护的困惑和难题，为数据权益法律制度的建立与完善提供可借鉴的司法例证，同时也为涉数据权益纠纷案件的审理提供了指引。

（点评人：李永明，浙江大学知识产权与竞争法研究中心主任、光华法学院教授、博士生导师，中国法学会知识产权法学研究会副会长）

（2019）浙8601民初1987号裁判文书原文

55. 四川省古蔺郎酒厂有限公司与泸州蔺郎酒业集团有限公司、古蔺金美酒业有限公司、古蔺蔺郎酒业销售有限公司侵害商标权及不正当竞争纠纷案*

【关键词】

立体商标　商品包装　近似

【裁判要旨】

在对组合商标中立体商标进行近似性判断时，应当对组合商标进行整体比较，并重点关注三维标志本身是否具备显著性，起到区别、识别商品来源的作用。若立体商标整体立体形状独特，具有显著特征，属于组合商标中三维标志显著的情形，应当重点比对三维标志本身，以此来判断是否构成相同或近似。

一、简要案情

原告四川省古蔺郎酒厂有限公司（以下简称郎酒厂公司）与被告泸州蔺郎酒业集团有限公司（以下简称蔺郎酒业公司）、古蔺金美酒业有限公司（以下简称金美酒业公司）、古蔺蔺郎酒业销售有限公司（以下简称蔺郎酒业销售公司）侵害商标权及不正当竞争纠纷一案，原告郎酒厂公司是一家以生产经营“郎”牌系列酒为主营业务的大型中国传统酱香型白酒生产企业，是国家酱香型白酒标准制定者之一，其生产的酱酒有高端藏品系列，青花郎、红花郎中高端系列产品，老郎酒中端系列。原告的红花郎一上市就以独特的外观和优良品质获得消费者的喜爱，销量遍布全国，年销售额上亿元，是公司销量最好的主产品之一。2004 年至今，红花郎酒荣获了如中国酒业包装创新大奖“最佳视觉效果”奖、“2004 中国优秀工业设计奖”、“中国白酒工业十大创新品牌”等国内外各项荣誉。为保护红花郎品牌，原告及关联企业于 2003 年就红花郎酒瓶包装申请并获得了外观设计专利保护，于 2008 年提交了注册

---

* （2020）川 0502 知民初 1 号。

立体商标申请，分别于 2010 年、2011 年获准注册第 7093745 号“”、第 7093748 号“”商标。原告持续多年在红花郎产品上使用上述商标，并投入大量财力在中央电视台、凤凰卫视等电视媒体，《21 世纪经济报道》《华西都市报》等报刊媒体，央视网、腾讯等网络媒体，行业刊物《糖烟酒周刊》《华夏酒报》，以及历年国内外各种展会上进行全方位宣传推广，使红花郎酒为社会公众广泛知晓并积累良好声誉，多年来一直享有极高知名度，至今保持驰名状态。三被告生产、销售、宣传的“福双双（中国福・精品）”酒，其内包装为红色酒瓶，呈上小下大椭圆形状；瓶身有烫金花点缀，瓶颈有烫金环纹；瓶身正反面、侧面、瓶盖、瓶颈、底部整体造型，以及材质、颜色、图案组合等都与原告的“”“”立体商标近似。被控侵权产品与原告的红花郎产品同属第 33 类商品，在原告商品具有较高知名度的情况下，极易使相关消费者认为“福双双（中国福・精品）”酒与原告的红花郎商品存在特定联系，对商品来源产生混淆。被告与原告在同一处所经营同类产品，不仅没有注意避让原告的知名品牌，避免混淆，反而直接模仿红花郎酒，在同一种商品上使用与原告红花郎酒近似的酒瓶包装，不仅侵犯了原告的注册商标专用权，并构成不正当竞争。同时，各被告持续多年、多地经销被控侵权产品，连续参加了 2015 年至 2018 年的各地酒博会，对被控侵权产品进行宣传、招商、销售，在多地开设门店经营被控侵权产品。2018 年，原告公证购买了被控侵权产品，并通过各种途径告知被告停止侵权行为，各被告在明知侵权且承诺停止销售并召回的情况下，仍然持续通过线下门店、美酒招商网等大型线上酒类招商平台对被控侵权产品进行销售、宣传、招商。各被告明知被控侵权产品侵犯原告商标专用权，为实现非法利益，持续多年生产、宣传、销售被控侵权产品，属于典型的恶意侵权及不正当竞争行为，给原告造成了特别重大的经济损失。各被告具有经营上的关联关系，分处于不同经营环节，分工合作，共同实施侵权行为，应就上述侵权行为承担连带责任。为维护自身合法权益，严厉打击侵权行为，原告郎酒厂公司向法院提出如下诉讼请求：（1）判令三被告立即停止生产、销售、宣传侵犯原告第 7093745 号“”及第 7093748 号“”注册商标专用权的“福双双（中国福・精品）”酒及不正当竞争行为，并销毁产品库存及包材；（2）判

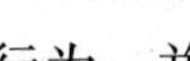

令三被告向原告连带赔偿经济损失及维权合理开支共计人民币 623 155 元；（3）判令三被告在《泸州日报》上连续 5 个工作日就其侵权行为刊登声明，以消除影响；（4）本案诉讼费由三被告承担。三被告共同答辩称：（1）本案所涉的侵权产品只生产过一批，现在已经没有生产销售及宣传。被告方也没有保存相关包材。（2）原告方请求赔偿基于的法律关系是不正当竞争还是商标侵权不明确。（3）本案所涉酒销售过程中均不会拆开外包装进行销售，被告方所生产的酒与原告方生产的酒有明显区别，不会导致混淆。本案的争议焦点在于：三被告的行为是否构成商标侵权以及民事责任如何承担。

二、撰写心得

一份好的裁判文书，通常应该具备以下三个方面要素：一是案件具有典型性和代表性，这是前提条件；二是适用法律正确，说理论证充分，这是内容要求；三是格式规范，语句表达恰当，这是形式表现。

就前提条件而言，笔者承办的这起侵害商标权及不正当竞争纠纷案件涉及组合商标中立体商标近似性判定规则（见图 1）。

第 7093745 号注册商标　　第 7093748 号注册商标　　被控侵权产品

图 1　被控侵权产品及印证商标

本案的争议焦点是被控侵权产品中国福酒使用的三维标志（瓶形）是否属商标性使用，进而认定二者之间是否构成近似，审判实务中相关的案例甚少。因此，无论是理论研究还是审判实务中对此类案件的关注度都比较高。若能解决好立体商标近似性判定这个问题，必然会成为一份好的判决和案例。也就是说，本案具备了打造优秀文书的前提条件。长期的审判实践，使笔者养成了一定的精品意识，在拿到这个案件时，笔者明白不能浪费这个优质的素材。在案件办理过程中，不是随时能遇见具有典型性和代表性案件的，一旦有就不要错过，虽非为参赛得奖而刻意为之，但只要认真对待，产出精品的可能性将大大增加。

就内容要求而言，这是整篇裁判文书的核心和灵魂所在，作出正确裁判是法官办案的基本追求，也是一份好的裁判文书的必然要求。撰写出一份好的裁判文书，首先要有准确的裁判思路，若裁判思路混乱，答非所问，就不能做到说理全面、透彻；其次要做到逻辑清晰、层次分明，正确布局和处理各方面关系；最后要反复拿捏，仔细推敲，深入细致地开展辨法析理。

就形式表现而言，这是对裁判文书写作技巧的要求，包括了写作的方法、风格、理念等方面，是法官应具备的基本能力和素质，都是一些基础功。平常大家在这方面应该都比较注重，笔者在此不赘述。

如何才能撰写出一份好的裁判文书？

（一）巧模仿

“他山之石，可以攻玉。”没有比较、借鉴，就不会有进步，撰写裁判文书应学会模仿优秀。大家在撰写裁判文书时，常会遇到长时间纠结于某一问题如何阐述而不能自拔的情况，模仿“优秀”不可谓不是一种明智的选择。若法官为追求优秀而模仿优秀，当模仿优秀成为一种习惯时，之后我们撰写的每一份裁判文书就是优秀的。

（二）多用心

法官断案要“循天理、遵国法、顺人情”。一份好的裁判文书，应该既要有力度，也要有温度，不但要做到定分止争，也要明确一条裁判规则，更要确定一个好的价值导向，从而使大家共同遵循。同时，一份好的裁判文书也体现了法官的人格修养，可以感性而不滥情。因此，法官在案件办理过程中，要有精品意识，在裁判文书的措辞表达上要反复拿捏，仔细推敲，做到法、理、情相融，利用裁判文书传递正能量和社会主义核心价值观。

（三）勤练习

“学贵有恒，勤能补拙。”优秀裁判文书不是凭空造出来的，而是办出来的，也是写出来的。撰写裁判文书没有特殊的窍门和捷径，我们不能满足于“知其然”，必须努力“知其所以然”，只有通过不断积累，反复锤炼，才会撰写出高质量的裁判文书。

最后，笔者想说的是，“贡艺既精苦，用心必公平”。法官可能为了撰写一份裁判文书花费了很多心力，甚至像呵护自己的孩子一样在呵护它，但结果并非每次都如愿。但只要我们坚持，不忘来时路，不负韶华，以工匠精神用心撰写，自有收获。

（孙华，四川省泸州市江阳区人民法院法官）

三、专家评析

本案是一起典型的涉立体商标侵权案件。立体商标是由三维标志或者含有其他标志的三维标志构成的具有区别性的可视性标志。关于立体商标的保护，在我国《商标法》及相关司法解释中多为原则性、概念性的描述，缺乏可操作性。在把握立体商标的保护标准时，既要防止比对标准过于严格，以致不能使相关注册商标得到应有的保护，也要避免保护边界过度扩张，妨碍市场的公平竞争。本案中，权利人的上小下大水滴形大红色瓶身立体商标，通过大量宣传使用，其独特的形状具有显著特征，已使相关公众认为该形状与郎酒厂形成特定联系，故法院重点将瓶身的立体形状与被控侵权标识进行整体比对，最终认定侵权成立，准确把握了立体商标的侵权比对标准。本案的处理，既彰显了人民法院依法打击制售假行为、维护公平竞争的市场交易秩序的决心，也有利于营造良好的营商环境，这对平等有效地切实维护权利人合法权益具有良好的社会示范导向意义。该裁判文书格式规范、结构完整、用语规范、语法正确。

（点评人：张晓霞，四川省泸州市江阳区人民法院三级高级法官）

（2020）川 0502 知民初 1 号裁判文书原文

56. 湖南茶悦文化产业发展集团有限公司与广州洛旗餐饮管理有限公司等不正当竞争纠纷案*

【关键词】

注册商标　装潢　装潢元素　反不正当竞争法

【裁判要旨】

经营者在不同地域或者不同历史时期使用不同版本的商品装潢，但不同版本的商品装潢中存在统一、稳定的组成元素，经营者长期稳定地使用这些共有元素，在市场中形成了统一、稳定的商品装潢整体形象，使一般消费者在商品与商品来源之间建立起了对应关系，构成受《反不正当竞争法》保护的商品装潢。

非规范使用注册商标所形成的商业标识经过长期稳定地使用，能够在消费者中形成显著特征，起到识别商品来源的作用，且未损害其他合法权益，该商业标识能够成为《反不正当竞争法》的保护对象。

注册商标未与其他装潢元素固定排列，附着于商品包装的注册商标不是作为装潢的组成部分起到识别商品来源的作用，则其应受《商标法》而不是《反不正当竞争法》调整。

一、简要案情

湖南茶悦文化产业发展集团有限公司（以下简称湖南茶悦公司）于2013年12月28日在长沙创办第一家“茶颜悦色”门店，开业销售茶饮料。因独树一帜的中国古典装潢形象和优质卓越的产品质量，“茶颜悦色”奶茶迅速走红网络，成为全国著名的网红奶茶品牌。

“茶颜悦色”自开设第一家店铺时起，开始在门头店招上使用仕女图、茶颜悦色、“新中式鲜茶　越中国更时尚”标语；在店内墙面和广告牌上使用“不盲从　敢不同”“中茶西做”“爆款定名声”“周三半价”“雨天半价”

* （2021）湘01民终7221号。

等标语；在饮品单上使用“浣纱绿、红颜、豆蔻、花间词”类别名称；在茶杯上使用“我不源自英伦，我也不做美国派，我更不来自日本。我钟情中国茶四千八百年的历史。喝东西、不盲从，敢不同。我是性感可人的新中式鲜茶、我是天生不一样的现代茶馆，我姓茶颜名悦色”标语；在柜台上使用特殊字体的集点卡。但在品牌发展历史过程中，“茶颜悦色”各家门店并未稳定、统一地使用上述全部装潢元素。仕女图的式样也有七种之多，其中最早出现于2015年10月21日，并于2016年后期才开始被统一、稳定地使用。而仕女图与茶颜悦色自2013年起即未形成统一、稳定的排列组合方式。

广州洛旗餐饮管理有限公司（以下简称广州洛旗公司）、广州凯郡昇品餐饮管理有限公司（以下简称广州凯郡公司）以招商加盟方式经营“茶颜观色”奶茶店，长沙市天心区刘琼饮品店（以下简称刘琼饮品店）系其加盟实体门店。广州洛旗公司、广州凯郡公司、刘琼饮品店在其微信公众号、官方网站、实体门店上大量使用、茶颜观色、“新中式鲜茶　越中国越时尚”等元素组成的门店招牌，“不盲从　敢不同”“中茶西做”“我不源自英伦，我也不做美国派，我更不来自日本。我钟情中国茶四千八百年的历史。不盲从，敢不同。原创自设计……我姓茶颜名观色”等标语，由“浣纱绿、红颜、豆蔻、花间词”类别名称组成的饮品单，与“茶颜悦色”焦点卡高度相似的焦点卡。广州洛旗公司、广州凯郡公司还在其微信公众号、官方网站上使用了与“茶颜悦色”实体门店高度相似的照片，以及与“茶颜观色”品牌历史不符的广告宣传。

在百度中输入“茶颜观色”“茶颜悦色”，《现代都市报》以题为《茶颜悦色、茶颜观色……奶茶控蒙了》，《潇湘晨报》以题为《想点杯“茶颜悦色”到手变茶颜观色？两品牌LOGO相似度极高，到底什么关系》，搜狐网以题为《真假美猴王之争：“茶颜观色”VS“茶颜悦色”到底谁是真猴王》，腾讯网以题为《山寨告正主，观色悦色傻傻分不清楚，山寨餐饮公司的“骗局”》等文章，对茶颜观色品牌和茶颜悦色品牌进行了报道。大量消费者在“美团外卖”“大众点评”上发表了对“茶颜观色”奶茶的评价，其中有不少消费者系误认该店为“茶颜悦色”而购买。

另查明，第24××××36号茶颜悦色商标的注册人为湖南茶悦公司，核定使用商品/服务项目为第30类，包括茶、咖啡、茶饮料等，有效期限为2018

年 9 月 7 日至 2028 年 9 月 6 日。第 23××××67 号商标的注册人为湖南茶悦公司，核定使用商品/服务项目为第 30 类，包括茶、茶饮料等，有效期限为 2018 年 3 月 21 日至 2028 年 3 月 20 日。第 42××××3 号商标的注册人为广州洛旗公司，核定使用商品/服务项目为第 43 类，包括茶馆、咖啡馆、酒吧等，有效期限为 2008 年 3 月 14 日至 2028 年 3 月 13 日。第 32××××95 号茶颜商标的注册人为广州洛旗公司，核定使用商品/服务项目为第 43 类，包括茶馆、咖啡馆、酒吧等，有效期限自 2019 年 3 月 28 日至 2029 年 3 月 27 日。第 24××××76 号商标注册人为广州洛旗公司，核定使用商品/服务项目为第 21 类，包括纸杯、茶具（餐具）、杯等，有效期限自 2018 年 5 月 14 日至 2028 年 5 月 13 日。

湖南茶悦公司认为广州洛旗公司、广州凯郡公司、刘琼饮品店擅自使用了与其有一定影响的商品装潢近似的标识，并且虚假宣传品牌历史和店铺形象，遂诉至长沙市天心区人民法院，要求判令三被告停止侵权，赔礼道歉，并赔偿各项经济损失共计 278 万元。

二审法院整理的争议焦点如下：（1）关于法院二审审理范围的问题，包括关于上诉主体的审查范围；关于装潢元素的审查范围；关于虚假宣传的审查范围；关于程序违法的审查范围。（2）关于使用近似商业标识的问题，包括事实认定，“茶颜悦色”门店装潢的共有元素是什么；法律认定，哪些共有元素属于装潢权的保护范围；侵权认定，广州洛旗公司是否使用近似的商业标识；抗辩认定，被诉侵权标识是否系合法权利的合理使用。（3）关于编造传播虚假信息的不正当竞争行为，包括如何认定发布虚假门店照片的行为；如何认定发布虚假品牌历史的行为。（4）关于如何承担法律责任的问题，包括停止侵权行为；赔偿经济损失；声明消除影响。（5）关于一审法院是否严重违反法定程序的问题，包括关于对饮品调制过程的认定；关于对提供经营信息的认定；关于对调查取证时间的认定。

二、撰写心得

裁判文书是诉讼活动的终极产品，是人民群众借以观察、感受、评价人民法院司法能力和司法公信力的最直接的桥梁。因此，撰写一份优秀的裁判文书，让人民群众以看得见的方式感受公平正义，正是每一位法官不忘初心、牢记使命，切实践行习近平法治思想的具体体现。

万物得其本者生，百事得其道者成。文书写作也是一样，只有遵循合适的方法，才能够创作出优秀的作品。总结十六年来民商事审判工作的经验和教训，笔者逐渐形成了适合自己的一套文书写作方法，即“一心三要”写作法，仅供大家参考。

（一）一心：以人民为中心的办案理念

问渠哪得清如许，为有源头活水来。裁判文书不是散文诗，而是解决现实矛盾的应用文，其生命力终究源于法官对案件的办理情况。只有案件办得漂亮，才有可能写出一份优秀的文书。从这个角度讲，笔者始终认为，优秀裁判文书不仅是“写”出来的，更是“办”出来的。

一个司法案件办得好不好，经不经得起历史的考验，最终要交给人民群众去审视。而司法理性虽然有时与人民群众的朴素正义观存在不同，但只要我们不忘初心、体察民心、坚守良心，就会发现人民群众的朴素正义观恰恰正是推动司法理性不断前进的历史动力。

以“茶颜悦色”诉“茶颜观色”不正当竞争案为例，细心的读者会发现，二审判决虽然维持了一审结果，但实际上却将一审判决认定的十一项装潢元素大幅压缩至仅剩三项。随之而来的现实问题则是，二审判决到底要不要撤销一审判决，另行改判？此时，一位长者告诉我们，对于这样的社会热点问题，其舆论风向本身就具有多重性，老百姓关心的并不是细枝末节的技术分析，而是人民法院鲜明的司法态度，是人民法院究竟要向社会传达何种价值取向的问题。最后合议庭采纳了这个建议，在判决主文上维持一审结果，在说理部分对实质变更予以明确。事实证明，这种处理方式取得了巨大成功，案件被写入最高人民法院工作报告，而这也恰恰是二审判决得以获评第五届全国法院“百篇优秀裁判文书”的根本原因。

（二）三要：数学、哲学和文学

法学是科学吗？这是笔者在学生时代经常思考的问题。十六年的审判工作经历让笔者认知到，即便法律不是通常意义上的科学，但至少它是科学的——因为它是唯一讲究逻辑的实用文科。而这也正是党的二十大报告指出，“必须更好发挥法治固根本、稳预期、利长远的保障作用，在法治轨道上全面建设社会主义现代化国家”的根本原因。基于这种理解，笔者认为裁判文书的写作过程可以比喻为数学、哲学和文学。

1. 将能够在现行法律框架内解决的案件称为“有解项”，主张应该像数学那样做到严格论证。基于概念、判断、推理的逻辑三要素，遵循“大前提→小前提→结论”的思维方式，严格按照三段论的分析方法推导司法裁判的结论。如果一个三段论分析过程无法涵盖全部结论时，可以考虑用大三段论套小三段论的方式，进行分层论证。总之，要通过清晰的分析过程以理服人，做到胜败皆服。

2. 将无法在现行法律框架内解决的案件称为“无解项”，主张应该像哲学那样做到勇敢探索。这类案件属于疑难复杂案件，本身没有可供选择的制度供给，但法官又不能拒绝裁判，因此倒逼着法官必须充分发挥聪明才智，积极构建新的裁判规则。比如在本案中，“茶颜悦色”一直是在非规范地使用其注册商标，但是非规范使用的标识比其正式注册的商标更具有商业辨识度，那么这种应当在《商标法》上受到否定评价的行为是否应该受到《反不正当竞争法》的保护，就成为本案的关键争议。若按照《反不正当竞争法》是补充法的主流观点，那么“茶颜悦色”非规范使用的注册商标自然不能受到《反不正当竞争法》的保护，但这种结论显然与市场实际情况不一致。合议庭依职权主动引入消费者市场调查措施，在充分调查研究的基础上，创造性地提出了非规范使用注册商标的装潢权保护、未形成固定组合注册商标的装潢权排除、不同历史时期多种版本的装潢权选择规则，分别从正向肯定、反向排除、自由选择三个维度，围绕注册商标的反不正当竞争法保护问题构建了一个完整的逻辑闭环，很好地解决了上述矛盾。总之，遇到法无明确规定时，正是法官们发挥聪明才智创造新裁判规则的时候。

3. 无论在现行法律框架内能否寻找到答案，笔者都主张文书写作应像文学那样精致地表达。一要全面回应当事人的所有诉求，切忌自说自话。不仅原告的诉讼请求要逐一论证，被告的抗辩理由也要逐一分析。既不能一带而过，更不能置之不理。二要全面理顺事实查明部分的布局，做到有的放矢。与案件无关的尽量不写，与法律适用密切相关的要应写尽写。三要全面提升裁判文书的可阅读性，让司法也有文采。文字表达要避免口语化，尽量使用法言法语。论证过程尽量体系化，标题尽量可能对仗，给读者创造一个完美的阅读体验。

（左武，湖南省长沙市中级人民法院法官）

三、专家评析

网红经济是长沙重点打造的经济发展模式，商业品牌是其核心资产。本案所涉装潢元素复杂多变，装潢权与商标权交织缠绕，诚信经营与不当使用冲突难调，社会各界广泛关注，成为近年来不正当竞争纠纷的标志性案件。本案二审判决书在证据调查、实体处理、文书写作等方面，均体现出了较高的理论水平和创新意识。

在程序方面，通过进行现场调查，并依职权主动引入消费者问卷调查措施，最大限度了解一般消费者对于诉争商业标识的主观认知，确保了裁判结果的公平公正。

在实体方面，通过确立非规范使用注册商标的装潢权保护、未形成固定组合注册商标的装潢权排除、不同历史时期多种版本的装潢权选择规则，分别从正向肯定、反向排除、自由选择三个维度，围绕注册商标的反不正当竞争法保护问题构建了一个完整的逻辑闭环。二审判决最终采纳侵权人上诉意见近十项，压缩“茶颜悦色”装潢元素至三项，既对诚实守信经营者做到了应保尽保，又充分体现了人民法院依法保护、平等保护的司法理念。

在文书写作上，该判决书逐一分析了案涉装潢的各项元素，以及装潢元素与赔偿金额的相互关系，严格按照“三段论”式逻辑方法建构论证体系，结构严密、条分缕析、环环相扣、论证充分。同时，针对装潢类不正当竞争案件的特点，该判决书还配附了大量附图，以更加直观的方式让读者一目了然，既增强了文书的可读性，也提高了说理性。

（点评人：尹玄海，湖南省高级人民法院研究室副主任）

（2021）湘 01 民终 7221 号裁判文书原文

57. 袁隆平农业高科技股份有限公司与袁米农业科技有限公司不正当竞争纠纷案*

【关键词】

人格要素 商品化权益 不正当使用 侵权判定

【裁判要旨】

对知名人士姓名权及肖像权中的经济属性权益享有商业独占许可使用权利的商业主体，有权主张其他商业主体对该姓名及肖像的不正当的商业性使用行为侵害其在先权益，并对其构成不正当竞争。人民法院对于人格权益商业性使用的不正当竞争侵权判定，可以依据《反不正当竞争法》第2条、第6条的相应规定，结合混淆行为构成要件，从主观故意、导致相关公众混淆误认、违反商业道德等要素进行综合考量认定。

一、简要案情

2014年11月14日，袁隆平与袁隆平农业高科技股份有限公司（以下简称隆平高科）签订《袁隆平品牌权许可使用协议》，隆平高科取得了在经营中合理使用并维护袁隆平姓名权及肖像权的商业独占许可使用权利。协议签订后，隆平高科在证券交易所上市公司公告信息以及平面和网络媒体上发布了前述协议签订信息，并依约支付独占许可使用费。2020年4月20日，隆平高科发现袁米农业科技有限公司（以下简称袁米公司）在其官方网站、微信公众号文章中，以及在其公司大米产品（“袁米”海水稻）的淘宝直播过程中，擅自使用袁隆平的姓名及肖像，侵害了隆平高科就袁隆平院士姓名和肖像所享有的商业独占许可使用权益，构成不正当竞争，遂通过公证取证，对“袁米生活”微信公众号、袁米公司网站、淘宝店铺“袁米旗舰店”的相关内容进行截图，并诉至湖南省长沙市中级人民法院，请求判令袁米公司立即停止在经营过程中使用袁隆平姓名及肖像的行为，赔偿隆平高科经济损失300万

* （2021）湘知民终525号。

元以及维权合理支出 8 万元，并承担本案全部诉讼费用。

袁米公司辩称，其使用袁隆平姓名及肖像是基于与袁隆平院士的合作关系，是正当使用行为。袁米公司在商品宣传及产品外包装上均突出使用自身“袁米”商标，其宣传与隆平高科没有任何关系，消费者不会基于袁隆平姓名或肖像认为双方具有关联关系，不构成不正当竞争，也未给隆平高科造成经济损失，隆平高科诉求无法律依据和事实依据。

法院经审理查明，2018 年 5 月 14 日，袁米公司与袁隆平签订《合作协议》，共建稻米食味与品质研究院，构建稻米品质数据库，制作全球稻米食味（偏好）地图，构建“云平台—大数据—食味众评”体系。袁米公司聘请袁隆平为首席科学家和研究院院长，为稻米食味及食品安全领域的科研提供全面的指导。袁米生活在其微信公众号的《明星带货引爆网红大米，袁米海水稻火爆全网》《一个身价千亿“80”后的梦想数字》《袁米简介》文章中使用袁隆平的姓名和肖像。其中，《明星带货引爆网红大米，袁米海水稻火爆全网》在文章中段使用了袁隆平院士姓名和肖像后，对袁米海水稻产品进行了介绍和宣传，并在文章结尾展示产品的淘宝店铺。《一个身价千亿“80”后的梦想数字》系对袁隆平院士研究经历的介绍，该内容将袁米海水稻与袁隆平院士关联，表达了袁米海水稻系袁隆平院士研究并筛选获得的含义。《袁米简介》文章中提到袁米公司依托袁隆平院士领衔的海水稻研发中心技术团队，将袁米公司与袁隆平院士进行关联。

湖南省长沙市中级人民法院经审理认为，袁米公司在其微信公众号的相关文章对袁隆平姓名和肖像的使用行为是通过将袁隆平院士姓名和肖像与其公司及大米产品进行关联的方式进行介绍和宣传，属于商业性使用。袁米公司与袁隆平院士的《合作协议》并未涉及海水稻研发，袁米公司现有证据不足以证明其海水稻产品系由袁隆平院士或其研发团队研究开发所得，袁米公司的前述商业使用行为会削弱隆平高科取得的对袁隆平院士姓名和肖像的商业独享许可使用权益和经营优势，未遵循诚信原则和基本的商业道德，足以引人误认袁米公司产品与袁隆平或隆平高科存在特定联系，构成不正当竞争。依照《反不正当竞争法》第 2 条、第 6 条第 4 项、第 17 条，《侵权责任法》第 15 条之规定，判决：袁米公司立即停止商业性使用袁隆平姓名和肖像的不正当竞争行为，赔偿隆平高科经济损失 100 000 元。

袁米公司不服一审判决提起上诉。湖南省高级人民法院经审理认为，本案二审期间的争议焦点为袁米公司使用袁隆平姓名及肖像的行为是否系正当合理使用、袁米公司是否对隆平高科构成不正当竞争的问题。经审查，袁米公司现有证据并不足以证明袁隆平院士与袁米公司涉案宣传推广产品之间的关联程度，也不足以证明该关联程度与袁米公司在涉案宣传推广文章中所陈述的内容相符，存在捏造和夸大其与袁隆平院士之间的合作程度的情形。袁米公司未经许可，在其宣传推广袁米海水稻等公司产品的相关文章中使用袁隆平姓名及肖像，侵害了隆平高科取得的对袁隆平姓名及肖像的商业独占许可使用权益，有违诚信原则和公认的商业道德，损害了隆平高科的合法权益，容易导致公众混淆误认，构成不正当竞争，遂判决：驳回上诉，维持原判。

二、撰写心得

裁判文书作为人民法院参与国家治理和社会治理、服务人民群众、厚植党长期执政的政治根基的重要载体，记载人民法院审理案件的过程和结果，确定和分配当事人的权利和义务，肩负定分止争、明确规则、联系群众、宣传法治的重要职责。采用适当的语言、采取严谨的逻辑、适用准确的法律、阐述充分的理由、弘扬正确的价值理念，是高质量裁判文书的基本要求。如何才能撰写出一篇优秀的裁判文书，结合本案，笔者有以下五点感悟。

（一）忠诚履职，坚守法治初心

“文章千古事，得失寸心知”，裁判文书是人民法院行使国家审判权的体现，是司法公正的最终载体，不仅反映了法官的基本法律素养，也代表了法院的整体形象。法官唯有坚定法治信仰之初心，牢记司法为民之情怀，胸怀全局，高度负责，秉持“群众利益无小事”的理念，涵养“如我在诉”的境界，用心用情办好每一个案件，用人民群众听得懂的语言、看得见的方式、理解得了的法理、接受得了的道理适法办案，才能在法律空间中寻求最佳处理效果，写出高质量的裁判文书。“言为心声，先贵立诚”，审案写文书是枯燥艰辛的工作，更是庄重神圣的事业，唯有坚守忠诚和热爱，牢记职责和使命，心存敬畏，严审细查，字斟句酌，反复思考，融通法理情，明断是与非，才能在方寸之间寻得圆满，把案件判公，将人心判暖。

（二）吃透案情，把准审理方向

案件审理的过程，是不断厘清事实真相，依据法律规范对相关事实及所形成的法律关系进行归类分析和价值评判的逻辑思维过程。“万丈高楼平地起”，如何在纷繁复杂的事实表象中迅速把握当事人的争议实质，聚焦审理重点，明确审理方向，是撰写好裁判文书的重要基础。吃透案情要“不畏浮云遮望眼”，做到“三多”：“多看”，反复审查研透案卷卷宗，反复推敲证据材料，理性判定案件事实；“多听”，认真听审，精准发问，做好庭审工作，用好庭审笔录，听明白当事人的诉讼原情，主动进行沟通释明；“多记”，做好阅卷笔记和庭审笔记，对于诉讼请求、争议焦点、时间节点、法律关系、重要证据等关键信息和事实脉络，可用思维导图的形式边听边记、边开庭边归纳。只有全面吃透案情，把准争议实质，案件审理才不至于流于形式、南辕北辙。比如本案中，虽然涉及对于袁隆平院士姓名权和肖像权的保护，但本案并非人格权纠纷，而是对袁隆平院士姓名权及肖像权中的经济属性权益享有商业独占许可使用权利的商业主体提起的不正当竞争纠纷，审理的实质在于保护相关商业主体的在先经济权益，引导树立规范有序的市场竞争秩序。

（三）严格审查，厘清法律事实

一篇要素完整的裁判文书，通常包含当事人基本情况、案件由来、审理经过、证据审查、案件事实、裁判理由、裁判依据和判决主文等具体内容，其中，事实查明是说理的基础，事实不清，文书说理就成了无源之水、无本之木，只有事实（小前提）、论理（大前提）和结论之间形成严密自洽的逻辑关系，裁判文书才具有说服力。法官合理分配举证责任，运用证据规则、经验法则对证据进行审查论证，是认定法律事实的重要基础。对于当事人提交的证据，应当繁略得当地在裁判文书中予以列明，并载明举证、质证和认证过程；对于证据的审查既包括对证据资格的审查，也包括对证明力的评价。证据审查认定的过程是法官运用法律专业知识和逻辑分析能力，从繁杂的案件事实中抽丝剥茧、明辨是非、去伪存真的过程，必须做到严谨细致、明察秋毫。对于证据的评价切忌片面、孤立，应当综合全案事实进行联系的、辩证的评价，从而找准发现问题、解决问题的突破口，为准确适用法律奠定基础。比如本案中，一审、二审法院对《合作协议》《关于海水稻推广的说明》等在案证据进行综合审查，最终查明“袁米公司现有证据并不足以证明袁隆平院士与袁米公司涉案宣传推广产品之间的关联程度，也不足以证明该关联程度与袁米公司在涉案宣传推广文章中所陈述的内容相符”的事实，从而对袁米公司在宣传推广其海水稻产品时擅自使用袁隆平院士姓名及肖像的行为，进行准确的法律评价。

（四）精准说理，深化价值认同

“一枝一叶总关情”，用裁判文书讲好中国法治故事、传递中国法治理念、弘扬中国法治精神，是法官的神圣职责和使命所系。释法说理是裁判文书的生命力和灵魂，也是法官根据查明的案件事实、适用的法律规定推导出解决争议的法律结论的具体过程。裁判结果只有得到当事人和社会大众的情感认同和价值认同，才能真正达到明确裁判规则、树立行为规范、引领社会风尚的目的，实现“办理一案、治理一片”的审理效果。法官要“法理情相融合”，以问题为导向阐明“事理”，以法律为准绳释明“法理”，以公序良俗、道德标准、人之常情为参照融通“情理”，对当事人的各项诉讼主张有理有据地进行回应，彰显公平正义，传递司法温度。比如本案中，二审法院明确提出“袁隆平院士为人类粮食安全作出重大贡献，对于其姓名及肖像，各类社会主体均应当予以尊重，并审慎、规范地使用。特别是商业主体，在宣传其与袁隆平院士的合作时应当秉持实事求是的原则，不应通过不正当的商业使用行为，捏造和夸大双方之间的合作程度，以误导消费者并获取商业利益”的裁判理念，与我国尊重科学、保护科学家、倡导诚实守信的社会主义核心价值观相契合，在合理化解商业竞争纠纷的同时，弘扬真善美，传导正能量，裁判结果得到各方认同，取得良好的审理效果。

（五）反复打磨，历练实践功底

“文章不厌百回改，反复推敲佳句来”，裁判文书无小事，大到证据审查、法律适用、释法析理、裁判主文，小到当事人信息、标点符号、年月日，都不能出任何纰漏，反复修改、反复校对是必不可少的重要环节，耐心细致、不厌其烦是必修功课。“板凳宁坐十年冷，文章不写半句空”，裁判文书是法官思维能力、法律素养、价值取向、文字功底的集中反映，是法官最好的名片，但并非越长越好，应尽量做到文字简洁、说理规范，避免“画蛇添足”，既要用法言法语传导法律思维，又要自然表达“接地气”，把道理说到老百姓的心坎里，确保每句话都言之有物、言之有理。而这绝非一朝一夕之功，需要法官秉持恒心、慧心、匠心，安于寂寞、专注实践，勤奋学习、沉淀积累，历练真知实学、真才实干，才能于风雨之后见彩虹、于平淡之中悟真谛。“生也有涯，学也无涯”，追求公平正义、践行司法为民的道路永无止境，唯有笃行不怠、锲而不舍，不断精进业务、钻研琢磨，才能锻造出更多、更好的裁判文书，守护公平，回报社会。

（曾志燕，湖南省高级人民法院法官）

三、专家评析

本案作为知识产权新类型案件，除裁判结论正确外，裁判文书也是亮点纷呈，特别是主旨鲜明、重点突出、条理清楚、详略得当、说理透彻、论证充分，从而清晰地展现了对人格要素商品化权益不正当竞争纠纷案件的审理思路和裁判逻辑，发挥了标杆示范作用。

（一）文书布局规范，脉络清晰

本案事实较为复杂，涉及多方主体、多层法律关系。文书在事实查明部分，着眼于有利于展现全景、评判各方争点的角度，将案件事实分为权利来源、被诉侵权行为形态、合理使用抗辩三大板块进行梳理，对于袁隆平院士独占许可隆平高科在经营活动中使用其姓名权和肖像权、袁米公司被诉不正当竞争行为、袁米公司与袁隆平合作并投入研发海水稻等案件基本事实逐步铺陈展开。特别是：在权利来源部分，对于隆平高科获得授权的《袁隆平品牌权许可使用协议》的内容进行详细查明，从而对于知名人士人格要素商品化权益系应受我国法律保护的经济属性权益进行定性分析；在被诉侵权行为形态部分，对于袁米公司在其《明星带货引爆网红大米，袁米海水稻火爆全网》《一个身价千亿“80”后的梦想数字》《袁米简介》等官网文章中使用袁隆平院士姓名和肖像的文章内容和使用方式进行具体查明，从而对于被诉不正当竞争行为进行固定和定性分析；在合理使用抗辩部分，对袁米公司与袁隆平院士签订《合作协议》、与青岛海水稻研究发展中心有限公司作出《关于海水稻推广的说明》等在案证据进行查明，运用民事诉讼证据规则进行综合分析，从而对于袁米公司涉案使用袁隆平姓名及肖像的行为是否系正当合理使用的问题进行准确定性。整个文书事实查明和说理相互对应，层层递进，繁略得当，重点突出，体现了很好的法律文书逻辑性和规范性，使人一目了然，易于阅读和理解。

（二）分析论证透彻，说理精准

伴随社会经济不断发展、传媒广告行业日新月异，诸如姓名、肖像等人格要素逐渐受到商业化使用，如名人士姓名被注册为商标、肖像作为广告宣传等现象层出不穷，经济利益推动产生了人格权益商业化利用的问题。本案是对袁隆平院士姓名权及肖像权中的经济属性权益享有商业独占许可使用权利的商业主体提起的不正当竞争纠纷，并非人格权纠纷，审理的实质在于保护相关商业主体的在先经济权益，引导树立规范有序的市场竞争秩序。由于我国目前立法以及司法实践中对于人格要素商品化权益利用保护以及侵权判定问题，尚未形成体系性的认识，因此，需要更加细致和行之有效的解决方法，既使权利受侵犯者能得到有效的救济，也对人格要素的商品化利用这一行为进行有序规制。本案一审、二审法院聚焦袁米公司涉案使用袁隆平姓名及肖像的行为性质以及是否对隆平高科构成不正当竞争的争议焦点，结合案件事实进行准确的法律适用分析，明确提出“对知名人士姓名权及肖像权中的经济属性权益享有商业独占许可使用权利的商业主体，主张其他商业主体对该姓名及肖像的不正当的商业性使用行为侵害了其在先权益、并对其构成不正当竞争的，人民法院应予支持”的裁判观点，以及“人民法院对于人格权益商业性使用的不正当竞争侵权判定，可以依据《中华人民共和国反不正当竞争法》第二条、第六条的相应规定，联系混淆行为构成要件，从主观故意、导致相关公众混淆误认、违反商业道德等要素进行综合考量认定”的裁判思路，论证清晰，逻辑严密，说理透彻，说服力强，为今后同类案件的审理提供了很好的示范借鉴。

（三）价值立场正确，导向鲜明

袁隆平院士是我国研究与发展杂交水稻的开创者，在世界范围内享有广泛知名度，为人类粮食安全作出重大贡献，对于其姓名及肖像，既涉及袁隆平院士的人身利益，也涉及社会公共利益和相关商业利益，各类社会主体特别是商业主体，均应当审慎、规范使用。当涉及商业性使用时，为保障社会公众利益，避免对消费者产生混淆，应当秉持实事求是的原则，不应捏造和夸大与袁隆平院士的合作程度等事实情况，以达到误导消费者并获取商业利益的目的。本案中，袁米公司的宣传推广内容并不符合袁隆平院士与其公司涉案海水稻产品的实际关联程度，袁米公司涉案商业使用行为有悖诚信原则。本案裁判结果也体现了倡导恭敬文明、诚实守信、尊重科学、保护科学家声誉的社会主义核心价值观，引导社会各类主体发扬对袁隆平院士的尊敬和感恩之情，审慎、规范地使用为人类粮食安全作出重大贡献的袁隆平院士的姓名和肖像，在合理化解商业竞争纠纷的同时，传导了社会正能量，实现了案件审理政治效果、法律效果和社会效果的有机统一。

（点评人：陈小珍，湖南省高级人民法院民三庭副庭长）

（2021）湘知民终525号裁判文书原文

58. 上海拉扎斯信息科技有限公司与北京三快科技有限公司不正当竞争纠纷案*

【关键词】

强制“二选一”　不正当竞争

【裁判要旨】

网络平台经营者为获取独家交易机会，综合运用调整收费优惠比例以及不允许附加服务、不签协议、强制关停店铺等惩罚性手段，诱导、强迫平台内商户不与其他平台合作，该行为违反了诚信原则和互联网领域商业道德，剥夺了平台内商户的自由选择权，侵害了其他经营者和消费者的合法权益，减损了社会福利，破坏了开放、共享、公平、有序的互联网竞争秩序，构成《反不正当竞争法》第2条所规制的不正当竞争行为。

一、简要案情

上海拉扎斯信息科技有限公司（以下简称拉扎斯公司）系“饿了么”互联网平台系统（域名为www. ele. me）以及“饿了么”手机软件的运营者。北京三快科技有限公司（以下简称三快公司）系“美团”互联网平台系统（域名为meituan. com）以及“美团”手机软件的运营者。三快公司金华分公司通过调整收费优惠比例的方式，迫使商户与“美团”独家开展经营活动；通过不允许附加“美团外卖”服务和不签协议等方式，迫使商户签署只与“美团”进行外卖在线平台合作的约定，以排除商户与拉扎斯公司等同行业竞争者的合作；通过强制关停与“饿了么”平台有合作关系的商户在“美团外卖”的网店并停止客户端账户使用的方式，迫使商户终止与“饿了么”平台等同行业竞争方合作。拉扎斯公司认为上述行为构成不正当竞争，遂诉至法院，请求判令三快公司赔偿经济损失以及合理费用共计100万元，刊登声明、消除影响，并承担本案诉讼费用。

* （2021）浙民终601号。

金华市中级人民法院认为，被诉行为发生在2016年至2017年，本案适用1993年《反不正当竞争法》。互联网交易平台之间的公平竞争应主要通过技术创新来实现，即依靠不断的技术创新和产品优化来实现其竞争目的，达到商户、消费者、平台的多方共赢。三快公司金华分公司本应通过更高“性价比”的服务来吸引更多的商户入驻“美团外卖”平台，但三快公司金华分公司利用其优势地位，用种种不正当手段限制、阻碍大量商户与其竞争对手正常交易，这不仅扰乱了公平、有序、开放包容的互联网竞争秩序，且严重损害了拉扎斯公司的竞争性权益、商户的合法权益，并进而侵蚀了消费者的福祉，其行为已构成不正当竞争，必须给予否定性评价。该院于2021年2月8日判决三快公司赔偿拉扎斯公司经济损失100万元（包括为制止侵权行为所支付的合理开支）。

三快公司不服，提起上诉。

浙江省高级人民法院经审理认为：三快公司所经营的“美团”外卖平台与拉扎斯公司所经营的“饿了么”平台，均从事网络餐饮外卖服务，服务对象均是对餐饮外卖及配送服务有需求的消费者和商户，在产品功能和商业模式上无明显差异，具有同质性，两者具有直接竞争关系。拉扎斯公司经营的“饿了么”平台不受他人不正当干扰的竞争利益应受保护。互联网竞争是注意力竞争，互联网市场经营者作为理性经济人，有着保持用户忠诚度、提升用户黏性、抢占竞争对手市场份额的天然需求，但在采取措施实现这一目标时仍应遵守诚信原则。三快公司强迫商户与其达成独家交易，直接消除了拉扎斯公司与上述商户之间的交易机会，导致拉扎斯公司经营的“饿了么”平台商户资源的流失，进而导致订单交易量下降及相应的收益减损。该行为违反了诚信和公平竞争原则，侵害了商户自由、自主的交易权，亦限制了消费者对平台、商户、商品的选择可能性和选择范围，破坏了互联网开放、共享、公平、有序的竞争秩序，不利于社会总体福利的最大化，构成《反不正当竞争法》第2条所规制的不正当竞争行为。关于赔偿数额，综合考虑本案的侵权行为在金华地区并非个例；三快公司金华分公司实施被诉行为针对性强，主观恶意明显；“美团”平台系金华地区市场占有量最大的网络食品经营平台，在其具有市场优势地位的情况下，实施涉案侵权行为会影响更多商户的选择，更容易对“饿了么”平台的经营造成较大损害；三快公司在一审诉讼期间注销了三快公司金华分公司导致相关资料无法提供，一审法院全额支持100万元的赔偿数额并无不当。该院于2021年12月8日判决：驳回上诉，维持原判。

二、撰写心得

近年来，网络平台“二选一”行为广受社会关注和热议，此类行为既与反垄断法中的排他性交易相关，也可能构成不正当竞争行为。本案是两家大型外卖平台“饿了么”与“美团”互诉案件中的其中一起，系全国第一起涉及互联网平台“二选一”不正当竞争的诉讼。在美团强制商户二选一的行为不在反不正当竞争法明文规制之列，司法实践中对此也没有统一认知的情况下，如何在新领域探索司法的新理念、新规则，准确给被诉行为定性是本案裁判文书的最大难点。

（一）裁判文书需准确归纳争议焦点，厘清法律适用标准

争议焦点是当事人在案件中的争议所在，也是法官在案件中的审理对象，在制作裁判文书之前，先固定好争议焦点，确定好相对应的法律条文的各项构成要件，有助于厘清裁判文书的撰写思路，使裁判文书能够围绕争议焦点以及相应法律规范的构成要件进行重点突出、详略得当的事实陈述和说理。

本案中，从上诉人的上诉请求和被上诉人的答辩情况来看，本案争议焦点在于上诉人的被诉侵权行为是否构成不正当竞争以及上诉人所应承担的民事责任。其中，对于上诉人应承担的民事责任这一焦点，因本案中被上诉人（原审原告）仅对上诉人（原审被告）提出了赔偿损失、消除影响的诉讼请求，上诉人在上诉理由中也仅提到了赔偿数额，因此对于该焦点的评述上，仅需评述上诉人在本案中应承担的赔偿数额即可。在确定了争议焦点之后，裁判文书的思路即可以围绕着不正当竞争的构成要件以及若构成侵权，一审法院确定的赔偿数额是否适当展开，在事实认定上围绕上述法律规范的构成要件来确定案件的事实，避免遗漏要件事实；在判决说理上亦围绕着争议焦点，从而确保裁判文书逻辑清晰。特别要强调的是，对于原告指控的具体被诉行为需要原告予以明确，以更好地针对该行为释法说理

（二）裁判文书说理需充分阐释判决所依据的法理，同时不能脱离行业背景

法律适用是裁判文书的出发点和归宿。在准确归纳争议焦点的基础上，围绕争议焦点，将事实与法律有机结合，通过抽丝剥茧、层层递进的论述使最终的结论水到渠成地呈现。

《反不正当竞争法》是行为规制法，制止的是不正当利益。在强制二选一

行为不在反不正当竞争法明文规制之列，司法实践中的亦没有先例可循的情况下，亟须司法作出价值判断，对“二选一”行为进行完整的识别与准确的认定，以此为基础，结合现行法律，找寻合适的法律规制路径。

首先要了解“二选一”行为的行业背景和基本模式。对于新业态、新模式、新产业发展中出现的新的竞争行为，是否要进行规制，还是任其自由竞争，要先了解行业模式以及该行为出现的原因，才能在接下来的法律适用上，更好地分析构成要件。“二选一”行为是互联网环境下，网络经营者与自己交易对象之间所形成的一种固定交易关系。这种固定交易关系的形成，有多方面的原因，其根本目的集中于消除与自己有竞争关系的其他经营者的交易机会。从行为动机来看，互联网市场经营者作为理性经济人，有着保持用户忠诚度、提升用户黏性、抢占竞争对手市场份额的天然需求，会主动采取各种措施以实现这一目标。在传统市场环境下，相关市场经营者需要有相当的市场优势才能做到，但在互联网环境下，相关行为门槛显著降低，并且网络效应（network effects）会对竞争效果带来指数级的放大。强制“二选一”行为的本质是争夺网络用户，互联网技术使网络用户选择交易对象的经济成本被极大地节约，由此产生的结果是，经营者若促使网络用户作出“二选一”式的选择，那么，这一行为所带来的结果除了会对经营者的经营状况带来影响外，在网络外部性的作用下，甚至会在短时间内产生马太效应，使强者越强、弱者越弱。

本案中被诉强制“二选一”行为是较为典型的明示“二选一”行为，即美团通过调整收费优惠比例以及不允许附加服务、不签协议、强制关停店铺等方式，要求平台内商户不与饿了么等其他平台合作。本案适用的是1993年制定的《反不正当竞争法》，对于上述行为的评判只能适用一般条款，即《反不正当竞争法》第2条，但鉴于一般条款具有较大的不确定性，因此在适用时应当特别慎重，故本案从《反不正当竞争法》第2条的构成要件入手，对“经营行为”“合法权益受损害”“行为不正当性”三项要件逐一结合认定的事实对法律要件进行分析。在要件分析上详略得当，对无争议的法律构成要件如“经营行为”“合法权益受损害”分析相对简单，其中在分析利益受到损害时结合了行业背景和盈利模式以及外卖平台自身的特点，从直接损害和间接损害两个角度进行分析。而市场竞争过程中，不同的商业主体为了争夺商业机会势必会产生摩擦和损害，商业利益受损是正常的，但不能因此就推断构成不正当竞争，只有竞争行为同时具有不正当性时，才需要适用《反不正当竞争法》予以规制。故本篇裁判文书的说理重点在“不正当性”的论证上，从“三位一体”利益格局出发，以是否破坏市场竞争秩序为落脚点，从保护平台经营者、商户、消费者三维利益角度，对强制“二选一”行为的性质进行了详细的说理。其中在商户的利益损害上，对大量商户进行了调查，发现多数都希望与多个平台合作，获取更多交易机会，从而在判决书中对美团就独家经营是商户的自主选择的抗辩进行了有理有据的反驳。最终得认定该行为违背了互联网开放、共享、公平、有序的竞争秩序，损害了拉扎斯公司、涉案商户及相关消费者的合法权益，不利于社会总体福利的最大化，构成《反不正当竞争法》第2条所规制的不正当竞争行为，具有较强的说服力。

（三）裁判文书要体现司法担当，对社会具有重要指引和示范作用

反不正当竞争是完善社会主义市场经济体制、推动高质量发展的内在要求。国家支持平台企业创新发展、增强国际竞争力，同时平台企业也应依法规范发展。依法查处不正当竞争行为，保护平台从业人员和消费者合法权益，正是让互联网平台企业要知敬畏守规矩，从而促进公平竞争的市场环境，为各类市场主体特别是中小企业创造广阔的发展空间，建立平台经济新秩序。本案是反不正当竞争领域新形势下出现的新问题，即平台利用优势地位和商家对其依赖性，采取不正当手段强迫中小商家在平台间“二选一”，如果发现商家在其他平台经营即对商家进行关闭网络店铺的惩处。部分商家被迫“二选一”而减压产能、裁减员工，导致线上不正当竞争影响向线下传导。通过本案审判，发挥司法智慧，以法为据、以理服人，对平台强制“二选一”等破坏公平竞争、扰乱市场秩序的行为给予了否定性评价，并判令停止侵权和全额支持原告诉请，率先确立强制“二选一”行为反不正当竞争领域的司法规则，给打击平台强制“二选一”等互联网不正当竞争行为提供指引，对于规范互联网行业竞争秩序，遏制互联网平台恶性竞争，防止资本无序扩张，维护健康营商环境起到了积极作用。

（李臻，浙江省高级人民法院法官）

三、专家评析

互联网是人民生活和工作不可或缺的重要部分，互联网领域的马太效应体现得尤为明显：强者越强，弱者越弱，由此导致互联网领域的竞争更为激烈，互联网平台强制用户进行“二选一”，就是典型情形。

对于互联网平台利用自身规模大、市场份额高等竞争优势，通过“二选一”的方式，强迫用户排斥其他经营者，将用户深度捆绑到该平台，将导致其他平台的用户会越来越少，竞争力越来越低，用户和消费者的选择空间越来越小，从而将原本多样化的市场竞争及经营手段简化为商户与其独家交易行为，扩大其规模和提高其市场份额，形成更高的市场壁垒，最终将阻碍相关产品或服务质量的提升，扰乱开放、共享的互联网竞争秩序，损害用户和消费者的合法权益。

本案判决叙事详略得当，对事实情况的描述全面，对证据认定及采信情况的说明清晰，判决书形式要件完备。在判决说理部分紧扣案件争议焦点，深度解读、层次分明、逻辑严谨。从互联网领域开放、共享、公平、有序的竞争秩序出发，论证了“二选一”对互联网竞争秩序的危害，分析了对同类经营者合法权益的影响，剖析了对用户和消费者合法权益的损害，思路清晰、逻辑严谨，论证充分，该判决书对同类案件提供了审理思路及方法，具有参考价值和示范意义。

（点评人：邓宏光，西南政法大学民商法学院教授、博士生导师）

（2021）浙民终601号裁判文书原文

59. 吉利公司、承融公司与东港公司等十三家驾培单位及第三人浙东公司横向垄断协议纠纷案*

【关键词】

横向垄断协议　豁免　举证责任　合同效力

【裁判要旨】

反垄断涉及国家整体经济运行效率和社会公共利益，《反垄断法》关于禁止横向垄断协议行为的规定原则上属于效力性强制性规定，违反该规定的合同条款应属无效。为降低和消除经营者继续实施垄断协议行为的风险，实现《反垄断法》预防和制止垄断行为的立法目的，与横向垄断协议条款具有紧密关系、与之脱离即不再具有独立存在意义的合同条款，以及实质上服务于横向垄断协议行为实施的合同条款，亦应属无效。

一、简要案情

在吉利公司、承融公司与东港公司等十三家被诉驾培单位以及第三人浙东公司横向垄断协议纠纷案中，同在浙江省台州市路桥区的涉案十五家驾培单位签订联营协议及自律公约，约定共同出资设立联营公司（浙东公司），固定驾驶培训服务价格、限制驾驶培训机构间的教练车辆及教练员流动，涉案十五家驾培单位原先分散的辅助性服务（如报名、体检、制卡等）均由浙东公司统一在同一现场处理，浙东公司对应收取服务费 850 元。其中，联营协议第 3 条具体约定联营公司设立的注册资本与股本结构。涉案十五家驾培单位中的吉利公司和承融公司以该十五家单位构成垄断经营为由，向浙江省宁波市中级人民法院起诉，请求确认联营协议及自律公约无效。该院认为，浙东公司统一处理涉案原先分散的辅助性服务，可提高服务质量、降低成本、增进效率，其收取服务费 850 元可依法豁免。由此该院判决确认案涉联营协议及自律公约中构成横向垄断协议的相关条款无效。吉利公司、承融公司不

* （2021）最高法知民终 1722 号。

服，向最高人民法院提起上诉，请求改判确认联营协议中股本结构条款无效，东港公司等十三家被诉驾培单位提出的固定价格协议豁免理由不能成立。最高人民法院认为，达成垄断协议的经营者欲以该协议具有 2007 年《反垄断法》第 15 条第 1 款第 1 项至第 5 项情形为由主张豁免，应当提供充分证据证明协议具有上述五项法定情形之一项下所指积极的竞争效果或经济社会效果，且该效果是具体的、现实的，而不能仅仅依赖一般性推测或者抽象推定；原审法院在经营者没有提供真实、有效证据支持其豁免主张情况下，主要根据一般经验推定浙东公司统一提供服务的效果，直接认定其统一收费符合垄断协议豁免情形，适用法律不当。合同条款违反《反垄断法》关于禁止垄断行为的规定原则上无效；如果合同无效部分会影响其他部分效力的，其他部分也应无效；联营协议第 3 条的约定主要是当事人实施横向垄断协议、实现市场垄断目的的手段；判断合同或者合同条款是否因违反《反垄断法》而无效时，还应该考虑消除和降低垄断行为风险的需要，实现反垄断法预防和制止垄断行为的立法目的。最终，最高人民法院判决：撤销原审判决；确认案涉联营协议及自律公约全部无效。

二、撰写心得

承办人撰写裁判文书的一般做法是自身长期探索总结的“五位一体”的制作方法，讲究结构的匀称性、论点的对称性、书写的规范性、说理的逻辑性和效果的公平性。秉持主旨鲜明、层次分明、用语简洁的行文风格。制作裁判文书的关键要领在于围绕裁判主旨进行取舍以突出主旨。

（一）关于结构的匀称性

关于结构的匀称性，主要是裁判文书书写的布局谋篇。制作裁判文书的第一步是明确裁判主旨，结构设计是第二步，犹如盖房子需要先进行结构设计，确定文书的主要部分（“板块”）及其各部分之间的比例与协调关系。民事裁判文书的主要内容及其位置关系，《民事诉讼法》和最高人民法院制定的《民事诉讼文书样式》已经确定，应当遵循。由此，制作裁判文书的布局谋篇主要是确定文书各主要部分的比例与协调关系，要点在于平衡与主次。所谓平衡主要是原则上各方当事人诉辩主张篇幅要大致相当，避免书写一方当事人诉辩主张较长，而书写另一方当事人的诉辩主张较短。所谓主次，就是突出本审级法院的主体地位，在书写各部分的比例关系上本审级法院认定证据、查明事实与裁判说理的篇幅明显占最大比例。具体而言，对于一审判决，法院认定证据、查明事实和判决说理大致占整个判决书 1/2 至 2/3 的比例；对于二审判决，二审法院认定证据、查明事实与判决说理大致占整个判决书 1/2；对于再审判决，再审法院认定证据、查明事实与判决说理大致占整个判决书 1/2。之所以要讲究上述比例关系，基本出发点系这是本审级法院书写的文书，而不是当事人或者之前审级法院书写的文书。同时，在各主要部分中，注意段落的相对均衡，兼顾内容上的主次与形式上的匀称，避免长短不均。这是承办人长期以来制作裁判文书的固定风格之一。承办人制作“台州驾校联营垄断案”二审民事判决也是如此。该判决书共 30 页，其中当事人基本情况和诉讼经过 4 页、当事人诉辩主张 4 页、一审判决查明的事实 5 页、一审判决说理 6 页、二审判决认定证据与查明事实 3 页，二审判决说理 8 页。该案二审判决书体现了结构的匀称性。

（二）关于论点的对称性

一份判决论点的对称性体现在两处：一是对双方诉辩主张的归纳是否按照逻辑顺序整理编排；二是在争议焦点归纳与分层分段说理论证上是否对称。该案中，双方当事人的上诉状及答辩状均系大篇幅的论述，承办人先归纳出双方诉辩意见中的核心观点并在庭审程序中予以确认，又结合本案固定后的争议焦点内容，对双方诉辩意见中的核心观点进行编排整理。因此，双方的诉辩主张既能够彼此相互呼应，也与判决说理部分的论理具有逻辑上的一致性，强化判决书的整体性和逻辑性。据此，承办人将该案诉辩意见概括为两个方面：一方面，本案是否存在法定的垄断豁免情形；另一方面，股本结构条款是否因垄断协议条款无效。这一归纳自然而然引出来后续判决说理部分对争议焦点的归纳。

（三）关于书写的规范性

裁判文书是最重要的司法作品，是专属于法官立足与精进的领地，而规范性是裁判文书写作必备的基本功。规范性包括多个层次。第一层次是符合专业规范，主要是指文书的格式要符合裁判文书的制作规范。第二层次是一般文书规范，主要指包括标点符号在内的用语规范和统一。第三层次是语言上的规范，主要指行文表达务求准确。明晰，和雅正。准确，要求我们首先要洞悉当事人的主张和事实，避免使用似是而非、不确定性的词语。明晰，主要指的是条理性以及繁简得当。雅正，要求法官要尽量用法言法语、正式规范用语、专业术语，而避免使用口语和方言。当需要使用口语体现场景效果时，应当注意用“引号”，并总体上控制直接引用的数量。该案中，承办人将一审法院查明的涉案协议内容等部分事实进一步概括和提炼，尽量用简练的语言就能够勾勒出案件事实。判决全文的表述达到了上述三个层次的规范性，特别是在用语上体现了准确、明晰和雅正的较高要求。

（四）关于说理的逻辑性

“努力让人民群众在每一个司法案件中感受到公平正义”的落脚点在于加强文书的说理，而说理首重逻辑的严密性。说理逻辑性不足通常具体表现为：混淆基本概念、错误理解法律、没有根据特定请求权的规范性要素查明基本事实、没有按照法律确定逻辑关系说理、裁判推论的要件不全等。承办人在本案中的说理逻辑仍然运用典型的逻辑三段论的分析路径，其实一审判决说理同样是运用了逻辑三段论，但是二者的结论却截然相反。究其原因，恰恰体现了逻辑三段论在司法实践中存在部分认识上的误区。逻辑源于常识，又高于常识，特别是要正确认识逻辑与经验的辩证关系。该案中，承办人恰恰纠正了一审法院在逻辑与经验之间的偏离，正如该案二审判决指出：“一审法院在经营者没有提供真实、有效证据支持其豁免主张情况下，主要根据一般经验推定浙东公司统一提供服务将带来有利于降低成本、提高质量、增进效率以及减少消费者的交通成本和有利于提高中小经营者经营效率、增强中小经营者竞争力的效果，直接认定该项统一收费符合垄断协议豁免情形，不符合反垄断法关于经营者应当证明垄断协议豁免情形及条件的规定。”承办人在垄断豁免举证责任以及股本结构条款效力两个争议焦点问题上，均务求准确确定大前提（从文义解释、体系解释等角度阐明法律的概念和目的），再根据特定请求相关的规范性因素（要件事实）查明小前提，最后通过严密推理链条得出结论。

（五）关于效果的公平性

法律效果是否经得起检验，社会效果是否符合公平观点，是衡量一份裁判文书的重要标尺。该案说理的逻辑性前文已述及，而社会效果公平是承办人在案件审判工作中孜孜以求的目标。本案强调当事人主张垄断协议豁免应当承担具体证明有关实际效果的举证责任，明确了认定横向垄断协议条款无效的原则、考量因素与价值目标。该案中，合议庭对关于涉案联营协议中的股本结构条款是否应认定无效进行了反复斟酌，从股本结构条款是否有独立有效存在的意义以及保留该条款后续可能存在的垄断隐患，最终认定“如果认定联营协议第三条仍然有效而继续约束各方，则实际上为被诉十三家驾培单位保留了信息沟通、协调一致行动的渠道，存在未来再次实施横向垄断协议的风险和可能，不利于预防和制止涉案垄断行为”。该案对于指导人民法院积极发挥司法职能作用、努力消除和降低垄断行为风险、维护市场的竞争性、实现《反垄断法》预防和制止垄断行为的立法目具有重要示范作用。

（余晓汉，最高人民法院法官）

三、专家评析

该案是近年来人民法院在反垄断审判中极具典型意义的案例，入选了“2021 年中国法院 10 大知识产权案件”。

（一）承办法官探索、秉持的“五位一体”的裁判文书制作方法科学、严谨，该案二审判决可作为裁判文书制作的典范

一是格式规范、结构匀称、详略得当，裁判从整体结构上具有一定美感。二是文笔流畅、用语精准、语言凝练，无论是事实认定还是法律适用部分，承办法官去繁求简，务求表达准确、精练，并不长的判决篇幅完整、清晰地呈现了案件的来龙去脉和裁判结论的分析过程，体现了承办法官在裁判文书制作上的严格要求和熟练技法。三是主旨鲜明、论理清晰。该案二审判决诉辩意见与裁判说理部分相互呼应，逻辑严密、结论明确，从分析到得出结论有水到渠成之感。

（二）该案二审判决说理凝练、透彻

反垄断相关法律问题夹杂了经济学、社会学和法学等多种学科知识，被诉垄断行为通常体现了正向积极效果和反向消极效果的交织，有其复杂之处。该案涉及两个法律问题：一是横向垄断协议法定豁免事由的认定；二是垄断协议基础上股本结构条款的有效性认定。前者涉及证明责任分配以及证明责任标准，后者更是垄断协议、合同效力、商事主体存续等法律问题的交织叠加。针对上述两个复杂的法律问题，该案二审判决书通过逻辑严密的法律推理、凝练简洁的文字表达，将审理者对法律问题的理解以及逻辑推导过程生动、完整、清楚地呈现在受众的面前，使其能够清晰感知审判者对该案的思考。同时，该判决在实体上对于人民法院处理垄断协议豁免举证责任与认定垄断协议效力具有指导示范意义。

（三）该案是最高人民法院知识产权法庭有效发挥司法反垄断职能的具体体现

法庭严格审查具有竞争关系的经营者之间的联营协议，澄清了横向垄断协议豁免事由的适用标准，阐明了违反《反垄断法》的横向垄断协议应归于无效的一般原则，且无效范围不限于横向垄断协议条款本身，还包括与之具有紧密关联、缺乏独立存在意义的条款和服务于横向垄断协议行为实施的条款。该案裁判体现了有力维护市场公平竞争秩序、最大限度消除继续实施垄断行为风险的反垄断司法态度，有利于从源头上制止垄断行为，促进市场公平竞争。

（点评人：张广良，中国人民大学法学院教授、博士生导师）

（2021）最高法知民终1722号裁判文书原文

60. 惠州市欢唱壹佰娱乐有限公司与中国音像著作权集体管理协会垄断纠纷案*

【关键词】

垄断　集体管理组织　相关市场　市场支配地位

【裁判要旨】

KTV 经营者认为著作权集体管理组织拒绝与其签订许可使用合同的行为违反《著作权集体管理条例》第 2 条、第 23 条、第 24 条规定的，按照该条例规定，应向国务院著作权管理部门进行检举。KTV 经营者与著作权集体管理组织之间不存在人身关系或财产争议，其以违反条例相关规定为由提起垄断民事诉讼，不属于人民法院受理民事诉讼的范围。

中国音像著作权集体管理协会作为音像节目的集体管理组织，以自己的名义提供音像节目的使用许可等服务，属于《反垄断法》所规制的经营者，相关集体管理行为应受《反垄断法》规制。在我国“以类似摄制电影的方法创作的作品及录音录像制品在 KTV 经营中的许可使用服务”这个相关市场中，中国音像著作权集体管理协会目前是唯一的集体管理组织，其所从事的相关类电影作品或音像制品的集体管理为其特有的业务范围，其管理的作品数量远远大于未纳入集体管理组织中的作品或制品权利人拥有的作品数量，故其在上述相关市场具有市场支配地位。

集体管理组织虽要求 KTV 经营者与案外人签约，但案外人仅系根据集体管理组织的委托，代为办理相关事项，案外人并非与 KTV 经营者进行交易的著作权许可方，并非著作权集体管理组织指定的第三方交易对象。KTV 经营者主张著作权集体管理组织实施了限定交易、滥用市场支配地位的垄断行为，依据不足。

---

* （2018）京 73 民初 780 号。

一、简要案情

原告惠州市欢唱壹佰娱乐有限公司（以下简称欢唱壹佰公司）诉称，欢唱壹佰公司等公司作为签约要求人三次向中国音像著作权集体管理协会（以下简称音集协）发送《签订著作权〈许可使用合同〉要求书》，要求与音集协直接签约。音集协发出两次回函，均未同意与欢唱壹佰公司直接签约，并要求其与音集协的合作单位广州天合文化发展有限公司（以下简称天合公司）沟通相关事宜。欢畅壹佰公司认为音集协的行为违反了《著作权集体管理条例》第2条、第23条及第24条的规定；且音集协的合作单位天合公司提出不合理的签约条件，音集协的行为构成在KTV经营中许可使用的集体管理音像制品或作品市场的滥用市场支配地位的垄断行为，违反了《反垄断法》第17条第1款第4项、第5项的规定。故向北京知识产权法院提起诉讼，请求判令：（1）被告音集协以合理、同等条件与原告签订著作权作品《许可使用合同》；（2）被告音集协向原告提供KTV曲库正版著作权作品使用服务；（3）被告音集协向原告提供其所管理的著作权权利种类和作品、录音录像制品等的名称，权利人姓名或者名称，授权管理的期限等权利信息查询系统；（4）被告音集协承担本案诉讼费。

被告音集协辩称，原告无权就其认为被告违反《著作权集体管理条例》相关规定的行为提起民事诉讼，被告如确有违反《著作权集体管理条例》相关规定的行为，原告应当向国务院相关部门检举；著作权集体管理业务不受《反垄断法》调整；本案的相关市场为全世界范围的音像作品的许可使用市场，音集协不具有市场支配地位；此外，原告未举证证明被告实施了滥用市场支配地位的行为。因此请求法院裁定驳回原告的起诉或判决驳回原告的诉讼请求。

法院经审理查明：2017年9月22日，甲方音集协及音著协与乙方天合公司、丙方大井城公司签订《著作权许可合同》。该许可合同载明如下内容："鉴于"部分载明"3. 乙方是甲方委托的卡拉OK许可收费服务机构——天合文化集团有限公司或其授权的地方分支机构（包括但不限于分公司、子公司和代表处）"；第2节"许可与使用"部分，"2.1 甲方应当按照本合同约定作出许可，丙方可以在许可范围内以表演、放映的方式使用甲方管理的音像作品"；第7节"乙方权利义务"部分，"7.1 乙方接受甲方委托为丙方办理音像著作权许可使用手续提供服务（包括但不限于办理合同签订手续、交付使用费发票、业务咨询等事项）。7.2 乙方接受甲方委托，对丙方提供的与本合同有关的经营信息予以查证，并督促丙方按时交付著作权使用费”。

2017 年 11 月 29 日，欢唱壹佰公司等十家公司作为签约要求人通过 EMS 向音集协发送《签订著作权〈许可使用合同〉要求书》。2017 年 12 月 12 日，音集协发出音集协字〔2017〕第 082 号《关于签订著作权〈许可使用合同〉要求书的回函》。2018 年 1 月 13 日，欢唱壹佰公司等九家公司发出《关于九家 KTV 企业对签约回函的复函》。2018 年 1 月 16 日，音集协发出音集协字〔2018〕第 008 号复函。2018 年 3 月 21 日，欢唱壹佰公司等十一家公司向音集协发出《第三次广东 KTV 企业集体请求签约函》。该函的邮寄快递单号为 103514337×××8，快递物流信息显示 2018 年 3 月 22 日投递并被签收，签收人为“他人”。

音集协第 016 号公告内容包括，“二、分配细则……（二）扣除管理成本。包括‘天合文化集团有限公司’渠道服务费（25%）”。2018 年收取标准的公告内容包括，“2018 年全国各地区卡拉 OK 著作权使用费的收取沿用 2017 年的收费标准”，其中广东地区收费标准为 10 元/天/终端。

音集协于 2018 年 11 月 6 日向各卡拉 OK 经营者、各 VOD 运营商、各地区娱乐行业协会发出音集协第 080 号告知函。告知函载明，“天合文化集团有限公司及其各子公司，在受我会委托开展卡拉 OK 收费过程中，以各种理由不按时向我会结算著作权许可费，导致我会无法正常向会员分配使用费，最长达到近一年多时间；不按照合同约定将使用费汇入我会账户、开具我会发票；收费信息不透明、逃避我会监督；通过隐蔽方式变相分流使用费……我会已就此对天合文化集团有限公司及其各子公司向北京知识产权法院提起诉讼，并于 2018 年 11 月 5 日正式公告，终止对天合文化集团有限公司及各子公司的收费资格”。

被告提交了音集协官网公示的作品库网页，雷石 KTV 点歌系统公司官网、唱吧麦颂 KTV 官网、腾讯音乐娱乐官网、虾米音乐官网、网易云音乐官网、苹果音乐官网及千千音乐（HD）App Store 的网页，音创商用娱乐产品手册、深圳市吉喆科技有限公司及广东和音元视电子科技有限公司的宣传册等证据。其中，音集协官网公示的作品库网页显示，被告音集协管理的节目作品数量为 114 178 首；深圳市吉喆科技有限公司的 KTV 点歌系统云端歌库含 31 万首歌曲；广东和音元视电子科技有限公司的点歌系统拥有歌曲数量为 60 万首；等等。

二、撰写心得

本案涉及中国音像著作权集体管理组织的特殊性质及如何判断其是否具有市场支配地位等法律问题，亦涉及 KTV 曲库歌曲许可使用费的收取、集体管理组织的运行等社会热点问题，从立案、开庭到判决都获得了社会的广泛关注。该案涉及著作权集体管理组织的法律性质以及如何判断其是否具有市场支配地位等法律问题，案件涉及的证据材料多，双方当事人对相关市场的认定具有较大争议。本案组成了五人合议庭进行审理，合议庭阅卷后认真听取双方当事人意见，经过多次评议和深入研究，对案件涉及的每一个问题进行充分讨论，真正做到明辨事实，裁判有据。

在撰写本案判决时，合议庭首先对案件审理思路进行整体把握，在此基础上对案件证据、事实和涉及的法律问题进行全面细致的分析和研究。该案判决明确案件应首先界定本案中的相关市场，其次判断被告音集协在该相关市场是否具有市场支配地位，如果具有市场支配地位再判定被告音集协是否存在滥用市场支配地位的行为。

在界定相关市场时，判决从需求替代和供给替代、KTV 经营者提供的服务、市场准入等角度分析论述，首先指出双方当事人的纠纷涉及的是 KTV 经营中以类似摄制电影的方法创作的作品及录音录像制品的使用许可领域；接着从音集协提供的服务入手，分析认定被告音集协作为音像节目的集体管理组织，其向 KTV 经营者提供的服务应为类电影作品的放映权或信息网络传播权使用许可以及音像制品的信息网络传播权使用许可。而后分析相关市场是否应限定于“KTV 经营”的范围内，通过需求替代论述 KTV 经营场所之外的类电影作品或者音像制品的其他类型的许可无法纳入该相关市场中。对于相关市场是否应限定于集体管理的类电影作品或者音像制品范围内，判决认为不同渠道的类电影作品或者音像制品许可之间存在可替代关系，应当认定其存在于同一市场中。无论是集中程度高的集体管理作品或制品的许可，还是仅由相关权利人享有权利的作品或制品的许可，从需求者 KTV 经营者的需求角度来看并不存在实质性差异，不应将其划分为不同的市场。对于相关市场是否应将地域范围限定于中国大陆，判决从市场准入入手，结合《音像制品管理条例》及《音像制品进口管理办法》等相关行政法规、规章等规定，认定本案的相关地域市场应界定为中国大陆市场。最终，本案的相关市场应界定为中国大陆类电影作品或音像制品在 KTV 经营中的许可使用服务市场，对双方当事人提出的过于宽泛或过于狭窄的相关市场的划分方式进行了纠正。

同时，判决从音集协的法律地位入手，认为被告音集协所从事的相关类电影作品或音像制品的集体管理，应为其特有的业务范围，具有唯一性的特点。结合现有证据，音集协管理的作品数量显然远远大于上述权利人拥有的作品数量。最后综合KTV行业运作模式等因素，认定音集协在相关市场具有市场支配地位。

判决指出，被告音集协在本案确定的相关市场具有市场支配地位，但具有市场支配地位并不意味着经营者的行为必然不合法，需要综合评估该行为对消费者和竞争造成的消极效果和可能具有的积极效果，进而对其合法性作出判断。判决对音集协要求使用人与其广州天合文化发展有限公司签约的行为性质进行了分析后，指出天合公司并非音集协指定的第三方交易对象，而是代表音集协从事民事行为的委托代理人。此外，判决根据《最高人民法院关于审理因垄断行为引发的民事纠纷案件应用法律若干问题的规定》第8条的规定，明确被诉垄断行为属于《反垄断法》第17条第1款规定的滥用市场支配地位的，原告应当对被告在相关市场内具有支配地位和其滥用市场支配地位承担举证责任。最终认定现有证据不足以证明其实施了《反垄断法》第17条第1款第4项、第5项规制的限定交易、附加不合理的交易条件等涉案被诉滥用市场支配地位的垄断行为。

鉴于该案双方当事人争议较大，承办法官还专门赴国家版权局、中国文化娱乐行业协会等进行了细致的调研，对KTV行业的基本运行规则、行业内各方的诉求及音像节目集体管理的困境等问题听取了较为全面的意见。在此基础上，在判决书中就著作权集体管理组织的有序运行和KTV经营者依法依规经营提出了明确裁判指引，以充分保护类电影作品或音像制品权利人在海量作品许可中的相关权利，推动相关文化产业有序发展。同时，合议庭在判决后，还就发现的音集协在进行音像著作权集体管理活动中存在管理欠规范等相关问题，向其发送了司法建议函，提出了改变著作权许可收费混乱格局、加强管理有序运行，完善著作权许可使用收费标准、健全作品许可使用公示和收费机制，妥善处理著作权许可使用纠纷、构建多元纠纷解决机制等一系列切实可行的建议举措。音集协收到司法建议后高度重视，及时回函感谢法院对著作权集体管理事业的理解和支持，并提出了相应的多项整改举措，如建立卡拉OK版权许可联席会议机制、启动著作权大数据管理系统建设等。同时，音集协表示要继续纠正执业活动中存在的问题，重塑著作权集体管理组织在全社会面前的公益、透明的正面形象，真正发挥著作权集体管理组织促进作品传播和产业进步、平衡权利人与使用者利益的不可替代的桥梁作用。该司法建议获评北京法院系统2020年度优秀司法建议一等奖。该案体现了司法对我国集体管理制度的关切，通过司法指引行业预期，从而实现定分止争维护市场秩序的目的，也体现了司法对国家治理体系和社会治理体系的规范和完善作用，真正实现了案件办理政治效果、法律效果和社会效果的有机统一。

（张晓津，北京知识产权法院法官）

三、专家评析

音集协被诉垄断纠纷案涉及反垄断法与知识产权保护的关系、集体管理组织的性质以及是否构成垄断，KTV曲库歌曲许可使用费的收取、集体管理组织的运行等一系列社会关注的热点、难点问题。从判决中可以看出，北京知识产权法院在审理过程中，充分了解了行业现状及集体管理困境，使得裁判视角更加全面客观，具有更高的站位和更广的视野。判决援引指导性案例，在充分调研KTV经营现状和行业困境的基础上，基于对集体管理制度设计及相关法律的理解，首先明确了音集协作为音像节目的集体管理组织，以自己的名义提供音像节目的使用许可等服务，属于《反垄断法》所规制的经营者，相关集体管理行为应受《反垄断法》规制。接着用近40页的篇幅从需求替代、供给替代、市场准入等角度精准论述，界定了本案的相关市场为中国大陆以类似摄制电影的方法创作的作品及录音录像制品在KTV经营中的许可使用服务市场。而后基于本案被告音集协的法律地位及KTV行业运作模式等，详细论证了音集协是否具有市场支配地位，以及是否构成限定交易、附加不合理的交易条件等滥用市场支配地位的垄断行为等问题。相关市场界定准确，方法科学，判决思路清晰，逻辑严谨，说理充分，语言风格沉稳庄重，充满理性和洞察力，是一篇令人信服的裁判文书。

本案的审理并没有满足于仅解决个案中涉及的法律问题，而是经过对各方当事人的普遍诉求和对集体管理组织制度运行的深刻理解，在判决中明确指出，音集协作为著作权集体管理组织，应当加强集体管理组织的有序运行，发挥其在海量授权使用许可中的天然优势，有效解决权利人与使用者之间就海量作品使用许可与被许可存在的争议和问题，在有效保护类电影作品或音像制品权利人相关权利的同时，积极促进KTV经营者的依法依规经营，推动文化产业有序发展。判决倡导集体管理组织合法有序运行，促进 KTV 经营者依法依规经营，推动文化产业健康发展，对类似案件具有重要参考价值，对促进我国著作权集体管理制度的进一步完善和反垄断法适用规则的进一步明确具有重要意义。该案审理过程中，坚持以人民为中心，实事求是，积极回应社会对我国集体管理制度发展的关切，是对习近平法治思想的生动诠释。北京知识产权法院在判决中重视释法说理、注重实质性解决问题，主动向音集协发送司法建议，强化延伸审判职能，是案件办理政治效果、法律效果、社会效果有机统一的充分体现。司法主动融入国家治理、社会治理体系，强化综合治理，努力做到从源头上治理，从根本上减少案件发生，才能更好地答好司法工作人民满意的时代问卷。

（点评人：易继明，北京市第十五届人民代表大会代表，北京大学法学院教授、博士生导师，北京大学国际知识产权研究中心主任）

（2018）京 73 民初 780 号裁判文书原文

61. 北京百度网讯科技有限公司与苏州闪速推网络科技有限公司不正当竞争纠纷案*

【关键词】

互联网　不正当竞争　互联网专条　正当性

【裁判要旨】

经营者根据其客户需求通过技术手段生成大量非人工编写网页，并将上述网页内容发布到其租赁的“高权重网站”二级目录，用户触发搜索关键词即产生相关页面占据搜索结果首页一条甚至几条搜索结果内容的效果。该行为破坏了搜索引擎的正常收录和排名秩序，增加了消费者信息获取成本，影响用户体验，有悖诚信原则和商业道德，且其行为缺乏具备合理理由，故构成《反不正当竞争法》第 12 条第 2 款第 4 项规定的“其他妨碍、破坏其他经营者合法提供的网络产品或者服务正常运行的行为”。

一、简要案情

原告北京百度网讯科技有限公司（以下简称百度公司）诉称：被告苏州闪速推网络科技有限公司（以下简称闪速推公司）是闪速推网站的运营主体，并通过运营管理系统专门为他人提供设置关键词、推广网页等“万词霸屏”服务。闪速推公司通过“伪原创”、采集、拼接内容等方式，制造“垃圾页面”，使用技术手段，将“垃圾页面”植入第三方网站中，生成“虚假页面”，并将虚假页面与搜索关键词相关联，以达到用户触发搜索关键词，即产生虚假页面占据搜索结果首页一条甚至几条搜索结果内容的效果。闪速推公司的行为严重干扰百度公司提供经营及服务，破坏了搜索生态，且对其他合法、合规网站经营者的正当利益构成破坏，构成不正当竞争。故请求判令：（1）闪速推公司立即停止通过闪速推网站及其发布管理系统向他人提供“万词霸屏”服务；（2）闪速推公司赔偿经济损失及合理支出共计 1000 万元；

* （2021）苏 05 民初 1480 号。

（3）闪速推公司登报刊登声明，消除影响。

被告闪速推公司辩称：涉案行为不构成不正当竞争，请求驳回百度公司的诉讼请求。

法院经审理查明：闪速推公司管理系统具有设置关键词、文章段落、图片，查看发布的文章，以及实时监控其发布的网页在百度搜索结果中的排名趋势、访问量等功能。闪速推公司与几十家“高权重网站”签订了合作协议，由“高权重网站”为其开通信息二级目录服务，其在二级目录项下开展广告业务。

闪速推公司的具体运营模式是找同行业的文章生成伪原创文章，通过公司的管理系统自动组合关键词，将文章发布到合作的“高权重网站”，借助高权重平台提升搜索结果排名，合作期间最低保证一千个关键词在搜索结果首页，通常都是几千个到几十万个的关键词在结果首页。

为调查取证，百度公司以案外人的名义于2021年2月23日向闪速推公司购买了为期3个月的“万词霸屏”服务。截至2021年3月8日，闪速推公司发布的相关网页链接出现在百度搜索PC端1237个、手机端1294个关键词的结果首页；2021年3月10日，在PC端和手机端分别用百度搜索相应关键词，PC端搜索结果首页第3位、第5位、第7位，手机端搜索结果首页第1位、第3位、第5位、第8位、第10位显示闪速推公司发布的位于第三方域名下的广告页面；截至2021年3月23日，闪速推公司发布的相关网页链接出现在百度搜索PC端8735个、手机端8176个关键词的结果首页。在第三方网站中输入闪速推公司设置的关键词进行站内搜索无法搜索到闪速推公司发布的上述相关网页。

百度公司为打击闪速推公司这类售卖目录的行为，采取了更新售卖目录算法、提升召回、针对B2B类页面专项覆盖等一系列行动，识别作弊页面2亿多个。

闪速推公司确认自2017年至2021年五年合计净利润超300万元。

本案一审争议焦点为：（1）百度公司指控闪速推公司涉案行为构成不正当竞争能否成立；（2）如构成不正当竞争，相应的民事责任如何承担。

江苏省苏州市中级人民法院经审理认为：闪速推公司涉案“万词霸屏”的行为构成以技术中立为名，干扰搜索引擎算法、扰乱排序结果的不正当竞争行为，主要从以下方面进行认定：

第一，闪速推公司与百度公司之间存在竞争关系。

第二，闪速推公司通过租赁“高权重网站”二级目录，并将大量关键词及非人工编写页面发布到二级目录等网络技术手段实施涉案侵权行为。

第三，闪速推公司的行为违背了百度公司的意愿并导致百度公司的网络产品或服务无法正常运行。破坏了百度搜索引擎正常收录和2排名秩序，造成引擎算法失准；造成百度公司的机器性能和服务器资源的浪费；影响百度搜索用户体验，降低用户信任。

第四，闪速推公司的行为有悖诚信原则和商业道德。一是闪速推公司为客户生成的相关网页及网页内容多为从网上爬取的相同行业网站内容并通过技术手段短时间内形成大量非人工编写的文章；二是闪速推公司将相关网页植入第三方“高权重网站”，而相关网页的内容与第三方“高权重网站”ICP备案主体并无关联；三是与闪速推公司签约的部分主体并非“高权重网站”的ICP备案主体；四是闪速推公司利用百度公司算法漏洞通过技术手段达成“万词霸屏”的关联效果。

第五，闪速推公司的行为扰乱市场竞争秩序并损害消费者的合法权益。一是影响了其他经营者利用网络开展搜索排序的秩序，将其他通过提高网站质量、网站内容苦心经营自身网站的合法经营者挤压至搜索排序后位；二是影响了“高权重网站”自然排名秩序，在“高权重网站”植入相关网页进行“万词霸屏”排序服务的行为，无论是否能绕过百度公司“蓝天算法”的技术捕捉，均会影响该网站在百度搜索系统中的自然评价；三是影响了互联网信息服务管理秩序，造成“高权重网站”超出了许可或者备案的项目提供互联网信息服务，尤其是个别非经营性网站涉嫌从事有偿服务。从对消费者（网络用户）合法权益的损害来看，闪速推公司涉案行为不仅极大地干扰了用户的正常检索行为，增加了消费者信息获取成本，同时进一步放大了用户因信息不对称被误导甚至欺骗的不良体验，侵犯了消费者的知情权。

第六，闪速推公司的行为缺乏合理理由。一是闪速推公司的行为是商业行为，而非为了保护社会公益或增进消费者福祉的公益行为。二是闪速推公司的行为是违背诚信原则的扰乱行为，而非创设新的有利于消费者的算法或技术行为。

综上，法院判决闪速推公司立即停止涉案不正当竞争行为，在其公司官网刊登声明、消除影响，并赔偿百度公司经济损失270万元及为制止本案侵权行为所支付的合理开支53 000元，共计2 753 000元。

一审判决后，双方当事人均未上诉，一审判决已发生法律效力。

二、撰写心得

网络空间是亿万民众共同的精神家园。维护互联网的良好秩序是广大民众的共同心声。近年来，伴随我国数字经济的快速发展，互联网领域各种新型不正当竞争行为不断涌现。本案系我国首例涉“万词霸屏”干扰搜索引擎算法的不正当竞争纠纷，引起了学界和实务界的广泛关注，有学者称本案会成为未来网络搜索引擎领域“里程碑式”的判决。本案首次认定以技术手段干扰、操纵搜索引擎自然搜索结果排名的行为构成不正当竞争。

（一）理念引领：多元利益的综合平衡

竞争方式的多样化与行为主体利益诉求的多元化使得互联网不正当竞争案件伴随着错综复杂的利益纠葛，而利益冲突的本质是法的价值之间的冲突。反不正当竞争法规制竞争行为旨在寻求经营自由与竞争公平之间的平衡，兼顾效率与公平，实现市场竞争秩序、消费者合法权益及经营者合法权益的共融。

具体到本案，首先，法院充分考量了消费者作为网络服务用户的知情权和使用体验因“万词霸屏”不正当竞争行为所遭受的负面影响。相较于网络服务内容提供者，作为普通网络用户的消费者处于严重的信息劣势地位，很容易被人工干扰的搜索排名结果欺骗和误导。闪速推公司被诉行为无疑增加了消费者的信息获取成本，使其需要花费更多时间和精力对搜索结果进行辨认，而这种追溯、识别对普通消费者而言是非常困难的。

其次，就经营者利益而言，闪速推公司干扰排名行为对百度搜索引擎的损害极大。根据在案证据显示，仅一周之余，其已对百度搜索的电脑端造成1237个搜索关键词触发即霸占（一个关键词触发多个相同搜索结果）百度搜索结果首页的效果，手机端更是高达1294个。百度公司需要额外花费研发资源去识别、排除干扰行为，仅2021年下半年已识别相关作弊页面超过2亿个。更为严重的是，被干扰过的搜索结果不仅降低了消费者对百度搜索的信任，而且严重伤害了百度搜索的商誉。

最后，考察社会公共利益，如果允许类似本案闪速推公司所采取的“万词霸屏”手段进行商业推广，其他未购买排名服务、苦心经营自身网站的合法经营者无疑将会被挤压至搜索排序后位，“高权重网站”因被植入推广网页而影响了其正常的自然排名秩序，甚至出现了个别非经营性网站涉嫌从事有偿服务，公平有序的互联网市场竞争秩序难以得到保障。闪速推公司以“万词霸屏”的“注水”方式，强行向全社会共同“饮用”的“信息流”中掺杂不实信息，污染了互联网整体信息环境，难辞其咎。

（二）标准把握：干扰搜索引擎算法行为正当性的判断

2017年修订的《反不正当竞争法》增加了专门的“互联网条款”，即

《反不正当竞争法》第 12 条，该条列举的行为方式覆盖面有限，司法实践中大量互联网新型不正当竞争案件，通过互联网专条兜底条款进行规制。本案裁判在尊重技术规律与市场规律的基础上，细化了互联网专条兜底条款的适用要件，明确互联网新型不正当竞争行为的认定标准，准确厘定市场竞争行为"正当与否"的规则边界，为同类案件的审理提供了可参考借鉴的经验。

首先，被诉行为违反诚信原则。其一，其生成网页的内容系从同行业网站上爬取并通过技术手段生成，而非人工编写而成；其二，将生成网页植入与其 ICP 备案主体无关联的第三方"高权重网站"；其三，利用百度公司的算法规则，将生成网页与搜索关键词关联，以达到"一触即发""万词霸屏"的效果。此种行为系以虚假、钻营的技术手段实现不正当的经营目的，违背了科技文明向善的诚信底线。

其次，被诉行为违背公认的商业道德。商业道德是特定商业领域普遍遵循和认可的行为规范。搜索引擎行业的商业道德可以根据经营者之间是否具有依附关系、是否扰乱市场竞争秩序、是否损害网络用户合法权益以及搜索行业的商业惯例等角度予以综合判断。本案中，闪速推公司租赁"高权重网站"二级目录创设网页进而"万词霸屏"干扰搜索排序的行为，不仅妨碍了网络用户获取信息的准确性和快捷性，更使得百度公司为克服上述行为带来的负面效应被迫投入大量资源进行抵制，造成了技术资源浪费。闪速推公司完全出于"利己"而以不合理的"损他"手段挑战了行业公认的商业道德，其行为难谓正当性。

最后，被诉行为主观上具有恶意。在市场经济条件下竞争利益受损并不必然构成不正当竞争，当且仅当竞争行为违反诚信原则和商业道德，扰乱市场竞争秩序，损害消费者合法权益，并缺乏合理理由时，才构成不正当竞争。闪速推公司提供"万词霸屏"服务实为商业牟利，而非保护社会公益或增进消费者福祉；其无正当理由利用百度公司算法漏洞，非为创设新的有利于消费者的算法或技术；其爬取同类合法经营者相关劳动成果并影响搜索引擎的正常排名，对其他经营者、消费者和市场秩序均产生了消极效果，主观上具有明显的"恶意"。最终，法院依法认定闪速推公司涉案行为具有不正当性，应受到反不正当竞争法规制。

（三）延伸司法：司法助力共建清朗网络空间

在审理本案过程中，我们发现部分地方新闻网站将二级目录租赁给闪速推公司，从事"万词霸屏"排序行为。该行为不仅严重损害了相关部门的形象和声誉，而且极容易引发网络安全问题。"万词霸屏"实施方还通过技术手段进行了反侦查设置，相关的商业网页只能被搜索引擎蜘蛛抓取，无法通过网站自身进行检索，增加了地方新闻网站自我发现问题和纠错的难度。法院积极延伸司法，向相关新闻网站主管部门发送司法建议。相关部门收到司法建议后，高度重视，采取了一系列措施进行整改，并主动向法院进行了反馈。一方面，立即终止了与网站运维方的合同关系，规范网站管理秩序；另一方面，委托专业机构对地方新闻网站进行全方面风险排除，同时对市属政府、企业、行业等网站进行全面排查，严厉打击“万词霸屏”等网络黑灰产。此外，专门举办网络安全宣传周活动，通过展览、论坛、竞赛、公益广告等多种形式，线上与线下充分结合，发动各方力量广泛参与网络安全宣传教育活动，营造全社会共筑网络安全防线的浓厚氛围。

本案司法建议不仅助力相关单位全面加强网站管理，营造风清气正的网络空间，而且形成了全社会打击网络黑灰产的合力，推动互联网在法治轨道上健康运行，确保社会主义核心价值观“不掉线”。

本案以社会主义核心价值观为引领，剑指互联网灰黑产业，彰显了人民法院营造风朗气清网络空间的力度与决心，对于拓宽黑灰产业监管治理途径具有积极意义。本案严密的逻辑推理和缜密的论证说理，赢得了双方当事人的信服。本案判决送达后，当事人双方达成了和解协议，维护了判决权威。本案被《人民法院报》《中国经济周刊》等众多主流媒体报道，入选江苏法院 2022 年度十大典型案例，被写入江苏省高级人民法院人大工作报告，并被作为典型案例在 2023 年全国两会《大法官访谈》节目中提及。

（徐飞云，江苏省苏州市中级人民法院法官）

三、专家评析

本案被业界称为“全国万词霸屏生效裁判第一案”，系首个涉及“霸屏”服务即通过自动生成大量包含有目标关键词的推广网页从而提升客户在门户搜索网站排名这一行为法律定性的案件，案件明晰了合法的网络搜索结果排名类经营服务与不正当竞争行为的法律边界。本案的典型意义与借鉴价值主要体现在以下三个方面。

（一）案件类型新颖，裁判文书说理充分，为其他同类案件的处理提供了指引

本案中被诉行为是被告公司以技术手段改变百度搜索引擎原有的搜索结果显示排名规则。搜索引擎已成为社会公众快速获取有效信息的首要工具，这就要求网络产品服务提供者利用搜索引擎开展经营活动时，应当遵守诚信原则和公认的商业道德。审理法院通过引入《反不正当竞争法》第 2 条中关于商业道德与诚信原则的条款，结合第 12 条“互联网专条”兜底条款对被告公司商业模式的不正当性与非法性进行了全面深入的分析。法院从六个方面详细论证了被诉行为不能被解释为一种正常的经营服务，而应认定为构成不正当竞争。本案探索了互联网不正当竞争专条的构成要件、确立了搜索引擎二次开发领域商业道德的认定规则，拓宽了互联网不正当竞争适用的领域和范围。此外，还尝试了竞争行为合理性判断的标准，为同类案件的审理提供了可参考借鉴的经验。

（二）案件裁判价值导向正确，权益分析到位，弘扬了社会主义核心价值观

在该案中，法院不仅关注当事人双方的合法权益，更重要的是注重对广大互联网用户群体、其他互联网经营者等多元利益主体的保护和整个互联网健康有序发展生态的维护。法院在判决书中强调“网络空间不是法外之地”，以鲜明立场向社会彰示，在互联网时代，网络经营者必须坚持科技文明向善，守住法律底线、诚信底线和社会主义核心价值观底线。案件裁判对于打着技术中立旗帜行不正当竞争之实的行为进行了有力打击，维护了网络用户的合法权益、健康有序的搜索生态和互联网秩序，有助于营造风清气正的网络空间。

（三）紧紧围绕“公正和效率”，为大局服务、为人民司法

该案中被告公司租赁“高权重网站”二级目录进行“万词霸屏”，其中被租赁的“高权重网站”中存在一部分地方新闻网站，这不仅严重影响相关部门的形象和公信力，更是容易引发极大的网络安全问题。法院积极延伸审判职能，针对案件审理中发现的网络监管漏洞问题，及时向有关部门提出司法建议，助力相关部门弥补网络安全管理漏洞，防范化解网络安全风险，实现了“办理典型一案，助推行业规范治理”的良好效果。本案是人民法院持续推进网络空间治理，充分发挥司法建议促进社会治理作用、凝聚社会治理合力的生动实践。

（点评人：张晓阳，江苏省高级人民法院审管信息处副处长）

（2021）苏 05 民初 1480 号裁判文书原文

62. 红牛维他命饮料有限公司与眉山市万佳来鹤商贸有限公司、四川富顺天菊食品饮料有限公司、南岸区兴久源酒水经营部及第三人天丝医药保健有限公司擅自使用知名商品特有包装、装潢纠纷案*

【关键词】

商标许可合同　包装装潢　权益归属

【裁判要旨】

商标许可人与被许可人未约定权利归属的商品装潢在持续使用中所产生的相关权益，人民法院在进行分配时，应综合考量商标许可人与被许可人的权益分配，既应尊重许可人就近似商品装潢享有的在先商标权，又要考虑商品装潢的实际使用情况。商标许可人在商标许可使用合同签订前，已在同种商品上使用与被许可人使用的商品装潢近似的商品装潢，且又就该主体部分为被许可商标的商品装潢注册了平面和立体商标的，如果双方未就该商品装潢之权益归属作出明确约定，即使被许可人对提升该商品装潢的市场知名度作出了贡献，人民法院也不宜认定被许可人享有该商品装潢的权益，以避免与许可人已注册的商标权产生冲突。

一、简要案情

本案系商标许可合同引发的涉及后续商品包装装潢权归属的擅自使用知名商品特有包装、装潢纠纷案件。

红牛维他命饮料有限公司（以下简称红牛公司）自1995年12月成立以来，即生产、销售名为“红牛维生素功能饮料”的产品，并在业内拥有极高的知名度。红牛公司发现，眉山市万佳来鹤商贸有限公司委托四川富顺天菊食品饮料有限公司生产了一款名为“Thailand Red Bull 维生素能量饮料”的产品，并经由南岸区兴久源酒水经营部等多种途径进行了推广和销售。被控侵

---

* （2019）渝民终2155号。

权产品采用了与红牛维生素功能饮料近似的商品装潢。天丝医药保健有限公司（T. C. Pharmaceutical Industries Co.，Ltd.，以下简称天丝医药公司）于1996年将其享有商标权的第878072号商标许可给红牛饮料公司独家使用，许可期限至2016年10月6日止。天丝医药公司在商标许可前已在其生产销售的红牛金罐饮料上使用了与涉案商品装潢近似的装潢。2011年，天丝医药公司又将涉案商品装潢注册为第5035426号、第5035427号平面商标及第11460102号立体商标。涉案商品装潢的主体部分即为天丝医药公司的注册商标。

红牛公司向法院起诉请求眉山市万佳来鹤商贸有限公司等三被控侵权人停止不正当竞争行为，赔礼道歉，消除不良影响，并赔偿经济损失1000万元及合理费用10万元。一审法院认定三被控侵权人不正当竞争行为成立，并支持了红牛公司关于停止侵权、赔礼道歉及赔偿损失的诉请。二审审理中，天丝医药公司申请以无独立请求权第三人身份参与本案诉讼并述称其对涉案商品装潢享有权益。

二审法院审理认为，商标使用合同未对涉案装潢的权益归属作出约定，而天丝医药公司在红牛公司使用涉案装潢前已在同种商品上实际使用了近似的商品装潢，且涉案装潢的主体部分即为天丝医药公司享有商标权的注册商标。此外，天丝医药公司之后又将涉案装潢注册了平面商标和立体商标。虽然作为涉案金罐红牛饮料产品的实际经营主体，红牛公司通过多年持续、大规模的宣传和使用行为，显著地提升了金罐红牛产品的市场知名度，对涉案装潢权益的形成作出了重要贡献，但红牛公司在其持续十多年的经营中也获得了很大的收益。在红牛系列商标许可使用合同中并未对涉案装潢的权益归属作出约定的情况下，综合考量天丝公司享有的相关商标权利、涉案装潢的使用情况等因素，涉案装潢的权益应归属于天丝医药公司。二审法院遂对一审判决予以纠正，驳回了红牛公司的全部诉讼请求。

二、撰写心得

获得第五届全国百篇优秀裁判文书奖，这份沉甸甸的荣誉，是对笔者法坛耕耘三十多年辛勤付出的肯定，更是笔者职业生涯的最高奖项。借此机会，就民事裁判文书写作谈谈体会。

（一）态度是决定能否出精品裁判文书的关键因素

撰写一篇优秀的裁判文书，并没有特殊的窍门和捷径，态度才是决定能否出精品裁判文书的关键因素。裁判文书是完整反映诉讼争议和裁判结果的最终载体，体现着司法机关对个案的法律裁量、价值判断，代表国家强制力对涉诉当事人权利义务的终极决断，非经法定程序不得撤销。裁判文书通过对案件争议事实分析认定、对法律规则的选择适用，使“纸上的法律”变成鲜活的法律。对法官而言，裁判文书作为司法流水线上的终端产品，展现了法官的司法态度，是法官公正品性、职业素养、社会良知的宣示。对当事人而言，裁判文书与其利害攸关，是他们了解法官审判过程、明确法律适用、知悉审判结果的有效途径。对社会公众而言，裁判文书所确定的裁判规则能够指引更多的潜在“当事人”，行公序善良、依法合规之事。裁判文书还是最好的法治宣传阵地。作为法官，一定要端正态度，将法律文书的质量提高到案件质量、法官业务素质和公正司法的高度来认识，才能写出格式规范、用语专业、繁简得当，逻辑严谨、层次分明、说理充分的优秀裁判文书。

（二）全面掌握案情、吃透案件逻辑关系，是撰写好裁判文书的基础

案件事实是明确当事人之间的民事权利义务关系、确定当事人民事责任的前提，因此裁判文书首先应对案件事实进行判断、认定。案件事实是“过去”的事实，只能由法官通过庭审，运用证据规则、经验法则对证据的证明力进行论证，推导出最接近客观真实的法律事实，使已成为“历史”的客观事实得以重现。首先，要研透案卷卷宗。判定案件事实最有力的依据就是案卷卷宗，仔细研究卷宗，反复推敲证据材料，便于法官更理性地判定案件事实。笔者在办理（2019）渝民终2155号案件时，因第三人天丝医药公司申请以无独立请求权第三人身份参加本案二审审理，并向法庭提交了大量涉案包装装潢涉及第878072号商标的证据，笔者不仅需要研透一审卷宗材料（摞起来80公分高），还要研透天丝医药公司提交的材料。为了全面、准确地了解案件事实，笔者花费大量时间仔细研读卷宗材料，罗列相关商标的注册时间、使用情况、使用地域等，反复推敲证据材料，做到心中有数。其次，做好庭审工作、用好庭审笔录。庭审笔录是对庭审过程的全面记载，要想写好裁判文书，就须以庭审笔录为根据，通过当事人陈述及对证据的认定，来还原和判定案件事实。办理（2019）渝民终2155号案件时，由于证据多，光证据交换的时间就用了一整天。庭审中，我们严格按照程序开庭，对阅卷时发现的问题及疑问仔细询问，书记员全面记载了庭审全过程，为写好裁判文书打下了坚实的基础。最后，事实构建要区分证据所反映出的生活事实和法律事实。裁判文书中所要记载的只是法律事实，亦即法律上发生效果的事实。要剔除与案件无关的事实。只有与案件有关的在法律规范适用上有意义的事实才是裁判文书中所要认定的事实。撰写（2019）渝民终 2155 号判决书时，笔者摒弃了以前那种罗列证据的做法，对当事人有争议的证据进行分析和认证后直接将认定的法律事实进行记载。

（三）运用法治思维、依法论证说理，是撰写好裁判文书的重中之重

裁判理由的论证是裁判文书公正性的核心，是连接案件事实与判决结果的桥梁，是法院在认定事实的基础上，对案件的性质、当事人之间民事关系和责任，通过法律逻辑推理得出的处理结论。裁判文书说理对于败诉者的意义远远大于胜诉者的意义。胜诉者往往坚信自己的立场正确无疑，而败诉方往往会急于知道他们为什么会输，输在什么地方。因此，充分、透彻的说理有利于增强说服力，有利于定分止争，有利于体现司法的公正性和保障当事人的合法权益。以这次获奖文书为例，在这篇擅自使用知名商品特有包装、装潢纠纷一案的判决书中，笔者针对案件的争议焦点红牛公司是否对涉案包装、装潢享有权益进行了充分的说理。从商标许可使用合同是否曾对涉案装潢的权益归属作出约定；天丝医药公司是否在红牛公司使用涉案装潢前先行实际使用了涉案装潢；已有判决内容对装潢权益归属认定的影响等方面进行了详尽分析，从而认定涉案装潢的权益应归属于天丝医药公司，明确了未约定归属的商品装潢利益分配的裁判规则，释放出平等保护国内外经营者合法权益的积极信号，对助推建设一流市场化、法治化、国际化营商环境，促使我国企业走中国特色自主创新道路具有重要意义。

（四）严谨性和精练性是写好裁判文书的灵魂

撰写裁判文书一定要严谨，援引相关的法律文件、卷宗相关合同文件等一定要做到相关的用语和句式，原汁原味，时刻注重与原始的文本对标对表。裁判文书文字语言应通俗易懂、法言法语简明扼要，切忌晦涩论理，旁征博引，长篇大论；案件事实应简单明确，突出争议焦点，让人一目了然，看懂裁判思路；裁判说理要紧扣争议焦点，适法精确，观点鲜明，切忌将当事人观点大段引用，裁决事项与当事人争议脱节，裁判观点含糊其词。写完初稿后，应仔细审阅，剔除不必要的词句。简洁的作品才有力量。同时应避免使用那些可有可无，极易引发当事人及社会公众误解的词语和句子，确保每个字都言之有物。

（五）学习借鉴优秀裁判文书是提高裁判文书写作效率和质量的保证

好的裁判文书一定是站在巨人的肩膀之上。在工作中要时常阅读最高人民法院公布的优秀裁判文书，以及所在法院和所在庭室公认的写得很好的裁判文书，及时归纳总结优秀裁判文书的推理论证方式和过程，通过不断地学习借鉴和经验总结提高自己的写作技巧和水平。

（周敏，重庆市高级人民法院法官）

三、专家评析

商标许可引发的后续商品包装装潢权归属，是司法实践中争议较大的问题。这类案件通常伴随商业标识的混同、长期合作的破裂以及由此引发的重大利益之争。因此在处理此类案件时必须抱有审慎明思的态度，把握好“利益平衡”的标尺，充分运用能动履职的智慧，才能合理确立公平公正的利益分配规则。

从实体结果看，本案是继加多宝“红罐”包装装潢案后又一商标标识领域的重大案件，具有较强的指引作用。第一，本案确立了未约定归属的商品装潢利益分配的裁判规则。在后商标被许可人在商品包装装潢及其知名度上具有较大贡献，但本案并不能直接适用“贡献原则”判定为商标权利人与许可人共有。通过梳理涉案商标标识与涉案商标包装装潢标识的国内外发展变迁，本案发现了两处关键事实：（1）在商标许可人与被许可人签订商标许可使用合同前，商标许可人已在同种商品上使用与被许可人使用的商品装潢近似的商品装潢，且还就该主体部分为被许可商标的商品装潢注册了平面和立体商标；（2）在许可前，涉案品牌已经形成了相当的品牌知名度和市场价值，是涉案包装装潢产品知名度“得以产生、延续和发展的重要基础”。因此，涉案包装装潢权益判归商标许可人所有更符合法理情理，亦能避免与现有注册商标权产生冲突。第二，较好地平衡了商标许可人与被许可人的权益分配。本案实质为经济利益之争，判决书明确肯定被许可方具有重大贡献，但此种贡献已得到了相应的对价回报，即“红牛公司在其持续十多年的经营中也获得了很大的收益”。

从价值导向上看，本案是我国平等保护中外经营者合法权益的典型案例，具有正向的激励作用。法治是最好的营商环境。本案原、被告虽均为国内主体，但第三人系商标许可人天丝医药公司，其产品出口至世界各地，本案商品包装装潢权益归属将直接影响其在中国市场的发展，因此本案审理具有一定的国际意义。本案判决严格贯彻“平等保护”理念，通过厘清涉案商品包装装潢权益归属有效实现了外国权利人与国内商事主体利益纠葛的定分止争，有利于持续优化我国营商环境，有力提升了外国企业来华投资经营的信心。

从文书形式上看，本案判决亦是一篇行文流畅、说理充分、格式规范的优秀文书，具有较强的样本意义。在事实查明部分，严格认定无独立请求权第三人提交的大量新证据，摒弃了罗列证据材料、质证意见的传统做法，仅对当事人有争议的证据进行分析和认证，其后直接将认定的法律事实进行记载，层次分明、重点突出。在释法说理部分，清晰明确归纳了五项案件争点，并从商标许可使用合同是否曾对涉案装潢的权益归属作出约定、天丝医药公司是否在红牛公司使用涉案装潢前先行实际使用了涉案装潢，以及已有判决内容对装潢权益归属认定的影响等多方面进行了涉案装潢权益归属的说理，审判思路清晰，逻辑结构严密，传递了诚信、公平的裁判理，打造了具有典型性和示范性的案件审判结果。

（点评人：李晓秋，重庆大学法学院教授、博士生导师，重庆市法学会知识产权法学研究会副会长）

（2019）渝民终 2155 号裁判文书原文

63. 西安彩虹星球文化科技有限公司与新疆雪山果园食品有限公司商业诋毁纠纷案*

【关键词】

测评类短视频　比较广告　误导性信息　商业诋毁

【裁判要旨】

市场主体为推销自身商品或者服务，制作传播针对竞争对手的测评类短视频，属于发布商业性比较广告的行为。在测评过程中，商品或服务提供者为竞争目的，无视国家、行业有关标准，采取片面的、以凸显自身优势、散布竞争对手劣势为主的直接比较方式，使相关公众对竞争对手的实际品质产生误解，损害其商业信誉与商品声誉的，应当认定为编造、传播误导性信息，构成商业诋毁。

一、简要案情

西安彩虹星球文化科技有限公司（以下简称彩虹星球公司）成立于2015年11月13日，经营范围包括预包装食品的生产、食品的销售等，其名为“彩虹星球安全食材”的抖音短视频自营账户“deek3312”（现已变更为“CaiHongXingQiu”）粉丝量较大，具有一定影响力。新疆雪山果园食品有限公司（以下简称雪山果园公司）成立于2012年12月11日，经营范围包括糕点、面包制造，饼干及其他烘焙食品制造，米、面制品制造等。二者均从事列巴产品的生产经营活动，属于存在同业竞争关系的经营者。彩虹星球公司制作并在其抖音平台账户上发布了短视频《三招挑选优质列巴》，视频中对包括彩虹星球公司经营的“彩虹黑麦列巴”和雪山果园公司生产的“鹰嘴豆黑麦坚果列巴”“黑麦鹰嘴豆黑芝麻坚果列巴”在内的数款列巴产品进行比对评测。对比中，主播在指向雪山果园公司产品时使用“它不是纯的黑小麦”“同时它用了一个植物炭黑的色素，也就是说它的颜色实际上是染出来的”“这个

* （2021）陕民终392号。

用的是黄油，只是普通的黄油”等内容，在指向彩虹星球公司产品时使用“只有黑麦粉没有其他的小麦粉”“我们彩虹列巴用的是安佳黄油，安佳黄油是最好的黄油”等内容。视频播放过程中，当用户点击视频左下角购物车，页面跳转到“彩虹星球合作社官方旗舰店”，可下单购买彩虹星球公司经营的“彩虹黑麦列巴/无蔗糖黑麦列巴”。雪山果园公司认为彩虹星球公司此举损害了其商业信誉与商品声誉，遂提起本案诉讼，请求判令：（1）彩虹星球公司立即删除其在抖音短视频平台名为“彩虹星球安全食材”的自营账号发布的涉案视频；（2）彩虹星球公司自涉案视频删除之日起，连续60日在抖音短视频平台名为“彩虹星球安全食材”的自营账号以及全国范围内发行的报刊上发布致歉声明（版面不小于9cm×14cm），致歉内容需要经过雪山果园公司同意，相关费用由彩虹星球公司承担；（3）彩虹星球公司赔偿雪山果园公司经济损失及合理费用共计10万元；（4）本案诉讼费由彩虹星球公司承担。

西安市中级人民法院一审认为彩虹星球公司发布的短视频内容足以使视频观看者得出彩虹星球公司产品优于雪山果园公司产品的结论，从而达到贬低雪山果园公司产品、抬高彩虹星球公司产品的目的，属于片面强调真实的事实，引人误解，并导致损害竞争对手商业信誉、商品声誉的情形，该行为构成商业诋毁，综合当事人对侵权受到的实际损失以及侵权获利的举证情况，判决：一、彩虹星球公司于本判决生效之日立即删除其抖音短视频平台账户“CaiHongXingQiu”中的名为《三招挑选优质列巴》的短视频。二、彩虹星球公司于本判决生效之日起10日内在其抖音短视频平台账户“CaiHongXingQiu”中发布道歉声明。道歉声明内容必须经法院审核确认，时间不少于15秒，连续发布30日。三、彩虹星球文化公司于本判决生效之日起10日内向雪山果园公司支付经济损失及合理费用共计8万元。四、驳回雪山果园公司其余诉讼请求。

彩虹星球公司不服，上诉至陕西省高级人民法院。陕西省高级人民法院二审认为，本案争议焦点为：（1）彩虹星球公司的行为性质；（2）彩虹星球公司是否存在商业诋毁行为；（3）如彩虹星球公司存在商业诋毁行为，一审判决的民事责任承担是否适当。彩虹星球公司依托抖音平台，利用大数据算法，通过传播短视频推销旗下经营的“彩虹黑麦列巴”，以同类商品的横向测评，彰显自身商品竞争优势，影响消费者评价、购买决策，是针对竞争对手发布比较广告的行为。在案涉视频中彩虹星球公司并未采取或参考国家或行业的相应标准和方法，而是从自己经营的“彩虹黑麦列巴”的产品特点出发，有针对性地仅就产品是否采用了纯黑小麦、安佳黄油，核桃去皮方式进行片面的比对，忽略了产品的水分、酸度等重要客观数据，回避了生产工艺、消费群体、感官口味等影响产品风评的其他诸多因素，这样的评测标准和方法显然是不严谨、不科学、不客观的，其目的难言正当，结果的中立性、公正性也必然存在偏差。同时，该行为破坏了公平竞争、规范有序的市场秩序，有违诚信原则和一般商业伦理道德，不符合社会主义核心价值观的基本导向。故判决：驳回上诉，维持原判。

二、撰写心得

裁判文书于法官而言，是办案工作的最终书面总结；于当事人而言，是司法机关对其法律纠纷的解决方案；于社会公众而言，是指引规范其民事活动的行为指南。对内，裁判文书是严谨的办案工作报告；对外，也是法官对当事人在内的社会公众就个案情况及相关法律问题交出的一份释法明理的答卷，具有司法强制力。因此，在撰写裁判文书时，应兼顾专业性与可读性，实现裁判文书的争议解决功能与示范指引作用。

（一）体例完整规范、语言精准流畅是撰写裁判文书的基本要求

裁判文书的体例设计体现了法官的办案思路，从当事人身份信息、审理过程、诉请及答辩意见、举证质证及认证、事实认定、争议焦点总结与分析到最后作出判决，每一个环节都不可或缺，并要在形式完备的基础上注重内容的完善和语言的优化。如本案中，精简明确的上诉请求、答辩意见及其事实与理由是基于法官撰写裁判文书时对其大篇幅文字的整理，否则可能导致裁判文书过于冗长、口语化。同时，细节决定成败，注意引用的依据合法有效、标题序号格式统一、同一事物前后表述一致、遣词造句准确严谨等。初稿写完后要耐心反复校对，以免“千里之堤溃于蚁穴”。

（二）论证逻辑严密，说理充分透彻是撰写裁判文书的核心要求

根据本案商业诋毁纠纷的办案经验，可以从以下几个方面考虑：

1. 结合经济背景，明确涉案行为的法律性质。彩虹星球公司发布该则短视频行为是否构成商业诋毁是本案的核心争议点，彩虹星球公司在上诉理由中强调视频制作初衷及涉案视频内容选定均没有侵犯他人商誉之恶意，视频内容不包含任何侵害第三方商业信誉或商品信誉之情形，不具有针对性。判断的难点在于该行为在数字经济背景下以测评视频为名，为自己披

上了维护食品安全、传递健康食品知识的社会公益外衣，然而“短视频+带货”的新型电商营销模式才是其本质。本案从彩虹星球公司行为性质定性出发，分析其行为的法律性质为比较广告，而后探讨该行为是否构成商业诋毁，最后论述彩虹星球公司的责任承担问题，层层递进，力求对双方二审诉辩主张和原判审理情况进行精准概括，对本案争议焦点问题进行全面回应，详细分析与双方二审分歧相关的事实认定和法律适用，才使结论有理有据。

2. 抓准核心矛盾，着重体现涉案行为的违法性。首先将对商业诋毁这一不正当竞争行为的判断与一般侵权行为根本区分开，着眼于行为本身，关注其是否扰乱市场竞争秩序和其他经营者合法权益。在对彩虹星球公司的行为是否构成商业诋毁的论述中，没有像往常文书中概括性地按照构成要件进行分析，而是对其各个行为分别论述，从行为特征分析其不正当性，更加具有说服力和可读性。既结合有关法律法规规定和法学基本理论，又兼顾了一般社会群体理解裁判文书的需要。于是该篇文书公开后，很多法学学者与实务人员均发表文章对该案文书进行分析，且以肯定性评价为主。

3. 勇于直面问题。司法裁判在某种意义上是一种价值判断活动，事实认定和法律适用中都受到法官自由裁量的影响，对证据认证与否的理由、争议焦点的论证往往是当事人最关心的内容。但对于裁判理由的论述要讲究方式方法，既不能过于简单显得敷衍，又不能太过烦琐复杂引发不必要的联想。本案裁判中，对当事人的主张概括成争议焦点进而进行回应，但并没有完全按照当事人的思路去逐一回应，这样既防止了说理的重复冗余，也更容易使当事人信服。

4. 将社会主义核心价值观融入裁判文书释法说理，体现了司法裁判的规则引领和价值导向作用。本案裁判挖掘法律规定本身所蕴含的社会主义核心价值观的内在要求，找到法律规定与社会主义核心价值观的关联点。在释法说理时，结合当事人的具体行为先行释明规范性法律文件的相关规定，再结合法律原意，运用社会主义核心价值观进一步明晰法律内涵、论述裁判理由，使法律规定和社会主义核心价值观相得益彰，合力倡导社会公众遵循诚实守信的社会主义核心价值观，特别是在互联网竞争环境下，对引领新业态新领域健康发展起到了很好的导向作用。

此外，撰写裁判文书非一日之功，也非一人之功。一方面，究其根本应当重视庭审功能。庭前完整阅卷、充分准备，才能在庭上对有遗漏或者有争议的事实精准发问，从而在裁判文书上呈现清晰的事实认定；庭中集中注意力关注当事人的诉求和主张，才能总结具体有效的争议焦点，完善裁判说理论证，提高庭审效率，最终实现裁判文书的争议解决功能。倘若庭审沦为形式，仅在审限将至时匆忙拼凑出一份判决书，是难以达到这一要求的。另一方面，注重团队合作与借助法律人整体的力量。优秀裁判文书是合议庭集体智慧的结晶，应杜绝“合而不审”“合而不议”的现象，合议庭成员的专业特长、合议中的观点碰撞对提高裁判质量起到了重要的积极作用。同时，除了现行法律及司法解释的检索，检索其他相关法律文件、类案裁判文书以及相关权威学术论文的重要性也不容小觑。尽管不能在说理中直接援引，但相关法律文件及论文可以帮助法官深化对现行法律的理解；另外，类案检索虽然已经成为法官办案的一项工作要求，但实践中还存在检索不全面、分析不透彻的现象，除了应当参照指导性案例作出裁判，对于其他类案，关键在于类比和对比，在共同点基础上寻找差异，以辅助完善裁判思路，确保同类案件运用社会主义核心价值观释法说理的一致性，统一法律适用，提高司法公信力。

（吴娜，陕西省高级人民法院法官）

三、专家评析

商业诋毁是《反不正当竞争法》第 11 条规定的一种典型的不正当竞争行为。其行为表现是编造、传播虚假信息或者误导性信息。其后果是损害竞争对手的商业信誉、商品声誉，既包括造成实际损害，也包括造成损害的可能性；既包括造成直接利益损失，也包括造成潜在利益损失（如丧失交易机会、降低议价能力等）。市场经营活动中，部分经营者采取诋毁、贬低竞争对手的商业信誉的手段来削弱竞争对手的市场竞争能力，并以此谋取非法利益，严重危害公平竞争秩序，必须予以严厉打击。近年来，短视频异军突起，以“短视频+带货”为核心的新型电商营销模式，已成长为数字经济背景下的典型业态。一些市场主体违反商业道德和诚信原则，发布不实或误导性短视频，以对产品测评之名行营销之实，不仅误导消费者，伤害了用户信任，更严重损害了竞争对手商誉，破坏了互联网公平竞争的市场秩序。

该案裁判文书通过严谨的说理，廓清了市场主体发布测评短视频的性质，明确了该类行为的法律边界，有利于引导商业主体在市场竞争中遵循诚信的基本准则，对规制短视频带货中的不正当竞争现象，营造公平竞争、有序发展的互联网市场经济环境具有重要意义。整篇文书说理透彻，逻辑严密，论证充分，对于同类案件具有较强的示范和指导意义。

（点评人：李晓鸣，西安交通大学副教授）

（2021）陕民终 392 号裁判文书原文

64. 腾讯科技（深圳）有限公司、深圳市腾讯计算机系统有限公司与青岛软媒网络科技有限公司商业诋毁纠纷案*

【关键词】

不正当竞争　商业诋毁　正当评论　商业信誉

【裁判要旨】

竞争对手发表的评论系根据权威媒体相关报道，对经营者的经营行为进行评价，即使有些用语过于犀利，但并未编造、传播虚假信息和误导性信息，不会误导公众，仍属于评论的范围，不应认定构成商业诋毁。

一、简要案件

青岛软媒网络科技有限公司（以下简称软媒公司）在其注册或运营的“IT之家”网站发表了作者为“汐元”的文章《做社交，腾讯逼的》，通过引述《子夜》反面人物赵伯韬、《孟子》“必求垄断而登之，以左右望而网市利”等诸多事例，使用了“垄断”“区别对待”“地下组织”“腾讯逼的”“封杀”“逃避竞争”等言辞较为激烈的词语对微信进行了评论。该文章后面的评论区，有对深圳市腾讯计算机系统有限公司（以下称为腾讯公司）的负面评论。该篇文章先后在软媒公司所有的“IT之家”微博、“IT之家”今日头条号、“IT之家”微信公众号、“IT之家”手机客户端上发表，并被众多媒体网站转载。腾讯公司认为该文章构成商业诋毁的不正当竞争，请求法院判令软媒公司停止侵权、消除影响，赔偿经济损失及合理开支300万元。

本案争议焦点：（1）软媒公司是否属于与腾讯公司具有竞争关系的经营者；（2）软媒公司是否编造、传播虚假信息或者误导性信息；（3）软媒公司的行为是否损害了腾讯公司的商业信誉和商品声誉。

青岛市中级人民法院经审理认为，当事人双方均从事与计算机网络有关

---

*（2020）鲁民终579号。

的行业，故双方之间构成竞争关系。在法律没有禁止性规定，且不违反公认商业道德的情况下，市场经营主体有权选择自己的经营方式，本案中，在并无证据证明腾讯公司对“非腾讯系”存在“封杀”行为，且该行为已为法律或商业道德所禁止的情况下，涉案文章对微信中分享外部链接行为的定性容易导致社会公众认为腾讯公司滥用市场支配地位，排斥其他竞争对手，构成对相关公众的误导。就涉案文章的语言而言，相关语言均非正常评论所需要使用的语言方式，具有明显的语言倾向性，亦会对腾讯公司的商业信誉产生不良影响。故涉案文章存在误导性信息，且从网友评论看，已对腾讯公司的商业信誉和微信的商品声誉造成损害，软媒公司应当承担消除影响、赔偿损失的民事责任。故判令软媒公司消除影响并赔偿经济损失及合理支出 15 万元。

山东省高级人民法院认为，（1）软媒公司与腾讯公司均是从事网络服务的公司，存在争夺消费者注意力、上网流量、广告机会等商业利益冲突，因此，软媒公司系与腾讯公司具有竞争关系的经营者。（2）关于软媒公司是否编造、传播了虚假信息或者误导性信息的问题。①根据软媒公司一审提供的证据，涉案评论文章据此得出“一家人”“白名单”的结论有一定的依据。腾讯公司完全有能力也很容易举证证明其与相关公司之间是否存在投资关系，但其并未提供相反证据，因此，不应认定软媒公司编造了虚假信息。根据软媒公司提供的公证书以及媒体报道及评论，腾讯公司存在屏蔽相关 App 的事实，而且各大媒体和网络评论均使用了“封杀”一词，不能认定软媒公司编造了虚假信息。②微信对相关 App 区别对待是事实，且这种区别对待的行为会给用户造成障碍，影响用户的体验，进而会间接阻却相关 App 或信息流的传播。软媒公司据此将腾讯公司的行为认定为利用流量垄断实施变相的对第三方企业的“封杀”行为，属于评论者根据事实得出的结论。且涉案评论文章只是从社会公众的视角提出了腾讯公司的行为具有垄断意义，并没有上升到腾讯公司的行为构成法律意义上的垄断，且涉案评论文章是批评的文章，用语即使尖锐、犀利，但没有脱离评论文章论述的事实，不会误导公众，故一审法院认定涉案文章具有明显的语言倾向性、会误导公众不当。③关于软媒公司是否具有商业诋毁的恶意的问题。编造、传播虚假信息或者误导性信息暗含着具有商业诋毁的故意，作为一篇评论文章，只要是评论者没有恶意，而是依据相关的事实，根据自己的经验认识得出的结论，虽然某些结论可能有些偏颇或用语有些偏激，也不宜轻易认定其构成商业诋毁。本案中，软媒公司评论的基调是积极的，论据是有依据的，从最终观点来看，该篇评论文章在指出腾讯公司的相关行为后，提出了切实的希望，出发点并非为了诋毁腾讯公司的商誉，因此，软媒公司并没有对腾讯公司进行诋毁的故意。（3）关于是否损害了竞争对手的商业信誉和商品声誉的问题。损害竞争对手商业信誉的认定，需要有较为充分的证据证明虚假信息或者误导性信息确实对社会公众产生了不良影响导致其商业信誉和商品声誉下降或受到损害，而不能仅以少数人的评论来推定损害了竞争对手的商誉。本案中，从评论内容来看，相当数量的读者并没有批评腾讯，作出的评论与本文内容无关，对腾讯公司的负面评价并不多。因此，不能仅依据涉案文章的用户留言或负面评价就简单地认定软媒公司损害了腾讯公司的商业信誉。

经营者不得拒绝别人评论，这是言论自由的应有之义。评论方也不得编造、传播虚假信息或者误导性信息，损害竞争对手的商业信誉和商品声誉，这也是言论自由的应有边界。软媒公司发表的评论依据的论据均系权威媒体的相关报道，其既未编造虚假信息，也未编造者误导性信息，仅是针对腾讯公司的经营行为作出了正当性评论，虽然有些用语过于犀利，但仍属于评论的范围，不会误导公众，没有损害腾讯公司的商业信誉和商品声誉，不构成商业诋毁。故判决撤销一审判决、驳回了腾讯公司的诉讼请求。

二、撰写心得

裁判文书是人民法院审判活动的重要载体和工作成果，是人民法院司法公正形象直接展示的载体，也是衡量法官司法能力和审判工作质量的重要标尺。一份好的裁判文书，应该具备辨法明晰、说理透彻、文笔流畅、通俗易懂等特点。在撰写裁判文书的时候，应该注重以下几个方面的统一。

（一）形式要件（毛）与实质公正（皮）的统一

一篇优秀的裁判文书应该是形式要件与实质公正相契合的文书。就形式要件而言，一要规范。裁判文书写作应该符合文书样式制作规范，案件当事人、案件由来、当事人诉辩主张、证据交换、事实查明、法官说理、裁判依据、裁判内容等要素齐备。二要全面。裁判文书应完整体现当事人的诉辩主张、证据交换过程、查明的事实及法官的说理，认定事实依据的证据必须经过举证质证和认证，作出结论必须有事实和法律依据，不能因为不好回应、不会回应、不利于裁判结果作出而忽视或遗漏当事人的主张、证据。三要透彻，即说理应该透彻。法律裁判的过程，是以法律规范为大前提，以具体事实为小前提，以法律规范的适用效果为结论。优秀的裁判文书，不能仅是罗列法条和事实后直接得出结论，而应该充分详细地阐述结论得出的理由，将法官自由裁量的依据充分外化出来，接受当事人的评议和历史的检验。当然，透彻不等于啰唆，语言还是要追求简洁、流畅、无歧义。实质要件即裁判结果应该公平公正。正义是社会制度的首要价值，也是司法追求的首要目标。公正不仅要实现，而且要以看得见的方式实现，而这就需要作为审判活动重要载体的裁判文书来实现。形式要件仅是裁判文书的“毛”，实质公正才是裁判文书的“皮”，“皮之不存毛将焉附”，如果裁判结果不正确，越在裁判文书说理、法律推理上下工夫，只会越远离司法公正的目标，导致“南辕北辙”的效果。

（二）文书写作（点）与案件审判程序（面）的统一

裁判文书记载了人民法院审理的全过程和结果，是诉讼活动结果的重要载体，裁判文书写作是司法程序的一个重要环节，但也仅是其中的一个环节，审判程序还包括庭前阅卷、开庭审理、案件合议等程序，一篇优秀裁判文书的出炉，有赖于其他审判程序尤其是庭审的支持。一是要重视庭审对文书制作的影响。法院的主要职能是审判。“审”的主要体现是庭审，“判”的主要载体即为裁判文书。两者是司法活动的重要内容。要想规范、全面地写好裁判文书，必须吃透案件争议的每一个细节，而当事人争议焦点、举证质证认证、相关事实的查明等，均有赖于庭审工作的细致开展。如果庭审开不好，裁判文书不可能写好。此外，要保证实体公正，必须首先做到程序公正，如果不能做到程序公正，无论司法权行使的结果如何正确，都不能打消当事人尤其是承担不利后果的当事人对司法的怀疑，也很难避免公众对司法公正性的质疑，因此，程序公正是司法公开的应有之义。而庭审公开就是程序公开的一种主要表现形式。但程序公正是为实体公正服务的，因此，可以说庭审工作的有效开展制约着裁判结果的正确，更制约着裁判文书制作水平的高低。二是发挥集体智慧。个人能力始终是有限的，而集体的智慧是无穷的。一个好的庭审和裁判文书，有赖于合议庭集体智慧。本案前期进行了大量的类案检索，类案检索其实就是站在他人的肩膀上对具体案件、具体法律问题进行的深入思考，后期裁判结果经过了合议庭充分的合议，并且在文书写作过程中，合议庭成员对于整体框架、相关内容甚至具体词语的表达均提出了建设性的意见。因此，该篇裁判文书属于集体智慧的结晶。

（三）法律效果（个体）、社会效果与政治效果（整体）的统一

案件审理首先是个案的审理，针对的是案件当事人，这时候应该追求个案的公正。裁判文书不仅应满足于结果正确，还应善于用群众听得懂的语言、理解的思维逻辑、接受的方式来阐明法理，做到诉求有回应、疑问有解答、权利有保障，使裁判文书能够让当事人看得懂、信得过。其次，一个好的裁判文书，不仅要解决个案纠纷，还要确立行为准则，引导社会公众行为，此时，案件处理要追求社会公平。因此，裁判文书一方面应该彰显规则的力度，“让创新者心无旁骛，让侵权者付出代价”，另一方面要体现裁判者的温度，通过讲好事理、论好法理、说好情理、把好文理，向社会传递积极的正义力量和主流的核心价值。最后，司法机关首先是政治机关，裁判结果应该有利于服务大局，此时，案件处理要弘扬时代主旋律。本案是互联网领域的商业诋毁案件，法院在正确把握商业诋毁构成要件的基础上，通过逐一分析被控侵权行为人的行为，对被控侵权人的行为是否构成商业诋毁作出了正确的定性，通过个案既明确了商业诋毁和正当性评论的界限，同时，法院还站在互联网行业规范化、法治化发展的高度，为互联网言论划清了法律底线，充分阐释了“网络空间不是法外之地”的时代精神，通过发挥案件社会价值指引功能，有利于促进互联网行业的规范化、法治化发展。

（张金柱，山东省高级人民法院法官）

三、专家评析

商业诋毁作为一种典型的不正当竞争行为，往往通过商业言论的形式呈现。若对商业言论自由的保护过度，可能会放纵经营者的不正当竞争行为；若对商业诋毁规制过于严格，则会阻碍商业言论积极作用的发挥。因此，如何平衡商业言论自由与商业诋毁规制之间的冲突，是目前司法实践中有待解决的难题。反不正当竞争法规制商业诋毁行为的目的在于规制这种以误导消费者的方式获取市场竞争利益的行为，因此对于未欺骗、误导相关公众的，不应当认定为商业诋毁，这正是保障商业言论自由、发挥同行监督作用的应有之义。

本案中，软媒公司根据权威媒体的相关报道，对腾讯公司的经营行为作出客观评价的行为，并未编造误导性信息，自然也不会对消费者造成误导。相反，软媒公司的行为会起到同行监督的作用，进而促进经营者提高产品质量、改进服务水平，倒逼经营者作出向好改变，营造良好的营商环境。此外，从经营者角度出发，同行监督的直接目的在于行使公平竞争权。对此不难理解，企业以不合格或存在质量问题的产品或服务参与竞争时极不公平，会侵犯其他同行企业的合法权益，形成“劣币驱逐良币”的负面效果。

然而，同行监督虽然可以带来产品质量提高、竞争环境优化、消费者福祉增进的客观效果，但企业追逐高额利润的本性决定了企业行使同行监督权有可能基于夺取更大市场份额、获取更多商业利益之动机，造成同行监督权的异化。因此，对商业言论自由是否得当的审查还需要考察主观恶意。作为一篇评论文章，根据权威事实发表自己的观点，表明自己的态度和立场，得出相关结论是正常做法。即便上述结论存在偏颇或用语有些偏激，但基于对商业言论自由的保护，也应当谨慎认定其构成商业诋毁。申言之，对商业诋毁的认定需要从主客观层面综合考察。本案中，法院的判决即按照此种逻辑，先对误导的事实进行否定性评价，然后指出软媒公司的行为出发点并非为了诋毁腾讯公司的商誉，主观上也不具备恶意。总体来看，本案的论证逻辑清晰准确，判决结果得当，对商业诋毁的判断基准以及其与商业言论自由的界限作出了较为清晰的划定，实现了法律效果与社会效果的统一。尽管本案在具体说理过程以及文书格式的细节上仍存在可以完善之处，但不影响本案的判决有效扩展了企业活动的正当范围，是全面优化营商环境，激发市场活力的典型案例。

（点评人：崔立红，山东大学法学院知识产权法研究所所长、山东省版权教学与科研基地主任、博士生导师）

（2020）鲁民终579号裁判文书原文